腐败与改革

美国历史上的经验教训

〔美〕爱德华·L.格莱泽　克劳迪娅·戈尔丁　主编

胡家勇　王兆斌　译

胡家勇　审校

商务印书馆
创于1897　The Commercial Press

Edited by

Edward L. Glaeser & Claudia Goldin

CORRUPTION AND REFORM

LESSONS FROM AMERICA'S ECONOMIC HISTORY

本书根据芝加哥大学出版社 2006 年版译出

致　谢

本书各章曾提交给2004年7月30日至31日在麻省塞勒姆的霍索恩宾馆召开的"腐败与改革"会议。此前的筹备会议(2002年7月)和预备会议(2003年7月)由麻省剑桥的美国经济研究局(NBER)承办。衷心感谢哈佛大学美国政治研究中心(CAPS)对此次会议所提供的资金支持和美国经济研究局为承办前期会议所做出的努力。感谢美国政治研究中心的阿比盖尔·佩克(Abigail Peck)对塞勒姆会议安排所提供的帮助。参加此次会议讨论的有:李·奥尔顿(Lee Alston)、朱迪思·希瓦利埃(Judith Chevalier)、劳伦斯·F.卡茨(Lawrence F. Katz)、贾森·考夫曼(Jason Kaufman)、莫顿·凯勒(Morton Keller)、罗伯特·A.马戈(Robert A. Margo,他还同时承担了全书的审稿任务)、托马斯·诺南马谢(Tomas Nonnenmacher)、保罗·罗德(Paul Rhode)和苏珊·罗斯-阿克曼(Susan Rose-Ackerman)。并对所有推动本次会议召开和本书出版的相关人士致以由衷的谢意。

目　录

第三部分 改革之路

第四部分 改革和规制

第一部分

腐败与改革：定义及历史趋势

导言　腐败与改革

爱德华·L. 格莱泽*(Edward L. Glaeser)
克劳迪娅·戈尔丁　(Claudia Goldin)

美国政治腐败的今与昔

当今的美国，就腐败程度而言，位居世界腐败排名榜上倒数10%之行列。所以，在今日的绝大多数美国人心中，腐败似乎只发生在贫困国家和转型经济中那些不幸人们的身上。① 但追溯

* 爱德华·L. 格莱泽是哈佛大学经济学教授和美国经济研究局研究员。克劳迪娅·戈尔丁是哈佛大学亨利·李经济学讲座教授、美国经济规划发展部主任和美国经济研究局研究员。

① 越来越多的经济发展文献分析了转型经济和贫穷国家腐败的程度及其减缓经济增长的作用。这方面的文献始见于莫罗(Mauro，1995)，此外还有赫尔曼、琼斯和考夫曼(Hellman，Jones and Kaufman，2003)，赖特和韦德曼(Leite and Weidmann，2002)等的文献。有关各国国内腐败程度及其后果的更多文献，参见迪泰拉和沙格罗斯基(Di Tella and Schargrodsky，2003)、加维里亚(Gaviria，2002)、麦克米伦和索伊多(McMillan and Zoido，2004)、斯文松(Svensson，2003)等。这些经验文献支持了有关腐败消极后果的理论文献(例如，Rose-Ackerman，1975；Shleifer and Vishny，1993)。

起来,美国作为一个廉洁共和国的历史实际上也仅是始于现代。

19世纪和20世纪初期的美国腐败史,可以说与当今许多现代转型国家和发展中地区并无二致。19世纪的美国市政府,当政官员为牟取回扣而大幅提高基本公共服务价格(如街道建设和清扫等)的现象屡屡发生。只需微薄的收费,外加可观的贿赂,公共服务就会成为政府官员手中翻云覆雨的交易品。① 罗伯特·A.卡罗(Robert A. Caro,2002,第403—413页)写道,直到20世纪50年代,在美国参议院大厅这个神圣的场所,也不时会有装着现金的信封游荡其间。哈里·杜鲁门,这个臭名昭著
4 的彭德格斯特腐败集团(Pendergast Machine)的代理人,正是他,将腐败的幽灵带进了国会(McCullough,1992)。美国一些最知名的高等学府,也是一些利用腐败的政治影响来榨取公共资源的臭名昭著的腐败分子所资助的,比如哈佛大学的莱兰·斯坦福(Leland Stanford)和乔治·D.怀德纳(George D. Widener),他们的名字就镌刻于哈佛大学首屈一指的图书馆上。而动产信贷公司丑闻案和蒂波特山丑闻案,也屡屡让尤利塞斯·格兰特(Ulysses Grant)和沃伦·哈丁(Warren Harding)两位总统身后不断陷入恶名。诸如此类的例子,可谓不胜枚举。

应该说,相比之下,今日之美国的腐败情况好多了,因此,对于如何消除腐败,美国的这段历史应该能够有所教益。毕竟,20

---

①　例如,可参见格莱泽(2003)、梅尼斯(Menes,本书第二章)和斯蒂芬斯(Steffens,1904)。

世纪初最为主要的政治运动，即进步主义运动，其主要目的就是为了消除腐败。1901 年至 1917 年间，部分是出于对消除腐败的迫切感，在老罗斯福、塔夫脱和威尔逊三位总统任期内，一个国家立法和行政议程获得了通过。在整个 20 世纪，那些信誓旦旦地承诺以铁腕来根除腐败的改革派候选人，在市政府和州政府选举中总能够胜选。而积极支持改革运动的新闻记者和检察官们也经常对腐败大加挞伐。尽管学者们对各种社会力量的不同影响见仁见智，有所争议，但就美国这场旨在根除腐败的改革运动而言，它堪称是此类运动的一个典范，其目标与当今发展中国家也恰好类似。

在本书中，我们将考察美国的腐败与改革史。而鉴于澄清概念是测度腐败水平和考察不同时期腐败水平变化的前提条件，因此，在本导言及约翰·约瑟夫·沃利斯(John Joseph Wallis)撰写的第一章和丽贝卡·梅尼斯(Rebecca Menes)撰写的第二章中，将首先从不同的角度对腐败的含义加以考察厘定。

腐败往往事涉非法，或至少惹人忌讳，因此，腐败总是幽暗隐晦难见天日，故而自然也就难以度量，这点也是现代各国的经验文献的共识。而要按时间序列来纵向地对腐败加以度量则更为困难。尽管存在以上诸多困难，但研究美国历史以追踪腐败及其变动趋势的有关证据，应该说具有重大价值。本书有几章内容将涉及不同期的腐败度量问题。比如，梅尼斯利用了腐败市长和腐败市政部门数量的信息来度量腐败；斯坦利·L. 恩格曼和肯尼斯·L. 索科洛夫(Stanley L. Engerman and Kenneth L. Sokoloff)则利用了有关大型政府工程成本超支方面的数据来度量。本导言所采用的数据则源于1815年至1975年这160年间数百份报纸有关腐败的报道。霍华德·博登霍恩(Howard Bodenhorn)以及沃利斯、普赖斯·V.菲什巴克和肖恩·坎特(Wallis, Price V. Fishback, and Shawn Kantor)在相应章节中都增加了有关时间路径方面的证据,但关注的时间跨度较短。

在讨论了腐败的含义和度量之后,本书随后两章将论述腐败(或广义上脆弱的法律体制)的后果。内奥米·拉莫雷奥克斯和琼—劳伦特·罗森塔尔(Naomi R. Lamoreaux and Jean-Laurent Rosenthal)将阐述19世纪末期公司的兴起,以及公司
5 兴起中所伴随着的小股东权利的保护如何被弱化的问题。戴维·卡特勒和格兰特·米勒(David Cutler and Grant Miller)将考察城市腐败盛行时期美国城市供水系统的扩张过程。显然,腐败并非公共品供给规模的唯一决定因素。

拉莫雷奥克斯和罗森塔尔的观点是,在19世纪末期,尽管对小股东没有给予充分的保护,但由于生产规模收益的增加,公司数量仍呈现爆炸式增长态势。卡特勒和米勒也以类似的方式论证指出:尽管存在市政府腐败,但由于在镀金时代,获得城市信贷日益便利,因此大规模供水工程得以上马。城市信贷可得性的提高,势必要求信用的改进,而信用的改进则表明,某些形式的腐败已得到抑制。以上两章内容都指出一点:尽管美国政府中的腐败及私人交易中的欺诈都十分盛行,但它们对美国经济增长的阻碍作用却远比今天的发展中国家要小。

随后,本书转而探讨改革的起因和后果问题。改革和规制能够保护消费者和工人的利益,这是通常用来论证其合理性的依据。但正如本书中菲什巴克、博登霍恩,以及马克·T.劳和

加里·D.利贝卡普(Marc T. Law and Gary D. Libecap)在相应章节中指出的那样,实际情况常常要复杂得多。菲什巴克指出了施蒂格勒(Stigler)有关工作场所安全规制观点的重要性。他发现,制造业和采矿业中的工作场所安全规制虽然得到了工会的支持,但遭到了部分制造商的反对。原因在于制造业中工作场所的安全法过多地抬高了小企业的成本,这便赢得了大企业的拥护,而遭到了小企业的反对;又因为这些法律的宗旨在于对工人提供保护,所以获得了工会的支持。

博登霍恩则突出了改革的动因可能是自利的政治家之间的相互竞争。他考察和分析了美国历史上反腐败改革初期,即19世纪30年代末,针对纽约州银行特许权颁发所进行的反腐败斗争。博登霍恩认为,改革源于辉格党人想剥夺其对手(即范布伦的民主党摄政团)的庇护租金。解除规制是反腐败的利器,因为解除规制可降低特许权的准入条件,从而可限制政府以腐败方式行使其垄断权的能力。

劳和利贝卡普分析了当今食品药品管理局(FDA)的成因,同样也强调了改革的政治根源。1906年《洁净食品药品法》的通过,促成了现在的食品药品管理局,其动因在于厂商的利益激励和消费者对食品质量的担忧两个方面。但消费者对食品质量的担忧,往往都是捕风捉影,更多地是源于政治企业家和报纸所
散布的消息。而政治企业家们则似乎习惯于操纵消费者的义 6
愤,其所建立的名义上旨在保护消费者利益的机构,至少从短期看来,在保护消费者利益方面的作用甚微。

腐败往往会受报纸媒体的牵制,马修·根茨科、格莱泽和戈

尔丁(Matthew Gentzkow, Glaeser and Goldin)在第六章中就报纸的作用做了直接的阐述。1870年,报纸有党派性,内容造作,往往会刻意隐瞒那些与己之政治立场相左的事实。但时至1920年,绝大多数报纸都摆脱了政党派系,措辞相对中立和文明,至少在姿态上做到了内容报道的真实性。该章的观点认为,1870年至1920年间,报纸独立性的提升和美国报业的重大转型,最关键的动因在于报纸销售的经济回报日益提高,而不是政治家们出于庇护和其他原因而相互妥协的结果。该章虽然没有直接阐述报纸对于腐败所产生的影响,但提供了相关的间接证据,来论证独立报纸的兴起是美国反政治腐败的改革运动的一个重要因素。

以上改革运动带来了公用事业的变革,沃纳·特勒斯肯(Warner Troesken)对此进行了分析,并特别地对市政供水系统问题进行了研究。特勒斯肯的分析认为,20世纪初美国朝向公共所有权的发展,与75年之后美国背向公共所有权的发展,两者虽离奇地出现方向背离,但均与服务质量提高相关。特勒斯肯认为这种异象与以下两种观点相一致。其中一种观点认为:在腐败初期,公共所有权是有效率的,但如今的公共所有权已没有效率。曼库尔·奥尔森(Mancur Olson,1982)的观点则认为,至少在短期内,向任何方向变化都会减少腐败,因为任何官僚机构经历一段时间之后都会出现僵化。[①]

---

① 托马斯·杰斐逊有一句类似的名言:“自由之树必须不时用爱国者和暴君的鲜血浇灌才能常青。”

在本书的最后一章，沃利斯、菲什巴克和坎特关注的是公共救济发放（诸如福利和失业保险等）中存在的腐败。他们认为，公共救济转由联邦提供，对于减少福利体系中的腐败发挥了重要作用。而这也正是公共救济改革的动因，否则罗斯福政府的绩效和信誉将受到腐败指责的严重损害。腐败的福利体系，受益者是地方政府，罗斯福政府中的官员并没分享到腐败的好处，却要承担由腐败带来的绝大部分代价。基于联邦政府和地方政府这种权力分立的格局，富兰克林·罗斯福就有强烈的动力来抑制腐败，而这些举措似乎也大幅度地减少了腐败的蔓延。本章以及博登霍恩的第七章均提出，分权和政府间竞争能够在启动有效改革中发挥作用。

腐败的定义和理论 7

沃利斯在第一章中明确地指出，“腐败”一词最早源于国家与人体的类比。一个运转良好的政府体系丧失其功能甚至滥用其职能的朽化过程，这就是最早对腐败概念的抽象。希腊历史学家波里比阿（Polybius，公元前200—前120年）指出，君主政体会腐败为专制政体，贵族政体会腐败为寡头政体，民主政体会腐败为暴民统治。

19世纪，腐败的定义逐渐演变，后特指私人主体对政府官员的贿赂。而贿赂则通常是指以换取政府控制的某些资源（如公共服务、公共财产等）或以免于政府规制为目的的一种非法支付。这种贿赂是19世纪市政腐败的主要形式，梅尼斯在相应章节中对此做了详细的分析。市政府在买入公共服务(如街道清扫和建筑服务等)时的腐败,通常是以换取贿赂为目的而给予对方过高的服务出价。在配置公有资产(如土地和港口通道)时,市政府的腐败是指市政府在资产配置时,基于少数人的利益将其出售给最慷慨的贿赂者,而不是基于全体市民的利益而将其出售给出价最高的投标者。最后,市政府在执法过程中(如禁止赌博和卖淫活动时),只要官员为获取贿赂而网开一面,腐败便会发生。

本书中,腐败一词将用来指称沃利斯的"经济腐败"。我们认为腐败有三个核心要素:(1)在工资之外存在向政府官员的支付;(2)存在与这种支付相关的违反明文法律或潜在社会规范的行为;(3)上述行为给公众造成了损失或由于超工资支付引发的其他行为给公众造成了损失。本书通过两个例子来说明如何利用这三个要素来界定腐败。

恩格曼和索科洛夫讨论了南北战争前美国运河工程建设中工程款出价过高的问题。如果政府在买入服务时出价太高,同时,服务供应商向立法者行贿并造成政府资金的浪费,那么这就构成腐败。但值得注意的是,有时即便政府在公共工程上确实出价相对于私人购买价更高,但只要这种过高支付没有伴随着对政府官员的贿赂,则(根据上述定义)也不能算是腐败。政府的无效率和官员的愚钝不能与腐败划等号。我们认为,这里所界定的腐败与用辞习惯非常吻合。

博登霍恩考察了19世纪30年代,州银行向纽约州摄政集团行贿获取特许权事件的始末。在这个事件中,政府官员获得

了金钱支付。尽管事件本身并没有违犯当时的任何法律，但确 8
实有悖于社会对钱权交易的规范。而其所造成之社会损失，并不在于特许行为本身——特许行为甚至可能于社会是有益的——而在于它限制了银行的准入，从而赋予了特许权以附加价值，进而给社会带来了损失。

在广义腐败的概念下，腐败有多种类型。现代绝大多数腐败都是非法的，但仍有一些形式的腐败是合法的。乔治·华盛顿·普伦基特（George Washington Plunkitt）所描述的诚实贿赂（Honest Graft），就是合法腐败的一个典例（参见 Riordan，1905）。诚实贿赂，用普伦基特的话说，就是政府官员借助个人掌握的信息（比如所了解的新高速公路规划线路等）来获利。将这种信息据为己有，虽会给公众带来福利损失，但并不一定有违法律。尽管如此，普伦基特依然需要为诚实贿赂行为辩护，同时这种性质的行为在进步时代又遭致义愤。有鉴于此，普伦基特的诚实贿赂依然有违于社会规范。普伦基特式的诚实贿赂，不仅涉及了对政府官员的支付和公众的损失（如果普伦基特式受贿者未持有此信息资产，则该信息资产的原所有者本可从中获益），而且也违反了社会规范。随着社会的发展和社会规范逐渐演化为正式规则，总体而言，越来越多的诚实贿赂将演变成为非法腐败。

虽然额外支付、违反法律或社会规范、造成社会损失，作为腐败的三个特征，可用来界定腐败，但它仅为度量腐败提供了一个思考问题的起点。这个定义隐含着多种度量腐败程度的方法。首先，从理论上讲，向政府官员支付的金钱数（或相对于其正式报酬而言的超额支付),可用以度量腐败。麦克米伦和索伊多(2004)在研究秘鲁的腐败问题时就采用了这种方法。这种度量方法虽能对公共部门的腐败严重程度提供某种判断,但这样度量出来的腐败程度与腐败的社会成本可能只存在弱相关。

度量腐败的第二种方法主要是看违反相关法律的频率。关注腐败犯罪的研究者(如 Glaeser and Saks,2004),通过计算由法院所甄别之违反腐败法的频率,来设法度量腐败。但由于我们一般无法掌握腐败机会的数量,所以运用该方法计算缺乏真分母,虽然我们也可采用政府规模作为分母。

第三种度量方法关注腐败的社会成本。虽说腐败的社会成本无疑非常之高,但社会成本本身却难以度量。例如,在发展中国家,教育部门的腐败可能会阻碍经济的长期增长(Reinikka and Svensson,2004)。政治制度的腐败会导致产权执行遭受破坏,从而带来巨大的社会成本。对官员的支付虽可度量,但这些
9 支付通常属于转让性支付,而并非社会成本,公共资产由此所遭受的损失可通过向官员支付低工资来抵消(Becker and Stigler,1974)。而即便腐败的社会成本可以度量,也还要考虑是否需要用经济规模、潜在经济规模、政府规模或其他合理的因数来进行调整。

腐败到底给美国历史带来了哪些成本,对这个难题的关注贯穿于本书的始终,但相关文献一直没有给予充分的回答。具有讽刺意味的是,虽然政府腐败现象非常严重(19 世纪末尤甚),但美国国家经济和地方经济却一派繁荣。

腐败的决定因素

腐败的经济学分析，首先需从政府官员腐败行为的成本收益分析开始（参见 Rose-Ackerman，1975）。当收益高而成本低时，经济学分析就预期将会出现腐败。有鉴于此，就有必要分析哪些因素会影响政府官员腐败行为的收益和成本。腐败的收益取决于政府官员牟利的能力，成本则取决于行为暴露后的预期惩罚。

那么，决定政府官员牟利能力的因素是什么呢？政府官员牟利，最显而易见的手段就是慷国家之慨。官员慷国家之慨以中饱私囊，这是最为极端的情况，比如说挪用公款，它就是此类腐败行为的一个例子。更一般的情况是，在购买劳务形式或承包合同形式的服务时慷国家之慨。如果政府所支付的费用接近于人工的机会成本或承包商的服务成本，那么，腐败的机会就非常有限。如果政府所支付的费用显著超出了自由市场价格，那么，官员在配置公共工程时就存在腐败的机会。公共部门的高工资和聘用雇员的自由裁量权，自古就是政府官员牟取腐败收入的最好机会。

以上所做的浅显分析，有助于我们更好地理解那些旨在遏制腐败的常见改革形式。公务员改革剥夺了政治家手中的庇护权，并用考试规则取代了聘用中的自由裁量权，这显然有助于遏制腐败。再加上公务员实行刚性工资，就更能达到遏制腐败的目的。[①] 为采购费用设置一个标准,这也是用以反腐败的一种常用方法。在政府公共工程管理中,实行公共工程的竞争性招标及招标中的最低标价原则,这是规制腐败的最简单方法之一。这种方法是否有效,取决于是否存在承包人的竞争性供给。

政府官员牟利的第二个手段是出于自身利益的考虑,将政府资产转移给私人。19世纪一种很常见的腐败形式就是将政府土地转移给公共运输公司。而一种更为巧妙的资产转移形式则是把持政府内幕消息。此时,腐败的收益既取决于政府掌控的资产规模,也取决于在资产配置方面,官员个人拥有的自由裁量权的大小。

政府官员牟利的第三个手段是操纵执法或法律规制。例如,法律上禁止赌博和卖淫的规定,就为官员创造了从赌博卖淫者那里榨取贿赂的机会。位于执法链条上的任何一个人,都有可能榨取贿赂。执法链条的环节越多,榨取贿赂的可能性越大,改革者因此须克制法律规制的过度运用和政府的独断专行(参见博登霍恩的第七章)。然而,法律规制越深入就越能榨取贿赂,两者的这种相关性,反过来又会刺激政治家进一步加强规制。

自由主义者主张政府干预范围仅限于解决产权争议,即便是在他们所幻想的这种理想世界中,裁决争议仍存在巨大的腐败空间。每一起产权争议,都是一次腐败裁决的机会。即便裁决本身公正并没有丝毫偏袒,裁决者依然可从中牟取利益。由

① 例如,参见约翰逊和利贝卡普(1994)。

于法律体系可在全社会范围配置所有财富，因此，在法律体系内部，腐败的机会非常之多。而鉴于法庭上的腐败会破坏产权的清晰界定，自由主义者的梦想可能因此变成霍布斯式的噩梦。但现实当中，诉讼人可私下通过民间仲裁来限制该类腐败，以此规避腐败的法律体系。

综上所述，对收受贿赂的政治家和行贿的商人来说，他们得自腐败的收益不仅会随政府规模和自由裁量权的增大而增加，而且会随社会经济规制的加强而增加。产权争议涉及的资产额或损失额越大，腐败收益也就越大(Glaeser and Shleifer，2003)。19 世纪末，政府规模不断扩大，公共资产不断升值，规制介入程度不断加深，诉讼标的不断变大。此时，从各种类型的腐败中可牟取的收益无疑都增加了。因此，可以断言，腐败的总量有绝对的增加(包括以行贿量和社会损失量两种方式的测度值)。但腐
败的总量增加，并不意味着腐败相对于政府规模和经济规模也 11
增大了。

制约腐败的因素有三个方面：法律惩罚、职业或社会成本、精神折磨。因此，腐败的总成本取决于各种惩罚的力度及其可能性，而这种可能性反过来又是信息流、社会谴责和法律制度的函数。

对于非法腐败的成本，一个最显要的影响因素就是对腐败行为所设定的法律惩罚。(违反社会规范但不违反法律的腐败，则不涉及法律惩罚)。尽管这点非常浅显，但重要的是要记住法律惩罚会因时而异。例如，普伦基特式的诚实贿赂，即政治家操纵内部信息牟利，虽然以前面的定义来界定确实属

于腐败的一种,但在普伦基特时代,却是完全合法的。甚至在动产信贷公司丑闻案期间,以铁路股票作为礼物送给国会议员和其他官员,在当时也是完全合法的。18世纪90年代,有关腐败的法律条文数量还相当有限,以致对腐败的法律惩罚常常是微不足道的。也正是从此时起,越来越多的政府行为被纳入法律惩罚的范围,相关法律法规的修订也在稳步进行,如《反诈骗及腐败组织法》(RICO),将那些类型不明的腐败行为列为了非法①。

尽管在条文上,法律所禁止的腐败类型越来越多,但执法是否也越来越严格则较不明朗。因为,我们并不清楚,今昔美国判决为腐败犯罪的概率到底有多大。而即便我们知道了因腐败而判刑的犯罪的绝对数量,也并不知道虽未判刑但可能已涉及腐败的案件数量。一项腐败行为要定罪,首先需将该腐败行为公之于警方和公众,并跟进相应的法律程序。此曝光之举多由第三方,或是与所裁决的腐败无关的某个政府部门来完成。正如第六章所述,动产信贷公司丑闻案和蒂波特山丑闻案的揭露,报纸发挥了重要的作用。但有时,推动丑闻曝光的是政治对头,例如,著名的特威德集团(Tweed Ring)腐败案的曝光即属于此类。在当代,新闻工作者,例如,为《华盛顿邮报》撰写专栏文章的罗伯特·伍德沃德(Robert Woodward)和卡尔·伯恩斯坦(Carl Bernstein)等新闻调查记者,对政府不端行为进行了大无

① RICO是the Racketeer Influenced and Corrupt Organization Act的缩写,该法于1970年由国会通过。

畏的揭露。

政府系统内确实也以法律己。联邦检察官根据国家《腐败行为法》,对州和地方官员提起的诉讼多达数百起。例如,对特威德集团的法律诉讼,就是由纽约州的官员提起的,因为本市警 12
察大多是该集团的成员。迄今为止,在公务员腐败的诉讼案中,约有80%是由联邦政府提起的(参见《2004年公司犯罪报告》)。分权和联邦制导致了不同政府部门之间的竞争,这种竞争形成了政府系统内揭露和起诉腐败的激励。当然,人们并不看好政府的这种自律行为,因为如果内部监督能够有效发挥作用,腐败也就不太可能发生。

在曝光腐败行为之后,必须跟进有效的法律诉讼,而这反过来又要求保持司法体系和法官的独立,且法官愿意对发现犯有腐败罪的官员治罪。这种惩治的有效性,要求法律系统本身不腐败。但若法官本身腐败,只要他们与那些被指控腐败的政治家之间存在利益冲突,他们仍愿意对腐败的政治家治罪。例如,由共和党集团任命的法官,尽管他们与共和党集团腐败完全沆瀣一气,但对于代表民主党集团的腐败分子,他们还是乐于治罪的。只有当腐败的政治家越来越难以指望友善的法官慈悲为怀,此时司法体系的职业道德才能得以提升。

只要通过腐败曝光能够让一个政治家的职业前景和社会地位有所损失,即使司法体系失效,它仍会给腐败者带来成本。对政治家而言,其职业成本通常取决于投票人罢免腐败政治家的愿望。对此,历届选举的结果给我们以不鲜明的回答。许多臭名昭著的腐败官员一再当选,这或许是因为腐败回馈了投票人,或许是因为投票人抱有愤世嫉俗(或现实主义)的态度,认为竞选者与现任者相比,有可能更加腐败。而最终因腐败锒铛入狱的詹姆斯·迈克尔·柯利(James Michael Curley),也只是当他面对竞争对手的清正廉洁的形象,以及柯利所赞赏的爱尔兰人的好斗精神(爱尔兰式天主教徒般的进攻性)时,其仕途才遭遇到真实危险。因此,以上的分析表明,两个或多个政治派别之间竞争越激烈,腐败的代价就越大。

美国腐败的时间路径

鉴于把握美国腐败的时间变动趋势的重要性,这里给出了我们所度量的腐败历史比较数据。我们的度量方法无疑会引起争论,也会遭到质疑。对此,我们将基于不同的资料来源来论证,19 世纪前的 75 年,腐败是加剧的,南北战争前腐败程度较高,且随时间变动较大。我们最重要的发现是,从 19 世纪 70 年代中期到 20 世纪 20 年代,美国的腐败呈下降
13 趋势。

在度量腐败时,我们利用报纸对于腐败犯罪的公开报道作为替代变量。尽管相关欺诈调查或犯罪报告的历史数据尚缺乏,但在报纸上却有腐败的相关报道。当然,质疑这种以报纸报道为依据的做法也情有可原(根茨科、格莱泽和戈尔丁就在第六章中强调媒体立场在不断发生变化),但在缺乏其他度量途径的

情况下,媒体对腐败的新闻报道实际上提供了度量腐败***报告数量***的一种可行方法。

随着光学扫描技术的出现,目前美国已出版了许多可供检索的数字化报纸,有些甚至回溯到了19世纪末期。采用报纸来度量的缺陷是,新闻报道往往并不等同于事实真相。新闻报道口径的变化,可能反映的是报纸市场的变化,而并非是腐败活动的实际变化。

在方法上,我们检索了"腐败"和"欺诈"这两个关键词(及其衍生词,如"腐败的"和"欺诈的"等),并统计了出现这些关键词的文章数(或版面数)。据此,我们便可以估算出报纸用以报道腐败和欺诈事件的篇幅数量。接下来,我们用含有约束关键词"一月"或"政治"(及其衍生词)的文章(或版面)数量来缩小搜索范围,其中前者可表示当月报纸的总规模,后者表示报纸对于政治类事件的总体关注程度。我们的计算结果对于所甄选的具体约束关键词并不十分敏感。① 用"政治"这个词来约束,可视为用政府规模作为约数来计量腐败程度。而用"一月"这个词来约束,则可视为用总体经济规模作为约数来计量腐败程度。

我们的资料来源有两个,包括《纽约时报》(可自 Proquest 获

① "一月"和"政治"这两个约束关键词之间差异最显著的时期是在早期,即1860年以前。因为在南北战争前,报纸所报道的事件大都是政治事件。随着新闻纸价格的急剧下跌,报纸才开始把注意力更多地投向了其他类型的事件和人物上。

取)和大量小镇报纸(可自 Ancestry. com 获取)[①],它们的电子版本可在线获取,可完全检索。选用《纽约时报》有以下好处。它是唯一一份版面结构未发生改变的报纸。《纽约时报》还是美国历史上最为严肃的报纸之一,19 世纪末该报纸既不可能刊发
14 有关腐败的毫无事实根据的断言,也不可能有意遗漏重大腐败事件。

但单纯依靠《纽约时报》来获取资料还是不够,因为它所提供给我们的主要是纽约市的情形。且其创刊时间仅为 1851 年,此时才开始有新闻报道。作为对《纽约时报》资料的补充,我们利用了 www. ancestry. com 网站上收集的大量报纸,该网站上的资料包括了美国人口统计和人口迁移的记录,这些资料对于家谱研究者尤其具有重要价值。[②] 从地理分布上看,这些报纸大体覆盖了 19 世纪初期以前美国的小城市和镇,报道面相当宽。缺点是,报纸的版面结构在不同时期有所改变。尽管这两个系列的报纸都有各自的缺点,但在时间交叠的年份,两者所描述的画面还是非常类似的。

---

① 这里的"小镇报纸"是指诸如《辉格党班戈每日快报》(*Bangor Daily Whig and Courier*)(班戈,缅因州)、《洛兰旗帜报》(*Lorain Standard*)(伊利里亚,俄亥俄州)、《亚当斯卫报》(*Adams Sentinel*)(盖茨堡,宾夕法尼亚州)、《简斯维尔公报》(*Ganesville Gazette*)(简斯维尔,威斯康星州)、《俄勒冈晨报》(*Morning Oregonian*)(波特兰,俄勒冈州)、《斯泰茨维尔导报》(*Statesville Landmark*)(斯泰茨维尔,北卡罗来纳州)。

② 由于该网站几乎每日更新内容,所以我们仅统计了较短时期的数据。

在图 1 中，我们给出了三条数据线，三者均使用了三年移动平均数来消除数据的时间波动。其中在 1852 年至 1960 年间，使用了约束关键词“政治”的两条曲线，在时间交叠的年份非常接近，两者的相关系数高达 0.943。① 这说明，如果假设腐败报道上的变化是由报道风气或新闻市场上的变化造成的，那么，对于纽约市和美国小镇来说，风气和市场的变化具有显著的一致性。

对以上数据的一个检验是，要看新闻报道是否与腐败显要事实相吻合。这就要看以上数据线的峰值是否出现在腐败的巅峰时期。为此，在表 1 中我们概括地描述了图 1 中“腐败”和“欺诈”达到区域峰值的情况。

腐败报道的第一次大爆发出现在 1840 年选举前后。这一时期，有关腐败的报道主要聚焦于坦慕尼协会（Tammany Hall）和马丁・范布伦（Martin Van Buren）。范布伦是第一个凭借政治集团而获得成功的总统（有关范布伦在银行部门的腐败行为，参见博登霍恩第七章的描述）。② 腐败报道的第二次高峰出现在 1857—1861 年间，此时关注的焦点是堪萨斯州的投票舞弊案。19 世纪 70 年代格兰特执政时期，全球性腐败报道达到高峰，发生了动产信贷公司丑闻案、威士忌集团案、南方重建计划案和三 K 党案。此后的 20 世纪 20 年代末，禁酒时期和蒂波特

---

① 小镇报纸转载大城市报纸和采用大城市通讯社的新闻，都会提高相关系数。

② 对于根治“腐败者”的良方，也曾有过昙花一现的狂热。

山丑闻的爆发,标志着腐败报道出现了一个区域小高峰。与我们对于美国历史上重大腐败事件的了解相一致,《纽约时报》对于腐败作了类似的报道。

各数据线共同反映了一个重要的趋势:从19世纪70年代至20世纪20年代,腐败报道减少了。腐败报道的减少主要集

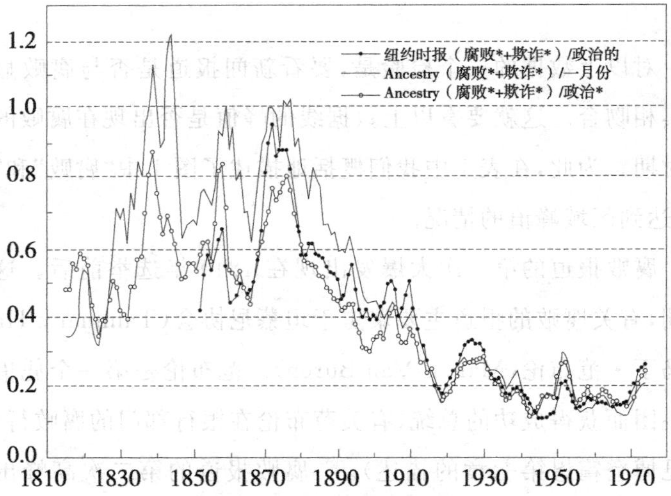

图1 腐败和欺诈指数:1815—1975年

资料来源:《纽约时报》:《纽约时报》可完全检索的在线版本,由密歇根州安娜堡的ProQuest信息与学习公司提供;Ancestry:Ancestry.com,该网站是犹他州普罗沃的MyFamily.com公司的一部分。

注:《纽约时报》的数值,由“腐败*”和“欺诈*”两个关键词出现的次数除以约束关键词“政治的”出现的次数得到,搜索中用星号*来表示所有的衍生词。搜索引擎Proquest给出了至少出现过一次关键词的独立***文章数***。Ancestry的数值,由“腐败*”和“欺诈*”两个关键词出现的次数除以关键词“政治*”出现的次数得到。搜索引擎Ancestry.com给出了至少出现过一次关键词的报纸***版面数***。独立报纸的数量和文章的构成都会随时

间而发生变化。例如,1820 年到 1935 年间,报纸每 5 年的数量变动情况如下:

1820 年	3	1850 年	10	1880 年	42	1910 年	48
1825 年	3	1855 年	16	1885 年	46	1915 年	51
1830 年	10	1860 年	18	1890 年	53	1920 年	47
1835 年	4	1865 年	18	1895 年	53	1925 年	41
1840 年	6	1870 年	19	1900 年	45	1930 年	37
1845 年	8	1875 年	33	1905 年	50	1935 年	33

由于 Ancestry.com 网站上不断有新的报纸加入,故本表中数据对应于 2004 年 7 月的报纸。图 1 中的所有数据均是三年移动平均值。

中于 19 世纪 70 年代中期到 1890 年以及 1910 年代。19 世纪 70 年代,腐败与欺诈指数(约束关键词为"政治")高于 0.8,但自 1930 年起,该指数就在 0.2 左右徘徊。因此,只要这些数据线能够在一定程度上反映某种现实情况,则我们不难得出这样的结论:腐败出现了长期而显著的下降。

腐败报道出现持续下降肇始于 19 世纪 70 年代中期到 1890 年。从美国整个联邦来看,它始于被丑闻困扰的格兰特政府末期。而从纽约市来看,这段时期恰是"诚实"的约翰·凯利(John Kelly)统治下的市政改革时期,凯利政府远比特威德老板当政廉洁得多。因此,有理由认为腐败与欺诈指数的下降,所反映的是政治上的净化,尽管它发生在镀金时代的全盛时期。 17

表 1 地方腐败和欺诈高峰期的腐败事件概况

时期	指数	腐败和欺诈事件
1820 年	0.567	对宾夕法尼亚州州长启动弹劾程序(对此,Ancestry.com上可以查到的绝大多数报纸都是宾夕法尼亚州的)。
1837—45 年	0.611到0.870	辉格党指控范布伦当局腐败,尤其是在 1840 年的选举年指控更盛。哈里森任上病逝后,泰勒继任总统,这件事被一些人指控为腐败,因为这些人认为泰勒应是临时总统。坦慕尼协会的腐败丑闻也散见于报端。
1857—59 年	0.711到0.837	《堪萨斯-内布拉斯加法案》颁布后的投票舞弊行为。在堪萨斯选举中密苏里人投票支持奴隶制,"勒康普顿宪法"被认定为具有欺诈和腐败性质。
1870—79 年	0.876到1.03	"三 K 党"恐吓南方投票人。在重建计划中,外来政客、激进分子对联邦资金的利用,以及自由民管理局,所有这些环节均被认为存在腐败。1872 年的选举,格里利(Greeley)被指控与坦慕尼协会有染。动产信贷公司腐败丑闻和对联合太平洋铁路公司的种种抨击。格兰特执政时期的其他腐败,包括威士忌集团丑闻。1876 年,民主党候选人蒂尔登(Tilden)因为击败了特威德集团和运河集团而声名鹊起,这也使得腐败成为此次总统选举中的一个重要议题。选举竞争异常激烈,尽管蒂尔登似乎赢得了普选,但参议院委员会却把有争议的选票判给了海斯。
1893 年	0.635	重大腐败问题未出现。金融恐慌似乎导引民众发泄了怨愤。三家重要的铁路公司倒闭,股票欺诈众说纷纭。民众指责北部大平原土地转让中的腐败欺诈。克利夫兰政府任命官员上的腐败众说纷纭,舆论认为,国会排挤南方民主党人,这样的结果可能导致腐败。

（续上表）

1925—28 年	0.264到 0.274	1928 年的总统选举期间，发生于 20 世纪 20 年代初的蒂波特山丑闻被揭露出来，并从此成为柯立芝政府腐败的标志。艾伯特·福尔(Albert Fall)因卷入蒂波特山丑闻而受到审判。财政部长安德鲁·梅隆(Andrew Mellon)受到调查。阿尔弗雷德·史密斯(Alfred Smith)因为筹资腐败而被撤掉了国会席位，随后又被恢复。绕过禁酒法的非法酒吧和其他腐败途径，及集团犯罪势力。1925 年，国会通过《腐败行为法》，以控制竞选支出。
1951—52 年	0.269	美国国家税务局(IRS)丑闻案导致许多人免职，并导致重建金融公司的资金滥用问题暴露。基福弗(Kefauver)领导参议院委员会调查了集团犯罪在政府中的势力，并揭露出许多问题。

腐败与欺诈指数的第一个下降期之后的 1895 年前后到 1908 年，是腐败的稳定期。这个时期，是进步时代的鼎盛时期，此时的改革似乎不太可能会停滞不前。那么，对于此时腐败与欺诈指数的变动，一个更加合理的解读是，由于揭黑记者所揭露的腐败吸引了民众的众多注意力，这就抵消了改革所减少的腐败，从而此间的数据线表现稳定。或许，这里值得指出的是，我们的数据表明，早期民众对于腐败更为关注，这有悖于以下观点：进步时代的揭黑记者使媒体对腐败有了新的认识。但我们的数据并没显示，进步时代的揭黑记者所披露的信息量是否远高于早期隐晦做作的新闻报道。

腐败与欺诈指数下降的第二个时期是 1908 年到 1917 年。

这个时期恰逢一个重大变革,此时腐败的大幅度下降是完全可能的。而随着第一次世界大战波及面的不断扩大,腐败问题完全有可能被挤出报纸的头版头条。此后的 20 世纪 20 年代末期,腐败有所上升。但即使在这一时期,对腐败的报道也从未达到 19 世纪中期的水平。如果将报纸内容作为一项指标,那么 20 世纪 30 年代的美国腐败程度就远低于 19 世纪。

以上数据线所反映的腐败时间路径,与这一时期的主要历史事件是相吻合的。传统的观点认为,在 19 世纪的大部分时间里,腐败盛行。而对于 20 世纪初,传统的观点则认为,进步时代的改革是有效的(例如,参见 Hofstadter,1955),腐败实际上下降了。而高级官员鲜少涉足腐败的事实,也验证了数据所显示的腐败下降的趋势。例如,尽管 19 世纪的纽约市长,如费尔南多·伍德(Fernando Wood)、奥基·霍尔(Oakey Hall,其为特威德集团成员)、罗伯特·范威克(Robert Van Wyck),经常因为贪污腐败而遭到指控,但自威廉·奥德怀尔(William O'Dwyer)以来,已有 50 年无任何一个纽约市长因为腐败行为而遭到严厉指控。确实,自范威克以来的 100 多年间,只有奥德怀尔和詹姆斯·沃克(James Walker)有显著的腐败行为。

尽管以上数据清楚地表明,自 19 世纪 70 年代中期以来,腐败是下降的,但 19 世纪早期的情况则显得比较复杂。我们对南北战争前后的点估计表明,1815 年至 1850 年间,有关腐败的报道不断增加,而 1850 年至 1870 年间,则鲜有变化。这种变化趋势与政府预算的增加和经济规模的扩大是一致的(参见 Glaeser and Shleifer(2003)的论证)。尽管这些数据验证了腐败沿弧形曲线的时间路径变动(1815 年至 1850 年间上升,1870 年后下降),但就证据力度来看,早期腐败上升的证据要弱于后来腐败 18
下降的证据。

以上通过报纸报道搜集来的数据所得到的腐败时间路径,不仅得到了第二章梅尼斯的证实,而且得到了第三章恩格曼和索科洛夫的支持。梅尼斯认为,城市机器的腐败史大致遵循图 1呈现的时间路径——先上升后下降。恩格曼和索科洛夫则认为,尽管民众对于运河建设中的腐败众口一词,但早期的运河建设还是相对廉洁的,只是后来的运河建设才变得非常腐败。由于南北战争前的公共工程主要是运河建设,所以,腐败程度可能较高。但此后,相关方面的证据则莫衷一是。尽管 20 世纪的大型公共工程成本严重超支,但恩格曼和索科洛夫所发现的腐败证据却很有限。

改革和反腐败斗争

为了理解腐败及其诉讼的时间变化路径,除了腐败理论之外,非常有必要提出一套改革理论。两者相较之下,改革理论可能任务更为艰巨,因为改革很少是一个单边决策。①

本书将考察有关改革兴起的三种主要理论。第一种理论将

---

① 例如,改革很少能够完全归功于某个特定政治领导人。尽管罗斯福和伍德罗·威尔逊两位总统是例外,但即使是这两位总统,其改革的成功亦当视为前期历次改革运动的水到渠成的一个终结。

制度变迁视为福利最大化的过程,认为改革所带来的社会收益越高,制度变革就越有可能获得成功。在20世纪中期有关改革的历史著述中,这种观点占主流,其中包括经常被引用的霍夫施塔特的著作(Hofstadter,1955)。第二种理论是由施蒂格勒开创的修正主义理论,强调改革中某些特殊利益集团的影响力。根据这种观点,改革和规制是为了迎合大利益集团的需要,这些大利益集团都想提高规模较小的竞争对手的成本。最后,第三种理论是由第十章的劳和利贝卡普提出的,它认为,改革是由通过操纵公共舆论和政府工具来获得支持的政治企业家所驱动的。

改革的福利最大化观点为西奥多·罗斯福、伍德罗·威尔逊、赫伯特·克罗里(Herbert Croly)和约翰·兰迪斯(John Landis)等改革者所推崇。这种乐观主义的观点认为,只要改革的净社会收益超过它的成本,改革运动就会兴起。若这种观点正确,则我们应可料见,只要集中供给的收益超过其成本(例如,集中供给下,准确甄选福利救助目标的难度,集中供给存在的严重官僚主义,以及集中供给的改革所固有的成本等),那么旨在减少腐败的联邦政府就会选择集中供给的福利计划。依据沃利
19 斯、菲什巴克和坎特的观点,新政时期对救济实施的联邦监管,消除了在州和地方之间转移支付中存在的腐败问题。因此,当腐败收益因奥尔森(1965;亦可参见特勒斯肯撰写的第八章)所谓的僵化体制或外生变量而增加,进而导致高度腐败时,可料见改革运动会兴起。而当训练更为有素、知识更为广博的社会精英可以更好地驾驭制度变革,从而引进制度变革的成本下降时,

这个观点亦可预见改革将发生。

改革的第二种观点，即修正主义观点，认为改革是由建制精良的特殊利益集团控制的。如果实施以产业规制，那么其相关利益集团就是那些大企业。这种观点下，当改革能够给大企业带来较多的利益，或者改革给大企业造成的政治影响较大时，可料见改革将兴起。此种施蒂格勒式观点有一个意料之外的蕴涵：进步时代的改革和规制并不标志着人民主权对企业利益集团的胜利，而是特定工商企业对政府的胜利。

第三种改革观点的视角，既非特殊利益集团，亦非公共福利，而是政治企业家。这种观点认为，改革的始作俑者是政治企业家，即那些试图赢得改革选票或谋取伴随改革而来的新政府机构中一官半职的政治企业家。在选民具有完美信息的条件下，这种观点与第一种改革观点，即福利最大化观点，是完全一致的。但在非完美信息从而选民意见易受政治企业家左右的情况下（如第十章劳和利贝卡普的分析），对于改革何时能够呈现，这种改革理论会得出不同但肯定的预见。此外，关于改革的福利收益，这种改革理论也给出了各种预测，它暗示改革可能要付出高昂的社会成本。

第三种理论派生出这样一个观点："呼吁改革"与指控对手腐败两者相得益彰。因此，除非竞争对手有相当廉洁的口碑，否则，指控对手腐败的诱惑将难以抵挡。如果指控者内生于腐败本体，呼吁改革将面临天然障碍；另一个障碍则是，改革通常会减少指控者当选后所获得的租金。因此，改革最有可能是由现行体系之外的政治企业家发起，因为他们不可能得到腐败的好处(参见第七章博登霍恩的分析)。

毫无疑问,以上理论都在改革的某一阶段有其重要性,它们均可用于解释过去长达 150 年的改革时间路径。格莱泽和施莱
20 费尔(2003)认为,美国历史上之所以要求出现一个进步时代的改革,是因为旧制度越来越难以应对企业规模日益扩大所激发的腐败激励。因此,20 世纪初期的改革是对经济规模扩大所带来的腐败加剧的一个回应。而施蒂格勒式的观点则认为,经济规模和企业权力的扩大自然会导向对企业有利的改革。最后,民众读写水平和成熟度的变化,以及媒体、政府规模、官职收益方面的改变,这些因素共同赋予了政治企业家更强的向公众兜售改革的能力和愿望。因此,很难明辨这三种改革理论的相对重要性。本书中有不少章节内容涉及此类问题。

结　论

美国腐败的历史呈现出某种弧状的时间路径,开始时很严重,后小幅上升,最后大幅降低。① 虽说美国历史上早期的腐败,相较于其后的镀金时代可能要少一些,但与 20 世纪初相比,近代的腐败行为显得更为谨慎从而更为隐蔽。若整个 19 世纪的腐败呈上升趋势,则这种上升趋势很容易用政府规模和经济规模的不断扩大来解释。地方政府预算的大幅增加,极大地提

---

①　我们在这里所用的“腐败”是指用经济或政府规模缩减以后的状况。

高了腐败的潜在收益。所以,若 1800—1870 年间腐败未见上升,那才会令人诧异。

然而,19 世纪 70 年代中期到 1920 年间,腐败的下降却并非源于腐败收益的下降。其间,由于政府规模在不断扩大,司法腐败的收益因此不断上升。20 世纪变化最大的是政治家所面临的腐败成本。现行许多被界定为腐败的行为,在 1900 年均为合法。政府行为缺乏自律,较高层政府过于弱势,以致不能对地方政府的腐败实施监督。尽管报纸早已对腐败行为进行了曝光,但在许多小城市,新闻媒体与政治权贵有着十分密切的联系,不可能大肆宣传对这些权贵不利的信息。

到 20 世纪初,现代腐败监督机制已一应俱全。自由裁量权在很多领域(如政治家的庇护)很大程度上已被规则所取代。不同层次的政府机构能够更有效地相互监督。而新闻媒体日益提升的政治独立性及相互间日益激烈的竞争,也表明了这样一种可能性,此时,对腐败行为及其相关法律诉讼的报道,不再局限于大城市。最后,投票人对于腐败行为的预期发生了变化,腐败行为一旦败露,将更有可能导致政治上的失败。

由于各方面的腐败成本均大幅上升,因此我们很难判定哪个因素或哪组因素至为重要。尽管如此,美国历史以一段引人 21
入胜的故事,讲述了一个政治贿赂曾经无孔不入地萦绕于政治生活各个层面的国家,是如何演变为当今腐败世界排名最低的国家之一的。

参考文献

Becker, Gary S., and George Stigler, J. 1974. Law enforcement, malfeasance, and compensation of enforcers. *Journal of Legal Studies* 3(January):1—18.

Caro, Robert A. 2002. *The years of Lyndon Johnson*. Vol. 3, *Master of the Senate*. New York: Alfred A. Knopf.

Corporate Crime Reporter. 2004. Public corruption in the United States. Report. http://www.corporatecrimereporter.com/corruptreport.pdf.

Di Tella, Rafael, and Ernesto Schargrodsky. 2003. The role of wages and auditing during a crackdown on corruption in the city of Buenos Aires. *Journal of Law and Economics* 46(April):269—292.

Gaviria, Alejandro. 2002. Assessing the effects of corruption and crime on firm performance: Evidence from Latin America. *Emerging Markets Review* 3(3):245—268.

Glaeser, Edward. 2003. Public ownership in the American city. In *Urban issues and public finance: Essays in honor of Dick Netzer*, ed. Amy E. Schwartz, 130—162. Northhampton, MA: Edward Elgar.

Glaeser, Edward, and Raven Saks. 2004. Corruption in America. NBER Working Paper no. 10821. Cambridge, MA: National Bureau of Economic Research, October.

Glaeser, Edward, and Andrei Shleifer. 2003. The rise of the regulatory state. *Journal of Economic Literature* 41(June):401—425.

Hellman, Joel, Geraint Jones, and Daniel Kaufmann. 2003. Seize the state, seize the day: State capture and influence in transition economics. *Journal of Comparative Economics* 31(December):751—773.

Hofstadter, Richard. 1955. *The age of reform*. New York: Vintage Books.

Johnson, Ronald N., and Gary Libecap. 1994. *The federal civil service system and the problem of bureaucracy: The economics and politics of institutional change*. Chicago: University of Chicago Press.

Leite, Carlos, and Jens Weidmann. 2002. Does Mother Nature corrupt? Natural resources, corruption, and economic growth. In *Governance, corruption, and economic performance*, ed. George T. Abed and Sanjeev Gupta, 159—196. Washington, DC: International Monetary Fund.

Mauro, Paulo. 1995. Corruption and growth. *Quarterly Journal of Economics* 110(August):681—712.

McCullough, David D. 1992. *Truman*. New York: Simon and Schuster.

McMillan, John, and Pablo Zoido. 2004. How to subvert democracy: Montesinos in Peru. CEPR Discussion Paper no. 4361. London: Centre for Economic Policy Research, April.

Olson, Mancur. 1965. *The logic of collective action: Public goods and the theory of groups*. Cambridge, MA: Harvard University Press.

——. 1982. *The rise and decline of nations: Economic growth, stagflation, and economic rigidities*. New Haven, CT: Yale University Press. 22

Reinikka, Ritva, and Jakob Svensson. 2004. Local capture: Evidence from a central government transfer program in Uganda. *Quarterly Journal of Economics* 119(May): 679—706.

Riordon, William L. 1905. Plunkitt of Tammany Hall: A series of very plain talks on very practical politics delivered by George Washington Plunkitt the ex-senator, the Tammany philosopher. Repr., New York: Knopf Press, 1948.

Rose-Ackerman, Susan. 1975. The economics of corruption. *Journal of Public Economics* 4(February): 187—203.

Shleifer, Andrei, and Robert Vishny. 1993. Corruption. *Quarterly Journal of Economics* 108(August): 599—617.

Steffens, Lincoln. 1904. *The shame of the cities*. Repr., New York: Amereon, 1957.

Stigler, George J. 1971. The theory of economic regulation. *Bell Journal of Economics and Management Science* 2(Spring):3—21.

Svensson, Jakob. 2003. Who must pay bribes and how much? Evidence from a cross section of firms. *Quarterly Journal of Economics* 118(February): 207—230.

23 # 第一章 美国历史上制度腐败的概念

约翰·约瑟夫·沃利斯*(John Joseph Wallis)

对于历史研究者而言,真正的教益何在呢?在于洞察历史事件

---

* 约翰·约瑟夫·沃利斯是马里兰大学经济系教授和美国经济研究局的研究员。

本章的写作起因于和克劳迪娅·戈尔丁的系列谈话,在这里我向她衷心致谢。如果没有她的支持和鼓励,便没有本文。爱德华·格莱泽鼓励我再向前追溯一段历史,我对此非常受益。与内奥米·拉莫雷奥克斯、李·奥尔顿、史蒂夫·韦伯(Steve Webb)、威廉·诺瓦克(William Novak)的交流,与莫顿·凯勒在首次预备会议上的讨论,以及凯勒教授在最后一次学术会议上的评论,这些尽管不是专门针对本文主题,却使我受益匪浅。在一次学术评论中,杰夫·史密斯(Jeff Smith)、萨利·辛德(Sally Snyder)和巴巴拉·吉尔(Barbara Gill)迫使我对制度腐败给出了更为精确的界定。马里兰大学召开的关于美国早期历史的研讨会,给我提供了一个难得的机会,向与会的历史学家提交了本文,他们对本文提出了宝贵的意见。在乔治·梅森大学墨卡特斯中心,马里兰大学、斯坦福大学、加州大学伊万分校的经济学系,世界银行以及卡洛斯三世大学召开的研讨会上,与会者进行了鼓舞人心的讨论。本项研究得到美国国家科学基金会的资助,拨款号为 SBR-9709490,SES-0078849 和 SES-0241699。最后,需要说明一点,本章的核心思想是在我与巴里·魏因加斯特(Barry Weingast)和道格·诺斯(Doug North)的不断讨论中形成的。

> 的因由缘起，以及特定历史条件下因政策择优而形成的权力。对于各国的具体实践而言，诸事成败的最关键力量无疑就在于国家宪法的形式，因为，国家宪法不仅是一切行动的理念和构想的泉源，也是促其得以圆满实现的保障。
>
> ——《波里比阿通史》第6卷

自从亚里士多德指出“根据是否以公共利益为统治目的，一国合法的政府形式包括独裁、少数人执政或多数人执政”以来，政治哲学家和学者们就一直对腐败政府问题投以了极大关注。腐败政府是各种“以私利为统治目的”的扭曲的政府形式（1996，第3卷，1279a，第29—33页）。无论是亚里士多德、波里比阿、马基雅维里，还是16世纪的意大利人哈灵顿（Harrington），17、18世纪以辉格党或共和派闻名的作家，以及包括麦迪逊、汉密尔顿在内的美国开国元勋们，都一直关注着腐败问题。为寻求实现廉洁自律的合法政府形式，他们需要研究和了解腐败是如何导致政府扭曲堕落的。他们有关腐败的思想含涉极广，从君王和普通百姓的道德与伦理价值观，到法律体系和政治制度的特征，可谓包罗万象。早在17世纪末和18世纪初，腐败的具体观念——本章称之为“制度腐败”（Systematic Corruption）—— 24
在英国就已经明确提出，并传播到了美洲殖民地和法国。正是由于认识到了制度腐败这一弊病，这三个地方的社会花了一个多世纪的时间，不懈地设计和实施宪政改革，以保护自身政治制度免遭制度腐败的侵蚀。由此，它们提出了平衡政府或者说混合政府的模式,作为应对制度腐败问题的良方。而现代经济的大发展正由此发端。

政治制度对于经济绩效的这种决定性作用,再度激发了经济学家对其的研究兴趣,也进而重新激发了他们对研究政府治理和腐败问题的兴趣。在 20 世纪的美国政治中,尽管腐败并没有消失,但它已不再是人们首要关注的问题。而美国政治中的这种对腐败关注的逐渐淡化,原因在于美国人已经找到了如何对其加以遏制的幽微之道。而这也就意味着,对美国较长一段时期的历史考察,可以给我们提供一个对美国经济和政治制度如何遏制腐败的深刻洞见。

按照本书最初的想法,只是想检视一下进步时代的美国,但是,实际上,早在 19 世纪 90 年代以前,美国人就已开始着手应对腐败问题了。在思考腐败问题的方式上,进步时代的改革者和 21 世纪的经济学家们之间,可以说存在着 180 度的大转弯,当下的腐败概念与一直流行到 19 世纪中期的腐败概念已迥然不同。麦考密克(McCormick)题为《商业腐败政治的发现》的文章,其标题就抓住了现代腐败概念的实质,或者,又如施莱费尔和维什尼(Vishny)的定义所言,腐败是指"政府官员旨在谋取个人利益而出售政府所有权的行为"(1993,第 599 页)。①

而相比之下,18 世纪英国(包括英格兰、苏格兰、爱尔兰和美国)的政治思想家们,则非常担心国王及其大臣们滥用授予给

---

①　关于腐败的其他阐述,参见克利特戈德(Klitgaard,1988)、罗斯·阿克曼(1978)和克莱格(Clague,2003)。

他们的经济特权，去寻求在政治上对腐败的支持，以及对政府权力的违宪篡夺。在英国，国民对于政府腐败的指责，主要针对的就是国会下议院主席丧失了独立性。因为其授予各种经济特权的方式，可能会腐蚀平衡政府，并进而削弱对国王的监督。

共和思想塑造了美洲殖民地的政治思想，并使殖民地居民在思想上做好了准备，使得他们当面对 1763 年后国王和议会的行为时，能准确地将其理解为对他们作为英国公民之基本自由的违宪威胁。而在获得独立后，美国人就一直担忧政府的腐败问题，并为如何设计能够制约腐败的政治制度而绞尽脑汁。①

这里所定义的制度腐败，既是政治行为的一种具体形式，也是一种思想。在那些制度腐败盛行的政体中，政治家们通过对 25
高利经济活动设置准入限制，利用包括垄断授权、限制公司特许权、关税、配额、规制以及其他诸如此类的手段，来故意创设各种租金。这些租金的存在，就使得那些设置租金的政治家们，能够将那些想要寻取这些租金的人牢牢地抓在了自己手中，从而实现其建立一个能够支配政府之联盟的目的。为达到政治目的而操纵经济，这就是制度腐败。而当政治腐蚀经济时，制度腐败也就发生了。

相比之下，经济腐败（venal corruption）则是指通过腐蚀政

---

① “在这个过程中，有关腐败的字眼滥觞于日常政治话语中，以至于用任何其他语言讨论公共问题都变得越来越费劲。杰斐逊时代给美国遗留下了遏制腐败的执着精神，直到今天仍深深地影响着我们思考政治问题的方式”（Murrin，1994，第 104 页）。

治程序来追求私人经济利益。当经济腐蚀政治时,就会发生经济腐败。古典思想家对经济腐败也很担忧。他们在讨论政府腐败的同时,还详尽探讨了整个人类和社会的道德和伦理腐败问题。不过,他们也认识到,经济腐败是人类本性的一个必然结果。所以,他们将全部智慧集中在如何设计并保护一种能够抵制制度腐败的政府形式。他们希望,通过根除制度腐败,同时能够消解经济腐败问题。

制度腐败的经济后果极其严重。而相比之下,经济腐败对于社会福利和经济增长的影响则似乎小得多。制度腐败的政府是一种设租而非寻租的政府。对一个制度腐败的政府而言,其生存主要依赖于通过限制市场和资源的准入条件而创设出的租金,正是这些租金,作为一种利益将整个联盟捆绑在了一起。制度腐败因其对市场机制的严重损害,会大大阻碍发展。因此,无论国际货币基金组织或者世界银行向发展中国家提出了什么建议,只要该国的政府存在着制度腐败,则任何建议都难以产生什么实际效果。①

对当代发展中国家而言,美国的历史似乎为它们提供了一种如何根除制度腐败的重大经验教训。毕竟,一方面,美国历史上的某些政府有清晰的证据显示出曾经出现过制度腐败;另一

---

①　诺斯、沃利斯、魏因加斯特用"自然国"(Nature State)概括了制度腐败型政府的思想,以更宽泛地涵盖到那些以创设租金并以租金来巩固现行政治制度为目的而限制经济准入的政治经济组织。这种"自然国"似乎在近5000年来的人类历史上一直处于支配地位,并且在今天仍在世界上大部分国家中存在。

方面，美国也在努力地、有意识地通过宪政改革来设法根除制度腐败。然而，美国的经验教训不只是难以学到手，而且首先对它的理解就存在困难。这很大程度上是源于语言方面的变化。“腐败”是一个带有时代性的词汇：它在两个世纪前的意思，今天已不复存在。18 世纪末和 19 世纪初，美国人十分重视制度腐败，把它看作国家的首要政治问题。虽然他们担忧经济腐败，害怕制度腐败，但在那时，他们仍不加区分地选择使用了同一个 26
词。

提到“腐败”问题，“Corruption”也并非是唯一的用词。英国共和派和美国开国元勋们往往使用包括奴役、专制、阴谋和腐败这类的措辞，而在我们看来这似乎过于夸大其辞，以至于我们感觉这些措辞可能纯粹是一种华丽辞藻，甚或只是一种宣传口号。对此，贝纳德·贝林(Bernard Bailyn)的巨大贡献在于，他证实了辉格党人和美国革命者事实上对这些措辞有非常贴切的认知。[1] 在今天，对于腐败会导致专制和奴役的担心，对我们来说已没有什么意义。毕竟，对当下的我们而言，对于美国革命的结局已经了然于心。但是，对于 18 世纪末的美国人而言，情况

---

① “我逐渐明白了这类措辞新的含义。起先，像大部分历史学家那样，我轻率地把‘奴役’、‘腐败’、‘阴谋’这类词仅仅归结为一种华丽辞藻或宣传口号……我开始察觉到，这类措辞对作者和读者来说具有某种很真实的含义：在它们后面隐含着真实的恐惧、真实的忧虑和对真实危险的感知，而不仅仅是渴望用华丽辞藻或宣传口号，来对那些消极民众的麻木精神产生影响”(Bailyn，1967，第 ix 页)。

则大为不同,他们当时还受着众多专制统治国家的包围,其居民还没有获得完全的自由和自决,仍处在18世纪定义上的奴役状态。①

一种充满悖论的现象是,一方面,英国和美国的公民都相信,自己生活在有史以来设计最佳的宪政制度之下,这种混合平衡的宪政制度能够保护个人的自由和自立;但另一方面,美国人有一种深刻而持久的恐惧:担心如果他们今天不能在保护自己的自由上做到尽心竭力并保持警醒,那么明天他们的政府就将变得腐败,并迅速堕入专制的深渊。换句话说,他们总是未雨绸缪,担心接下来会发生点什么。

在理解美国人如何根除其政府中的制度腐败方面,最根本的困难在于解释为什么美国人的首次尝试并没有成功。到1787年,美国每一部宪法都体现了某种形式的平衡政府。然而,单靠平衡政府并不足以抵挡制度腐败。在这一点上,美国人所要学习的东西,远比他们的英国祖先们已教给他们的要多得

① 昆廷·斯金纳(Quentin Skinner)的短文《自由主义之前的自由》,对英国辉格党人和美国人所称之"专制和奴役"的所指含义,做了最清晰且最有启发性的讨论。"不过,这些作者坚持说,一个国家或民族作为整体,如果其行动不是服从或依靠政治体的代表来做出,而是仅仅服从或依靠政治体代表之外的任何人做出,那么,它就被剥夺了自由。但有可能是,社会事实上并非受专制统治;其统治者可以选择遵从法律裁决,这样,政治体的任何宪法权利在实际上不会遭到剥夺。即便是这样一个国家,不管以何种途径,如果其行动的能力依赖于除它自身公民组成的团体之外的任何人的意志,那么,这个国家仍被看作生活在奴役之中"(Skinner,第49页)。

多。制度腐败本身是一个宪法问题，因而只有基于宪法才能加以解决。18 世纪 40 年代，各州最终认识到，只有明令开放经济
门户，才能削弱政治派别设租的能力，进而削弱它们操纵经济制 27
度的能力。①

本章第一节，将从亚里士多德、波里比阿、马基雅维里、哈灵顿直到 18 世纪英国辉格党人的哲学思想的发展中，去回溯梳理腐败的概念。第二节介绍美国革命时期、18 世纪 90 年代、19 世纪 30 年代以及进步时代的美国人物。本章的主要结论是，在一个现代、繁荣、发达的经济中，不受限制的自由准入和不受政府规制的竞争，这种最基本的经济制度已成为解决制度腐败的一种方法，即防止狭隘的政治帮派获取无竞争的控制权的一种方法。发展中国家真正能够从美国历史中汲取的一个经验教训就是美国是怎样根除制度腐败的。根除制度腐败需要找到解决政治问题的经济方法。18 世纪 90 年代至 19 世纪 40 年代，美国形成了支持自由经济准入及竞争的州政府宪法结构。这一过程历时 70 年，但 19 世纪 40 年代那一轮的美国各州宪法变革，是根除制度腐败的一个核心环节。美国政府在根除制度腐败上非常之成功，以至于我们对于 19 世纪的“腐败”这个术语都变得陌生、缺乏理解，也不再担忧美国

---

① 1776—1850 年，联邦政府曾起草了两个宪法，早期的 13 个州起草了它们各自的第一部宪法，以及附加第十六条(Additional Sixteen)的新宪法。有关 19 世纪 40 年代州宪法中开放准入对遏制腐败的重要性，参见沃利斯(2005)。

现行政治制度中的制度腐败问题。

第一节　从亚里士多德到英国辉格党人

> 国王的大臣们之所以备受责难,不是因为他们是国会议员,而是因为他们有故意安排那些接受政府俸禄者来充任国会议员的嫌疑。众所周知,如果立法机构的成员要接受政府俸禄,那么,立法机构就不再具有独立性,宪法的平衡性也将遭到破坏。18 世纪语境下的腐败(那时它是一个很常见的术语),不仅仅指贪赃枉法,而且指对人类美德和自由所必需的政治条件的妨碍。
>
> ——波科克(J. G. A. Pocock,1985,第 78 页)①

亚里士多德是讨论混合政府的第一位西方哲学家:"混合政
28 府离兼具多种形式的真相越来越接近:因为由更多的要素构成
的宪法,更为可取。"(1996,第 3 卷,$1255^{a}4$)波里比阿则明确地

---

① 波科克的这部著作对理解平衡政府与腐败的思想演进十分重要。他在《马基雅维里时刻》这本书中对相关论据进行了充分阐述。本节和下一节展开的思想演进史,依据的是波科克(1972,1973,1975,1977,1985,1987)、贝林、伍德、斯金纳(1978a,b)以及其他人的著作。这些文献确实有其出众之处。不过,在西方政治思想中得到发展的腐败概念,是怎样与经济和政治制度如此紧密而直接地联系起来的,迄今还没有人关注到这个问题。本章的贡献就在于此。

将腐败与宪法平衡的思想以及政府内不断变化的权力配置联系在一起。从那以后，平衡政府和腐败的性质共同演变，直到1776年，腐败成为政府的宪法结构中维护平衡失灵的同义语，这种状况才有所改变。

亚里士多德把政府的廉洁形式定义成“以公共利益为治”的政府形式。廉洁和腐败的政府形式“对应如下：君主政体对应专制政体；贵族政体对应寡头政体；立宪政体对应民主政体”（1996，第3卷，1279ª30和1279ᵇ4）。在《政治学》中，亚里士多德的任务是，怀着探究人类社会怎样才有可能建立良治政府的目的，去认识宪法是如何对政府行为产生影响的。最初，宪法在字面上被视为国家，而不是成文文书或理论概念。[①] 一切有机

---

① 人的体格（Constitution）常有健壮与脆弱之分。宪法就像体格一样。“美国独立战争论战初期，殖民者与他们英格兰的同辈人以及他们几个世纪前的先辈们一样，不是把‘宪法’（Constitutions）这个词理解为一种成文文书，甚至也不把它理解为不成文文书，而是把它理解为对政府的精巧设计以及对权利的详细规定，从而使普通法无权变更它们；他们宁愿把宪法看作是政府制度、法律和习惯的合法（即现有）安排及对其起推动作用的规则和目标。因此，约翰·亚当斯写到，政治宪法就像‘人的体格构成’，或说就像‘神经、纤维和肌肉的某种构造’，或说‘就像血液和体液的某种特性’，可把其中一些血液和体液恰当地称为生存之本（*stamina vitae*）；生命无此部分便不能维持片刻”（Bailyn，1967，第68页，引自《约翰·亚当斯作品集》，第3卷，第478—479页）。

“得体而准确地讲，宪法意指法律、制度、习惯的集合，起源于理性的某些恒定原则，并指向公共品的某些恒定目标。若社会同意接受统治，则这些原则和目标就构成一般制度”（Bolingbroke，1997，第88页）。博林布鲁克是18世纪初期著名的托利党政治家，是共和思想明确而有力的拥护者。

体都会展现出一个发育、成熟和衰退（腐败）的周期。腐败发生于政体，正如衰退和死亡发生于个体一样自然。政治哲学的一个核心问题是问，是否有可能设计一部政治宪法，让它能避免因腐败而消亡的命运。

波里比阿在亚里士多德关于政府的廉洁和腐败形式的类型划分基础上进行了拓展，进而形成了明确的政体演化循环论：

> 我们可以列举出六种政府形式，其中人们常说到的三种，我在前面刚论及，[即君主政体、贵族政体和民主政体的廉洁
> 29 形式]，其他三种同源形式，我指专制政体、寡头政体和暴民统治。其中第一个初始形态在无外力介入的条件下，按事物发展的自然秩序出现。接着，在外力的作用和调整下，最初的形态衍生出君主政体；后来，君主政体退化成一种邪恶形式，并与我所说的专制联姻，这两种形式一旦遭到较大程度的破坏，就产生了贵族政体。继而，在自然状态的演变过程中，贵族政体退化成了寡头政体，随后，由于人民对其统治者不公正行为的极端仇恨，民主政体应运而生；再次，民主政体因其违反和蔑视法律，偏离了它的航向，导致暴民统治的出现。而对于这几种政府形式的自然起源、演化、衰落的细致观察，可最为清晰地印证我以上所讲的事实。因为只有洞察到每一种政府形式是如何形成的，我们才能了解到它的发育、鼎盛和衰落，才能预期到它们再现的时间、环境、地点。（Polybius，1962，《通史》6，4，第 460 页）

波里比阿发展了“政体演化循环论，在该理论以及自然秩序论中，政体不断发生变化、转型并再次回归到它们的原初阶段”(《通史》6,10,第466页)。任何一个社会，如果具备这类廉洁型政府的特征，就不可避免地要经历从君主政体到专制政体、贵族政体、寡头政体、民主政体再到暴民统治的循环往复。暴民可被贵族和廉洁国王所制伏，随后开始新一轮的循环。对波里比阿来说，腐败就是从政府的一种形式演化到另一种形式的过程。这是一种超越个体的力量，因此也是一种超越个体道德或伦理行为的力量。而在非混合型政府中，腐败更是一种“逃避不了的自然规律”。

波里比阿从莱克格斯(Lycurgus)这个历史范例中得出结论认为，借助于混合或平衡政府，社会才有可能抑制腐败，因为这种形式综合了三种廉洁型政府的要素：

> [莱克格斯]集中了最佳宪法的所有精粹和独特处，宪法中任何一方都不会处于绝对支配地位，也不会陷入近亲繁殖的邪路；每一项权力都受到他人的监督，任何一方都不因改变力量对比或断然打破平衡而凌驾于他方之上；正是通过精确调整和严格平衡，最佳宪法作为整体，才能得以像迎风航行的船只那样，长久地保持稳定状态。由于人民也在宪法中被授予适当份额的权力，人民力量的制衡作用，使得王室权力有后顾之忧，人民力量的约束可防止王室权力变得泛滥。反之，由于迦太基元老院(the Gerusia)的制衡作用，人民不至于蔑视王权。因为迦太基元老院的成员，是依据

> 其功绩由选举产生，他们无疑会对事件的公正性施加他们的影响。而当其中任何一方如果因其稳健倾向而处于不利情形时，它往往会得到元老院力量影响的援助和支持。这种整合的最终结果是，斯巴达人长时间地赢得了自由，我们所熟知的任何其他人都没有达到过这样长的时间。（《通史》6，10，第466—467页）。

马基雅维里继承了波里比阿的思想。马基雅维里关注的是
30 政治变革的稳定性及其过程。[①] 任何活动，只要它扰乱宪法平衡，实际上就是腐败，而不管它是否由道德败坏的个人行为引起。因此，腐败源自社会结构中的固有倾向。

正是***平衡***这个术语让我们想到现代意义上均衡的概念，但我们不能把宪法平衡视作稳定或自我实施的均衡。在构成政治和社会秩序的群体之间，即使权力的相对平衡出现较小变动，也能使制度发生扰动。平衡的宪法能够防御腐败，但它要维持平衡，就必须靠一贯的警觉，即难免犯错误的人类的谨慎精神及注意力来维持。维持平衡，需要政治家和哲学家精确界定构成这个平衡的内容，即精确界定什么行为是违宪的或腐败的。思考问题的这种方式带来了两个重要影响：

首先，阐明腐败概念对宪法作为根本法的演进来说非常重要，宪法不但被记录于成文文书中，而且通过惯例、实践、冲突和

---

① 参见马基雅维里（1996，第一卷，第10—23页）和波科克（1973，第129页；1975，第83—219页）。

判决，贯穿于老百姓的生活实践。社会应当靠法来治理而不是靠人来治理，而要实施这个原则，则要求整个社会对于如何甄别腐败达成一致。

其次，平衡宪法是近似于唯一普遍最大化的一种理论结构。① 离开平衡的任何变动都是朝向专制和奴役的变动。不管变动是否朝向一人、多人或少数人的专制，均是如此。平衡宪法是一种理想的均衡状态；以此均衡状态为起点，向任何一个方向的倾斜都会引起下行的变动。对平衡的任何改变均内在地产生腐败。与道德和伦理败坏不同，制度腐败不是针对特定行为的。导致政治秩序失去稳定性的是平衡发生了变化。

斯图亚特王朝诸国王与英国议会之间的冲突引发了包括霍布斯（Hobbes）、哈灵顿和洛克（Locke）在内的学者对政治宪法性质的大量思考。1642 年 6 月 21 日是英国宪法史上的一个决定性时刻，当时正处在内战爆发前夕，查理一世的两个顾问起草并说服国王颁布了一份文件，即《国王陛下对议会两院十九条建议的答复》。在这份文件中，国王宣称，英格兰是一个混合政府的国家，而非一个傲慢的君主国家。《答复》是英国宪法史上的一个重大的转折点，因为在这份文件中，国王承认英国具有一个平衡政府，而不是一个君主专制政体。这很快成为英国宪法准 31

① 哈灵顿在《大洋国》文首"赠读者言"中，给出了这样一种理论倾向："我敢向你保证，即使我没让你[在知识的海洋中]畅游，我也为你打开了[知识]的丰富源泉；因为，虽说论述晦涩生硬，但雏形却是经过精心设计的"（1992，第 2 页）。

则的一部分。[①] 但《答复》并不承认统治权归属议会,也没有在王室特权方面做出让步。它加强了君主政体的合宪性,并把平衡政府的观念奉若神明。

《答复》确实使得平衡宪法得到保障,但它对这种平衡如何界定、如何维护、允许发生什么变化,则几乎没有做出任何明确说明。在这样的理论缺位时期,詹姆斯·哈灵顿的著作有助于界定宪法平衡,并推动其从静态向动态发展。哈灵顿为此做出了两个重要贡献。首先,他阐述了一个社会中军权分配如何影响土地占有的分配,进而每一个政府又如何依赖于一整套特定的土地财产权。其次,他证明了政府内的宪法平衡怎样才有可能与社会秩序间的军权平衡相一致(社会秩序蕴含于土地占有分配中)。哈灵顿的模型包含了两种平衡,其一是政府平衡,其二是军权平衡。他的创见在于看到了这两种平衡必须相互一致。一种宪法体系,如果赋予某一部分社会成员的权力(国王、贵族、人民)大于这部分成员所拥有土地的相对份额,则这种制度就是不稳定的。不论是宪法还是军权的潜在平衡,肯定会出现变化。哈灵顿用典型的波里比阿式话语,把腐败定义为变化:"这个意义上的腐败不过是指出某个政府(如同自然体)的腐败是另一个政府的一个阶段……"(1992,第 60—61 页)。哈灵顿把平衡政府看作是一种提供政治稳定性的方式,又是一种防止出

---

① 《答复》的原文在韦斯顿(Weston,1965)的著作中和《政治问答》一起印刷出版。《政治问答》很受欢迎,它诠释《答复》的内容后来成为了辉格党理论的核心部分。波科克(1975,第 361 页)对《答复》进行了讨论。

现一人、少数人或多数人人为控制政府而无休止地斗争的方式，还是一种防止接踵而来的战争、崩溃和特殊场合下专制的方式。

《答复》和哈灵顿的《大洋国》，虽给出了宪法平衡的定义，但这个定义仍有待改进。从 1660 年查理二世复辟到 1688 年威廉和玛丽就任国王期间，“共和人士”或“纯辉格党人”或“真辉格党人”清晰地表述了平衡宪法的另一种概念以及与此相关的腐败概念。① 到 1675 年，他们已经发展形成了包含着对立思想这一 32
基本主题在内的一致立场。② 平衡政府要求政治参与者（在英国就是国王、上议院、下议院）彼此之间真正相互独立。如果政府中的一派比另一派具有优势或影响力，就会使得嵌入在制度中的监督受到损害。例如，若国王具有对下议院的控制权，则下议院就不再能够防止国王在政府中实施专制。

共和人士对斯图亚特政府的批判是以常备军的创建为切入

---

① 这里面包括内维尔（Neville）、沙夫茨伯里（Shaftesbury）、洛克、马弗尔（Marvell）和悉尼（Sidney）。这些人与哈灵顿属同代人，1677 年哈灵顿因健康原因在极度衰弱中去世。本节着重阐述了哈灵顿的观点。尽管哈灵顿最终的影响力最为巨大，但他只是几个重要共和思想家之一。参见罗宾斯（Robbins，1959）对哈林顿及其思想的详细论述。

在 19 世纪，一个“辉格”党派逐渐形成，它有别于辉格党理论家。例如，博林布鲁克就是一位著名的辉格派思想家，但同时却是一个托利党政治家。为避免混淆，在接下来的讨论中，我使用共和思想家或理论家这个名词。

② 在本节，我引述了波科克的文章《马基雅维里、哈灵顿和英国政治思想》（1973，第 104—147 页）。该观点在《马基雅维里时刻》一书中进行了更深入的讨论（1975，第 406—422 页）。

点的。批判的原因不是因为常备军对自由构成了直接、有形的威胁,而是因为职业常备军威胁到议会的独立性(因为职业军人以及其他官员在下议院任职,其职业生涯和生活依赖于行政部门的亲善和资助)。“在这种背景下,常备军更似腐败的手段,而不是专制的工具。在议会任职的军官属于官吏,他们纵容军事机构的增长,并使之不受议会控制……”(Pocock,1973,第125页)。[①]

威廉王与议会之间达成的新协议,引起了财政政策和政府行政部门的一系列补充性制度变革,在这之后,批判的范围扩大了。这些制度变革包括了英格兰银行的建立、征税的职业化、新增国债筹资方法的推陈出新。[②] 此外,和法国之间的连年战争也导致了英国军事与工业的联合。1700—1800年间,政府支出占国民收入的比例从5%上升到了20%。[③] 国家权力的这种史无前例的扩张,盖起因于议会和国王,因为议会控制着税收政策。

---

① 由于特权阶层的权威依赖于其兵役供给,国家或者拥有一个独立的贵族阶层,或者拥有一支职业军人队伍,但不可能二者兼有。“这是因为,贵族权力和常备军就像两个吊桶,一方下降时,另一方肯定会上升……”出自《一个高尚的人致国内盟友的一封信》,引自波科克(1973,第118页)。

② 有关英格兰银行以及金融革命的文献,一般可参见迪克森(Dickson,1967);有关征税的官僚化文献,可参见布鲁尔(Brewer,1989);有关国家债务的文献,可参见诺斯和魏因格斯特(1989)。

③ 马塞厄斯和奥布赖恩(Mathias and O’Brian,1976)回顾了18世纪英国政府收入和支出情况的历史变迁。

正是在18世纪初期，制度腐败概念得到了充分阐释。共和派理论家们清晰地刻画出王室操纵经济特权与攫取政治权力之间的联系。英国人靠他们对平衡宪法不可撼动且日益增强的信仰，安然渡过了17世纪的内战。他们越来越多地把上议院看作是竞争性君主政体与下议院之间的一种平衡机制。[1] 三者保持 33
独立性是维持这种平衡的必然要求。共和人士把金融革命带来的经济革新看作是王室对下议院施加影响以及破坏议会独立性的机制，国王可利用行政庇护、公共信贷和政治派别来施加这种影响。如果国王对议会具有足够的影响力，从而能颠覆议会的独立性，那么，自由将会丧失，专制和奴役则将随之而来。[2]

不断上升的国防开支，增加了行政部门操控的陆军、海军、国库、海关以及税务等部门庇护职位的数量。到美国革命爆发

---

① 这就是韦斯顿(1965)的主题。

② “可以肯定的是，自称为政府的支持者，而实际上却是宪法的真正敌人之人，若此种人盛行于世，那么他们险恶计谋的要点将是支持维持一支常备军……用英国人的军队破坏英国人的自由，并不像某些人认为的那样，可确保成功。让议会腐败是一种虽说缓慢但有可能是更有效的方法；在两院中，如果能够安插二三百号受雇佣者，他们对宪法来说更具有毁灭性的影响，其危害要大于成千上万的军队。议会是自由的真正捍卫者。议会因此而生；它是那种伟大而崇高的信任的关键环节，而全体英国人民又把这种信任寄托在议会代表身上。这样一来，一旦奴役了议会，则它加诸我们的奴役就会是任何其他奴役制度都无法比拟的。由于国王及其大臣对两院的决定性影响，并且由于议会的腐败，我们将退回到一种实质上一人独裁的统治状态之下”(Bolingbroke，1997，第92页，第93—94页)。

时,那些受国王及其大臣控制的官吏、侍卫和选区代表占据了下议院中近一半的席位。① 而稳定增长的公共债务滋生出一个债权人阶层,他们与政府财政稳定性有着直接的利害关系,而且他们中的许多人本身就是议会的议员。大量利润耗费在债务营销及其利息支付上,主要流向了受特权保护的少数金融机构、银行以及特许贸易公司,而它们全都与行政部门和议会保持着密切关系。因此,人们有充分的理由怀疑议会中某些议员的独立性。再者,在诸如沃波尔(Walpole)这样的政治家的操纵下,政府内出现了利益帮派,这些帮派的利益"依附于政府的那些人的利益;或更贴切地说是依附于掌权者的那些人的利益;说得再准确些,就是在这些掌权者庇佑下获得权力红利或保护的那些人的利益,而他们却是宪法的敌人"(Bolingbroke,1997,第 85 页)。议会由国王来统领、由国王的大臣来组织、由公司特许权来筹资、由国家债务来协调而形成的一个政治帮派,会对平衡政府的目标构成威胁,并预示着有建立一元行政专制的危险。②

毫无疑问,18 世纪的英国人享有当时英国历史上、甚至是
34 世界历史上所未曾见过的最好的政府。大西洋两岸的英国人都

---

① 参阅纳米尔和布鲁克(Namier and Brooke,1964)中有关"行政庇护"(第 46—56 页)和"官吏与侍卫"(第 118—126 页)的内容。

② 共和人士反对所有政治派别,并将其都看成是腐败的表现形式。然而,在同一时期,英国形成的党派之一——辉格党,却明显不同于辉格党思想家/共和派思想家,这便容易产生混淆。如前所述,博林布鲁克就是一位著名的托利派政治家,而同时又是一位著名的辉格党哲学家。

在颂扬英国宪法的优点。约翰·托兰(John Toland)把英国政府称作"世界上建政最自由和最好的"政府。约翰·亚当斯(John Adams)也称,"未曾存在哪一个政府有如此完美的自由。"甚至,连法国人孟德斯鸠也称其为"这个绝妙制度"。[①] 辉格党人深信英国宪法的完美平衡。据此,共和派所谓的腐败猜忌且可视为偏执。但如果这样做,就会忽视一点,即辉格党人担忧的并不是英国的现状。共和人士担心的是英国的未来。对18世纪英国社会和政府正在经历的变革究竟是好是坏,他们缺乏做出判断的历史标准。共和人士深深相信,如果议会中的行政影响不受抑制,则英国政府将在下一阶段不可避免地出现专制和奴役。

共和派抨击腐败的核心是批评政府与经济的联系。亚当·斯密(Adam Smith)抨击政府授权的重商主义特权制度(Smith,1981)。在《卡托信札》中,特伦查德和戈登(Trenchard and Gordon,1995)反对利用特许公司来促进贸易活动,因为这些活动有可能会(通过限制进入)产生经济租金,而这些租金可被国王加以利用来巩固自身的经济利益(1720年,第3封,第44—45页)。[②] "这个通过掠夺国民来累积财富的掠夺阶级,显然是造物主和人类的敌人,所以没有人会把他们称作自己的同胞:他们

---

① 引自伍德(Wood,1969,第11页)。

② "通常,建立公司和合股公司是为了鼓励和促进贸易;尽管它们总是相反,会损害和妨碍贸易。"(Trenchard and Gordon,[1720]1995,《卡托信札》,第9封,第69页)

是一群恃强凌弱的恶棍,他们是一伙证券投机商,他们是一个证券投机商的阴谋集团!”①与这次金融革命相伴而来的,是政府授予特权的情形大量增加。② 制度腐败让政治家与议员的独立性遭受破坏,加上表现为证券经纪人和投机商的唯利是图和贪婪成性的个人腐败,一切都传递出强而有力的讯息。

一直到18世纪中期,共和人士都在谴责行政庇护、公共信
35 贷、政治派别带来的腐败恶果。共和思想是构成18世纪政治对话的重要内容。他们泾渭分明地界定了什么是合宪的,什么是不合宪的。当然,英国在此期间崛起并成为世界强国,大多数英国人也乐意对他们政府中传言的腐败保持无动于衷。在英国,共和人士“从任何意义上说都不是一个有组织的反对派……因为缺乏领导者和组织,这些改革者失败了。而即使这些条件已然达到,他们仍未能获得足够的公共支持和兴趣。他们之所以失败,部分归因于他们对党派的憎恶……真辉格党人不是一个

---

① 1720年11月10日第6封《卡托信札》的标题表达了特伦查德和戈登的观点:《人民太容易受骗子蛊惑。必须对南海阴谋的险恶伎俩造成的大众苦难的虚假补偿加强警惕》。

② 正如迪克森概括的那样:“最后,值得指出的是,与伦敦证券市场的发展相比,这次金融革命很少有什么方面具有重大的政治和经济功效;尽管如此,却没人能把那个时代的舆论号召起来,反对金融革命。舆论指责这次金融革命本质邪恶,且有违公共利益。被泛滥地用来指称每一类市场活动的证券投机一词,明显暗含了自利和腐败的言外之意。任选一本由同时代人写的评论集,在语调上会非常一致,甚至可以说单调乏味,而它对市场在实际上是如何运转的,却提供不了什么见地。”(1976,第32—33页)

协调一致的政党。他们几乎像信仰宗教那样，只是信仰许多政治信条”。然而，“在美国，不列颠群岛辉格党人的学术思想却结出了硕果，并找到了切实的表现形式。”①

第二节　腐败、革命和宪法

> 阁下，我们力所能及地做了一切准备，避免正在迫近的暴风骤雨。我们请求；我们谏言；我们祈愿；我们拜伏在国王面前，敦请国王介入，查实内阁和议会处在专制支配之下。
>
> 阁下，斗争不单属于强者；它还属于警觉者、积极者、勇敢者。阁下，除此之外，我们还没有选举。如果我们益发畏首畏尾地想要避免斗争，我们现在就越难以从这场对抗中退却，因为为时已晚。这里没有退路，只有臣服和奴役！我们的镣铐已被铸就。在波士顿旷野上就能听到它叮当作响！既然斗争不可避免，那就让它来吧！
>
> ——帕特里克·亨利(Patrick Henry)，《给弗吉尼亚地方议会的致辞》，1775 年 3 月 23 日

> 立法权应由国王、上议院和下议院联合行使的思想，即是古典共和理论中未展开的立法主权的思

① 罗宾斯(1959)引自第 381、382、385 页。

> 想;《答复》中对该思想的表述提醒人们,“权力分立”的思想,虽然主要是在英国创立,但没能在英国得到实施,只是在美国摒弃议会政府后才得以实现。
>
> ——J. G. A. 波科克(1987,第 310 页)

我们已来到了英国和美国道路的分岔口。对于美国人为什么发动起义这个问题,美国历史上的“共和主义综合”派(Republican Synthesis)给出了令人信服的解释,即“美国人起义之不同寻常之处在于,他们发动起义,不是为了反对英国宪法,而
36 是为了捍卫它”(Wood,1969,第 10 页)。[①] 出于对保护现行宪法的渴望,催生美国革命的是担忧而不是期望。大西洋两岸对英国腐败的广泛认同,在 1763 年英国议会与北美殖民地之间的裂痕被撕开后,就无情地驱使美国人走向独立。在北美殖民地,这种担忧是指,英格兰这个“曾经自由的国度、爱国者的学校、英雄的滋养地,已经蜕变成奴役的国度、叛逆的学校和专制的滋生地”。[②] 寻根溯源,推动美国革命的这种担忧是波里比阿式的。行政部门对议会的影响使宪法失去了平衡。专制势必随君主政体而产生,而不管提出君主政体的那些人意欲是如何纯洁。正

---

① 伍德(1969,第 10 页)。沙尔霍普(Shalhope,1972,1982)出色地综述和讨论了有关共和主义综合的文献。

② 该引文出自 1776 年 1 月 3 日查尔斯·李(Charles Lee)给罗伯特·莫里斯(Robert Morris)的一封信,伍德(1969,第 10 页)也引用了这封信。

如帕特里克·亨利所描述的那样："我们的镣铐已被铸就。在波士顿旷野上就能听到它叮当作响!"

任何政府,若按共和方法组织,就应直接实施具有平衡政府特征的宪法。1776 年 5 月,大陆会议要求各州起草自己的宪法。到 6 月,新泽西州制定了新宪法,其特征之一就是清晰地表述了权力分立的思想:

> 第二十条 本政府的立法部门务须尽一切可能免于一切腐败之嫌疑,除治安法官外,不得由最高法院或其他法院的法官、行政司法长官,或享有从政府受益的职位的其他任何人或任何团体在立法部门任职;否则,在其被选举和就职期间,其职务或职位视为空缺。①

1776 年 11 月修订的《马里兰州宪法》第六部分《权利宣言》规定:"政府的立法、行政和司法权力,相互之间应当永久分立。"权力分立是美国人处理制度性政治腐败最显而易见的方式,不过,早期州宪法的整个架构及其组成部分,都试图使平衡政府制度化。

各州按其宪法所赋予的权力,并不必然背离国家政府的权

① 《1776 年新泽西州宪法》第 20 条。《1844 年新泽西州宪法》第三条第 1 款规定:"1. 政府权力划分为三个不同部门,即立法、行政和司法;除本条明确规定外,隶属或构成三部门之一的任何人或任何团体,均无权行使确当属于其他两部门之一的任何权力。"(Wallis,《NBER/马里兰州宪法方案》)

37 力。然而,一旦各州界定了它们的权力,那么除非付出相当大的政治成本,否则国家政府很难剥夺。1787年起草的第二部联邦宪法赋予国家政府广泛而丰富的权力。但只是在军队和国际事务、公共土地、国际贸易和商业政策以及(范围较小且当即引致争议的)财政和货币政策领域,国家政府才拥有明确界定的***排他性***权力。国家政府随即发现,除军事防御和国际关系领域外,即便是在上述领域中,即使是出于政治的原因,行使其宪法权力也极其困难。[①] 这样,国家政府的行动就不可避免地唤醒了制度腐败的可怕幽灵。

由于州政府拥有干预社会经济的任何方面的立法、管制和推动的能力,所以经济政策的焦点是州而不是国家政府。美国人在政府中开始了以下两项试验:成文宪法和政府对私人组织的广泛支持。第一项试验是美国历史的一个核心组成部分。第二项试验尽管非常成功,但由于人们对此过于想当然,所以美国人很少意识到政府对私人组织的支持,对于美国社会和经济发展是何等重要。正如托克维尔(Tocqueville)所说:"美国人,不管处在什么年龄,不管在生活中处于什么位置,也不管抱有什么倾向,总是热衷于社团组织。在美国,不仅有每个人都参与的商业和工业社团,而且还有上千类其他社团,比如宗教社团、道德社团、正统社团、娱乐社团、综合社团、专业社团、特大型社团、微型社团……在任何一个新事业中担当要职的人,在法国是政府

---

① 这个观点由沃利斯(2005b)、沃利斯和魏因格斯特(2005)做了进一步阐述。

官员，在英国是某个地方权贵，而在美国肯定是社团成员，这点几乎是屡试不爽”(1996，第513页)。

美国殖民者带来了古老的英格兰宪法，而不是国王或贵族这两个在宪法平衡中的关键要素，从而带来了一个更具平等主义的社会。这个社会有着一种对个人集会权利以及一个更具活力的私人部门或组织的深刻信仰。在欧洲，建立自发组织的权利并不普遍；人们常看到身为组织首脑的恰是政府官员和地方权贵，因为他们享有建立组织的特权，有时以隐蔽的方式，更经常地以公开的方式。只有社会和经济精英才有能力建立公司。限制准入导致经济租金的产生，从而使王室授予的特权具有很高的金钱利益。在美国，集会自由，以及建立宗教、政治、经济和社会组织的能力，在革命后并非没有遭遇过争议。政府应当向私人组织提供多大程度的公共支持，这个问题非常重要，至少在 38
经济和政治领域中是如此，但对此颇有争议。

美国的平衡州宪法接受了哈灵顿原则：以人口土地所有权的比例来平衡政府内部的权力。“权力起因于社会的实际财产权。”[1]对美国政治家来说，土地所有权的平等给他们提出了新的棘手问题，这是他们的英格兰祖先所没有遇到过的问题。土地的分配既不反映社会声望的分配，也不反映“天赋精英们”内在领导才能的推定分配。集会自由、言论自由和请愿自由是最

① 《约瑟夫·加洛韦与大陆会议》，如詹森(Jensen，1940，第66页)引述，引自约翰·亚当斯的《争论记录》，《约翰·亚当斯作品集》，第2卷，第372页。

基本的权利。这些权利能够在多大程度上向那些具有政治能力、独立、拥有土地的公民进行推展呢?什么样的人享有投票、开办企业、建立政党的权利?英国金融革命并未向享有更多自由进入权的经济或社会迈进;相反,它严格限制进入权。亚当·斯密和古典经济学家基于重商主义者限制经济组织进入而对政府政策提出了批评。国王及其大臣们利用有限的进入权来设置经济租金,然后再用这些得自租金的赃款来换取政治势力,进而侵蚀了议会的独立性,并致使整个政治制度出现腐败。腐败和证券投机商体现了制度腐败和经济腐败二者的根本特性。那么,美国是如何应对这同一个问题的呢?

第三节　腐败和国家政治的第一次危机

> "难以想象,亚历山大·汉密尔顿殚精竭虑,为新共和国精心制订的经济计划,结果竟然加重了这些[共和主义者]的担忧……这不免令人回想起18世纪英国的政府财政体系,结果竟然带来了受英国对立思想影响的那些观点。"
>
> ——班宁(Banning,1978,第128页)

整顿国家财政在新共和国中激起了针对腐败问题的第一次战斗。汉密尔顿建议的财政政策,包括偿还国家和州债务、国家银行、适中的关税收入和消费税等。在1791年3月闭会的首届国会会议上进行讨论时,以上政策均激起了反对意见和争论。

汉密尔顿建议的每项措施，虽然都引起了人们对经典共和语境
中腐败的担忧，却都被采纳了。无论如何，1791 年夏针对新财
政制度的争论，在美国还是迅速引起了民众对制度腐败的巨大
担忧，并最终导致了一个反对党的创立。尽管所争论的所有政 39
策措施都是有关经济的话题，但这场争论的核心还是经济政策
对政治的影响。

我们已经看到，英国的金融革命怎样导致了长期国债、消费税和关税征收者的官僚作风，国家银行以及买卖、交易政府债务的金融中介和特许公司的产生。随着官僚机构的不断膨胀，行政庇护的机会也不断增多。借助国家债务和公司特许等手段，把金融集团的利益和政府政策捆绑在了一起，这就使得王室有可能扩张其势力，并削弱议会的独立性。英国的这种金融制度是对基本自由的威胁；它是制度腐败，而金融集团的利益与王室利益的同一，就是腐败的机制。

汉密尔顿关于美国新财政制度的论点包含着不祥的蕴涵。在 1790 年 1 月的《公共信贷报告》中，汉密尔顿提出，“如果所有公共债权人都从一个来源获得报酬……那么他们的利益是一致的。由于利益一致，他们将联合起来，支持政府的财政安排。”① 汉密尔顿明确地提出了牵涉金钱利益的制度安排，而这正是英国的共和人士所担忧的问题所在。对于汉密尔顿的建议，弗吉

① 《公共信贷报告》，《美国政府文件（财政）》，第 1 卷，第 15 页。参见弗格森（Ferguson，1961）对汉密尔顿思想中宪法问题与公共债务相互作用的分析。

尼亚州议会于1790年12月16日给国会的陈情书比较有代表性:

> 巨大的担忧,高度的责任感,驱使他们提请国会务必重视他们在最近一次会议上提出的一项法案,即《美国债务预备法案》。立法机构认为它既不涵盖政策、公正,也不涉及宪法、保障。在请愿书起草人看来,在公共债务清偿方面,共和党政策中几乎没有提到前述法案中的这类条款,因而限制了美国政府的权利。相反,他们觉察到这种体制与革命时期引入英国的那种体制极其相似,而后者不但使英国的巨额国家债务永久化,而且成为行政部门无限影响力的一部分,从而渗透到英国政府的每个部门,击垮一切对手,时刻存在摧毁事关英国人自由的一切事物的危险。同因必同果。
>
> 因此,在一个有着类似体制的农业国中,建立、集中一
> 40 种庞大的金钱利益并使之永久化,恰恰是请愿书起草人所理解的这样一种措施,它在人类活动过程中必然产生两种不幸之一:商业冲击下农业的衰落,或国家政府现存形式的改变。不管哪种结果都将危及美国人的自由。(《美国政府文件(财政)》,第1卷,第90页)

弗吉尼亚州质疑,"共和党政策",也即共和思想,是否会提出类似这样的财政计划,并把汉密尔顿计划和英国"成为行政部门无限影响力的一部分"的行政腐败直接联系起来。用典型的共和方式,这份陈情书提出了警告:汉密尔顿计划可能危及"美国人的自由"。

正如班宁(1978)指出的那样,有意识地设计一种财政计划存在相当大的困难,而这种计划与汉密尔顿计划相比,会更加直接地激起共和派对行政影响力的担忧。这项财政计划在1791年获得通过后,有关其影响的争论把联邦政府内部的意见分歧摆上了桌面。[①] 联邦党人这边是亚当斯派,汉密尔顿加入该派别,他们盛赞英国宪法,反对过分延展民主。而在即将成为共和党的另一边,杰斐逊和麦迪逊在托马斯·潘恩(Thomas Paine)和菲利普·弗里尼奥(Phillip Freneau)的支持下,抨击亚当斯派是君主主义者,汉密尔顿是野心勃勃的"首相"。共和党人责难财政计划,认为它是汉密尔顿的一个图谋,是利用他财政部长的职位,通过制度腐败来确保对政府的控制。两派的激烈辩争逐渐在国家政治中导致了泾渭分明的联邦党和共和党的形成。而解决这场冲突的方式,使得政府在促进经济发展中的腐败问题成为此后70多年中美国政治的核心。美国人花了很长的时间才领悟到该如何来起草他们的宪法。18世纪90年代的那场冲突凸现了美国共和党政府试验中的几个矛盾。

民众主权与多数人专制之间的矛盾。在审批权争论中,无论是联邦党人还是非联邦党人,都认为民众主权是新的美国制度的一个关键要素。赋予民众的主权,可以通过选举授权给代表。但是,主权最终归属于投票人。对埋首研究共和理论的这些人来说,多数人的专制与一人或少数人专制一样,都是一种威胁。毋庸置疑,民众主权的实施会冒多数人专制的风险。汉密尔顿和麦迪逊都认识到了这种风险。麦迪逊原指望扩展共和能

---

① 1791年事件及其后对国家政治的影响,在班宁(1978)和麦科伊(McCoy,1980)的文献中进行了描述。

41 够缓和这种风险,就像他在《联邦党人文集》第十篇中雄辩地证明的那样。多数人统治的最大危险在于:蛊惑民心者有可能会出现,并联合大多数投票人来支持他,从而导致政府走向专制统治。这种类型的人一旦成为领导,就可能会通过多数票对政府所有部门进行肃清,践踏制衡原则。未过十年,麦迪逊的期望就宣告落空,到了18世纪90年代初期,联邦党人就控制了国家政府的所有三个部门。①

政党与腐败之间的矛盾。在杰斐逊和麦迪逊看来,美国宪法本身就提供了一种对抗联邦党人的方法:建立反对党。赢者通吃的总统选举及其他官员的选举过程,其逻辑似可保证最终会出现两个相互竞争的政党。② 尽管在美国宪法中,行政和司法严格分离,但总统和国会仍必须设法就政府运行方式达成一致意见,这个协调过程最终要通过政党来进行。但公然对抗的反对党的形成,显然会带来危险。以华盛顿为首的当政的联邦

---

① “联邦党成功地控制了国家政府的三个部门,这个成功使得人们对1787—1788年间麦迪逊联邦主义的基本前提产生了疑问,这个前提就是:在政治问题的国家层次上,那种持久的结党营私的多数票极少可能实现联合”(Ferejohn,Rakove,and Riley,2001,第3页)。

② “即使是身处于18世纪90年代对腐败恶性的‘偏执’猜忌当中,无论联邦党人还是共和党人,都还是选择发掘美国宪法本身潜在的机会来寻求优势,而不是选择退出策略。两党很快便发现了强大的激励,改造总统选举不成熟的机制,将其转换成政治创新的时机。在1787年,没有人认为总统职位会成为国家政治竞争中的焦点,但是到1796年或者更晚一些的1800年,控制行政部门显然已成为了控制政府的要点”(弗雷、拉科夫和赖利,2001,第7页)。

党人可以诡辩地声称，他们的行政当局是无党派的。政党和宗派是天生的、制度性的腐败。而共和党人一旦作为一个有组织的政党，参与了政府控制权的争夺，就会遭遇18世纪90年代那场有关腐败本质的指责。①

除强调需要建立一个竞争性的政党之外，麦迪逊和共和党人还强调需要一个能够制定恰当政策的政府。他们声称，无论是在共和党人与君主制政府的争论中，还是在廉洁政体与腐败政体的争论中，自己始终站在正义的一边。② 虽然泰瑞·亚当

---

① 特别参见霍夫施塔特（1969，第80—86页）第三章“在野的杰斐逊派”（The Jeffersonians in Opposition）。麦迪逊在发表于《国家公报》（*National Gazette*）上的系列文章中，力图为政党提供一种理智的解释。他给出了少数和多数之间的经典区别，并认为共和党人代表着多数。

② “这些文章的一个突出特点是有价值的评论，因为它在我们一再遇到的共和思想中意味着一种张力：它竭力把两党之间的争议化简为共和政府优劣的争端。在今天，这似乎是一个伪问题；筹资、债务承继、银行、税收和对外政策等问题看来更加真实和重要，因为完全无需把有关君主政体与世袭权力这个问题的人为争执叠加在这些问题之上，而对于君主政体与世袭权利，美国人中只有很少一些人持赞同意见。然而，如果我们还记得，大多数政治意识清醒的美国人敏锐地意识到他们被卷入了共和主义的一场政治试验，那么，两党之间言过其实的愤怒就能被人理解，因为这场试验伴随着异常严峻的困难，还可能面临着隐蔽且不可预测的危险。双方都对一个庞大邦联（an extensive federal union）中共和政治的稳定性惴惴不安，因为在这样一个邦联中随处可见情感和利益上的诸多差别”（霍夫施塔特，1969，第34—50页）。在这段文字中，霍夫施塔特清晰地论述了这样一个观念，即偏离完全平衡的任何行动就像下陡坡一样，很容易“向君主政体和世袭制倒退”。对于霍夫施塔特，我唯一感到缺憾的是，与对体现在融资体制中的制度腐败的担忧相比较，他过分强调了对君主政体的担忧。

斯(Tarring Adams)、联邦党人以及那些空谈君主主义者很好
42 地迎合了某些投票人，但是，最严重的威胁恰恰是汉密尔顿"首相"通过美国银行与国家债务间的协调机制所施加的行政影响，或行政部门对立法机构的影响。这种威胁不仅与上百年来英国的政治著述产生了共鸣，而且与美国偏执年代对英国腐败的抨击产生了共鸣。通过强调其动机的公正性，最大程度上减少了共和党作为一个有组织的政治派别存在的消极政治含义。"由于公共品由几乎势均力敌的两党控制，故情形必异常危险。真理是实现对立面的统一，而不是分裂。不可能双方都是正确的。每一个爱国者都反对分裂，而避免分裂的唯一途径就是全民共同偏向其中的一个政党。"[①]如果共和党人确实是正确的，而且他们的动机不是出于派性而是出于公正，那么，一旦国民逐渐认可了其立场的明智，则竞争性政党就不再有存在的需要。

腐败与促进经济发展之间的矛盾。沿着传统的共和路线，通过抨击汉密尔顿和联邦党人，共和党人从上百年来英美学者有关政府腐败的思想中获得了道德力量。同时，他们也使自身陷入难以摆脱的困境中。共和党人和联邦党人一样，支持经济增长和发展。他们反对联邦党人的理由是政治的，而非经济的。他们不是从经济方面来驳斥汉密尔顿计划的不可行，而是认为汉密尔顿此举将开始滑向行政专制。那么，共和党人又是如何打算促进经济发展的呢？

在 18 世纪末期，可资借鉴的唯一模式是几个世纪以来欧洲

---

① 约翰·泰勒(John Taylor)，《政党的定义》(1794，第 2 页)；引自霍夫施塔特(1968，第 100 页)。

政府在促进经济发展时曾用过的模式：建立公共服务公司。为了诱导它们提供公共服务，政府授予了这些公司公共特权。这样，通过限制进入权，它们拥有的公共特权就产生了私人租金。在《难以捉摸的共和国》一书中，作者德鲁·麦科伊（Drew Mc-
Coy）非常清晰地阐述到，杰斐逊和麦迪逊经济发展远景规划的 43
核心宗旨是，要求进行金融和运输等公共设施建设，从而把西部不毛之地变成千里沃土。与此同时，对外经济政策必须确保美国的产品获得日益扩大的海外市场，只有这样，才不至于使自耕农因为生产而陷入贫困之中。① 没有任何制度工具，只有通过公司来推动金融和运输设施不断改善。如果共和党人抨击公司是国家层次上的腐败工具，那么，他们将无从推动自己和投票人都渴望的经济发展了。

在美国历史的头 40 年中，这些矛盾没有一个得到解决。直到 19 世纪 30 年代和 40 年代，这三个矛盾才逐一得以解决。

第四节　腐败无所不在：杰克逊式民主和辉格党人的回应

从 1800 年到 1824 年，共和党人表面上多数一致的治理，以道德多数的治理方式，掩盖了多数人专制所带来的威胁。但国会中很快出现了地理上的分裂，甚至是党派分裂。而在面对国

---

① 特别参见麦科伊（1980）第三章“商业与独立共和国”，第 76—104 页。麦科伊在开始的几章中，像班宁（1978）那样，阐述了共和思想的辉格党渊源。在麦科伊的分析中，腐败的本质作用体现在第一章的标题中：“18 世纪思想中的社会进步与衰落”。

内各地的地理竞争问题时,联邦政府却表现得非常无能,从而导致在联邦层面上的无所作为。[①] 由此,促进发展的责任就顺理成章地落到了州政府的身上。19 世纪 20 年代和 30 年代全国政党政治的复苏,表面上是民主党人和辉格党人之间围绕经济问题争论的一个结果,而实质上争论围绕的是制度腐败问题。国家政府对此同样没有进行积极的引导,直到 19 世纪 40 年代,最终解决促进经济发展与制度腐败之间矛盾的都是州政府。

从 1790 年起,州政府扩大了它在银行和运输业上的干预。[②] 人们很容易把州政府此举的出现归因于联邦政府的缺位,但是,显而易见的是,州政府的行动是在州的层面上政府能力发展的一种延续。这种发展肇始于 1776 年,与制定新的州宪法的要求相伴而生。18 世纪 90 年代,各州开始特许设立银行、收费公路公司、桥梁公司、消防公司,以及宗教、慈善、教育、市政等各类法人社团。[③] 到 1836 年,当美国第二银行的国家特许权

① 沃利斯和魏因斯格特(2005)研究了导致联邦无所作为的原因。

② 有关联邦、州、地方政府促进运输业发展的史料参见古德里奇(Goodrich,1950,1960)。拉森(2001)补充了古德里奇对联邦内部改良的政治学研究。银行业的史料非常多,其中博登霍恩(2000,2003)最近两本书的主题就是关于州银行业的。

③ 19 世纪最初 10 年,纽约州平均每年新成立法人社团 18 个,俄亥俄州 1 个,马里兰州 2 个,宾夕法尼亚州 6 个,新泽西州 4 个。19 世纪 30 年代,纽约州每年平均 57 个,俄亥俄州 43 个,马里兰州 18 个,宾夕法尼亚州 38 个,新泽西州 18 个(Evans,1948)。有关美国法人社团,有价值的历史和法律文献有:戴维斯(Davis,1961),多德(Dodd,1954),赫斯特(Hurst,1970),汉德林和汉德林(Handlin and Handlin,1969),西维(Seavoy,1982),梅尔(Maier,1992,1993),拉莫雷奥克斯(Lamoreaux,2004)和邓拉维(Dunlavy,2004)。

到期时,美国已有 600 多家特许银行。在此期间,在哥伦比亚特区,联邦政府已特许设立了美国第一银行和第二银行以及几家小银行。① 1790—1860 年间,州政府和地方政府共支出 4.5 亿美元,为包括伊利运河、巴尔的摩-俄亥俄铁路在内的几百个成功的项目,以及几百个失败的项目融资。而在这一时期,联邦政府在运输业发展上的支出只有 6000 万美元,其中大部分用于小型河流和港口项目。在 1841 年,州级债务总额达 1.98 亿美元,远远超过了此前任何时期的国家债务。 44

当然,公司特许权制度只能把特权授予公民中的一小部分人。最初,每项特许权都要求州议会颁布一项法令,用当时的话说,就是每一个特许公司都具有特许性。特许权往往会唤醒腐败的幽灵,所以,每当一项特许权被计议时,反特许权的情绪就会异常强烈(Larson,2001,第 119 页)。同时,公共舆论还期许大力促进经济发展,公司被看作是州政府促进发展的一种工具。结果是,公司特许权政策经常包含着一些自相矛盾的因素。

> 虽然反特许权的观点似乎总是认为自己的观点普适于所有类型的公司,但实际上,只是对某些类型的公司,反对的观点才能成立。就连那些发起反对 BNA 和费城合并法案的宾夕法尼亚州的州议员们,也显然没有对每天都在授予的

---

① 19 世纪早期对银行业的州政府干预,参阅沃利斯、西拉(Sylla)和莱格勒(Legler,1994);西拉、莱格勒和沃利斯(1987);以及博登霍恩(2000,2003)。

> 特许权提出反对意见,正如1786年一位州议员所说,“出于这样或那样的目的,每天都有6到20人被授予特许权。”同理,1792年,詹姆斯·沙利文(James Sullivan)谨慎地将银行的设立与“修桥或开凿运河”公司的设立区分开,因为他发现后者的设立没有争议。与任何其他类型的公司相比,银行可能更经常地遭到抨击。不过,一位曾发动了对“商业特许”公司极其有力的抨击的代表在1853年马萨诸塞州立宪会议上的立场值得关注。在“出于其他目的”而建立的公司当中,他竟然把铁路、保险公司和银行也包括在内,也就是说,这些公司明显不在他的批评之列!(Maier,1992,第73—74页)

早期美国各州明确地认可集会的权利和建立组织的权利。它们的特许权政策反映了公共政策对私人组织的支持。特许权
45 政策本身对美国经济发展做出了重大贡献,甚至是不可估量的贡献。①

然而,授予公司特许权并非没有代价,不论是从实际来看还是从可能性来说都是如此。在纽约州,以马丁·范布伦为首的阿尔巴尼摄政团(the Albany Regency),就曾利用银行特许权来挟制纽约州的政治。② 这个摄政团只对他们的政治同盟授予

① 有关马萨诸塞州如何利用公司政策来支持私人组织的详细论述,参见汉德林和汉德林(1969)。

② 有关纽约州银行特许权的政治利用的详细论述,参见本书博登霍恩、西维(1982)、本森(Benson,1961)。

银行特许权。作为回报,银行家向摄政团提供金融支持,让摄政团得以继续保持对州政府的控制。一个政治帮派利用经济特权攫取对政治体制的控制权,这是制度腐败的一个典型案例。纽约州不是唯一这样做的州。但是,大部分州与纽约州有所不同,它们虽然通过限制进入而创设了租金,但它们却选择了通过税收而非政治影响来获取租金中自己的份额。[①]

1824 年的总统选举是改变联邦政策路线的一个机会。威廉·克劳福德(William Crawford)、约翰·昆西·亚当斯(John Quincy Adams)、亨利·克莱(Henry Clay)和安德鲁·杰克逊(Andrew Jackson)角逐了这次总统竞选。腐败是杰克逊的竞选主题:

> 大家睁大眼睛,看看华盛顿这座城市吧,它让这个国家每个正直的爱国者为其景象感到悲伤。在这里,腐败无所不在,随意滋生、迅速蔓延;绅士们,角逐自由人民所赋予的总统职位的候选人们野心勃勃地参加竞选,施展阴谋诡计,目的就是要窃取国会议员们的信任,赢得他们对自家候选人的

① 沃利斯、西拉和莱格勒(1994)提出了有关"财政收益"的一个简单模型,用来解释某些州为什么选择对银行业的进入权进行限制,来换取所持银行股票的高额红利。宾夕法尼亚州有意地对银行业的进入权进行限制。新泽西州则建立了一个垄断铁路公司,即卡姆登-埃姆博公司,州政府从中获得了大量红利(Cadman,1949)。在阿肯色州,两个政治势力很强的家族,像阿尔巴尼摄政团那样,利用州银行达到了相同的目的(Worley,1950)。

> 支持;他们向人民发号施令,犹如家常便饭。[1]

杰克逊在全民投票和选举团投票中都赢得了相对多数票。但是,当选举进行到国会时,克莱却突然倒戈支持亚当斯。亚当斯最后当选总统,随后任命克莱为国务卿。因此,杰克逊谴责这是"腐败交易":"看吧,西部地区的***犹大***[克莱]做成了生意,将要接受三十枚银币。他将落得同样的下场。此前还有哪一个国家有谁目睹过这样露骨的腐败?"[2]杰克逊竞选1828年总统的宣传活动始于1824年,其竞选主题依然是腐败。

在1828年的总统选举中,多数人专制、政治帮派以及经济
46 发展与制度腐败之间的矛盾这三个美国民主的困境,在杰克逊的推动下成为了人们关注的焦点。杰克逊将军是军人中的英雄,而对他的敌人来说,他造就出了蛊惑民心的政客之完美形象,并揭示出了民主政治的阴暗面。1828年选举过后,推选杰克逊的民主党并没有消失;竞争性政党政治从此构成美国政治的一个永恒内容,同时也唤醒了腐败、宗派、党派的幽灵。最终,反对党在杰克逊的第一个任期内诞生,也就是后来以亨利·克

---

① 伊顿(Eaton,1824,第3—4页),引自拉森(2001,第154页)。此处引文出自《怀俄明州书信》(*Letters of Wyoming*),这是一本由约翰·伊顿撰写的选举宣传册,最早出现在1823年,伊顿后来成为杰克逊的国防部长。"伊顿为杰克逊设计了正直而朴素的形象,使其摆脱了年迈共和党人的形象,使其他候选人的粉饰呈现出古老的英式腐败之相"(Larson,2001,第155页)。

② 杰克逊给刘易斯的信,1825年2月20日;引自勒米尼(Remini,1967,第98页)。

莱为首的辉格党，该党决定要在经济政策领域与杰克逊一决高下。界分辉格党人和民主党人的第一个问题是，联邦政府是否应该继续批准美国第二银行的特许权。这个问题归结起来就是国家银行是否是制度腐败的工具。

有关这次银行斗争的经济史和政治史非常有名。[①] 围绕制度腐败这个问题，杰克逊与反对派进行了公开辩论。杰克逊的否决权咨文，对授予国家银行的特权表示出强烈不满，摆明了杰克逊对贵族阔佬与人民大众之间斗争的立场，并明确地把特权滥用称为政府罪恶。[②] 不过，直到这次银行斗争与他取消联邦

---

① 参见勒米尼(1967)和特明(Temin，1969)。在经济史上，对银行斗争的影响、杰克逊其他经济政策的效果以及宏观经济的起因的争论，非常盛行。有关这方面的一个文献综述，同时作为杰克逊对内经济政策的一个有力论据，参阅鲁索(Rousseau，2002)。

② “非常遗憾，那些有钱有势者过于经常地使政府的行为屈从于他们自身的目的。任何一个公正的政府中总是会存在社会差别……但是，如果法律试图将人为差别强加到那些自然且公正的利益之上，授予头衔、酬金和排他性特权，使富者更富，使强者更强，那么在这种情况下，社会中那些卑微的成员，那些农民、技工和其他劳动者，他们既无时间也无手段来获取自身的恩惠，也没有权利去控诉他们政府的不公正。政府中并不必然存在邪恶，这种邪恶只有在滥用政府权力时才存在。

如果我们不能负担起法律赋予我们的责任，不能立即使我们的政府成为真正意义上的政府，那么，我们至少需要坚决反对向垄断组织授予任何新的排他性特权，坚决反对那些为增进少数人利益而不惜牺牲多数人利益的对政府权力的任何滥用，至少应该在政治经济的法律和制度规则上做出折中和渐进的改革。”1832 年 7 月 10 日，《杰克逊否决权咨文》(Richardson，1897，第 1153—1154 页)。

储蓄的计划爆发公开冲突时为止,杰克逊并没有谈到制度腐败。1833 年 9 月 18 日,杰克逊让国务卿托尼(Taney)向内阁宣读了一份正式声明。在这份声明中,杰克逊和托尼阐述了应当取消联邦储蓄的理由:

> 从其实质来说,美国银行就是一个"政府",它从成立之日起,就在逐步增强它的实力。美国银行与民众之间的问题已逐渐演变为权力问题。一旦银行的支持者都对此直言不讳了,那么最终必定会做出有利于美国银行的裁定……民众对富人与来自贵族的职业人士阶层的联盟更是感到担
> 47 忧,因为他们凭借财富和才能的影响力,暗中进行活动,不仅时常能成功地阻止那些精心制定的为民众谋取自由的政治制度,而且还时常能成功地在自由制度这种形式下建立起一个可憎而专制的政府。①

杰克逊重新唤起了制度腐败这个古典辞藻。国家银行本身就是一个政体:一个小帮派(在此指的是毕德尔[Biddle]和克莱)利用政府权力形成了强大的经济势力,由此产生的垄断租金收益又被用以破坏政府程序,并通过建立专制的恶政府,使得所有公民的自由均处于危险境地。

杰克逊的反对者对此做了有力的回应。在 1832 年总统选

① 出自国会图书馆《杰克逊文集》中"致内阁的公开信";引自勒米尼(1967,第 119 页)。

举中，他们自称为国家共和党人（National Republicans），尔后到1833年年底，辉格党成立。1833年12月，在抗议杰克逊取消联邦储蓄的一次演讲中，亨利·克莱断言：

> 美国人民焦虑地把他们的注意力和希望转移到国会身上。他们感到他们受到了欺骗和侮辱；他们的信任被滥用；他们的利益被背叛；他们的自由处于危险之中。他们目睹着一切权力快速而惊人地集中于一人之手。他们还看到，借助于对行政部门绝对权威的运用，他用否决权对国会施加影响，他一意孤行，支配着共和国。现在问题的关键不再是国会将通过什么法律，而是行政部门不会反对什么。[现在，]已不是由国会来立法，而是由总统来立法……我们正目睹着一个走向专制统治的国家的各色怪状。全国各地到处都是密探和告密者，诽谤和控告充斥日常生活。民众，特别是那些身为官员的在任者，他们陈述意见，不再敢像自由人那样的无所畏惧，而是像颤抖的奴隶那样小心翼翼。专制政府的前兆在向我们逼近；如果国会不能采取迅速而有效的补救措施，毁灭性的崩溃很快就会降临，我们将会灭亡，不体面地灭亡，像奴隶那样卑下、低贱、凄惨；备受人类的嘲笑和蔑视；没人怜悯，没人悲伤，也没人哀悼！①

---

① 参见1833年12月30日克莱关于《取消联邦储蓄》的演讲。第21届国会第1次会议《辩论记录》，第94页。

克莱没有指责杰克逊经济腐败。克莱和辉格党人谴责杰克逊行政篡权,认为政治过程出现了制度腐败。根据共和理论,专制和奴役将不可避免地会出现。

19 世纪 30 年代初期,当持久性的两党政治竞争局面形成之时,这两个政党都以制度腐败为由谴责对方。对美国选民来
48 说,制度腐败是当时最突出的问题。克莱和杰克逊之间的对抗,辉格党和民主党之间的长期斗争,所较量的都是古典共和问题,包括行政篡权、利益阴谋、组建公司以及政府促进经济发展的角色等。民主党和辉格党之间争论的主要问题是经济问题,但是,其针对经济政策的争论,根源更多是关于制度腐败的争论。

杰克逊政府解决了美国民主中的两个矛盾。首先,自杰克逊以来,政客得到了认可,只要他们是靠选举当上总统的。[①] 杰克逊一劳永逸地提升了行政部门的权力。他认为,正如在唯一的全国性选举中显示的那样,总统能最有效地代表全体人民的集体意愿。其次,政党成为政治制度认可的一个构成部分。很自然,对党派动机的怀疑,以及宗派与党派带来的危险,直到今

---

① 斯普拉格(Sprague)生动地阐述了杰克逊带来的危险。“人民热爱他们的宪法、他们的自由以及他们自己。他们总是保持政治上的坦诚……然而,他们不是绝对正确的……往往,一个军人首领,通过成功的争斗,给予民众真正的或想象中的拯救;无比的感激,无限的崇敬,我们天性中最真挚的情感为他涌现……在人们的爱戴的爆发中,他们以他们的虔诚随时准备牺牲他们的权利、他们的自由、他们的孩子以及他们自己。”1834 年 1 月 29 日,第 23 届国会第 1 次会议关于《取消联邦储蓄》的参议员辩论,《辩论记录》,第 386—387 页。

天仍旧存在。[①] 但是,联邦政府没能解决第三个矛盾,即腐败与促进经济发展之间的矛盾。杰克逊解决银行业腐败的办法是不要[国家]银行。他把当时无为而治的联邦政策向前推进了一步。除了早期的华盛顿政府之外,联邦政府、国会和行政部门都没能设计或实施任何一项旨在积极促进经济发展的政府计划。

促进经济发展的任务留给了各州。到杰克逊第二个任期结束时,美国各州热衷于投资和推动银行业和运输体系的发展。19 世纪 30 年代的投资热,因 1839 年出现萧条而宣告结束。到 1842 年,美国有八个州以及佛罗里达地区出现了债务拖欠。公共财政危机不可避免地引起了对其原因的调查。在密西西比、佛罗里达和阿肯色等州中,经济腐败导致了财政问题。然而,大部分州的问题都应归咎于不完善的制度,即民主政体实际运行中的腐败。[②]

作为一种政府形式,美国的州政府是历史上的首创。受制于成文宪法,州政府在国家政府的框架内运行,由国家政府向它 49
们提供国防、国际关系和基本法律制度,几乎仅此而已。各州均认为共和政府是好政府。它们想促进经济增长,但它们越来越

① 霍夫施塔特(1968)详细介绍了政党的起源,并阐述了在为政党在民主政体中存在的必要性辩解的过程中,马丁·范布伦所起的作用。

② 参见沃利斯、西拉和格里纳斯(Grinath,2004)有关债务拖欠危机的描述以及对其原因的讨论。我们清晰地考察了经验不足和腐败所起的作用,发现大多数州不存在这方面的问题。有关美国各州 1790—1860 年间的腐败事例,包括制度腐败、贪污腐败以及它对金融制度发展的影响,参阅沃利斯(即将发表)。

担心,它们为实现该目标而设置的公司和特权,只会使享有特权的少数人受益,而使多数人受损,并逐渐侵蚀政府的健全性。各州被迫着手解决腐败与促进经济发展的这个矛盾。它们的解决方法非常简单:让每个人拥有他想要的那种公司特许权。

历史赋予了美国州政府及其公民这样一种思想:政府存在的某些问题并非是由道德败坏的人引起,而是由坏政府引起。他们认为,政府的宪法是制度生存之本,它激励着当事者、政治家和公民追求特定的目标。在这个问题的认识上,他们既是亚里士多德式的,也是波里比阿式的。他们是具有起草成文宪法丰富经验的第一批现代人。① 19 世纪初是针对政府结构展开持久政治辩论的一个时期。

在设立特许公司方面拥有丰富经验的最早是州政府。政府和公司之间最基本且最重要的联系是财政。英国确实如此,不过,那时的特许权是亚当·斯密曾抨击过的重商主义特权。美国各州从一开始也是这样。如果政府为了获取财政收入而出售垄断特权和公司特许权,那么,每一项特许权都不可避免地需要

---

① 到 19 世纪 30 年代,在最初的 13 个州中,大部分州具有至少两次的州立宪会议以及州批准召开国家立宪会议的经验。在美国内战期间,仅北卡罗来纳州和马萨诸塞州还只有一次立宪经验。到 1860 年,各州起草宪法次数如下:康涅狄格州,2 次;特拉华州,3 次;佐治亚州,3 次;马里兰州,2 次;新罕布什尔州,3 次;新泽西州,2 次;纽约州,3 次;宾夕法尼亚州,3 次;南卡罗来纳州,3 次;佛蒙特州,2 次;弗吉尼亚州,3 次。在新州中,肯塔基州,2 次;田纳西州,2 次;缅因州直到 1820 年才起草了一部新宪法,在这之前它是马萨诸塞州的一部分。除新宪法外,还有几次立宪会议,虽然制定了宪法,但没有获得投票人通过。

一个价格、一次谈判、一次交易。① 这是利用特许权来限制行业准入的政府制度所普遍具有的特征。民主政府可以设立，随后出售公司特权。纳税人则向政府支付特许费、资本税或股票红利以获得政府服务。设立公司特权本身就给政治帮派创造了设 50
立经济特权的机会，而这种经济特权则被用来扭曲政治过程。共和人士声称，这种情况在英国是以国家债务的形式发生的，在纽约州则是以向阿尔巴尼摄政团的政治盟友出售银行特许权的形式发生的，它是出售公司特权的政府的普遍制度特征。州政府开始懂得，如果它们继续逗留在市场上出售公司特许权，如果它们继续偏信那些拓荒者所建议的对铁路和银行的免税政策，则不可避免地，一些政治家，甚至那些出于好意的政治家，也会犯某些重大错误。投票人很容易被诱惑，为那些承诺无需征税就可以带来巨额收益的财政支出项投票。各州也逐渐懂得，开放准入虽然会减少与公司特权有关的租金，但却没有消除设立公司而带来的更广泛的社会利益。

各州解决腐败与经济发展之间矛盾的方法简单而又很巧

---

①　在否决美国第二银行的特许权展期时，安德鲁·杰克逊首先指出，政府不应进行有利可图的交易："每一个垄断企业和一切排他性特权都以牺牲公众利益为代价，而公众应当获得一个公平的等价物……如果我们的政府一定要出售垄断权，那么，它要履行好职责，似乎就得获得不低于垄断权全部价值的东西。而且如果 20 年中有 15 年要为此支付一次酬金，那就不要让它们落到外国政府的臣民手中，也不要给本国受到指定和优待的阶层。"1833 年月 10 日《否决权咨文》(Richardson，1897，第 1140—1141 页)。

妙。首先,各州通过颁布宪法条款,要求立法机构审批通过普通公司法,从而消除了来自特许公司特权的压力。新办法允许公司经过一道行政程序就能无限制地准入。第二,各州通过了宪法条款,所有的州借款均要求就公债进行公民复决投票,规定如果必须征收较高的税赋来偿还公债,那么在该公债发行前,就需要就税率问题获得投票人的同意。第三,大多数州禁止州和地方政府对私人公司进行投资。1841—1852 年,有 12 个州起草了新宪法。其中,有 11 个州的宪法包含了程序性的债务限制,有 8 个州的宪法批准了普通公司法案。就银行业来说,普通公司法案使大量自由银行企业涌现(最早的自由银行法案是密歇根州和纽约州分别在 1837 年和 1838 年制定的)。有 9 个州禁止通过特殊立法来设立公司,并禁止州立法机构利用特权建立公司。①

这些改革的关键不是要根除州和地方政府对金融和运输业的投资。政府可以借款,只要它们乐意增加税收。这些改革也并非旨在限制公司的设立。普通公司法案使得获得特许权变得非常容易。这些改革旨在减少或消除因政治性的准入限制而产生的私人经济租金。这些改革试图通过减小政治操纵的收益来减少对经济制度的政治操纵,而不是使这种操纵非法化或违宪

---

① 沃利斯(2005)对这些宪法变革的历史进行了描述。沃利斯(2003)还对公共金融与公司之间的一般关系进行了讨论。有关公司法的历史,参见埃万斯(Evans,1948);有关 19 世纪公司情况的更详细的讨论,参见赫斯特(1970)。

化。19 世纪 30 年代和 40 年代，自由进入、自由竞争以及竞争性市场的制度在美国各州已渐具雏形。它们是解决政治问题而 51 非经济问题的有效途径。不管怎样，这些改革的影响在于初步塑造出了现代经济的重要制度结构。而这个结构正是美国解决制度腐败与促进经济发展之间矛盾的独特方法。

第五节　经济腐败与进步时代的改革

> 任何一本历史教科书，只要是撰写于 20 多年前，并且涉及了进步时代的有关内容，那么，它都会讲述到，20 世纪初期的美国人是如何发现大商业集团在寻求特权的过程中是如何腐蚀政治的，而愤怒的民众又是如何采取行动来革除所发现的这种腐败的。
>
> ——麦考密克(1981，第 247 页)

到了进步时代，对制度腐败的担忧(即由政治引起的经济腐败)已逐渐消失。但经济腐败无疑仍然存在，正如麦考密克论文的标题所暗示的那样，人们日益为“发现商业腐败政治”而感到担忧。美国内战、国民经济的整体崛起、制造业部门的兴旺发达，这一切都可能使美国政府失去平衡性，出现腐败迹象。但是，它们并没有产生专制或独裁。相反，到了 19 世纪 90 年代，美国人对美国政府制度固有的平衡性和活力变得更加自信。腐败貌似不再是一个强大的威胁；政府制度不再处于危险之中。

当进步的改革者埋怨大企业对政治施加影响的问题时,他们不再告诫说:奴役和专制近在咫尺。他们对美国制度的这种自信反映在这个时期的宪法变迁中。在国家层面上表现为,议员由全体选民投票来直接选举,以及妇女选举权的确立;在州和地方层面上表现为,动议权、公民投票权、罢免权的普及,以及地方自治的兴起。进步时代的宪法改革,均强调不断增强民众参与政治过程的作用,而这在一个世纪以前简直是不可想象的。

本杰明·帕克·德威特(Benjamin Parke DeWitt),一位进步的改革者和历史学家,在他关于1915年进步运动史的论著中这样写道:

> 这场广泛的政治运动,尽管乍看起来有些无序和混乱,但这场运动审查和检验了三种倾向,并将注定因此而名之于世。第一种倾向见诸于所有政党精英的主张,他们坚决要求消除政府(包括国家政府、州政府和地方政府)中的特殊化、少数派利益和腐败的影响;第二种倾向见诸于对政府结构或政府机构提出的要求,因为迄今为止政府只适合于由少数
> 52 人来治理,所以应当对其进行改造和限制,使其更难于仅由少数人治理,而更易让多数人参与;第三种倾向见诸于这样一种迅速增强的信念,他们认为当前对政府的职能限制过多,必须加强和扩展政府职能,以缓解社会和经济困境。今天,这三种倾向尽管侧重点在变动,但依然可在每个政党的政纲和计划中看到;无论是在联邦政府,还是州政府和地方政府倡导和推行的政治变革和政治革新中,它们都清晰可

见；而且由于这些倾向的普遍性和明确性，可以说它们就是实际进步运动的构成部分。（DeWitt，1915，第4—5页）

第一种倾向要求消除政府中的特殊化、少数派利益和腐败的影响，这种倾向可见诸于公元前200年的罗马，公元1500年的佛罗伦萨，1720年的伦敦，1787年的费城，19世纪40年代的阿尔巴尼市或印第安纳波利斯市，还有今天各种类似的文书。贪赃枉法现象常常会发生在我们身边，因此，经济腐败只能通过恒久的警觉才能预防其发生。第三种倾向，呼吁通过政府政策来缓解社会和经济困境，新社会计划（如20世纪的头十年和第二个十年中对女工的补偿和对母亲的津贴）正是一种转变型式，并且在罗斯福新政时期达到了鼎盛阶段。①

第二种倾向，主张在政府结构和政府机制方面实施一些变革，它成为了进步改革议程的核心内容。从德威特的表述中可以看出，进步人士与共和人士还是有一定差距的。在政府结构和政府机制方面，"应当对其进行改造和限制，使其更难于仅由少数人治理，而更易让多数人参与"。这样的建议如果出现在一个多世纪以前，无异于要求建立非平衡政府，简言之，就是要求腐败。进步运动是一次反腐败的改良运动，但无论怎么说，这次运动也催生了被美国开国元勋们视为制度腐败的一些政策。

进步运动促成了宪法三个不同领域的改革。第一，通过积

① 参见本书沃利斯、菲什巴克和坎特对罗斯福新政时期的社会福利和政府救济部门腐败结果的讨论。

极规制和特许制度改革,进步人士改变了公司与政府之间的关系。第二,他们扩大了对政府的直接参与。在国家层面上通过赋予妇女选举权和议员直接由选民选举,在州和地方层面上通过动议权、公民投票权、罢免权,把直接民主引入政治过程。第三,他们通过地方自治修正案和地方特许权运动,改变了州与地方政府之间的关系。这些改革具有几个共同的特点。它们都准许公共部门和私人部门的组织拥有更大的灵活性,可以自行选
53 择其内部组织的形式。它们拓展了政府与经济之间相互作用的合意范围,允许政府干预和规制企业或解除规制。通过将权力更多地分散于多数人手中,整个政治过程最终受到更多民众的监督。进步人士信仰平衡政府,但是,这种平衡是国家宪法与州宪法的制衡原则,而不是社会秩序与阶级(它代表一个人、少数人或多数人的利益)之间的制衡关系。

州特许政策将进步时代和杰克逊时代连接了起来。19 世纪 40 年代,普通公司法案的广泛采用,放开了对公司特许权的限制。这样,相对于早期的美国和同时代的欧洲,此时美国的公司数量出现了剧增。① 普通公司法案虽然放开了对进入权的限制,但是对公司结构实施了更加严格的限制。在普通法下,所有公司的成立都需要具备共同的特征。在那些完全禁止特殊公司的州,改变公司内部投票规则、股东权利或管理结构等都受到了

---

① 有关法国和美国在公司特许方面的比较研究,参见拉莫雷奥克斯和罗森塔尔(2004)。他们认为,开放组建企业的选择权,在法国要比在美国灵活得多,这个观点是本部分的一个重要论据。

严格的限制。[①] 例如，公司通常被禁止持有位于其他州的公司的股票。这种情况在 19 世纪 80 年代后期的新泽西州开始有所改变。[②]

在 1888—1896 年间的一系列法案中，新泽西州创建起了一般意义上的自由公司。这些法案允许公司合并，持有其他公司的股票，在州之外经营，并且允许公司内部治理结构有较大的自由选择空间。各种公司蜂拥而至，使新泽西州的收入不断增加，开创了全国性公司结构的新机会。随后大规模的公司合并运动开始兴起。1895—1904 年间，全国最大的几家制造企业迅速合并。资本过百万的合并，更是半数以上发生在了新泽西州(Grandy，1989，第 678 页，第 681—83 页)。在新泽西州的带动下，纽约州和特拉华州迅速跟进，放宽了它们的公司法，竭力诱导工商企业进驻。[③]

尽管在时间上确实相当巧合，但如果将进步时代的起源归因于公司合并运动，则是很不明智的。“如若考虑到所涉及元素的长期性，新政治秩序的主要元素突如其来地发挥效力，这确实

---

① 有关普通公司法案的讨论，参见邓拉维(2004)、米利翁(Million，1990)和马克(Mark，2000)。在普通法约束下公司的实际结构是一个法律和经济史学家几乎完全忽视的领域。邓拉维的论文以及她目前有关公司特许权的一个大样本研究项目正在开启这个重要领域。

② 有关新泽西州的公司史，参见卡德曼(1949)。有关新泽西州变更公司政策的详细情况，参见格兰迪(1989)。

③ 有关合并浪潮的一般历史，参见拉莫雷奥克斯(1985)和尼尔森(Nelson，1959)。

54 值得注意。这种变革最主要地发生在 20 世纪的前 15 年;更准确地说,在从 1904 年到 1908 年这段短暂的时期里,美国发生了著名的政治转型精简运动。在这期间,规制革命达到了顶峰;势力强大的新政府机构在各地都相继成立”(McCormick,1981,第 252 页)。在这次合并浪潮中,当少数规模空前的大公司赫然出现在眼前时,国家和州政府的公共意识被唤醒了:腐败再次回到了人们的视野中,成为美国政治中的一个问题。但是,在 20 世纪的最初 10 年,它们做出的反应截然不同于 19 世纪。

赋予多数人更大的控制权是“消除政府,包括国家政府、州政府和地方政府中的特殊化、少数派利益和腐败的影响”的机制(DeWitt,1915)。进步立宪改革的机制是选举和民主。在国家层面上,赋予妇女选举权和议员直接由多数选民选举是其中最重要的两项进步成就。在州层面上,动议权、公民投票权、罢免权的采用,赋予了投票人直接监督立法机构和政府官员的权力。动议权、公民投票权、罢免权同样在地方层面上被采用,但对地方来说,最关键的变革是地方政府广泛采用了地方自治和授予地方政府特许权的新方法。从州到地方政府,这种对地方政府控制权的让渡,就赋予了投票人一种能力,投票人由此能够直接影响地方政府政策,使地方政策与地方多数人的目标相适应。

对抗经济腐败的斗争,以及对抗财阀过分行为的规制,不但使进步运动带有平民主义道德观的特征,而且使之承载了复兴多数主义民主信仰的厚望。进步运动的主导话语,或许加之节欲运动的表象,都集中抨击道德败坏的人,而不是表现拙劣的制度,这非常令人吃惊。进步主义人士开出的医治腐败的药方,若在那些开国元勋看来，可料想是极其荒唐可笑的。制度腐败源自政治家利用经济制度去扩张其政治野心的能力。选举过度、多数人专制和暴民统治都是对政治制度的严重威胁，这就迫切需要通过建立其他权力中心来保持平衡。进步改革尊崇民众主权观念，认为投票人是政府政策的最终评判者；民众可判断政治家和政策是否存在经济腐败；多数人有权裁定少数人是否有负其代表公众利益来治理国家的使命；多数人应当真正地处于支配地位。

政府平衡性如何形成？在美国和英国有关制度腐败的早期讨论中，一个不变的观点是，制度腐败不可避免地会导致专制和奴役。而在进步时代，这种话语已经基本销声匿迹。1840—1890年间，美国人经历了一个分水岭。在这个分水岭的前半期，政府绝难以获得人们的信任。政治家只要一逮住机会，就会利用政府权力来操纵经济制度，以强化他们对政治系统的控制。55
对政治控制权的强化，破坏了原本就很脆弱的政府平衡性，进而会导致那种被波里比阿确信将发生的专制和奴役。政府平衡性永远无法想象。实际上，权力分配上的微小变化就会导致政府失衡。捍卫自由要求人们保持恒久的警惕性。在分水岭的后半期，政府的平衡性不再那么脆弱，虽然专制和奴役仍具有可能性，但这种可能性已微乎其微。通过特许，更确切地是通过授权，将更大程度的竞争和准入引入经济和政治体制，麦迪逊的扩展共和（各州均做了这样的修订）在政府内部形成了稳定平衡。

在有关共和政治的经典理论中，增强政府规制，就会像特殊公司特许权那样，竖立了许多警示的旗帜。规制为设租提供了机会,而设租又为政治操纵经济提供了可能性。因此,可以看到,支持进步主义政策的是詹姆斯一世和查理二世,而不是辉格党的共和人士。从另一方面看,如果政治和经济竞争能够限制设租行为,并且使这些租金更加耗散,那么,对政府来说,不论是以积极还是消极的方式进行规制,都会变得更加安全。因此,竞争和准入产生了它们特有的稳定均衡。

美国人民只有在比以往的殖民时期、革命时期或早先的民族主义时期,都更加信任自己的政府,政府的平衡性才有可能会出现。[①] 进步时代的改革,通过扩大民众民主政治制度的范围,如议员的直接选举、妇女选举权、动议权、公民投票权、罢免权以及地方自治,提高了政治参与权。与此同时,由于信任投票人能够对新当政者进行监督,进步时代的政策改革又为政治家和经济参与者创造出了更加广泛的寻租机会。而三个世纪以来在英美政治经济思想中非常盛行的制度腐败威胁,则在进步时代的政治辩争中几乎销声匿迹。

第六节　制度腐败的终结

对于发展中国家问题存在一种观点,认为发展中国家之所以贫穷,是因为它们的政府官员的经济腐败。因此,只要保证官员们正直无私,政策正确到位,那么经济增长就能得到长久保

---

① 这种“信任”具有历史相对性。美国民众保留着怀疑政府的极强能力。

障。但一个更为现实而且更为悲观的观点却是,发展中国家一
直难以逃离开制度腐败。这些国家受到政府的困扰,因为它们 56
的政府总是制度性地操纵着经济,来获取经济租金,并将这些经
济租金进一步用于增进那些实权在握的权贵和帮派的政治利
益。这绝非是个人道德败坏之类的问题那么简单,更为根本的
问题在于,这些社会的政治宪法存在重大缺陷,而这却是一个社
会的生存之本。

美国真实地经历过了它对制度腐败的担忧。这种担忧诞生于宪法危机之中,而该危机则根植于辉格党对所有不列颠人的基本自由遭受威胁的近乎偏执的猜疑之中,并体现为行政对议会独立性的篡夺上。现代金融资本主义的各种新兴制度(如国家债务、中央银行、证券市场以及大量金融中介机构)并不是腐败的起因。现代金融资本主义制度只是制度腐败的工具,是国王及其邪恶的大臣们手中的工具。英国的腐败威胁到基本自由。对专制和奴役暴风雨般的警告在 1776 年可谓不绝于耳。因此,在今天,我们自然会将 18 世纪看作一个开启个人和经济自由新时代的启蒙时代,而正是个人和经济的自由催生了现代经济和社会。早期的美洲人还没有什么资本值得去沾沾自喜。

在 1776 年,美国的开国元勋们紧紧地抓住了第一次机会,起草了他们自己的宪法,而且制定了一系列州宪法,借以将平衡政府的观念付诸政治实践。起初,他们并没有完全弄清什么是平衡政府。1776—1852 年,早期的 13 个州总共起草了 29 部宪法,联邦政府起草了两部宪法。国会在 1791 年实施了汉密尔顿的财政计划,并有意地模仿了英国的金融制度,如国家债务、中

央银行,以及州和地方债务等。在不到一年的时间内,整个国家的政治就出现了裂痕,人们指责汉密尔顿和联邦党人试图建立首相体制,并说汉密尔顿是这种势力和利益网的核心。几十年来,国家政府对于是否应当以及如何促进经济发展这两个问题,依然是拿捏不定,束手无策。而由于杰克逊在 1832 年对美国银行特许权的否决,国家政府在中央银行方面的试验行将结束,直到这时,争论的问题仍然是制度腐败。对此,克莱生动地说道,如果无从制衡杰克逊,那么,"我们将会灭亡,不体面地灭亡,像奴隶那样卑下、低贱、凄惨;备受人类的嘲笑和蔑视;没人怜悯,没人悲伤,也没人哀悼!"

与此同时,在 18 世纪 90 年代,各州已开始授权设立特许银行、教堂以及各种类型的法人团体。到 19 世纪 20 年代,各州都在修建运河、试建铁路、筹借资金,并把它们的自有资金投资于公司。到 19 世纪 30 年代,已有 600 多家州政府特许银行,用于国土建设投资的州债务,已两倍于美国革命时期和 1812 年战争时期累积的国家债务。州的这些积极行动并非没有引起争议。公司仍被看作是腐败的潜在工具。纽约州阿尔巴尼摄政团支配下的银行特许就是制度腐败的一个经典例子:一个政治帮派通
57 过设立经济特权,来确保它对政治制度的控制权。使杰克逊名声鹊起的竞选主题,就是对腐败的抨击,以及对政府所设立的特权的抨击。当然,绝大部分美国政府并没有深陷制度腐败,但警报信号却无处不在,包括纽约州在内。美国人民并不担心他们的政府会出现腐败:他们担心的是,如果他们不采取有力措施来保护和巩固维持平衡政府的制度,那么他们的政府就可能会走

向腐败。

而在 1839 年，面对国土建设所带来的虚假繁荣泡沫的突然破灭，各州开始谨慎地对政策进行重新审查，因为正是这些政策导致各州发行了 2 亿美元的州级债券。各州再次求诸于它们的宪法，并实施了一系列改革，包括颁布普通公司法案，以保证公司特权的自由进入，修改州和地方政府的筹资程序，以及严禁政府投资私人公司等。但很少有例外，连宪法改革都没有禁止州政府去直接促进经济发展。因此，宪法改革没有阻止政府特许银行，修建运河或铁路，或在进步时代发展城市供水系统、排污系统和教育体系。很显然，对宪法改革的精心设计，通过约束政府用限制进入权和授予经济特权来创设经济租金的能力，消除了制度腐败的根源。

18 世纪 90 年代的共和党人和联邦党人，19 世纪 40 年代的辉格党人和民主党人，就像 20 世纪最初十年的进步人士那样，只关注经济腐败。但是，在内战爆发前，经济腐败并不是美国面临的最危险的问题。在 19 世纪初期，专制和奴役弥漫着整个世界。法国从专制的君主政体走向革命，中间经历了独裁统治，最后又回到了君主政体。在美国的榜样的鼓舞下，西班牙的"新大陆"殖民帝国在革命浪潮中轰然倒塌。"新大陆"的革命政府通常都通过了宪法，它们显然是在模仿包括权力制衡和分立原则在内的美国模式。然而，在拉美及南美洲，革命所带来的典型后果是专制而非自由。就像波里比阿所担忧的一样，美国人民都担心，偏离平衡政府的任何异动，都将导致对共和政府的侵蚀，并引发专制和奴役的出现。

不过,到了1890年,不仅有限政府在美国的试验中取得了显而易见的成功,而且整个国家的制度也经受住了洗礼,面对血淋淋的内战考验,不仅自由未有毁损,而且还由此终结了奴隶制度。对专制和奴役的担心,自然而然地开始逐渐消退。一个现代工业经济,一个世界上最大的一体化市场的诞生,又对政府治理提出了一系列新问题。19世纪70年代和80年代,经济规制的试验性阶段过后,国民政府体制在20世纪前半期终于瓜熟蒂落,进入了全盛时期,对此本书头几章的论文已有清晰的论证。
58 赋予联邦政府对食品和药品的控制权,这在美国开国元勋、联邦党人、共和党人看来,简直是荒唐透顶的,但是,诸如此类的规制措施,似乎超越了詹姆斯一世和查理二世的想象,开启了租金创设的新景象。

当然,本书所竭力论证的是,进步主义改革者言辞中所充斥着的对腐败的所有担心,指向的显然是那种经济腐败。实际上,进步主义人士并不担心政府内的某个小帮派会利用所建立的经济特权去攫取对政府的控制权。相反的是,他们担心,经济利益集团正在利用其不断增长的规模,来逼迫政府妥协,从而从政府那里攫取特权;他们担心美国政府的效率,担心代表的质量,担心平等、机会和公平的性质;他们担心经济会败坏政治。但是,他们并不担心政治会败坏经济。

19世纪和20世纪,西方民主政治所取得的里程碑性的突出成就,就在于建立起了稳定而有限的政府。任何社会,如果存在制度腐败的政治体制,就不可能建立起有限政府。而在滋生制度腐败的社会中,经济制度经常处于危险之中,进入权受到限制,竞争受到阻碍,并且经济政策总是处于政客们的左右之下,以维持他们对政府的政治控制。裙带资本主义(Crony Capitalism)并非经济腐败的表现形式,而是制度腐败的突出症候。发展中国家之所以不能使市场有效地运转起来,就是因为,当进入权受到限制从而滋生出与政治制度紧密结合在一起的特权时,非人格化的市场有效运行所必需的自由进入和竞争就难以得到彰显,从而兴盛起来。那么,对于腐败,美国所带给人们的教训是什么呢?根本的教训就是:如何建构一个其存在的可持续性不依赖于操纵经济的政府。

参考文献

Aristotle. 1996. *The politics and the constitution of Athens*. Ed. Stephen Everson. New York: Cambridge University Press.

Bailyn, Bernard. 1967. *The ideological origins of the American Revolution*. Cambridge, MA: Harvard University Press.

Banning, Lance. 1978. *The Jeffersonian persuasion*. Ithaca, NY: Cornell University Press.

Benson, Lee. 1961. *The concept of Jacksonian democracy: New York as a test case*. Princeton, NJ: Princeton University Press.

Bodenhorn, Howard. 2000. *A history of banking in antebellum America*. Cambridge: Cambridge University Press.

——. 2003. *State banking in early America: A new economic history*. Oxford: Oxford University Press.

Bolingbroke, Henry St. John. 1997. *Political writings*. Ed. David Armitage. New York: Cambridge University Press. 59

Brewer, John. 1989. *The sinews of power. War, money, and the English state, 1688—1783*. New York: Knopf.

Cadman, John W. 1949. *The corporation in New Jersey: Business and politics, 1791—1875*. Cambridge, MA: Harvard University Press.

Clague, Christopher. 2003. The international campaign against corruption: An institutionalist perspective. In *Collective choice: Essays in honor of Mancur Olson*, ed. Jac C. Heckelman and Dennis Coates, 187—218. New York: Springer.

Davis, John P. 1961. *Corporations: A study of the development of the origin and development of great business combinations and their relation to the authority of the state*. New York: Capricorn.

DeWitt, Benjamin Parke. [1915]1968. *The Progressive movement: A non-partisan, comprehensive discussion of current tendencies in American politics*. Repr. Seattle: University of Washington Press.

Dickson, P. G. M. 1967. *The financial revolution in England: A study in the development of public credit, 1688—1756*. London: Macmillan.

Dodd, Edwin Merrick. 1954. *American business corporations until 1860; with special reference to Massachusetts*. Cambridge, MA: Harvard University Press.

Dunlavy, Colleen A. 2004. From citizens to plutocrats: Nineteenth century shareholder voting rights and theories of the corporation. In *Crossing corporate boundaries: History, politics, and culture*, ed. Kenneth Lipartito and David B. Sicilia, 66—93. New York: Oxford University Press.

Evans, George Heberton. 1948. *Business incorporations in the United States, 1800—1943*. NBER General Series no. 49. Baltimore: Waverly Press.

Ferejohn, John, Jack N. Rakove, and Jonathan Riley. 2001. *Constitutional culture and democratic rule*. New York: Cambridge University Press.

Ferguson, E. James. 1961. *The power of the purse: A history of American public finance, 1776—1790*. Chapel Hill: University of North

Carolina Press.

Goodrich, Carter. 1950. The revulsion against internal improvements. *Journal of Economic History* 10(November): 145—169.

——. 1960. *Government promotion of American canals and railroads*. New York: Columbia University Press.

Grandy, Christopher. 1989. New Jersey corporate chartermongering, 1875—1929. *Journal of Economic History* 49(September): 677—692.

Handlin, Oscar, and Mary Flug Handlin. 1969. *Commonwealth: A study of the role of government in the American economy; Massachusetts, 1774—1861*. Cambridge, MA: Belknap Press.

Harrington, James. 1992. *The commonwealth of Oceana and a system of politics*. Ed. J. G. A. Pocock. New York: Cambridge University Press.

Hofstadter, Richard. 1969. *The idea of a party system*. Berkeley: University of California Press.

Hurst, James Willard. 1970. *The legitimacy of the business corporation in the law of the United States, 1780—1970*. Charlottesville: University of Virginia Press.

Jensen, Merrill. [1940] 1970. *The articles of confederation*. Madison: University of Wisconsin Press.

Klitgaard, R. 1988. *Controlling corruption*. Berkeley: University of California Press.

Lamoreaux, Naomi. 1985. *The great merger movement in American business, 1895—1904*. New York: Cambridge University Press.

——. 2004. Partnerships, corporations, and the limits on contractual freedom in U. S. history: An essay in economics, law, and culture. In *Crossing corporate boundaries: History, politics, and culture*, ed. Kenneth Lipartito and David B. Sicilia, 29—65. New York: Oxford 60
University Press.

Lamoreaux, Naomi, and Jean-Laurent Rosenthal. 2004. Legal regime and business's organizational choice. NBER Working Paper no. 10288.

Cambridge, MA: National Bureau of Economic Research, February.

Larson, John Lauritz. 2001. *Internal improvement: National public works and the promise of popular government in the early United States*. Chapel Hill: University of North Carolina Press.

Machiavelli, Niccolo. 1996. *Discourses on Livy*. Trans. H. Mansfield and N. Tarcov. Chicago: University of Chicago Press.

Maier, Pauline. 1992. The debate over incorporations: Massachusetts in the early republic. In *Massachusetts and the new nation*, ed. Conrad Wright, 76—77. Boston: Massachusetts Historical Society.

——. 1993. The revolutionary origins of the American corporation. *William and Mary Quarterly*, 3rd ser., 50(January): 51—84.

Mark, Gregory. 2000. The role of the state in corporate law formation. *International Corporate Law Annal* 1: 5—9.

Mathias, Peter, and Patrick O'Brien. 1976. Taxation in Britain and France, 1715—1810: A comparison of the social and economic incidence of taxes collected for the central government. *Journal of European Economic History* 5: 601—650.

McCormick, Richard L. 1981. The discovery that business corrupts politics: A reappraisal of the origins of Progressivism. *The American Historical Review* 86(April): 247—274.

McCoy, Drew R. 1980. *Elusive republic: Political economy in Jeffersonian America*. Chapel Hill: University of North Carolina Press.

Million, David. 1990. Theories of the corporation. *Duke Law Journal* 1990: 201—262.

Murrin, John M. 1994. Escaping perfidious Albion: Federalism, fear of corruption, and democratization of corruption in postrevolutionary America. In *Virtue, corruption, and self-interest*, ed. Richard K. Matthews, 103—147. Bethlehem, PA: Lehigh University Press.

Namier, Sir Lewis, and John Brooke. 1964. *The House of Commons, 1754—1790*. London: Parliament Trust.

Nelson，Ralph L. 1959. *Merger movements in American industry，1895—1956*. Princeton，NJ：Princeton University Press.

North，Douglass C.，and Barry R. Weingast. 1989. Constitutions and commitment：The evolution of institutions governing public choice in seventeenth century England. *Journal of Economic History* 49(December)：189—210.

Pocock，J. G. A. 1972. Virtue and commerce in the eighteenth century. *Journal of Interdisciplinary History* 3(Summer)：119—134.

——. 1973. *Politics，language，and time*. New York：Atheneum.

——. 1975. *The Machiavellian moment：Florentine political thought and the Atlantic republican tradition*. Princeton，NJ：Princeton University Press.

——，ed. 1977. *The political works of James Harrington*. Cambridge：Cambridge University Press.

——. 1985. *Virtue，commerce，and history*. Cambridge：Cambridge University Press.

——. 1987. *Ancient constitution and the feudal law*. New York：Cambridge University Press.

Polybius. 1962. *The histories of Polybius*. Vol. 1. Trans. Evelyn S. Shuckburgh. Westport，CT：Greenwood Press.

Remini，Robert V. 1967. *Andrew Jackson and the bank war*. New York：W. W. Norton.

Richardson，James D. 1897. *The messages and papers of the presidents*. Washington：Bureau of National Literature. 61

Robbins，Caroline. 1959. *The eighteenth-century commonwealthman*. Cambridge，MA：Harvard University Press.

Rose-Ackerman，Susan. 1978. *Corruption：A study in political economy*. New York：Academic Press.

Rousseau，Peter. 2002. Jacksonian monetary policy，specie flows，and the panic of 1837. *Journal of Economic History* 62(June)：457—488.

Seavoy, Ronald E. 1982. *The origins of the American business corporation, 1784—1855*. Westport, CT: Greenwood Press.

Shalhope, Robert E. 1972. Toward a republican synthesis: The emergence of an understanding on republicanism in American historiography. *The William and Mary Quarterly* 29(January):49—80.

——. 1982. Republicanism and Early American historiography. *The William and Mary Quarterly* 39(April):334—356.

Shleifer, Andrei, and Robert Vishny. 1993. Corruption. *Quarterly Journal of Economics* 108(3):599—617.

Skinner, Quentin. 1978a. *The foundations of modern political thought*. Vol. 1, *The Renaissance*. New York: Cambridge University Press.

——. 1978b. *The foundations of modern political thought*. Vol. 2, *The age of reformation*. New York: Cambridge University Press.

——. 1998. *Liberty before liberalism*. New York: Cambridge University Press.

Smith, Adam. [1776]1981. *An inquiry into the nature and causes of the wealth of nations*. Indianapolis, IN: Liberty Fund.

Sylla, Richard, John B. Legler, and John Joseph Wallis. 1987. Banks and state public finance in the new republic. *Journal of Economic History* 47(2):391—403.

Temin, Peter. 1969. *The Jacksonian economy*. New York: W. W. Norton.

Tocqueville, Alexis de. 1966. *Democracy in America*. Trans. George Lawrence. New York: Harper and Row. (Orig. pub. 1835, 1840.)

Trenchard, John, and Thomas Gordon. 1995. *Cato's letters*. Ed. Ronald Hamowry. Indianapolis, IN: Liberty Fund.

Wallis, John Joseph. 2003a. Market augmenting government? The state and the corporation in 19th century America. In *Market-augmenting government: The institutional foundations for prosperity*, ed. Omar Azfar and Charles Cadwell, 223—265. Ann Arbor: University of Michigan Press.

——. 2003b. The public promotion of private interest(groups). In *Collective choice: Essays in honor of Mancur Olson*, ed. Jac Heckelman and Dennis Coates, 219—246. New York: Springer-Verlag.

——. 2005. Constitutions, corporations, and corruption: American states and constitutional change, 1842 to 1852. *Journal of Economic History* 65(March): 211—256.

——. Forthcoming a. American government and the promotion of economic development in the national era, 1790 to 1860. In *Government and the American economy*, ed. Price Fishback.

——. Forthcoming b. Answering Mary Shirley's question: Or why the World Bank should pay attention to American history. In *Economics, political institutions, and financial markets*, ed. Stephen Haber and Barry Weingast.

——. *The NBER/Maryland State Constitution Project*. http://129.2.168.174/constitution/.

Wallis, John Joseph, Richard Sylla, and Arthur Grinath. 2004. Sovereign default and repudiation: The emerging market debt crisis in the U. S. states, 1839—1843. NBER Working Paper no. 10753. Cambridge, MA: National Bureau of Economic Research, September. 62

Wallis, John Joseph, Richard Sylla, and John Legler. 1994. The interaction of taxation and regulation in nineteenth century U. S. banking. In *The regulated economy: A historical approach to political economy*. ed. C. Goldin and G. Libecap, 121—144. Chicago: University of Chicago Press.

Wallis, John Joseph, and Barry Weingast. 2005. Equilibrium federal impotence: Why the states and not the American national government financed infrastructure investment in the antebellum era. NBER Working Paper no. 11397. Cambridge, MA: National Bureau of Economic Research, June.

Weston, Corinne Comstock. 1965. *English constitutional theory and the House of Lords, 1556—1832*. London: Routledge and Kegan Paul.

Wood, Gordon S. 1969. *The creation of the American republic, 1776—1787*. Chapel Hill: University of North Carolina Press.

Worley, Ted R. 1950. The control of the real estate bank of the state of Arkansas, 1836—1855. *The Mississippi Valley Historical Review* 37 (3):403—426.

第二章 限制掠夺之手

——1880—1930 年美国城市中的腐败与增长

丽贝卡·梅尼斯*(Rebecca Menes)

对于统治者,切勿存奢求之念,对此民众已有所领教:清水、明灯、整洁的街道、通畅的交通、邪不压正、公共秩序和公共安全、无丑闻或明目张胆之腐败,此等之物可让民众十二分满意……民众付出金钱,会有所得——虽不是物有所值,但亦相当不错。

——林肯·斯蒂芬斯(Lincoln Steffens,[1904]1957,第 144 页)

美国的城市,为我们呈现了一个谜团。1880—1930 年间,美国的城市因为腐败而臭名昭著。腐败一般本会危及到政府绩

---

* 丽贝卡·梅尼斯是乔治梅森大学经济学助理教授和美国经济研究局的教职研究员。"掠夺之手"这个词借用于施莱费尔和维什尼(2002)。

效,进而阻碍经济增长。但是,美国的城市当时却一片繁荣。这些城市迅速发展,吸引着大批来自美国农村和海外的新居民。企业在城市开办新厂、开发新产品和新生产流程,从而使美国迅速崛起为世界上首屈一指的工业强国。与这种经济增长相适应,美国各城市政府在清洁水、排污、铺路、教育、燃气、电力、公共安全、公共卫生以及公共交通等公共服务的供给上,也均处于世界领先地位(Teaford,1984)。

腐败如同税收一样,会降低经济活动的收益,从而抑制经济活动和投资。但与同等规模的税收相比,腐败的危害可能更大。它难以预料,且会随着经济活动收益的增加而加剧。腐败会降低政府的质量,政府一旦陷入腐败,则那些支撑着经济增长的公
64 共品和公共服务(如基础设施和教育)的供给就可能量少质次。腐败会刺激政府官员对私人部门大肆干预,从而抑制经济增长。腐败官员在特许权颁发和管制实施当中会索贿受贿,或向那些意欲操纵本地市场以谋取一己私利的企业大敲竹杠,这都会对私人部门的进入和投资造成阻碍。同时,腐败还会侵蚀警察局和法院,庇护犯罪,破坏私人合同的执行,从而降低财产的安全性(Kaufmann, 1997; Krueger, 1993; Murphy, Shleifer, and Vishny,1993;Shleifer and Vishny,1993)。

在19世纪末20世纪初,美国城市的政治家们充分利用了他们可能抓住的各种机会。市政合同和特许权发放因腐败而声名狼藉,管制被不公平地到处滥用,要进入铁路和自来水行业,必须付出一定代价。在绝大多数城市里,政治家和官员都从犯罪集团那里攫取贿赂,在某些城市,政治家和政府官员

甚至亲自参与并组织犯罪活动，特别是赌博、卖淫和非法售酒。那么，腐败何以未妨碍经济增长呢？这个问题没有唯一答案，或许腐败官员在腐败行为之外，还有很强的动力去限制自己的腐败行为，并提供好的政府服务。开放的城市边界、投票箱和债券市场，都会惩罚那些无视这些限制的贪婪政治家。城市的快速增长为谨慎的受贿者提供了可乘之机，一位坦慕尼协会的著名政治家称之为“诚实贿赂”（Riordan，[1905]1994，第53页）。

本章将首先阐述美国各地城市不同时期的腐败现象，证明腐败在1880年至1930年间确实达到了顶峰；第二，根据现在所公认的腐败之因与果，对美国的城市状况进行比较分析；第三，对1880年至1930年间美国所适用的腐败准则作一个介绍；第四，考察民主制度针对腐败、政治集团（Political Machine）和政治改革等问题的两个重要应对措施。

第一节 美国城市腐败史

在我们今天称之为进步时代或改革时代的那个时期，也就是说大致从19世纪80年代到“新政”的这段时期，美国城市是否异常腐败呢？当时的观察家们认为确实如此。林肯·斯蒂芬斯、詹姆斯·布赖斯（James Bryce）等认为，市政府比以前变得更腐败了，甚至常常比州政府和联邦政府还要腐败，比国外的市政府腐败更甚，至少比北欧的市政府要腐败（Bryce，1985，第163页；Steffens，[1904]1957；Teaford，1984，第1

页)。而自“新政”以来,对市政府各方面的关注(包括对腐败的关注)则均有所下降。这种下降可能表明腐败确实减少了,也可能反映了民众对腐败的关注度伴随地方政府相对重要性
65 的下降而下降了。各城市的历史表明,对于绝大多数的大中城市而言,腐败的确有所减少。不过,如果能找到某一个历史资料,对城市中的腐败进行跨期比较,那么上述结论将会更加令人信服。

由梅尔文·奥利(Melvin Holli)和彼得·琼斯(Peter Jones)编写的《1820—1980年美国市长人名词典》,是有关美国大城市政治史的集大成者。借助这一史料,我试图论证1880—1930年间美国城市的腐败是否异常严重。这部《人名词典》包括了美国15个大城市678位市长的史料。[①] 该书并非出自古文献作家的手笔,而是一部由两位杰出的城市政治学者撰写的学术著作。在书中,他们竭力按照统一的标准来评价每一位市长,因此尽管内容有点晦涩呆板,但也非常精彩。书中每一条目均由个人信息、当选次数、重大问题、政绩以及当政时的失误(包括腐败)所构成。

政府腐败是指为了个人私利而滥用公共权力。基于这一定义,我从两个方面对每位市长的执政情况做了记录:(a)政府部门的任何成员,包括市长本人,是否被报道存在腐败;(b)市长

---

① 这些城市列在表2.1中。找不到这样一个年份,该年份这15个城市同时都是最大的城市。但从1980年的情况来看,它们是最重要的15个城市。为便于讨论,我把这组城市简单地视为美国最大的15个城市。

是否存在个人腐败。① 在这里，我并没有将市长的执政期划分为诚实期和不诚实期两个阶段，而是认为：只要发生了腐败，那么政府或市长在整个任期内就都可以认定为是腐败的。较之于那种只在腐败发生期才认定为腐败的做法，这种界定方法似乎更为现实。下面，再考察一下腐败的度量与城市特征之间的关系。这一分析的主要局限是样本数量不足，只有 15 个城市，但是样本数量确实无法增加，因为美国历史上大城市样本也只有这么多。

根据《人名词典》可以发现，美国 15 个大城市的腐败在改革时代（1880—1930 年）达到了顶峰。在图 2.1 中，我依据腐败的 66
两个度量标准，画出了从 1820 年起腐败变化的时间路径。根据这两个标准，1850 年以前几乎没有腐败；而在 1850 年到 1880 年间，腐败上升；1880 年到 1930 年间，腐败水平呈不规则的波动，但依然保持在一个较高的水平上；此后从 20 世纪 30 年代直到 70 年代，腐败下降。在表 2.1 中，我对美国这 15 个城市逐个

---

① 这里的编码包括贪污腐败和投票欺诈，但不包括政治庇护或政治暴力。《人名词典》记录了涉及市长和政府高级官员的腐败。这一资料并不全面。特别是，精明的受贿者可能逃过了检查，诚实的政治家有时也会遭到不公正的诬蔑，而在政治或经济的剧烈动荡时期，只有那些最严重的腐败才会被人们注意到。20 世纪 30 年代和 60 年代可能就是最后一种情况。不过，这里对各个城市和不同年份腐败状况的评价，与我所发现的其他任何有关美国的资料相比，更具有连贯性。当某个市长被编码为诚实时，我是指他本人是诚实的。他可能宽容他的政府部门中的腐败，也可能不能容忍。以此来衡量，芝加哥市的达利（Daley）市长就是诚实的。我没有对腐败的市长和诚实的政府部门这一组合进行编码，因为没有发现这种情形。我将用男性代词称谓腐败市长，因为屈指可数的几位女市长没有被报道她们有个人腐败行为。

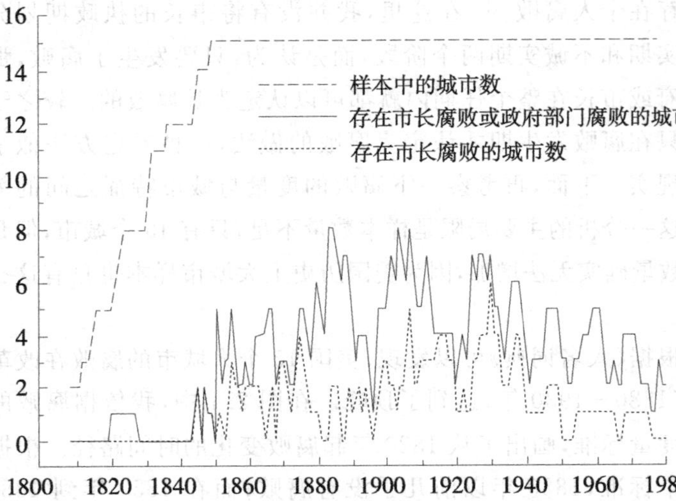

图 2.1　美国 15 个大城市的政府部门和市长腐败状况

资料来源:腐败的度量来自奥利和琼斯(1980)。

注:有关讨论参见正文,15 个城市具体所指参见表 2.1。

罗列了其不同时期的腐败状况(统计所采用的是第一种度量标准,即市长和/或政府部门的腐败)。[①] 1851—1880 年间,平均每 4

---

① 表 2.1 和表 2.2 略去了 1820—1850 年间的数据。1850 年以前,只有三个城市据报道存在腐败,它们是新奥尔良、旧金山和匹兹堡。然而,这可能低估了腐败情况,因为 1850 年以前城市样本是不完整的。不过,即使我们按照报道的年数就每一个城市进行调整,腐败在 1850 年以前仍很少见。依据腐败的第一个度量标准,在 1850 年以前,所报道的 332 个城市年份中,只有 15 个城市年份是腐败的,占 4.5%。而且,这些被报道有腐败的城市也有些特殊。匹兹堡当时只是个小镇而不是城市。新奥尔良和旧金山的政治有些复杂,它们正处于从殖民者的法律体系(分别为法国和西班牙的殖民地)向美国法律体系的转型之中。

个城市中有将近1个是腐败的；1881—1930年间，腐败水平上升了将近50%，3个城市中有1个以上是腐败的；1930年以后，所报道的腐败水平出现了下降，回落到每4个城市约有1个腐败。

表2.1 15个大城市腐败市长或腐败政府执政的年份比例

城市	1850—1880年的腐败	1881—1930年的腐败	1931—1980年的腐败
巴尔的摩	0.43	0.18	0.08
波士顿	0	0.46	0.14
布法罗	0	0.04	0.30
芝加哥	0.5	0.76	0.92
辛辛那提	0.27	0.12	0
克利夫兰	0	0.24	0.20
底特律	0.03	0.26	0.12
洛杉矶	0.27	0.22	0.12
密尔沃基	0.20	0.28	0
新奥尔良	0.33	0.64	0.54
纽约	0.67	0.58	0.18
费城	0.17	0.68	0.42
匹兹堡	0.23	0.32	0.06
旧金山	0.33	0.20	0.16
圣路易斯	0	0.20	0.04
平均	0.23	0.35	0.23

注：表格中的腐败数据为期间有腐败市长或腐败政府部门的年份比例。表格中的15个大城市是其政治史收录在《1820—1980年美国市长人名词典》(Holli and Jones，1980)中的城市。有关腐败状况变动的讨论参见正文部分。

在这15个大城市中，腐败程度与城市规模相关，而与所处

地区和城市的增长则没有相关关系。在表 2.2 中,我列出了 15
个城市中每一个城市的人口及其增长率。一般而言,城市越大
则腐败越严重。在表 2.2 的最后一行,我给出了每个时期开始
67 时的人口与该时期的腐败之间的相关系数。直到 1930 年,相关
系数均为正值,且在 0.6 附近波动,此后,在 1930—1980 年间,
降到了 0.28。尽管样本城市的数量较少,但增加城市数量并不
会改变这一结论。1850—1880 年间,5 个最大城市中有 3 个处
于最腐败城市之列;1880—1930 年间,5 个最大城市中有 4 个处
于最腐败城市之列。只是在 1930 年以后,除了波士顿和纽约市
政府有(轻微)改善以外,5 个最腐败城市中有 3 个是规模相对
较小的城市。① 腐败与地理位置并没有系统的相关性,东北部、
中西部、西部和南部的城市,都曾经历过政府腐败时期。②

美国之增长悖论依然悬而未解。没有证据表明,腐败对增
长有利,但也没有证据表明,腐败对增长有害。15 个城市的横
向比较显示,腐败与增长之间根本就不存在任何统计上的相关
关系。如我在表 2.2 最后一行所表明的那样,增长与腐败之间
的相关系数是跳跃式的,时而为负,时而为正,但远不为 0。
69 1850 年至 1930 年间,在腐败不断上升的同时,所有 15 个城市
的规模都在不断增长。腐败在 1930 年后开始下降,而此时的增

---

① 这种正相关性并不是因为大城市中较大的政府部门有更多的随机机会,从而产生更多的腐败。每一个城市只有一位市长,市长的腐败也与城市规模正相关。

② 加利福尼亚州的两个城市显示出稍微不同的时间变动模式。1850—1880 年间,洛杉矶和旧金山的腐败较早达到了顶峰。

表 2.2 美国 15 个大城市各时期的人口数和人口增长率及其与腐败的相关系数

城市	1850—1880 年		1881—1930 年		1931—1980 年		1981—2000 年	
	1850 年的人口数(千人)	人口年增长率(%)	1880 年的人口数(千人)	人口年增长率(%)	1930 年的人口数(千人)	人口年增长率(%)	1980 年的人口数(千人)	人口年增长率(%)
巴尔的摩	169	2.25	332	1.77	805	−0.05	787	−0.95
波士顿	137	3.25	363	1.53	781	−0.66	563	0.23
布法罗	42	4.33	155	2.61	573	−0.94	358	−1.01
芝加哥	30	9.40	503	3.81	3 376	−0.23	3 005	−0.18
辛辛那提	115	2.65	255	1.14	451	−0.31	385	−0.76
克利夫兰	17	7.47	160	3.45	900	−0.90	574	−0.91
底特律	21	5.70	116	5.20	1 569	−0.53	1 203	−1.18
洛杉矶	2	6.46	11	9.41	1 238	1.75	2 967	1.10
密尔沃基	20	5.84	116	3.22	578	0.19	636	−0.32
新奥尔良	116	2.06	216	1.51	459	0.39	558	−0.70
纽约	516	2.83	1 206	3.50	6 930	0.04	7 072	0.62

(续上表)

费城	121	6.48	847	1.67	1 951	−0.29	1 688	−0.53
匹兹堡	47	4.04	156	2.91	670	−0.91	424	−1.18
旧金山	35	6.36	234	2.00	634	0.14	679	0.67
圣路易斯	78	5.01	351	1.70	822	−1.19	453	−1.32
平均	98	4.90	335	3.0	1 449	−0.2	1 423	−0.4
与腐败的相关系数	0.59	−0.13	0.61	−0.09	0.28	0.00		0.02

注:人口数据出自吉布森(Gibson,1998)。前三个时期的增长与各时期的腐败相关。最后一个时期(1981—2000)的增长与1931—1980年的腐败相关。前三个时期的起点人口与各时期的腐败相关。

长也开始停滞不前。谜团仍未解开。

那么,这样的腐败水平是高还是低呢?这个问题要从两个方面来看。一方面,即使是在城市腐败最严重的年份,15个城市中被报道存在腐败的城市最多也只有8个;而另一方面,《人名词典》所报道的腐败仅限于较高层级的政府部门,因此,这些数据本身只是对腐败的最小估计值。在改革时代,没有一个城市能够免于腐败。即使是腐败最轻微的布法罗市,腐败也纠缠了政府两年之久。而同时,也没有一个城市总是腐败的。即使是芝加哥这个堪称腐败最为严重的城市,据报道诚实政府也曾治理了12年之久。简而言之，证据表明，腐败是一种普遍的现象，而对腐败的抵制也同样普遍。政治史也表明，政治竞争和体制变迁在美国城市中非常普遍。甚至在最腐败的时期，腐败的市长和议员也可能被投票出局。

第二节　1820年以来美国城市的增长与腐败

本节将考察助长和抑制腐败的各种因素。经济学家和政治学家已经探讨了腐败、"劣政府"和增长之间的关系。腐败与税收一样，会通过侵蚀经济活动的收益而危及增长。腐败还可能因为催生"劣政府"而危及增长(Kaufmann，1977；Wei and Shleifer，2000)。对于美国城市取得相对成功的一种解释是：尽管存在腐败，但相对而言，这些城市拥有一个"好政府"。不过，这种解释只不过是偷换了一下概念而已。那么，在美国城市中，为什么腐败没有使政府陷入"劣政府"的窘境呢？

1880年至1930年间，美国城市经济的一个显著特点就是增长。[①] 腐败可能对增长有害，但增长也会诱发腐败，特别是美国城市所享有的那种增长。这是一个合并运动和攫财大亨并存

---

① 我把人口增长与经济增长等同起来。虽然这对一个国家来说不是很准确，但对于根植于资本和劳动力能够自由流动的较大经济体中的一个城市来说，这是准确的。那些具有较高工资和资本收益的城市，规模会扩大。而那些具有较低工资和资本收益的城市则停滞不前。

的时期,也是一个产业日趋集中和垄断利润不断增长的时期。技术的进步,包括交通运输、供水、排污、公共卫生和公共安全、教育、道路桥梁以及职业警察和消防部门的改善,使城市成为一个富有吸引力的所在。城市环境的不断改善,意味着城市正在
70 创造自己的租金。最后,城市人口的增长和日益多样化,既给旧体制下的市政府带来了巨大压力,同时也给野心的政治家提供了一个以满足多元利益来牟利的机会。

抑制腐败和激励“好政府”的最强大力量是城市间竞争。1880 年到 1930 年间,美国城市之间的相互竞争,推动了彼此的经济增长。这种城市之间的竞争也限制了城市腐败。这些城市当时是小型的开放经济(现在也是如此),为了吸引新企业和新公司,城市之间相互竞争。当地的税收是它们的财源,当它们需要借钱时,还要依靠自己的信用。当地企业要在本城市以外寻找市场。城市既不能控制进口,也无力操纵其边界以外的市场,更不能控制资本和劳动力跨边界的流动。

正如施莱费尔和维什尼(1993)所解释的那样,政府之间的竞争可减少腐败。如果一个企业面对的只是一个腐败的政治家,那么,该政治家可能会向其大肆索取“垄断性”贿赂,榨取本应由企业享有的所有经济利润。而如果这个企业面对的是多个政治家,并且可以和其中的任何一位交易自己想要的东西,那么,这些政治家之间的竞争将会压低贿赂。当然,如果每一个企业都必须和很多政治家进行交易,那么,贿赂也可能被推得很高。如同处在上游和下游的垄断者一样,政治家将会要价过高,从而迫使企业濒临破产,使得观测到的总体贿赂水平下降,但腐

败的负担增加了。这个简单的模型对于分析美国城市腐败很有用处。各城市均敏锐地意识到，它们之间会为吸引新企业和新居民而展开竞争。选民关心的是他们的城市能否繁荣发展，而政治家关心的则是他们是否能再次当选。随着城市的发展，腐败也会变得更加有利可图。因此，与廉洁的政治家相比，那些腐败的政治家具有更强的激励来促进城市发展（McGuire and Olson，1995；Olson，1991）。

城市经济的开放性，有助于鼓励当地精英支持“好政府”和有利于增长的好政策。开放的边界限制了腐败政府的行为空间，对于那些依靠外部市场的本地产业，腐败政府可给予的好处受到限制。正如克鲁格（1993）在她的一篇关于“良性循环和恶性循环”的文章中指出的那样，政府官员和商人可能是盟友。她比较了实行进口替代政策的发展中国家和实行出口导向政策的一些国家的增长。在实行进口替代的一些国家（在拉美很普遍），当地工商业者越来越依赖于政府的贸易限制，并为此不断游说政府以维持这种贸易限制。这类经济体后来变得越来越落后，进而迫使政府采取更严格的限制政策来维系进口替代产业的生存，由此陷入“恶性循环”。而另一些国家或地区（如“亚洲四小虎”），以出口导向政策起步，逐渐催生出了一些政治精英，这些政治精英偏好对增长有利的政策，由此形成“良性循环”。 71
尽管韩国和日本的企业主与阿根廷或墨西哥的企业主一样，都卷入了政治，但不同之处在于，在那些实行出口导向的“良性循环”的国家（或地区），企业主发现，有着良好的公共品供给、低关税和其他有利于增长的政策的高效经济，对自身利益是最为有利的。而在美国的城市里,地方精英虽然并未置身于政治之外,但他们支持出口导向,向往“好政府”和经济增长(Hays,1964)。①

在“新政”之前,对腐败的另一个限制性因素是城市的财政自立,以及由此导致的市政府对地方税基和全国债券市场的依赖。虽然从法律上说,城市是由州设立而来的,但对城市而言,无论是其政府日常开支还是基础设施建设筹款,靠的都是城市自己的税收,而不是州或联邦的资金。1880 年至 1930 年间,城市所进行的大规模建设,主要是通过市政债券市场来融资的。市政债券市场是政府最早管制的金融行业的一部分。在 19 世纪 70 年代财政困难时期,许多城市被迫拖欠债务。结果,许多州政府推行改革,限制市政借款(Monkkonen,1996)。大部分的州都是按照城市应税不动产的一个确定比例(通常是 5%)来限制市政债务规模的。而在另外一些州,若不经过选民投票同意,或没有建立起用税收收入偿还债券本息的保证机制,是不能发行债券的(Nelson,1907)。为此,各地市政府被迫公开它们的财务账目。这些规则打消了投资者的顾虑,他们可以放心购买市政债券。他们对城市的信心也得以树立了起来。从 19 世纪 70 年代到大萧条期间,规模较大的城市都没有出现拖欠债务的情况(Monkkonen,1996)。

城市区划也为城市腐败施加了另一个限制。城市是由州设

---

① 进步时代美国的工商企业确实希望联邦政府实行出口导向政策。来自企业的压力使美国进口税保持在很高的水平上。

立的，因而要服从于州的法律。州政府和更上层的联邦政府都可以调查和起诉市政府官员。在美国各城市里，法院体系受到较好的保护，法律裁决一般都能得到执行。

考虑到以上种种对腐败的限制性因素，我们可能会感到奇怪：政治家何以能够从政治控制中牟利呢？实际上，1880 年到 1930 年间，确实存在一些助长腐败的因素。尽管企业和居民可以搬离某个城市，从而起到约束腐败的作用，但离开一个城市的法律边界是有成本的，而这种成本在进步时代要比其前后的任何时代都要高。区域合并扩大了许多城市的边界，郊区居民认可这种合并。这表明，对于城市边界以外的居民和企业而言，虽然心存对腐败的担忧，但相比之下更看重城市的服务。技术进步也使企业更看重城市。19 世纪 80 年代以来，有两项技术进 72
步加速了经济活动向城市的聚集：一是全国性铁路系统的建立，它使得真正的全国性市场得以形成；二是电车的出现，使得大量工人居住在郊区而在中心城区工作成为可能。由此，城市财富、市区和市郊不动产价值节节攀升（Mills and Hamilton，1994；Warner，1978）。这些技术的发展，使得大企业更难以离开城市的政治边界，因而提高了可持续的腐败水平。对大规模蒸汽机工厂的依赖不断增强，也使得企业聚集在运送煤炭的铁路周围。

到 20 世纪 20 年代，汽车和卡车开始使用，使得居民和企业能够离开中心城区而搬到郊区或（后来到）远郊居住和建厂。20 世纪 50 年代以后，货车和州际高速公路系统在很大程度上取代了铁路，用于轻型货物的长途运输。小汽车把工人从电车中解放出来（Bottles，1987；Garreau，1994；Mills and Hamilton，

1994)。这些新交通运输工具的出现并没有给中心城区造成破坏。只是在1950年及以后,绝大多数古老大城市的人口才达到了顶峰。随着服务业新增就业岗位取代制造业不断减少的就业岗位,许多大的中心城市的人口现在已保持稳定。内燃机则降低了一个中心城市不至于被企业和富裕居民而弃的可维持腐败水平。电网和电动机的发展将制造业企业从煤炭和运送煤炭的铁路中解放出来。

在1930年之前,要想获得高品质、大规模的政府公共品和服务,只有在大城市才有可能,这就促使居民和企业留在城市边界之内。而在1930年之后,相对于郊区而言,中心城市已开始失去这些优势。1880年至1930年间,政府的责任迅速增加。在这一期间的早期,中心城市在许多新公共品的生产和政府服务供给方面似乎有着巨大优势。供水和排污系统非常昂贵,新兴郊区难以修建;而教育更需要大量的资金投入用于新建学校,尤其是新建费钱的高中。随着时间的推移,郊区公共品的数量和质量也得到了很大提升,中心城市的优势相对下降了。在许多州,州一级的变革迫使城市共享诸如供水等大型基础设施系统,郊区政府当局学会了怎样靠借钱来自建基础设施。郊区人口不断增加,直到他们自己所属的小城市也能够维持高质量的政府公共品和服务。[①] 随着居民和企业向郊区搬迁,中心城市日益陷入一种基础设施老化、贫困人口比例较高的境地,这就使

① 根据现在的估计,当城市人口达到10万时,绝大部分市政服务的规模经济就会被耗尽(Mills and Hamilton,1994,第335页)。

得政府的质量优势从中心城市转移了出去。中心城市可维持的腐败水平也就下降了。

竞争可以限制腐败，但并不能消除腐败。城市间并非完全可以相互替代。企业搬迁可能需要付出相当大的代价。纽约、73
芝加哥和波士顿这样的大城市是最具商业价值的地方。它们聚集着大银行、大批发市场、大规模人口，有着种类最多、熟练程度最高的劳动力市场。许多大企业需要坐落在大城市，这就赋予这些城市的政治家以垄断的权力。这或许可以解释这样一种现象：最大的城市，也是最腐败的城市。

第三节　腐败的类型

下面，我们讨论一下，这些因素是如何影响进步时代美国城市中的腐败和政府质量的。进步的新闻调查记者、正义的检察官和野心的政治对手搜集了一个个故事，他们对行贿、挪用公款、贪污、回扣、兜售政治影响、内幕交易、包庇犯罪等的描述，充斥于当代有关美国城市的新闻报道和通俗史料中。中级历史教科书已经把这些例子作为历史素材放了进去。有一个非常重要的原始资料来源值得单独来讨论，那就是林肯·斯蒂芬斯为《麦克卢尔》(*McClure*)杂志所写的连载文章《城市的耻辱》([1904]1957)。斯蒂芬斯的连载文章写于1901年到1903年间，旨在向读者指出哪里可以看到腐败。斯蒂芬斯并不是一个没有偏见的观察家。他认为，正是美国的商人，而不是贫穷的选民或少数民族选民，是腐败之源，但他却丝毫没有研究政治集团。他质疑每一项政府职能和每一个私人部门的合伙人,他的文章对 20 世纪之交美国城市的贪污腐败作了翔实的描绘。

改革时代,城市中常见的腐败可分为四种基本类型:(1)挪用公款;(2)发生在公共合同和特许权上的行贿受贿;(3)管制腐败,包括与犯罪活动有关的行贿受贿;(4)内幕交易。

挪用公款最显著的特点是它在进步时代很少发生。1880—1930 年间,有关公然掠取的报道异常地少。斯蒂芬斯只报道了三个例子,而且只有一个得到了证实。在匹兹堡,市检察官办公室的 30 万美元支票不翼而飞。所注销的支票表明这笔钱至少有 10 万美元直接到了上司弗林(Flinn)的手中。虽然那时的 10 万美元在 2004 年要值 200 万美元,但与弗林的城市建设合同相比,则微不足道。[①] 单是城市建设合同中的铺路合同价值就达
74 350 万美元,按 2004 年的美元换算就是 7 000 万美元(Steffens,[1904]1957,第 119—121 页)。

当时人们也关注到了政治家们的自我克制。这也是威廉·赖尔登(William Riordan)有关采访坦慕尼协会政客乔治·华盛顿·普伦凯特(George Washington Plunkitt)的一本非常有趣的书中提出的主要观点之一。普伦凯特解释说,"账目不会有问题,市财政的钱不会有问题,一切都没有问题。他们(改革者)向我们出示的所有资料均表明,坦慕尼协会各部门的头头们是在

---

① 把不同时代的美元值换算为现在的美元值,采用的都是消费者物价指数。所采用的这种换算比率可从经济史服务网站 www. eh. net 上获得。有关 CPI 历史估计的讨论,参见麦卡斯克(McCusker,2003)。

合法的范围内关照他们的朋友，向他们提供可以提供的机会来收取诚实贿赂。"（Riordan，[1905]1994，第56页）当时的投资者也发现，市政府一般都是值得信赖的。市政债券被认为是安全的，因此从19世纪80年代开始一直以低利率发行。

公开账目保证了市政府的诚实。公开账目是改革时代实施最早、争议最少、最为成功的改革举措之一。这项举措先是在个别城市实施，后来在联邦政府的要求下，各城市都公开了它们的账目。1902年，美国普查统计局开始聘请和培训会计师来汇总和审计这些城市账目，并公开城市支出年报。就在31年前，特威德集团还能将纽约市的账目据为秘密，31年之后，连上市公司都得公开它们的账目。

腐败的第二种形式，即合同和特许权上的行贿受贿，回报更高。那些胆大心细的政府官员（无论是选举还是任命的）发现，政府公共品和服务的合法供给，给他们揩取油水提供了方便之门。1880年以后，地方政府负责提供或安排的公共品和服务越来越多。有时，市政府将这些公共品和服务的供给承包给私人企业，如清扫街道和公立医院用药等。市政府有时会通过政府部门或市政府所有的企业，来安排私人企业直接向公众提供服务。尽管其中挪用公款很少见，但腐败合同却屡见不鲜。甚至在美国国内战争之前，就有人猜测市长把市政府的印刷合同给了忠于自己的报纸出版商。① 按照斯蒂芬斯的观点，到20世纪

① 这种小恩小惠见怪不怪，如果不是市长把事情搞糟，《人名词典》的条目就会一带而过。

初,在圣路易斯、费城和纽约,市政府的钱都存在了有特权的银行里。在圣路易斯,市政府医院和市救济院都是从有特权的供应商那里购买药品和日用品。圣路易斯的一个名叫巴特勒上校(Colonel Butler)的老板,为获得垃圾清扫合同,向卫生局的职员行贿 2 500 美元,在查清可疑活动后,最后被判有罪(Steffens,[1904]1957,第 40 页,第 147 页,第 207 页)。

油水最为丰厚的要数建筑合同。许多政治老板投资于建筑
75 企业。在匹兹堡市,政治老板弗林"酷爱公共合同"。他为匹兹堡修建了建筑物、街道和桥梁(Steffens,[1904]1956,第 115—124 页)。在费城,政治老板马丁的业务合伙人伯特(Porter)操纵着建筑合同(Steffens,[1904]1956,第 145 页)。在纽约,"坦慕尼协会在公共工程腐败方面拥有一个高效体系"(Steffens,[1904]1956,第 210 页)。20 世纪初期,坦慕尼协会的头子查尔斯·弗朗西斯·墨菲(Charles Francis Murphy),则是其弟经营的纽约建筑工程承包与运输公司的匿名合伙人。1905 年,这家公司和其子公司得到了价值 1 500 万美元的市政合同(Allen,1993,第 211 页)。

改革者力图遏制这类掠夺行为,但与反挪用公款相比,收效甚微。虽然竞争性招标的法律已通过,但斯蒂芬斯却报道,在匹兹堡和费城,投标被非法操控,所有投标环节的设计均有利于某个投标人。投标还经常发生合谋行为。G. W. 普伦凯特报道了有共同利益的投标人在政府盈利性拍卖中的合谋行为(Riordan,[1905]1994,第 55 页)。这种要求竞争性招标的规定虽可降低成本,但助长了工程的粗制滥造。对工程质量的担心促使

改革者采取了另类改革举措，用市政部门或政府所有的企业来取代私人生产者。从经济上看，用市政所有的企业来替代私人供给的做法令人质疑，因为市政府职员虽没有降低工程质量的激励，但也缺乏削减成本的激励(Glaeser，2001)。

尽管按照斯蒂芬斯的观点，腐败合同既提高了公共品的成本又降低了公共品的质量，但是很显然，改革时代的美国城市成功地避免了腐败合同所造成的一个代价最为昂贵的问题，即腐败机会致使政府选错了项目。为了获取贿赂，现代的一些腐败国家错将资源从高社会收益、低腐败机会的项目转移到了一些低社会收益但腐败机会高的项目(Kaufmann，1997，第 119 页；Mauro，1993；Shleifer and Vishny，1993)。美国早期的改革者确实抱怨过公共建设摊子过大。在 19 世纪 70 年代初，特威德丑闻过后当选的纽约市改革派市长哈夫迈耶(Havemayer)就认为，布鲁克林桥梁工程是对纳税人金钱的极大浪费。选民对此报以的奖赏是，在新一轮的选举中将坦幕尼协会的权力交给了他。到 20 世纪之交，改革者不再抱怨基础建设或公共服务供给过度。无论是斯蒂芬斯还是他的同时代人，都没有提到基础设施太多的问题；相反，许多改革者抱怨基础设施太少(Hays，1964)。腐败的政治家显然发现，最易掠取也最安全的就是选民和债券购买者所认可的建设项目。

20 世纪末，市政府远没有原来谨慎。我们可以比较一下纽约第一条地铁和洛杉矶地铁的建设。纽约区际快速交通线(IRT)1900 年开工，四年后完成，1904 年 10 月 27 日开始运营。 76
IRT 线长 23.5 英里，包括两条水下隧道，一条通往布朗克斯，另一条通往布鲁克林。纽约市为该工程建设付出了 4000 万美元，这笔资金是通过发行债券筹集的。用于购买设备的2000万美元由该线路的运营商麦克唐纳公司负责筹集(纽约地铁纪念册,1904)。修建这条地铁的成本相当于2004年的11亿美元,其中腐败所占的比例总体看来比较适中(Glaeser,2001)。不管怎么说,这条地铁的建设还是物有所值的。到当年12月份,这条地铁平均每天运送乘客30万。按照最初设计,每天的最大客流量是60万人次,而10年以后,每天的客流量达120万(Hood,1968)。无论从哪方面来衡量,这条地铁都是非常成功的。

相反,洛杉矶地铁被认为是"一大败笔"(Claiborne,1998)。20世纪70年代,联邦政府急于减少汽油消费,因而对地铁建设提供补贴。洛杉矶地铁1986年破土动工,红线地铁第一段于1993年开始运营,其他三段相继于1996年、1999年和2000年投入运营,总里程为17.4英里(Trinidad,2004)。红线总成本约为50亿美元,其中一半由联邦政府支付(Claiborne,1998;Trinidad,2004)。这50亿美元中绝大部分不存在腐败,但这并不意味着这就是一项好的投资。这条地铁原计划每天运送30万乘客,但到2004年,平均每个工作日的客流量只有10.2万人次(美国大众运输协会[APTA],2004)。修建这条地铁无疑有自身的价值,但这50亿美元如果用于提升和扩建洛杉矶地铁覆盖区域的运量繁重的公交系统,效果可能会更好一些。①

---

①　最终,洛杉矶公交车乘客协会根据《1964年公民权利法》,成功起诉了洛杉矶城市交通运输管理局(MTA)的偏袒行为。双方达成协议,由洛杉矶MTA签署了一项法令,同意将资金从地铁系统转到公交车系统,前者的乘客多是白人和中产阶级,而后者的乘客绝大多数是少数民族和穷人。

建筑合同是腐败最有利可图的来源，但城市特许权可能更具价值。19世纪晚期涌现出几个重要的新兴产业，包括煤气、电力和电车。在许多欧洲国家，这些新服务的供给是政府的责任，但在美国，则通常是在市政府的特许权下，由私人企业提供。煤气、电力以及公共运输事业需要政府特许才能够在街道的地面、地下和地上从事运营。如果说开一家建筑企业可以让一个人致富，那么拥有一项公用事业或一条公交线路的市政府特许权，则可以让一个人成为镀金时代社会精英中的显贵。电车大王与范德比尔特（Vanderbilts）（惠特尼）联姻，他们的名字铭刻于图书馆（亨廷顿图书馆，怀德纳图书馆）、博物馆（惠特尼博物馆）以及科学研究机构（耶基斯天文台）。由于这些行业的准入受市政府的控制，因此，腐败无法避免。

斯蒂芬斯注意到了竞争与兼并时期的有轨电车产业。他发现，在6个城市中就有5个城市的官员滥用了颁发电车特许权 77
的权力。这5个城市是圣路易斯、匹兹堡、费城、纽约和芝加哥。企业兼并重新开启了特许权之门，各城市纷纷加以利用。通过玩弄特许权来敲诈有轨电车公司，这种现象甚至有一个专有名词，即所谓的“权杖”（Steffens，[1904]1956，第156—158页）。

市政腐败仅仅是公共运输事业腐败的一个方面。有轨电车公司，就像其胞兄长途铁路运输公司一样，内部也存在同样的腐败勾当。有轨电车公司的经理、所有者和金融家，不但操纵普通股价格，还设立修建电车轨道的建筑企业，让自己获得超额回报，并在电车沿线的不动产上投机（Hendrick，1919；Jackson，1985）。在许多城市，有轨电车线路的所有者从不动产投机中赚到的钱可能比经营有轨电车还要多。奥克兰的"硼砂"·史密斯("Borax" Smith)、洛杉矶的亨利·亨廷顿(Henry Huntington)、马里兰的参议员弗朗西斯·纽兰德(Francis Newland)之所以修建有轨电车线路,其目的就是出售郊区的不动产(Jackson,1987,第124页)。

政府垄断所造成的危害通常是,政府部门会抑制行业准入从而提高产品价格,以维持垄断权的价值。在发展中国家,这种倾向是腐败抑制经济创新的原因之一(Murphy,Shleifer and Vishny,1993,第413页)。但在第一次世界大战以前的美国城市里,这似乎不是一个严重的问题。虽然公交系统存在着腐败,但有轨电车线路建设得很快,覆盖的里程也很长。以马和电缆驱动的市内电车在美国内战以后就开始普及,但直到1887年弗兰克·斯普雷格(Frank Sprague)完善了高架电线以后,有轨电车才真正发展起来。短短15年间,所有的大城市和一些相对较小的城市都拥有了有轨电车。1901—1902年间,大城市(人口超过35万)的公共交通运输系统平均每年为每个人提供的出行服务在243次(Teaford,1984,第236页)。而在欧洲的大部分地区,由于禁止有轨电车线路的所有者投机邻近的不动产,所以电车线路的建设非常缓慢,而且里程也不长(Jackson,1985,第124页;Teaford,1984,第236页)。

施莱费尔和维什尼(1993)提出的腐败官员竞争模型可以解释市政府为什么无法限制进入。在大多数城市里,特许权由市议会分配。那些想得到特许权的所有者没有必要贿赂每一位议会成员,而只需要贿赂大多数就可以了,因此,政治家为了获取贿赂不得不彼此竞争。依据斯蒂芬斯的论述，在圣路易斯，市郊铁路公司的总裁查尔斯·特纳（Charles Turner）向市长科罗纳尔·巴特勒行贿，希望准许他扩展电车路线。特纳觉得，巴特勒要价14.5万美元太高，于是他就找到了另一个政治掮客斯托克（Stock）。斯托克答应接手这件事情，只要了13.5万美元。为了争取议会通过，他把这笔钱贿赂给了足够数量的市议员。对特纳来说，后来证明这是一个不明智之举。因为，后来证实扩展 78
这条电车线路特许权的价值约在300万—600万美元之间。巴特勒是圣路易斯市政治集团的党魁，而斯托克只是酿酒行业的一个说客而已。他没有能力阻止司法上的逆转，法庭判决收回该特许权。他也不能保证他在议员中的“圈子”信守诺言。一些人为了抬高最终要价，把这件事捅到了媒体，尽管没有指名道姓。匿名人的泄密引起了富有政治抱负的州检察官约瑟夫·福克（Joseph W. Folk）的注意。福克给特纳施加压力，从而使整个合谋迅速曝光（Steffens，[1904]1957，第28—30页）。

也有证据显示，来自选民的压力可以阻止政府对行业准入实施限制，即使在市政府要员控制市议会时也是如此。到1900年，纽约市有将近1300英里的地面和高架线路，其中大部分由坦慕尼协会的支持者所有。考虑到这些支持者的利益，纽约市政府在19世纪90年代的大部分时间里一直限制修建地铁。不过，即使是坦慕尼协会，也无法阻挡公众对改善公共运输的要求。公众舆论迫使市政府在1900年批准修建IRT线（Katz，1968，第10页）。

腐败与市政特许权的潜在利润一同涨落，上升和下降几乎同样迅速。到第一次世界大战时,几乎每一个州都对包括有轨电车特许权在内的各种特许权进行了规制(Hendrick,1919,第44页;McCormick,1981)。规制不仅使得市政府操纵特许权更为困难,而且也防止了公用事业和公共交通运输公司涨价。一战时期的通货膨胀,及随后小汽车的兴起,在20世纪20年代严重冲击了有轨电车行业。大萧条时期的通货紧缩在一定程度上减轻了价格上涨的压力,但由于1/4的工人丢掉了工作,客流量下降了。二战期间,客流量有所恢复,但20世纪50年代又下降了。第二次世界大战后的几十年间,市政府收购了大多数有轨电车系统,然后转卖给了公共汽车公司。公共电力和煤气公司虽没有歇业,但受到了更多的规制。州政府任命的委员会不但对这些企业及其负债和投资进行了监管,而且还管制了价格。

通过操纵法律和管制来获取贿赂,是城市政治家第三种类型的腐败,即管制腐败。它发生于对代表政府的执法者进行贿赂,使之漠视法律规定,或政府官员以严厉管制或撤销许可权相威胁来索取钱财之时。

最有油水的法律就是那些禁止或管制"无受害者犯罪"的法律,我们所说的"无受害者犯罪"行为,也就是进步时代所谓的"不良行为",如卖淫、赌博,以及酒精饮料和毒品的销售等。与犯罪活动有关的腐败并不是改革时代的发明,至今管制腐败也依然没有消失。然而,在1880—1930年间,管制腐败不正常地
79 蔓延到政府的上层。不仅仅是警察,市长和政治老板都试图从腐败中捞到好处。据斯蒂芬斯的报道,在"纽约以及大多数其他城市",警察敲诈勒索是腐败的主要形式。当从勒斯沃委员会的

调查中得知警察每年搜刮400万—500万美元(相当于现在的8000万到1亿美元)钱财的时候,连坦慕尼协会也至少有几个领导颇感震惊。[1] 然而,在匹兹堡,“[不良行为]却是合法活动,它不是由警察管理,而是由那些有组织的犯罪团伙有条不紊地打理”。斯蒂芬斯的线人声称,每年有25万美元的贿赂直接送给匹兹堡的政治老板弗林和马吉(Magee)(Steffens,[1904]1957,第115—116页)。[2] 据斯蒂芬斯说,在明尼阿波利斯,市政府本身就是一个财团。政治老板埃姆斯博士(‘Doc’Ames),既不经营任何政治集团,也不打算连任,只是想通过他对警察部门的控制来掠取他想得到的一切。埃姆斯遭到了逮捕,很快便受到了公正的判决。奥马哈的政治老板汤姆·丹尼森(Tom Dennison)则较为成功,他是一个职业赌徒,组织不当交易,并像市政府的一个部门那样经营它。他当权几乎30年,在禁酒时期尤为得心应手,直到因为谋杀罪而受到指控(Menard,1989)。

到20世纪20年代,政治老板大都被工于犯罪的匪帮老板所取代。匪帮向市政府提供贿赂,而市政府不再控制相关行业。19世纪组建的正规警察部门最初反而增加了与犯罪活动有牵连的腐败,因为警察部门天然就是一个敲诈赌徒、妓女和酒吧经营者的机构。但选民憎恶警察腐败。警察机构通常是文官制度

---

① 勒斯沃委员会是纽约市负责调查腐败的委员会之一。它是在犯罪预防协会的推动下于1894年成立的,而犯罪预防协会于1877年在纽约成立。

② 由于匹兹堡的人口大约是纽约市人口的十分之一,犯罪团伙所支付的人均费率约相当于纽约的一半。

下第一个设立的政府部门,虽然这并不一定能使它因此而摆脱政治干预。至今,警察腐败也依然没有消失,但现在它很少由市长、政治老板或警察局长来组织。同样,禁酒令在颁布之初反而强化了市政府与犯罪之间的密切关系。这种对于罪恶行为的非官方容忍态度,在 19 世纪末 20 世纪初,对于因美国城市的多元文化和多民族性所派生的不可调和的政治冲突,起到了沟通协调的作用。不过,20 世纪 20 年代的全国禁酒令,提高了犯罪的规模收益。或许是受到上升的收益和廉价的自动武器的驱使,集团犯罪的暴力水平伴随着全国禁酒令而上升。很显然,在禁酒时期要在酒类行业取得和维持某种地位,其所需要的暴力水平,是大多数市政府所无法消受的,除了少数几个声名狼藉之人
80 以外(如奥马哈的政治老板丹尼森)。

管制腐败的成本,往往并不在于腐败本身,一般也不限于犯罪的成本。它会祸及警察部门和法治,同时助长暴力。如今虽已不再禁酒,但非法的毒品交易利润丰厚,极度暴力。在美国许多中心城市和不少发展中国家,毒品交易都是一个非常严重的问题。

市政府不仅仅控制犯罪活动。市政府,通常还有市议会,还控制着城市街道的使用权和铁路调车场及码头的准入权等诸多特许权(Teaford,1984)。据斯蒂芬斯所说,腐败的政治家及其任命的官员都愿意将他们的管制权用于营利目的。在圣路易斯,市议会上院和下院的议员有一张关于“各种特许权”的正式价格表,“上面有仓库升降机的报价、短道岔的报价;侧道按长度收费……街道修整花费更多;码头按分类有精确定价……没有

什么东西是免费提供的"(Steffens,[1904]1957,第22—23页)。在匹兹堡,对于一位有强势政治老板做后台的商人,若想获得"诸如铁路道岔、码头使用权以及街巷等市政府的授权和特许权",他可以径直找克利斯·马吉(Steffens,[1904]1957,第109页)。

通过授予铁路和码头使用权和街道修建权而收受贿赂,是市政府从大型制造企业和铁路企业牟利的门道。斯蒂芬斯认为:"无论在哪里,大企业都是政治腐败的主要源泉。"(Steffens,[1904]1957,第204页)由于斯蒂芬斯把腐败看成道德滑坡,因此,他认为企业和政府双方都负有同样的责任。不过,大企业并不想为获得铁路或码头的使用权而向市政府付钱。因此,在许多国家,管制腐败是制约企业发展的一个严重障碍。在这些国家,可以料想,一个成功的企业家为了获得必要的许可和证件,以及为了预防突击检查和突然倒闭的危险,就得接连不断地支付贿赂。但斯蒂芬斯所指的腐败通常是一次性的敲诈勒索。企业为获得市政府所控制的资产的使用权就得付费。这些资产的合法使用权是由市议会通过投票决定的。因此,企业家非常清楚,一旦市议会投票通过,权利就是他的。

然而,这一时期通过的许多改革措施,如有关卫生、就业、建筑和酒类的管制,却令腐败反复发生。警察和执行新法规的新聘督察们滥用手中的职权。据斯蒂芬斯报道,费城"那些不想被严格检查所骚扰的店主",及纽约的一些建筑师和建筑商,可能会收买督察,[贿赂]"通常情况下……以节省的时间和劣质建材上所节省的价值的一半来估算"(Steffens,[1904]1957,第148

和 208 页)。对于限制此类腐败的机制,我们并不很清楚,可能
81 的情况是,为保护增长,市政府会限制这种腐败。尽管美国也采取了以上的限制措施,但管制腐败似乎并没有严重到阻碍发展的程度,也没有破坏改革者新提出的建筑和卫生法规。飓风和地震反映的仅仅是个体失灵而非制度失灵。当今第三世界国家则已暴露出制度失灵所带来的灾乱。在改革时代,美国城市稳步拓展,人口逐渐稠密,同时环境更加卫生和安全(Teaford,1984;Troesken,2004)。

产业向郊区的迁移可能会减少管制腐败给城市带来的负担。经济中最不易受到管制敲诈的部门是办公室。斯蒂芬斯注意到,管制腐败在纽约市是有限的,因为"在纽约设立总部的大企业大都没有在纽约设厂……我们的金融巨头,他们中的多数,虽然在其他州甚至在纽约州可能是贿赂者,但他们却独立于坦慕尼协会,在纽约总部他们可能是诚实的公民"(Steffens,[1904]1957,第 204 页)。这表明,由于制造业移出城市,管制腐败在减弱。情况也有可能是,管制腐败扭曲了经济活动在城市与郊区之间的分布。①

城市政治家常见的最后一种腐败形式是内幕交易。当拥有私人信息的一方利用这些信息进行有利可图的买卖时,就发生了内幕交易。据斯蒂芬斯所说,在费城,"有很多房地产交易商喜欢刺探公共设施建设的信息。"乔治·华盛顿·普伦凯特热衷

---

① 另一方面,如果其他成本足够低,制造业也能够忍受腐败;否则,制造业就不会从美国转移到中国。

于从事内幕交易："假使政府要新建一座桥。我通过内线获知了此事，我就会想尽一切办法，尽可能多地购置附近的资产。然后，我再以自己的价格卖出去……你难道不会这样做吗？这就类似于在华尔街或在咖啡、棉花市场上占卜未来。这是诚实腐败。"（Riordan，[1905]1994，第 54 页）1900 年，内幕交易在华尔街很普遍，且不明显违法。从政治上来说，内幕消息是一种有用且非常难以捉摸的市场行情：它可以让政治家赚钱，给其他人提供好处或贿赂，或让自己受益。由于如今的内幕交易属于非法，因此，内幕交易行为有所减少，但并没有完全消失。

内幕交易削弱了产权，因此它可能会妨碍城市不动产投资。另一方面，内幕交易又是一种将政治家的利益与城市发展联系起来的机制。那些投资了当地不动产或拥有当地企业股票的政治家，具有很强的激励奉行刺激增长的政策。有证据表明，选民对于两者的这种关系并不反感。洛杉矶一直靠基础设施投资来 82
促进增长。为支持地方增长政策，洛杉矶的选民常常将手中的选票投向他们可以信任的商人和不动产开发商。例如，1898 年，选民选举土地所有者和开发商弗雷德里克·伊顿（Frederick Eaton）当市长。伊顿是较早主张从欧文斯河修渠引水进入城市的推动者之一。尽管这一引水工程也会令伊顿所持有的大宗土地股权升值，但无人对此提出异议（Holli and Jones，1980，第 108 页）。

以上是 1880 年至 1930 年这 50 年间美国城市存在的主要腐败形式。我并不认为这些事实佐证了腐败对美国经济有利，但我认为，就腐败本身而言，它还是比较适中的。城市政治家总想掠取更多财富,甚至不惜以增长为代价,但开放的城市边界、选民以及债券市场——我们以上所提到的这些因素也令其有所顾忌。为说明这一点,请看两个特殊腐败案例,在这两个案例中,政治家们都避开了通常的一些限制因素。两者均涉及垄断地方市场的企图。

边界腐败是指为私人利益而操纵跨边界的商品、资本和劳务交易。这是腐败的一种重要类型,但基本上不能为市政府所用。一般而言,市政府不同于联邦政府,它不能施行进口替代政策;也不能给予效率相对低下的当地企业超过外地企业的优惠,还不能操纵货币。这些限制因素阻止了在当今发展中国家所看到的一些最为有害的腐败形式(Krueger,1993)。然而,纽约市对自己的边界实施了异乎寻常的控制,至少是对水上贸易进行了严格的控制,这是因为纽约市5个行政区中有4个在岛上。1899年,坦慕尼协会总部的老板理查德·克罗克(Richard Croker)及其副手们决定利用这种控制权来垄断冰的贸易。当时,冰块在冬季在新英格兰和纽约州北部生产。冰块被储藏在锯屑或稻草里,根据需要用船运往纽约,夏季是需求的高峰期。克罗克及其同伙成立了美国冰块公司,用来收购纽约市稍有名头的所有冰块公司。1900年年初,《纽约世界报》(*New York World*)披露,许多坦慕尼协会的政治家拥有美国冰块公司的股份。市长范威克持有价值67.8万美元的股份,克罗克的副手约翰·F.卡罗尔(John F. Carroll)持有价值50万美元的股份,克罗克和他的妻子大约持有25万美元的股份,还有许多其他政治家也持有股份,包括(坦慕尼协会未来的老板)查尔斯·墨菲和他的不动产合伙人彼得·F.迈耶(Peter F. Meyer)。其中后两人控制着全盘计划的关键资产:纽约码头。对于少数几家没有与美国冰块公司签署协议的公司,墨菲和迈耶对它们关闭了码头。1900年4月4日,《纽约世界报》揭露,这个冰块托拉斯要把冰块价格提高1倍,从每百磅30美分提 83
高到60美分。

不过,这个冰块托拉斯很快就解体了,这个案例说明即使再强大的政治集团也有其限制因素。1900年,冰块已是城市居民的必需品,而不是奢侈品。高冰块价格使穷人的生活异常艰难,而穷人正是坦慕尼协会最热心的支持者。《纽约世界报》此举迫使市长范威克及码头委员会出庭受审(《纽约世界报》的这个权力归功于特威德集团丑闻后写进纽约城市宪章的一项改革法案)。许多人承认他们持有股份,但他们否认他们的股份是以政治特权为交换条件得到的。此后不久,美国冰块公司就宣布将冰块价格降为每百磅40美分。然而,这并不能完全消除操纵冰块价格带来的政治损失。坦慕尼协会最忠诚的支持者感到自己被出卖了,在1901年的市长选举中,坦慕尼协会输给了共和党的改革派候选人塞斯·洛(Seth Low)(Allen,1993,第199—205页)。

第二个例子可以较好地说明垄断,但它是否牵涉到实际腐败则不明确。一般情况下,美国的政治家会支持新产业和各种创新。然而,创新既可理解为大企业所进行的技术改进,也可理解为小发明者先进行技术创新,然后再设立大企业。在当时的城市，几乎没有人认为，“小公共汽车”是有潜在价值的创新。[①]

1914 年，电车公司开始面临与城市公交车的激烈竞争。直到第一次世界大战开始，斯蒂芬斯在书中所揭示的特许权之争才基本结束。在大多数城市，有轨电车是一种受管制的垄断行业或双头垄断行业。当时普遍实行 5 美分的固定票价，这点一般也被写进了特许权合同。这 5 美分的票价含有交叉补贴。电车公司在市中心的短途运输上是赚钱的，但运载远郊区的乘客却是赔钱的；而 5 美分的票价又很受选民的欢迎。因此，在洛杉矶，一些拥有二手车的失业工人开始在市中心尾随电车提供载客服务，收取与电车票价一样的价格，即 5 美分。“小公共汽车”热由此形成。一年之内，这一创新迅速波及到美国的大多数大城市。这些小公共汽车通常是一些二手的福特旅游车，可载客 6—12 名。开小公共汽车是一种非正规的就业。司机们愿意通过开车赚一点儿小钱。一些司机平常做建筑工人，当他们失业的时候，就会过来开小公共汽车。其他司机只在早晚上下班的时间载客。对此，一方面，电车公司可以通过购置小公共汽车，雇用司机来与之竞争，但票价不可能是 5 美分。另一方面，小公
84 共汽车只能在短途且交通繁忙的市内线路上展开竞争。远郊区仍完全依赖电车。

这一结果对电车公司来说是灾难性的。例如，到 1915 年，

---

① 有关小公共汽车的历史，有三个资料来源：F. W. 杜利特尔（F. W. Doolittle，1915）当时对小公共汽车所作的经济学分析和近来的两项研究（埃克特和希尔顿[Eckert and Hilton，1972]；施万特斯[Schwantes]，1985）。

西雅图的两家公交运输公司宣布巨额亏损。西雅图电力公司估计,它每天因为小公共汽车损失 2450 美元,与此同时,普吉特湾运输电力照明公司估计,1915 年它因为小公共汽车损失了近 2100 万美元。这一损失极大地削减了公司利润。因为电车公司不能减少业务,否则将使自己与小公共汽车相比处于更加不利的位置。因此,应对小公共汽车挑战的最简单方法就是改变固定收费。但选民却喜欢固定收费。结果是,各城市相继实施管制,取消小公共汽车。从表面看,这类管制没有什么不合理之处。小公共汽车深受交通事故率高之扰,而小公共汽车司机偶尔也会遭遇到罪犯的袭击。因此,甚至小公共汽车司机自己,也会通过新的行业协会(如国际小公共汽车协会,它在加拿大有多个分会)来支持行业自律,如汽车年检、保险和驾照等这样一些合理要求。但对小公共汽车实施管制使之退出更为简便。到 1915 年年底,距小公共汽车在洛杉矶首次出现只有 18 个月的时间,在小公共汽车行业较发达的 175 个城市中,就有 125 个城市通过了反小公共汽车的立法。到 1918 年 10 月,小公共汽车数锐减到了顶峰时的 10%,而到 1920 年,小公共汽车更是彻底从所有城市中消失了。①

小公共汽车的经历对我们理解腐败、寻租和创新有什么启示呢?首先,创新的受益人可能并未意识到这是一项创新,特别

① 密歇根州的萨基诺市继续默许小公共汽车。到 1921 年,小公共汽车联合成立了类似于现代公共汽车公司的机构,并迫使电车公司破产。当然,在萨基诺市,处于支配地位的雇主是通用汽车公司。

是当失业工人是创新的主体时。选民也没有意识到,管制机构的反应是以牺牲城市居民的利益为代价来保护电车公司的利益。第二,对于电车公司而言,管制规定不过是暂时的解脱。虽然直到二战后,大多数公交公司都在反对市政所有权,但这个行业再也不能享受到前汽车时代的那种利润了。第三,管制产生了克鲁格所说的"恶性循环"。小公共汽车事件阻碍了小规模商用交通运输业的发展。对小公共汽车的迅速封杀,得到了当时刚建立起来、旨在保护城市居民免遭特许权腐败之害的管制机构的支持。反小公共汽车立法所施加的限制,作为一个新规则,产生了一批从中受益的人,包括出租车司机和市政运输系统的雇员。在电车轨道拆除后很长一段时间里,进入出租车行业仍
85 受到严格的限制。在大多数城市里,独立所有者经营的小汽车上街载客是非法的。同理,收费让邻居搭车也是违法的。今天的高速公路上,挤满了各自驾车上下班的人,而很少有人会去想,在自驾或乘坐城市公共汽车之外,还可以选择小型商用交通出行。

第四节　民主、集团政治与改革

本节,我将追溯两个相关的民主制度的演进,考察集团政治的兴衰,及由改革运动推动的市政府结构缓慢而根本性的变迁。集团政治削弱了选民惩罚腐败政治家的权力,但并没有消除这一权力。集团政治也没有削弱由城市边界和债券市场所施加的约束。一战以前,改革运动对于抑制集团政治或(明显的)腐败

无明显作为。1900 年以前，改革者亦没给予选民更多选择；1900 年以后，改革开始重塑市政府，但对腐败似乎没有直接影响。然而，几十年过后，改革已不再是简单的腐败预防，而是发展为应该如何运作市政府的一套完整理论。最终，改革者创造了包括现代中心城市和现代郊区在内的现代都市政府。

集团政治是为赢得民主选举而设计的一套制度，它通过对支持者给予行政庇护（包括城市工作岗位和政府支持）来换取选票。在许多民主社会中，集团政治是一种均衡的结果。从墨西哥的制度革命党（PRI）到日本的自由民主党（LDP），集团政治在世界各地得到广泛发展。从 19 世纪 80 年代到 20 世纪 30 年代，集团政治在美国非常普遍。在 1880—1930 年间，列入《人名词典》的 15 个城市，就有 11 个城市中集团政治至少在一个时期处于主导地位。[①] 我在自己的研究中也发现，1890—1920 年间，在人口超过 5 万的城市中，至少有 1/4 的城市集团政治处于主导地位（Menes，1997）。集团政治在大城市最为普遍。在全国任意一个地区都能发现集团政治，只是在美国西部集团政治不太普遍。尽管如此，选举仍具竞争性，甚至像芝加哥、波士顿和纽约这样集团政治有巨大影响的城市中，情况亦如此。政治老板常常被击败，有时是被改革者所击败，但更为常见的情况是被作为竞争对手的政治集团所击败。那些统治了几十年、所向无敌的政治组织，如芝加哥的达利集团（Daley Machine），是真正

---

① 没有政治集团的四个城市是：布法罗、底特律、洛杉矶以及密尔沃基。所有这四个城市都有过政治腐败异常严重的时期。

居于支配地位的政治集团,而这些集团主要是在一战后或更晚86 的时候才发展起来的。在进步时代,即使是政治集团中的政治家,竞争性的选举也迫使他们关注政府质量。

威廉·特威德创立了第一个城市政治集团。他将一个具有政治影响力的大众社交俱乐部,即坦慕尼协会,转变成为一个向选民施惠的庇护组织。这种制度在19世纪80年代得到推广,流行了大约50年,1930年以后开始衰落。有些政治集团生存了几十年,但在大萧条以后,几乎没有新政治集团组建(Reid and Kurth,1992)。①

若非改革者,尚有什么因素可以制约政治集团主导的市政府呢?我在先前的研究中,曾建立了一个政治集团的行为模型(Menes,1997)。通过贿选,政治家可以在掠取财富的同时,在选举中取胜。但是,贿选并不能消除限制腐败的所有因素。掠取越多,贿选的成本就越高。因此,在存在政治集团的条件下,存在一个均衡的掠取水平。制约腐败的经济和地理因素也对政治集团主导的市政府有所限制;城市边界及债券市场并不会对庇护所带来的好处做出反应。我的研究表明,这些限制因素甚至会迫使一个政治集团主导的政府提供合意数量和质量的公共品和服务(Menes,1999)。政治集团的结构,也提供了一种限制较低层级的政治家和官僚腐败意愿的机制。政治集团作为一种

---

① 匹兹堡的民主集团可能是1930年以后组建的最有效率的政治集团。匹兹堡的民主党人利用新政时期的工作救济建立起了强大的庇护组织,击败了此前一直居于主导地位的共和党人(Stave,1970)。

组织结构,实现了民意流上达(民意从选区和选区的负责人上达到老板)和控制流下达(控制从老板下达到政治家和市政府雇员)的双重功能。①

腐败并没有被政治集团所垄断。在政治集团之外,还存在许多不诚实的政治家。明尼阿波利斯市的埃姆斯博士,波士顿的迈克尔·柯利,旧金山的博斯·鲁夫(Boss Ruef),都经营着腐败的政府,他们没能组建起芝加哥式的选区一级的组织(Bean,1968;Steffens,[1904]1957;Holli and Jones,1980)。而在政治集团内部,同样有一些诚实的政治家。芝加哥的政治老板达利,坦慕尼协会成员、纽约州州长阿尔·史密斯(Al Smith),堪萨斯市腐败得不可救药的彭德格斯特集团的忠诚成员杜鲁门总统,他们个人都很诚实。但政治集团之间的政治竞争迫使政治集团的这些诚实的老板们不得不容忍集团中的腐败。一个政治集团的老板,若对自己的组织施加过多约束,那么,当他与其他容忍更多腐败的政治老板竞争时,将处于不利境地。查尔斯·F.墨菲在1901年击败克罗克之后担任坦慕尼协会的老板。他憎恶“不良行为”,并坚决阻止坦慕尼协会与犯罪 87
有染,但要他疏远所有从犯罪中牟利的选区老板,则是他不可承受之重。因此,尽管他撤销了克罗克时期腐败的警察总长比尔·德韦利(Bill Devery)和马丁·恩格尔(Martin Engel),因为

① 这也是罗伯特·默顿(Robert Merton,[1957]1972)所指出的“潜在功能”之一。简·亚当斯(Jane Addams,1989)则刻画了能够容忍腐败的选民,因为他们知道在市政大厅里有他们的“朋友”。

其辖区内有很多妓院,但墨菲没有干预赌博业。这一行当是他的朋友、亲密伙伴和潜在对手沙利文(Sullivan)的专长(Allen,1993,第186页,第212—213页)。

对于大多数政治集团而言,在财富最大化和权力最大化之间的权衡是最基本的权衡。纽约市特威德集团的迅速崛起和衰落表明,从技术上讲,盗窃财富可以超过政治可承受的限度。[①] 1867—1871年间,政治老板特威德及其助手从市预算中窃取了巨额资金,金额约在4000万美元到1亿美元之间(Mandelbaum,1965,第86页)。按现值计算,约合8亿美元到20亿美元。这还不包括这个阴谋家从城市不动产交易中的获利,以及从特许权、铁路和建筑公司所收取的贿赂。不过,特威德的掠取有赖于他们能够保守秘密;他所掠取的财富远远超过了选民和债券市场的可承受限度。在1871年,一个政治竞争对手窃取了市政账目,并把它泄露给了《纽约时报》,《纽约时报》爽快地公开了特威德掠取财富的证据。市政府失去了信贷来源,特威德集团没出几个月就垮台了。7年之后,特威德死在了狱中。

坦慕尼协会在约翰·凯利的"诚实"领导下东山再起,这说明集团政治家若懂得腐败存在政治、经济和财政等方面的制约因素,也会有复兴的机会。1873年,在特威德集团倒台仅两年之际,凯利击败了市长哈夫迈耶的改革政府,纽约市的控制权重

---

① 此处有关特威特集团和坦慕尼协会的历史资料有三个主要来源:曼德尔鲍姆(1965)、阿伦(1993)和莫里斯·沃纳(Maurice Werner,1928),他们所著的几乎是同一时代的历史。

新回到了坦慕尼协会。凯利很快意识到，庇护权、适当做大合同和内幕交易，不会威胁到市财政的安全，还可从中大量获利。他重组了坦慕尼协会，对政治集团实施集中控制，并对政治集团和市政府同时实施财政约束。1876 年，出于对凯利的能力和诚实的认可，两党选举凯利为纽约市审计长。在任 5 年，凯利忠诚无比地履行了他的职责。

政治腐败提出了政治改革的要求。虽然我丝毫不打算介绍任何有关美国进步时代的思想史，但这里有几点与我们讨论的腐败和增长问题相关。首先，改革是一个缓慢的进程。自 19 世纪 50 年代城市腐败开始上升之后，改革便从“削减预算、剔除腐败”的简单想法，发展到旨在重建政府机构的整套政策设计，使之既能抵制腐败又能满足对市政府职能日益增长的需求，完成 88
这个转变花费了近半个世纪的时间。纽约市是早期改革的典范：改革者往往试图从已经证实的腐败的政治集团手中夺权。1857 年，改革者剥夺了腐败议会的大部分权力，并把议会的财权转交给了一个由两党支持的小监督委员会。然而，正如特威德事件证明的那样，监督者也有可能被收买。1872 年，特威德事件之后，改革者又尝试设立一个能够预防腐败的政府机构；他们削弱了市长的权力，并把决策权分配给三个相互交叉的局际委员会和审计部门。这种尝试的结果是使得政府难以肆意掠取，一个可抵制腐败的政府至此形成。不过，这一改革尚需一个外部的集中决策实体，如坦慕尼协会。

从特威德集团衰落到 30 年后揭黑记者崛起，其间有几项成功的改革获得了通过，约束个体行为的规则发生了重大变化。

19 世纪 70 年代的财政困难过后,许多州都对市政借款加以限制。到 1900 年,无记名投票和公开政府账目已经制度化了。这些改革措施强化了经济、地理和民主对政治家和选民的约束机制。

政府机构改革的展开、政府内部结构的重新安排和政府职责的拓展,需要政府理论的发展,还需要其他许多制度的发育,包括市民协会、游说团体,更为重要的是不隶属于任何党派的独立新闻媒体,新思想籍由这种媒体得以产生、提炼并传播。新的专业化组织和独立于党派的新闻媒体在 19 世纪 90 年代开始涌现。在 20 世纪头 5 年,"揭黑人士"和揭露腐败的新闻记者主导着大众新闻媒体。第一次重要的机构改革浪潮由此掀起,并于 1904—1908 年间达到了高潮,此次机构改革浪潮一直持续到了整个 1910 年代(McCormick,1981)。

广义而言,新改革可分为四类:旨在重塑政府内部组织的结构改革,旨在重塑政府和企业关系的管制改革,旨在消除庇护和选举舞弊的选举改革和旨在改善美国人生活的社会改革。改革者非常信任专家,相信大型官僚企业的管理模式适用于政府。他们模仿了大型公司的结构改革。他们偏爱行政机构甚于立法机构,他们热衷于将市政府组织划分为行政主管部门、准独立委员会和管理机构、管制委员会和市政企业等职能部门。他们试
89 图通过公务员法使市政雇员免受政治压力,他们相信,只要用对了人,这些人自然就会尽力做好工作。

但要阐释清楚 1930 年前改革的影响相当困难。首先,改革是内生的。每一个城市都选择了适合自己情况的改革。第二,

厘清改革的效果很难。因为进步时代的许多改革都是我们认为会加剧腐败的变革，如实施公用事业和运输企业的市政所有权，强化对工商企业的管制等。今天，大多数经济学家和政治学家建议，应通过政府企业的私有化和限制政府对企业的管制等措施来防止腐败的侵蚀(Kaufmann，1997)。或许，美国的改革者对腐败的认识没有我们今天全面。然而，几十年的政治思想已融入美国的改革。格莱泽(2001)对此的解释可能更为可信。对于建立一个能够把事情做好的政府与建立一个能够防止腐败的政府，改革者同样感兴趣。监管市政合同和特许权的早期尝试已证明，降低成本比保持质量更为容易。而市政雇员降低成本的动力较弱，提高产出和增加就业的动力较强。抑制腐败只是20世纪前20年的改革时代改革的诸多目标之一。

如果我们将目光从老牌中心城市转向郊区及美国西部和南部的新兴城市，就会浮现出一个略有不同的改革画面。这些新兴城市采取了完全不同于芝加哥和纽约这些北部和中西部大城市的改革。许多郊区和西部、南部城市，废除了市长-议会式的政府，转而采纳了“企业式”委员会或城市经理的模式。它们并没有同样规模地拓展管制范围，且基本上避开了市政所有权。当地公共品完全由私人提供，既没有市政合同也不由市政府提供，这一模式扩展到了郊区。如今，在很多社区里，诸如垃圾清扫和公共区域维护等公共服务，均由业主协会来打理和监督。可以料见，这些改革会降低腐败程度。今天，尽管郊区和南方阳光地带的财富和经济高速增长，但一般认为，阳光地带城市的腐败程度要比北部和中西部老牌中心城市低(Bridges，1997)。

第五节　结论

美国城市的经验表明,政府质量在很大程度上关系着腐败的存与废。如何构建一个好政府,这是现代决策者面临的挑战。现代国家可以把那些曾经护卫美国市政府的一些经济、地理和政治因素作为自己的政策选择,如开放的城市边界、自由选举和
90 城市财政独立等。但美国的经验也表明,健全的民主和公民制度、特别是健全且独立的新闻媒体,能够抑制腐败和提高政府绩效。建立这些制度是一个更为复杂而长期的工程。最后,美国的经验也说明,地方精英和政治家的利益同大多数普通百姓的利益相结合,这一点非常重要。在美国,不动产投资把政治家、富人与普通市民的利益捆绑在了一起。在现代国家,法治,特别是改革后的土地所有权法,不仅为社会精英、而且为中产阶级和穷人提供了有保障的土地所有权,可能会促进政府质量的提高。

有关政府结构改革的政策教训不太明确。在美国,市政府的改革有助于改善公共品供给,甚至有助于抑制腐败,但它不能保证未来的经济增长。底特律、克利夫兰及布法罗在城市改革中走在美国的前列,它们选举了能够长期坚持改革的市政府,并进行了重大的结构改革。[①] 在进步时代,这三个城市也享有相

---

① 这三个城市选举的市长后来都成为全国改革领袖:格罗夫·克利夫兰(Grove Cleveland)1882 年当选为布法罗市市长,黑曾·平格里(Hazen Pingree)1890 年当选为底特律市市长,汤姆·约翰逊(Tom Johnson)1901 年当选为克利夫兰市市长。

对诚实的政府。然而，诚实的政府并不能保证未来的成功。1930—2000年间，《人名词典》中的15个大城市的人口平均缩减了7%，同一时期，底特律、克利夫兰及布法罗市的人口分别缩减了39%、47%以及49%。① 这并不是说，改革导致了这些城市人口的急剧下降，而是说仅有诚实的政府还不足以保证增长。

腐败是一种机会主义性质的传染病。哪里的公民和政治制度羸弱无能，哪里就会流行起这种通病。美国城市在腐败和增长方面的经验揭示了地方制度在约束腐败以及促进腐败政府实施良治上的重要性。这些地方制度包括民主、自由贸易、自由金融、劳动力和产品市场、产权保护、法治、新闻自由、由政治上活跃的公民所组成的多元化团体和协会等。对此，到底是该乐观还是悲观，尚不可知。一方面，这些结论表明，我们虽不可能根除腐败，但我们可以通过全力构建强有力的制度来抑制腐败；另一方面，对于贫穷落后和治理不善的城市或国家而言，强化脆弱 91
的制度并不是一项简单的任务。

参考文献

Addams, Jane. 1898. Why the ward boss rules. *Outlook* 58(April): 879—882.

Allen, Oliver E. 1993. *The tiger: The rise and fall of Tammany Hall*.

---

① 其他人口降幅高的城市只有两个：与1930年比较，2000年匹兹堡的人口减少了50%，圣路易斯减少了59%。人口数据来自吉布森(Gibson, 1998)。

Reading, MA: Addison-Wesley.

American Public Transportation Association (APTA). 2004. American Public Transportation Association heavy rail ridership report, second quarter. http://www.apta.com.

Bean, Walton. 1968. *Boss Ruef's San Francisco: The story of the Union Labor Party, big business, and the graft prosecution*. Berkeley: University of California Press.

Bottles, Scott L. 1987. *Los Angeles and the automobile: The making of the modern city*. Berkeley: University of California Press.

Bridges, Amy. 1997. *Morning glories*. Princeton, NJ: Princeton University Press.

Bryce, James. 1895. *The American commonwealth*. New York: MacMillan.

Claiborne, W. 1998. L. A. subway tests mass transit's limits. *Washington Post*, June 10, A1.

Doolittle, F. W. 1915. The economics of jitney bus operation. *Journal of Political Economy* 23(7):663—695.

Eckert, Ross D., and George W. Hilton. 1972. The jitneys. *Journal of Law and Economics* 15(2):293—325.

Garreau, Joel. 1991. *Edge City: Life on the new frontier*. Garden City, NY: Doubleday.

Gibson, Campbell. 1998. Population of the 100 largest cities and other urban places in the United States: 1790 to 1990. Population Division Working Paper no. 27. Washington, DC: U. S. Bureau of the Census.

Glaeser, Edward. 2001. Public ownership in the American city. NBER Working Paper no. W8613. Cambridge, MA: National Bureau of Economic Research.

Hays, Samuel. 1964. The politics of reform in municipal government in the Progressive Era. *Pacific Northwest Quarterly* 55(October):157—169.

Hendrick, Burton J. 1919. *The age of big business*. New Haven, CT: Yale University Press.

Holli, Melvin G., and Peter d'A. Jones. 1980. *Biographical dictionary of American mayors. 1820—1980*. Westport, CT: Greenwood Press.

Hood, C. 1968. The impact of the IRT on New York. In *The Interborough Rapid Transit System* (*original line*), Survey Number HAER-122, Historic American Engineering Record, National Park Service, 2—144. Electronic facsimile at the Library of Congress, American Memory Project, http://memory.loc.gov/ammem/index.html. Searchable version residing in electronic form at http://www.nyc subway.org.

Jackson, Kenneth. 1985. *Crabgrass frontier*. New York: Oxford University Press.

Katz, W. 1968. The New York rapid transit decision of 1900: Economy, society and politics. In Survey Number HAER-122, Historic American Engineering Record, National Park Service, 2—144. Electronic facsimile at the Library of Congress, American Memory Project, http://memory.loc.gov/ammem/index.html. Searchable version residing in electronic form at http://www.nyc. subway.org.

Kaufmann, Daniel. 1997. Corruption: The facts. *Foreign Policy* 107 (Summer):114—131. 92

Krueger, Anne O. 1993. Virtuous and vicious circles in economic development. *American Economic Review* 32(2):351—355.

Mandelbaum, Seymour J. 1965. *Boss Tweed's New York*. New York: Wiley.

Mauro, Paolo. 1995. Corruption and growth. *Quarterly Journal of Economics* 110(August):681—712.

McCormick, Richard L. 1981. The discovery that business corrupts politics: A reappraisal of the origins of progressivism. *American Historical Review* 86(2):247—274.

McCusker, John J. 2003. Source note for CPI. *Economic History Serv-*

ices, March. http://www.eh.net/hmit/compare/sourcecpi.php.

McGuire, Martin C., and Mancur Olson, Jr. 1995. The economics of autocracy and majority rule: The invisible hand and the use of force, *Journal of Economic Literature* 34(1):72—96.

Menard, Oliver D. 1989. *Political bossism in mid-America: Tom Dennison's Omaha, 1900—1933*. Lanham, MD: University Press of America.

Menes, Rebecca. 1997. Public goods and private favors: Patronage politics in American cities during the Progressive Era, 1900—1920. PhD diss., Harvard University.

——. 1999. The effect of patronage politics on city government in American cities, 1900—1910. NBER Working Paper no. 6975. Cambridge, MA: National Bureau of Economic Research.

Merton, Robert S. [1957] 1972. The latent functions of the machine. Repr. in *Urban bosses, machines, and progressive reformers*, ed. Bruce Stave, 27—37. Lexington, MA: D. C. Heath.

Mills, Edwin S., and Bruce W. Hamilton. 1994. *Urban economics*. 5th ed. New York: Harper Collins.

Monkkonen, Eric H. 1996. *The local state: Public money and American cities*. Stanford Studies in the New Political History. Palo Alto, CA: Stanford University Press.

Murphy, Kevin M., Andrei Shleifer, and Robert W. Vishny. 1993. Why is rent seeking so costly to growth? *American Economic Review* 83 (May):409—414.

Nelson, Samuel Armstrong. 1907. *The bond buyers' dictionary*. New York: S. A. Nelson. *The New York Subway Souvenir*. 1904. New York: Burroughs. Available in electronic form at http://www.nycsubway.org.

Olson, Mancur, Jr. 1991. Autocracy, democracy, and prosperity. In *Strategy and choice*, ed. R. J. Zeckhauser, 131—157. Cambridge:

MIT Press.

Reid, Joseph D., Jr., and M. M. Kurth. 1992. The rise and fall of urban political patronage machines. In *Strategic factors in nineteenth century American economic history*, ed. C. Goldin and H. Rockoff, 422—445. Chicago: University of Chicago Press.

Riordan, William L. [1905]1994. *Plunkitt of Tammany Hall*. Repr. St. James, NY: Brandywine.

Schwantes, Carlos A. 1985. The West adapts the automobile: Technology, unemployment, and the jitney phenomenon of 1914—1917. *The Western Historical Quarterly* 16(3):307—326.

Shleifer, Andrei, and Robert W. Vishny. 1993. Corruption. *Quarterly Journal of Economics* 108(August):599—617.

——. 2002. *The grabbing hand: Government pathologies and their cures*. Cambridge. MA: Harvard University Press.

Stave, Bruce M. 1970. *The New Deal and the last hurrah*. Pittsburgh: University of Pittsburgh Press. 93

——, ed. 1972. *Urban bosses, machines, and progressive reformers*. Lexington, MA: D. C. Heath.

Steffens, Lincoln. [1904] 1957. *The Shame of the Cities*. Repr. New York: Hill and Wang.

Teaford, Jon. 1984. *The unheralded triumph: City government in America, 1870—1900*. Baltimore: Johns Hopkins.

Trinidad, Elson. 2004. Metro red line. http://www.westworld.com/~elson/larail/red.html.

Troesken, Werner. 2004. *Water, race and disease*. Cambridge: MIT Press.

U. S. Bureau of the Census. 1929. *Financial statistics of cities having a population of over 30,000: 1927*. Washington, DC: Government Printing Office.

Warner, Sam Bass, Jr. 1978. *Streetcar suburbs*. 2nd ed. Cambridge, MA:

Harvard University Press.

Wei, Shang-Jin, and Andrei Shleifer. 2000. Local corruption and global capital flows. *Brookings Papers on Economic Activity*, Issue no. 2: 303—354.

Werner, Maurice R. 1928. *Tammany Hall*. Garden City, NY: Doubleday.

第三章　损公肥私

——伊利运河和其他公共工程建设中的治理

斯坦利·L.恩格曼*(Stanley L. Engerman)
肯尼斯·L.索科洛夫 (Kenneth L. Sokoloff)

第一节　引言

人类社会至少自伊甸园之初开始,便从未摆脱过***腐败***。对

---

* 斯坦利·L.恩格曼是罗切斯特大学约翰·H.芒罗(John H. Munro)经济学讲座教授和历史学教授,美国经济研究局的研究员。肯尼斯·L.索科洛夫是加州大学洛杉矶分校经济学教授和美国经济研究局的研究员。

作者衷心感谢戴维·多拉尔(David Dollar)、爱德华·格莱泽、克劳迪娅·戈尔丁、斯蒂芬·哈伯(Stephen Haber)、卡拉·霍夫(Karla Hoff)、丹尼尔·考夫曼(Daniel Kaufmann)、佐里纳·卡恩(Zorina Khan)、内奥米·拉莫雷奥克斯,以及美国经济研究局举办的"腐败与改革"会议的各位与会者,感谢他们的有益评论。在本项目研究期间,索科洛夫是万灵学院(All Souls College)的访问研究员和拉塞尔·塞奇基金会(Russell Sage Foundation)的访问学者,索科洛夫从它们的支持中获益良多。

于这一点,人们很少有所质疑。尽管目前对于腐败所涵盖的具体行为的看法不尽相同,但将诸多社会弊病的责任归咎于腐败,则有悠久的传统。例如,社会以经济缺乏增长来诟病腐败就是一例。近年来,经济学家试图从机制上对此做出解释,即在某一时点或某一阶段,各种形式的腐败是如何阻碍一个社会充分实现其生产潜力,进而导致无效率行为的。此类研究通常将腐败视为一种政府官员利用公共职位捞取私人好处的现象,但同时承认,涉足腐败的既有公职人员,也有非公职人员。[①] 在制定或实施法律、管制、合同和其他政策时,政府官员会盘算如何通过假公济私来换取贿赂(或其他个人利益)。尽管这种行为给政府官员和某些特殊利益集团带来了好处,但却有损于整体经济绩效(和社会福利),因为它们造成了资源(私人资源或公共资源)
96 配置的失误和私人产权保护的缺失——这会阻碍个人在物质资本或人力资本上做出努力或进行投资,形成进入障碍或其他妨碍竞争、创新和采取最佳措施的因素。[②]

从理论上讲,严重腐败肯定有碍于经济绩效,对此似乎很少

---

①　在某些情况下,私人主体之间的欺诈、弄虚作假和欺骗也可能被认为是一种腐败形式。然而,在现代文献中,这类行为通常被视为是“法治”得不到有效实施的后果。

②　丹尼尔·考夫曼和他的世界银行同事率先尝试设计测度腐败的系统方法,把腐败与宏观和微观层面的绩效联系起来。可参见赫尔曼、琼斯和考夫曼(2000),还可参见拉波尔塔(La Porta)、洛佩斯-迪-西拉内斯(Lopez-de-Silanes)、施莱费尔和维什尼(1999);墨菲、施莱费尔和维什尼(1993);施莱费尔和维什尼(1993);格莱泽和施莱费尔(2003)。

有异议。但对两者关系的经验研究主要局限于对同时期数据的强相关性的验证。这方面的研究工作非常富有启发性，但怀疑者认为，两者的强相关性，可能并非是降低腐败水平提高了经济绩效，而是相反，经济绩效的提高通过制度变迁或者通过影响认知过程而减少了腐败。正因为如此，许多学者转而试图从经济史的研究中来深化对包含腐败在内的社会过程的理解，也就不足为怪了。沿着时间维度来拓展腐败研究，可以使我们更好地把握腐败的重要性，理解长期经济增长模式，或更一般意义上的长期经济增长绩效。我们还可得以深入地考察，什么样的条件更能诱发腐败，腐败的形式是否会随着不同时期环境条件的变化而变化，某些形式的腐败对于经济发展前景是否更具破坏性，以及某些特定类型的制度或条件是否（和如何）能够减缓腐败的蔓延势头。

尽管转向经济史研究会在很大程度上提高腐败研究的水平，但这里依然存在几个关键性的问题。第一个问题是腐败的定义问题。腐败与非腐败行为的界线划在哪里？合法的行为有可能是腐败的吗？偏离精英统治或经济效率的私人行为，系统性地偏袒或压制某个特定主体或群体，应该被认定为腐败吗？或者说，腐败这类行为是否应该专用于描述有政府官员涉足的行为呢？如果后者的答案为肯定，那么，腐败的标准是否就是众所周知的“利用公共职位来捞取个人好处”呢？个人好处包括哪些？政府官员的行为，只要影响到与自身有私人关系或利益关系的主体，是否都应该界定为腐败？第二个问题属于腐败的度量问题。即便可以在理论上给出一个清晰可靠的腐败定义，在实际中,又该如何运用这个定义来考察腐败如何随时间、地点和其他条件而变化呢?

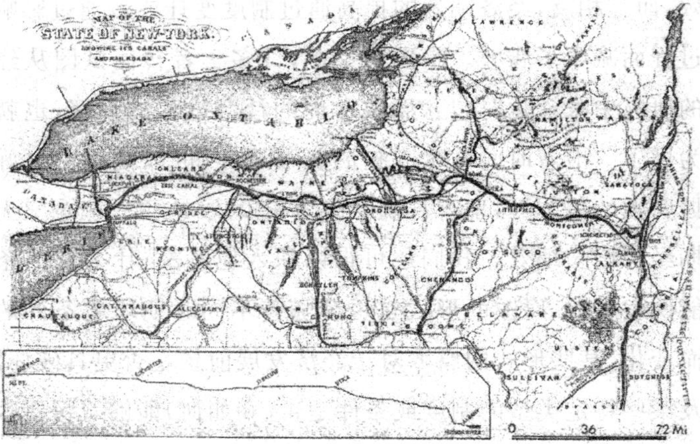

图 3.1 公元 1858 年纽约州运河和铁路网

考虑到界定一般性腐败概念的困难,我们把研究重点放在
97 了特定情形下的腐败问题,即南北战争前在纽约州修建伊利运河和其他运河中发生的腐败(1858 年的纽约州运河和铁路网参见图 3.1)。这一思路的理论逻辑在于,基于特定情形进行研究,便于提出一个合理而实用的腐败定义。我们的目标就是要探讨这样的问题:当时大型公共工程规划中的腐败是否导致了资源配置的明显失误?是否为那些有良好社会关系和政治影响力的人带来了超额租金?是否构成了经济增长的巨大障碍?人们普遍认为,像伊利运河(又称大渠(big ditch))这样的大型公共工程规划即便不是腐败的温床,也是腐败的滋生地。精心策

划的贿赂(形式多变),或互投赞成票的巧妙配合,均能达到侵占公共投资的目的。这样的公共投资所带来的社会收益,似乎并不能证明相应群体为此所承担的成本是值得的。而且,即便是经济效益良好的公共工程,其治理问题或广义的委托代理问题,依然会给政府官员提供从中牟利的机会,公共工程的规划设计(如运河路线),建筑和经营合同的展期、签订和实施等都可能是牟利的途径。因此,公共工程上的过度投资、项目筛选的不当、工程实施中政府当局对成本超支的默许,以及寻租导致的资源耗散及其他连带效应,都会对社会整体经济绩效产生不利影响。

19世纪前半叶,美国东北部的许多州都发起了大规模修建
公路、运河、铁路网的运动,试图吸引中西部贸易并获得其控制 98
权,这或许是各州之间激烈竞争的一个最为明显的例子,而美国政府的联邦性质也鼓励这种竞争。[①] 波士顿、纽约、费城、巴尔的摩、华盛顿、新奥尔良(以及蒙特利尔)都在设法开拓与中西部的贸易关系,并试图借助于纵横交错的运河和公路网推进中西部贸易。纽约市取得了巨大的成功,从而使得伊利运河成为美国历史经验的一个重要组成部分(但也有人认为两者的因果关系恰恰相反)。伊利运河作为纽约州经济政策的成功典范,它的修建和经营理所当然地受到更多关注。然而,很少有人注意到政治因素对于发起修建伊利运河的重要性,以及在伊利运河建

① 除本章其他地方引证的著作之外,有关运输业内部整改运动的近期讨论,参见肖(Shaw,1990)、马耶夫斯基(Majewski,2000)和拉森(Larson,2001)。

设过程中的不当行为。显然,伊利运河取得了巨大成功,它不仅使纽约市成为美国的主要港口,也使偏远的纽约州成为美国一个世纪以来重要的农业和工业中心。尽管如此,人们还是对那个时代伊利运河和其他运河修建过程中普遍存在的腐败行为提出了质疑。

关于南北战争后美国经济中的腐败问题,有大量的历史文献。人们用"攫财大亨"、"大野餐"、"镀金时代"等丰富多彩的词汇来描述19世纪末政府与经济的关系,书刊杂志中充满了有关联合太平洋铁路、《伊利岁月》的情节,以及铁路大亨为追逐有利路线和费率而残酷斗争的场面。然而,令人奇怪的是,尽管人们对所谓的"分肥制"(Spoils System)的运作,以及银行和企业特许权颁发中的立法贿赂给予了某些关注,但许多学者仍把南北战争前视为不太腐败的时代。当然,人们对于汉密尔顿经济政策的背景,特别是对由联邦政府来承担州政府和联邦政府的独立战争债务有所讨论,也有人将亚祖河土地丑闻描绘成土地投机的一种象征,但人们的总体印象是,这个时代,即便是腐败盛行,但与随后的年份相比,腐败的代价要小一些。① 从某种意义上讲,这可能反映出这样的事实:一方面,当时的政府规模较小,另一方面,较之于联邦政府,州和地方政府承担了绝大多数相关事务。19世纪初期的腐败并不是一个严重的问题,这一观点可

---

① 有关亚祖河土地丑闻,参见马格拉斯(Magrath,1996),有关债务承担和独立战争后汉密尔顿其他政策争论的讨论,参见内特尔斯(Nettles,1962),第89—129页。

以追溯到托克维尔（Tocqueville）。托克维尔强调公民高度参与 99
（并监督）地方事务，不同社区之间和不同州之间（以及政治人物之间和党派之间）要相互竞争，颂扬民主和开放的意识形态。在这样的背景下，可以料见，寻租机会是相当有限的。① 然而，托克维尔的判断是否能够反映当时的现实，抑或大铁路公司和大制造业的腐败是否不过是分散型小政体下腐败的更为逼真的形式，这些问题均值得进一步探讨。

近来，对于共和初期腐败不太严重的观点是否站得住脚，爱德华·格莱泽和安德烈·施莱费尔（2003）提出了质疑。他们认为，这种传统印象即使不是错误或幼稚的，也太过理想化。基于此，他们对腐败与经济发展之间关系的性质提出了根本性质疑。严重的腐败会阻碍经济增长的前景，发展中社会要想实现持续的物质进步，就必须致力于减少腐败，情况确实如此吗？抑或，

---

① 参见托克维尔（1961），尤其是第五章和第八章。与南北战争前美国政治结构相关的另一个特征是民选代表的更换率非常高。L. 雷·贡（L. Ray Gunn，1988）认为，在19世纪初期和中期，议员任期极短，由于委员会势弱，且议员与他们的社区有紧密的联系，这就导致州议会对地方和部门事务过分关注："州议会透视的是一个日益分割、流动、个人主义的社会，它从地方社区的竞争力中获取自己的每一份活力。结果，政策需求本身就是支离破碎的，它代表的是地方或部门的利益，很少有表达'一般'利益的可能性。这样，州议会不像一个出于共同利益而制定公共政策的议事机构，更像是一个公共市场，在这个市场上，地方和特殊利益集团的代言人（议员）讨价还价，出于有利于自己客户（选民）的考虑而彼此进行交易……不过，应当指出，依据美国的代议思想，这是完全可以接受的，也是符合人们意愿的。"参见贡（第80页）。

腐败盛行只是前工业化社会或工业化社会初期的一个特征或症状,而随着经济的增长,人们的收入水平会提高,较高的收入可以支撑制度的变迁,而制度的变迁会带来法治的改善,从而使腐败症状随之减轻,情况真是这样吗?我们经常以美国为例来印证这样一个观点:低腐败或安全的产权,是持续增长的先决条件。[1] 格莱泽和施莱费尔这个发人深省的论点对经济史学家提出了挑战:南北战争以前腐败到底有多普遍?我们所做的工作只是通过拓展我们关于美国历史上腐败轨迹的知识,来对上述问题做一个局部回应。

本章的结构非常简单。下一节回顾伊利运河的建设史,并分析这种在交通基础设施上史无前例的公共投资所取得的巨大
100 成功,是如何激起纽约和其他州在运河上进行更多投资的。我们可以看到,在伊利运河的建设中,合同发包和监督的管理程序确实推动了公共资金的有效使用,但在随后的运河建设风潮中,公共资源的监督很可能受到了侵蚀。第三节中,我们以公共工程的实际支出与工程原设计成本的比率作为尺度,来测度公共资源治理的质量。我们认为,这个比率可用于测度与腐败密切相关的某个重要现象,而且可以作跨期比较和其他比较。[2] 我

---

① 例如,参见诺斯(1981)以及罗森堡和伯泽尔(Rosenberg and Birdzell,1986)。

② 这种解释并不是我们所独有的。苏珊·罗斯-阿克曼(1999,第xi页)谈到:“(世界银行的)人告诉我,只要一个项目检查出有‘治理问题’、‘存在不能解释的成本超支’或‘机械设备的超额购买’,就意味着出现了腐败和盗窃问题。”

们给出了从伊利运河到当今的许许多多大型公共工程的该比率的估计值,结果表明,在当代,成本超支似乎比19世纪初严重得多(无论从绝对量还是从相对量上看都是如此)。在结论部分,我们特别提出,要全面研究公共工程中的资源治理情况,需要检验投资的社会回报率。我们的证据表明,当今公共工程建设中的治理可能比过去糟糕。而与以往相比,政府在经济中却发挥着越来越重要的作用,这一事实凸显了以上结论的重要意义。

第二节 伊利运河的建设

南北战争前,州政府参与或审批的经济活动范围很广,尤其是提供社会分摊资本,而运河只是社会分摊资本的一种形式。运河通常既由政府修建,又由政府经营,这点与后来的铁路不同。铁路虽由州政府授予特许权(特许权拥有者可以在随时间变动不大的私人资本市场上筹资),并以土地、债券或现金等形式给予补贴,但绝大部分是私人拥有、修建和经营。既然政府在运河的建设和经营中起核心作用,且运河收益具有明显的地理分布特点,那么很容易理解,在决策和为落实决策而拉选票的过程中,会牵涉到政治因素,而这些政治因素会导致运河的过度建设。过度建设会拉高总成本,即便没有公然发生欺诈和腐败行为。在纽约州,许多地区都想加入到低成本的水上运输之列,那
么,伊利运河(和其他运河)的具体线路是如何选择的呢?控制 101
运河实际建设和经营的规则和管制计划,又是如何在法律上得

以通过的呢?①

伊利运河取得了巨大的商业成功,对纽约市的发展做出了贡献,这常常导致我们忽视这项工程的不确定性和政治争议。伊利运河是一项规模(363 英里)和社会成本空前的公共工程,但作为一条将中西部、伊利湖与哈得逊河连接起来的运河,伊利运河所选择的路线显然并非最佳。② 有一条更短、更廉价的线路,可将尼亚加拉瀑布附近的一条运河与另一条从安大略湖到奥斯威戈河的运河连接起来。这就是艾伯特·加勒廷(Albert Gallatin,1968)在其《1808 年运河报告》中向纽约市政府推荐的线路。在报告中,他还出色地设计出了南北战争前详细的运河

---

① 有关伊利运河建设的争论以及所谓腐败的各种形式的讨论,我们的描述取材于以下各种第一手和第二手资料,包括《报告》(1818、1847、1851、1868、1875、1876);《纽约州法律》(1825);惠特福德(Whitford,1906);伦威克(Renwick,1842);《纽约州国土建设》(1825);哈蒙德(Hammond,1846);肖(1966);伯恩斯坦(Bernstein,2005);沃伦和沃克(Warren and Walker,1963);谢里夫(Sheriff,1996);米勒(Miller,1962);哈尼安和哈尼安(Hanyan and Hanyan,1996);古德里奇、鲁宾、克拉默和西格尔(Goodrich,Rubin,Crammer,and Segal,1961);麦吉尔及其合作者(MacGill and staff,1917)。

② 乔治·华盛顿在 18 世纪 80 年代提出,要修建一条运河将大湖流域与亚特兰大港口连接起来,这个建议备受好评。但最终所选择的路线却极具挑战性,因为,无论是在欧洲还是在美国,在此之前还没有修建过如此长的运河。尽管在英国修建过许多小型运河,但当时最长的运河在法国,即位于朗格多克的一条 148 英里长的水道,其跨度还不到伊利运河的一半。而当时在美国,最长运河的长度不到伊利运河的 1/10。更多的讨论参见古德里奇(1960)。

网络。[①] 不过，伊利运河线路的设计有其严格的逻辑，从州政府的观点看尤其如此（见图 3.1）。加勒廷提出的运河线路，有可能导致中西部产品的贸易分流到加拿大（蒙特利尔）而不是纽约市。伊利运河线路有它的好处，它能带来较高的预期收益，因为在西纽约还有大量未开垦的土地，可籍由运河成为重要的生产基地。实际上，为了诱使伊利运河经过自己的土地，包括霍兰土地公司在内的多家公司以划拨巨额土地的形式支持伊利运河筹资。

伊利运河在投票中并非是一致通过的，因为其中牵涉到部门和政治争议。实际上，伊利运河是在 1817 年以微弱多数通过的。哈得逊河流域中部的农民反对修建运河，因为广袤的中西 102
部地区和偏远的北部地区的产品进入纽约市，会对他们造成威胁。纽约市的坚决反对让人难以理解。伊利运河可以刺激经济发展，但这能否足以证明伊利运河这样一项浩大的公共工程应该上马——当时伊利运河的长度是西方最长运河的 2 倍以上、美国最长运河的 10 多倍——从某种程度上讲具有极大的不确定性。因此，伊利运河在经济上能否取得成功（甚至它能否在合理的期限内完工），事先并不明朗。甚至是因购买路易斯安那而以卓绝胆识闻名的托马斯·杰斐逊（Thomas Jefferson）在 1808

---

① 怎样把哈得逊河与伊利湖连接起来，这同样提出了一个方法选择的问题。克林顿（Clinton）赞成修建一条从伊利湖到尤蒂卡的航道，而纽约州委员会另一位有影响力的成员莫里斯（Morris）则赞成修建一条从伊利湖到尤蒂卡的斜面运河，然后经过莫哈克河与哈得逊河相连。不过，这一线路于 1816 年被搁置了。

年也认为伊利运河工程在当时超前了一个世纪。[①] 纽约市民则担心,他们可能会因这项社会投资而承担沉重的税收负担,但得不到什么收益。因此毫不奇怪,为什么他们的代表会立即站出来,反对如此大规模的公共工程建设。纽约市不支持的第二个原因是纽约州内部存在着严重的政治分歧。德威特·克林顿(DeWitt Clinton,于1817年当选州长)和他的联邦主义追随者们,为驱动经济增长,同时提升自己的政治利益,大力推动运河建设。而当时控制纽约市的民主党人,则本能地加以反对,目的在于阻止自己的竞争对手由此提升政治声誉。来自不同地区和党派的代表之间的这种政治斗争,一直延续到随后有关运河建设、维修、扩建的支出,以及运河就业的政治庇护等问题的争论上。

运河建设最为关键的问题自然是如何筹资。虽然联邦政府早先曾表示愿意为跨州公共工程提供支持,但纽约州所提出的正式援助申请还是被联邦政府拒绝了,理由是,该工程所带来的收益仅为有限地区的居民所获得,对这样的工程提供联邦资金是不适当的。随后,纽约州组织了一次申请,试图争取联邦政府旨在改善地方公共设施的一般转移支付,但也被拒绝了。纽约州还试图从佛蒙特、肯塔基、俄亥俄等州筹集资金,因为这些州可望从伊利运河的修建中获益,但这种努力仅换来了道义上的支持。最后,在1817年4月,即在麦迪逊总统否决向纽约州提供资金的提案之后的第六周,州议会果断呼吁修建运河,并认可纽约州承担运河修建的全部责任。1817年7月4日,伊利运河

① 参见肖(1996),第35—37页。杰斐逊在后悔早期承诺援建运河时,确实表达过这个观点。

破土开工。运河委员会的五位委员(依据 1810 年法案事先任命)此时已拟订好包括路线、技术规格和成本估算在内的详尽方案，103 被授权指导运河建设，以州信用来筹款。法律规定，运河债务将由运河基金偿还，由州长以外的所有州官员进行监督。基金收入将来自运河收费、州内盐税、物品拍卖税、轮船旅客税、拨款、捐款和沿运河 25 英里以内的房地产税(最后一种税似乎没曾征收过)。由于需要在纽约州内征税，这就不可避免地导致可望直接从中受益的人群与不能直接从中受益的人群之间的冲突，还导致了关于如何分配所增加的税收收入的争议。例如，最初提出的一项旨在通过增加财产税来筹集建设资金的建议，就遭到了否决。

对于那些不能直接从运河受益的地区，吸引其代表投票的一种办法是采取传统的互投赞成票，即保证在对方未来的运输项目决策中(假使现在他们没有运输项目)报以同样的支持。例如，为促使建设伊利运河的法案获得批准所作的大量立法操作，促成了在 1817 年的法案中纳入对尚普兰运河(Champlain Canal，连接哈得逊河与尚普兰湖)建设的授权。在伊利运河和尚普兰运河竣工后，互投赞成票似乎发挥着越来越重要的作用，这在当时逐渐形成了运河热，州议会在 1825 年通过了 17 条运河线路的勘查，在随后的 10 年内，又实际修建了 5 条较短的运河。[①] 人们已

---

① 到 1836 年，甚至在两次降低费率之后，运河基金仍能支付修建伊利运河和尚普兰运河期间所欠下的全部债务。后来的 5 条运河包括奥斯维格运河(1825 年开工，1829 年完工)、卡育加-塞内卡运河(1827—1828 年)、克鲁克德湖运河(1829—1833 年)、切芒运河(1829—1933 年)和希南戈运河(1833—1836 年)。参见图 3.1。

经广泛认识到,在对各种议案进行投票时,地理因素的作用非常突出,所规划的运河是否从自己家乡附近穿过,与议员的党派隶属关系或州官员的财务可行性建议相比,更能解释议员们会怎样投票。[1] 可想而知,伊利运河沿岸各县的代表们,对那些他们认为可能会对其运输业务造成竞争的新项目,不是持保留意见,就是持敌视态度。[2] 不出所料,五条后建的运河中就有三条后
104 来被证实在财务上是失败的,并成为州政府的债务负担。1876年《纽约运河调查》指出,“支线运河……[已]成为目前州政府因运河而陷于债务的唯一原因”。[3]

互投赞成票看似缺乏效率(或存在腐败),但这种推动议案在议会通过的做法,不但过去不少见,今天仍很普遍。在南北战争前,只要工程议案提请议会审议,地理沿线互投赞成票就是一种普遍存在的、灵活的政治联盟形式,在宾夕法尼亚州、俄亥俄

---

① 参见哈蒙德(1846)和索尔斯(Sowers,1914)对投票模式的讨论。希南戈运河的例子可非常好地说明这一时期经济可行性在考虑运河建设问题时无足轻重的地位。尽管运河委员会的一份报告指出,这条运河的收费不可能弥补修建它所必需的借款的利息和经营它的可变成本,并且,州审计长和州长均告诫说修建该运河是不明智的,但州议会最终还是投票下令运河委员会着手修建这条运河。

② 克林顿和马丁·范布伦两人曾极力寻求联邦政府对伊利运河的支持,而一俟伊利运河竣工,他们又以同样的方式,转变了自己的立场,全力反对联邦援助公共工程。参见西维(Swavoy,1982),第3页和第83页。

③ 参见《报告》(1876),第11页。该报告继续写道:“若非如此,州政府现今可能没有任何运河债务烦扰。”

州、肯塔基州和纽约州最为明显。[①] 如果议案获得成功(从那些旨在获得经济上合意的公共投资授权的人的观点看),互投赞成票意味着,工程成本将高于核心工程建设所必需的成本。[②] 如果互投赞成票未获得成功,则尽管从一方面看可节省下州政府的成本(因为避免了公共资源投入的义务),但另一方面,它也意味着州政府将失去公共工程可能的收益,因为公共工程投资仅凭私人资金往往是难以承受的。由此可见,对于那些为自己选民的利益而投票的议员而言,互投赞成票不应在本质上视为一种腐败行为。更准确地说,互投赞成票的关键问题在于,运用政治策略获得一揽子公共投资的通过,这会带来社会收益。

在有关伊利运河建设和经营的大量议会听证会中,并没有提及伊利运河议案的通过中有行贿问题,而自该运河修建以来所发表的有关这一浩大公共工程的许多学术论述中,也没有提及行贿问题。虽然这一时期的银行特许证颁发存在索贿问题,要么是收取现金,要么是出售或回购股票,但与此相反,在伊利运河修建过程中,以选票换酬金的情况很少。这或许是因为拥有位置好的土地的所有权就有获利的机会。在伊利运河的建设和经营中,腐败和欺诈行为受到全州的高度关注,或者说受到了公共资金责任人的高度关注。政策规定州雇员不能承担工程建

---

① 有关宾夕法尼亚和俄亥俄州经验的讨论,参见哈茨(Hartz,1948)和沙伊贝尔(Scheiber,1969)。

② 当然,情况也可能是,由于经济上合意的公共投资不存在任何风险,因此,互投赞成票使得资源配置到了一些社会不合意的工程上。

设,而是把工程建设承包给自备设备和自雇人工的私人企业或个人。绝大部分技术和设计问题由少数几位工程师(他们大部分是运河委员会的成员)负责,这些工程师及其助理工程师监督各个承包人的工作。部分由于那个时代的企业规模小(用来采
105 购工程所需投入品和材料的资金常常捉襟见肘),每个承包人只能承包一小段运河(不会超过几英里,有时只有 1/4 英里长)。[1]这个政策也意味着,工程的费用支出非常分散,惠及到了当地的许多承包人,这在很大程度上是考虑到伊利运河工程的最初几年(直到 1821 年或 1822 年)国家遭受长期经济紧缩的困扰。在支付承包人的工程款之前(通常按月支付,条件是作业质量达到要求),工程师要对作业质量进行监督和验收,这些工程师通常就在附近的家中食宿,小额支付就从当地银行取款。[2]

虽然当时的一些观察家对伊利运河建设的这种组织形式为什么能够将成本控制在较低水平上提出了一种理论解释,但采

---

① 每一个合同都要拿出来招标,并发包给标价最低者,每一个合同中都写有针对具体情况的详细要求(包括清理土地、挖掘沟渠和修建船闸、防护堤、排水沟、牵引道、围栏等)。有关这些程序的更多讨论,参见肖(1966)、沃伦·沃克(1963,第 40—44 页),还可从 1818 年《运河委员会报告》中了解相关讨论。

② 与伊利运河建设相关的最大丑闻案,涉及迈伦·霍利(Myron Holley)的所作所为。霍利是伊利运河委员会的委员和财务主管,他在协商合同和向承包人支付工程款中表现得非常积极。虽然某些观察家抨击他早在 1820 年的分包中存在党派偏见,但在 1824 年发现,他无法解释 3 万美元公款的去向,并且他还动用公共资金购买了伊利运河附近的财产。更多讨论,参见肖(1966),第 169—172 页。

用这种建设形式的基本原因是当时的现实情况：工程作业分散在十分广阔的地理区域，而那个时代的建设企业规模又很小，且主要是地方性企业。① 这就迫使负责每个区段的工程师，将工程任务切割为相当短的工段，使之与投标合同相称。从一个角度看，由于对签约程序缺乏集中的控制和监督，所雇用的建设企业规模小，且工程师与承包人之间的个人关系又非同一般，这很有可能助长腐败行为。但换一个角度来看，又可以认为，上述情况恰恰不利于不正当行为。一方面，运河建设技术不但使得每英里的工程成本容易在实施监督的工程师或承包人之间做出比较，而且也易于查出那些低于质量标准的河段(严格的程序和工程质量验收标准很容易做到)；另一方面，单个腐败事件所获得的利益绝对量无疑是很小的。

1825 年官方举办的伊利运河整体竣工仪式饱受赞誉，但此前观察家们已对伊利运河财务和经济上的成功了然于心。的 106
确，在伊利运河中段开通后不久，就有大笔收费入账。正因为如此，为剩余工程筹资而发行的证券，甚至引起了远在伦敦的投资者的兴趣。当然，这项公共投资之所以能获得巨大的社会收益，无疑在于社会对交通运输服务有巨大的需求，而运河相较于其

① 为何采用这种化整为零的合同形式，而不是进步时代出现的整体总承包，另一种解释是，尽管这种组织形式由于协调困难而带来成本，但它带有抑制承包人权力和避免公共工作岗位出现腐败的意图。虽然许多州不久便废除了这一立法，但纽约州依然保留了《威克斯法》，该法要求所要完成的每项职责都要单独签订合同。

他运输方式而言,提供运输服务的成本非常低。[①] 不过,运河建设较高的成本效率值得关注。尽管这项公共建设工程规模浩大且史无前例,尽管人们对投身此项工程的大多数人持有狭隘的态度,尽管指导运河建设的运河委员会委员充其量不过是些自学成才的工程师,但伊利运河(及尚普兰运河)的建设成本仅比当时政府的预计成本高出约 46%。从理论上讲,这种超支显得相当庞大,但以现代经验和认识标准来衡量,却是十分适度的(表 3.1 显示了与其他公共工程项目的比较)。

伊利运河竣工后,即使不存在腐败,超支问题在纽约州也变得日益严重。如上所述,伊利运河不但在刺激沿线经济发展上成效显著,而且它的收费带来收入盈余,以至于在州议员中间掀起了一股通过借款在全纽约州修建更多运河的热潮。[②] 五年之内,他们连续批准了一系列运河的修建,尽管运河委员会提交的一份报告预测,所规划的运河中至少有一些是入不敷出的,尽管州审计长和州长多次提出严重警告,表示这些项目的收益不可能弥补成本。州政府年度支出不断增长,而州议会又不愿增税,因而,政府只好更多地依靠运河收费收入或累计盈余,以及外部

---

① 有关运河和铁路相对于马和马车具有明显成本优势的讨论和估计,参见福格尔(Fogel,1979)。具体来讲,把谷物或面粉从布法罗运送到纽约市的成本据说通常要下降 85%到 90%。伊利运河的影响是深远的,凯特·古德里奇(Carter Goodrich, 1960,第 55 页)将运河的开通视为“美国运输史上最具决定性的一个事件”。

② 有意思的是,修建运河运动开始之时,正是纽约州取消财产限制条件,扩大特许权范围的时候。参见恩格曼和索科洛夫(2005)。

融资款，如以低于市场的利率从公共教育基金借款，这就使情况变得更糟。尽管出现了财政不平衡的征兆，但州议会却在 1835 年和 1836 年再次否决州长的提议，不但批准了大规模扩建和改建伊利运河（人们广泛认为这是由于运输量大于预期，以致伊利

表 3.1 1817—2004 年主要公共工程的预计成本与实际支出

时期	公共工程	预计成本（美元现值，百万美元）	实际支出（美元现值，百万美元）	实际支出与预计成本之比
1817—1825	伊利运河（纽约州）	5.75	8.40	1.46
1824—1829	切萨皮克和特拉华运河（联邦政府）	1.35	2.20	1.63
1825—1835	俄亥俄和迈阿密州运河（俄亥俄）	5.13	5.93	1.16
1835—1862	伊利运河的改扩建（纽约州）	12.42	30.00	2.24
1838—1843	克鲁顿引水工程（纽约市、县）	8.46	11.45	1.35
1883—1926	密西西比河大堤（联邦政府）	11.45	>229.00	>20.00
1902—1913	巴拿马运河（联邦政府）	145.00	298.00	2.06
1931—1936	胡佛大坝（联邦政府）	48.89	54.70	1.12

（续上表）

1952—1953	州际高速公路(联邦和州政府)	25.00	477.50	19.10
1966—1975	路易斯安那体育馆(路易斯安那)	35.00	163.00	4.66
1971—1975	北美体育馆翻修工程(纽约市)	24.00	100.00	4.17
1991—2004	波士顿干线/隧道工程或大开挖工程(联邦政府)	2 800.00	>14 600.00	>5.21

注:我们的预计成本数据一般指工程批准时估计的建设成本。表中工程起始年份为工程批准(或成本估计)年份,结束年份为工程竣工年份。表中的每项工程都是由政府发起的,或者政府是主要筹资者。伊利运河的成本数据包括尚普兰运河的成本。该工程的预计成本于 1817 年 3 月编制,州议会批准该计划的那年仍是这个数字。有关修建这两条运河的预计成本和实际支出,参见《纽约州国土建设》(1850,第 386 页)。有关切萨皮克和特拉华运河,参见格雷(Gray,1967,第 51 页)。我们这里使用的成本估计是由咨询工程师编制的,由此得出的实际支出与估计成本的比率要稍微低一些。有关俄亥俄和迈阿密州运河,参见博加特(Bogart,1924,第 28—29 页,第 76 页)。有关克鲁顿引水工程的相关估计,参见金(King,1843,第 176 和 221 页)。有关为控制密西西比河洪水修建防洪大堤的预计成本(由密西西比河委员会于 1883 年编制)和实际支出的估计,参见弗兰克(Frank,1930)和美国众议院洪水控制委员会(1927—1928)。这项工程到 1927 年仍没完工。有关修建巴拿马运河的预计成本(由麦金利总统任命的一个委员会于 1901 年编制,1902 年国会投票通过),参见 J. 毕晓普(J. Bishop,1913,第 428—429 页);较为乐观的估计,参见麦卡洛克(McCuloch,1977,第 610—611 页);较为悲观的估计,参见莫尔顿(Moulton,1915)。我们的成本数据不包括为获得法国修建该运河而没完工所留下的土地、财产和权利所支付的 4000 万美元。有关胡佛水坝的估计成本(假设为该工程承包人的中标价)及政府为

工程建设付出的最终成本的讨论，参见史蒂文斯（Stevens，1988，第 252 页）。有关路易斯安那体育馆的相关数据，参见丹尼尔森（Danielson，1997，第 279 页），也可参见夸克和福特（Quirk and Fort，1992，第 158 页）。有关州际高速公路的数据与《1952 年联邦援助高速公路法》有直接关系，出自魏因格洛夫（Weingroff，1996，第 4 页）。有关纽约市翻新北美体育馆工程的背景和过程，以及该项目的成本是怎样被低估的，详细讨论参见沙利文（Sullivan，2001，第 7 章）。有关"波士顿大开挖工程"（Big Dig，即波士顿高速公路/桥梁/隧道工程，是美国历史上"单体最大的土木工程"）的估计成本，参见富兰克林（Franklin，2003，第 28 页）。

运河通航能力不足），而且批准了其他几项水道工程项目和一笔
300 万美元的贷款用以资助纽约与伊利铁路建设。[①] 尽管其间 108
政府权力发生了党派更迭（从民主党到辉格党），尽管有一位胆识过人的州审计长，尽管 1837 年的金融危机和随后出现的长期经济低迷（运河收益随之下降）促使人们收缩注意力，但州议会依然奉行铺张政策。结果，州政府无论是偿还旧债的能力还是获得新贷款的能力都遭到明显削弱。

直到 1842 年处于破产边缘，纽约才开始采取有力举措。[②]"1842 年止付与税收法"开征了一般财产税并暂停了公共工程建设方面的开支（只支付保养和维修费用）。随着州政府偿债能

---

① 有关讨论，参见肖（1966），第 239—242 页。有关纽约与伊利铁路公司的更多讨论，参见皮尔斯（Pierce，1953），第 13—16 页。

② 19 世纪 40 年代初，有 1/3 的州拖欠其公债，尽管有几个州在几年内重新开始支付利息和本金，但仍有四个州出现了赖债。参见麦克雷恩（McGrane，1935）。纽约州没有拖欠。

力不断增强,并恢复了财政平衡,纽约州进一步采取措施,以防止政府铺张浪费现象重演。1846 年,纽约州通过了新宪法,增加了许多新的重要条款,对借款进行限制,制定了用偿债基金支付运河和其他政府债务的指导方针,并提出了旨在改善治理的其他改革举措。① 同时,人们对弄清这次财政危机根源的高度关注,或更一般地说改革精神,促成了 1846 年对运河建设和经营情况的首次严格调查。另一个推动调查的因素可能与部分州议员想推卸州财政衰败的责任有关。

成立于 1846 年的州议会特别委员会对"调查本州运河公共资金支出中的欺诈行为"投入了极大的热情,希望找到引起公众关注的问题所在,即使不能解决这些问题,也能敦促新法律和新程序的颁布(《报告》,1847,第 3 页)。调查重点放在与运河建设有关的腐败可能性上,以及把与运河有关的工作岗位作为政治庇护的手段上(与运河营运有关的督察、检查和其他职位的分配随政权在党派之间的更迭而变化)。这项调查的追溯时限很长,一
109 直追溯到几十年以前伊利运河的建设。听证会上所反映出来的主要腐败根源是,在把合同分配给"朋友、熟人和邻居"时存在欺诈行为,伪造用于材料报销的凭证,冒领薪水,偷窃材料,以及绕过州政府限制、通过非正常维修而获得利益(《报告》,1847,第 6

① 例如,这部新宪法明确规定,个人或地方议案只能涉及一个主题,而且议案主题必须在标题中标明,这就提高了透明度(对互投赞成票作了某些限制)。同时,资金只能"按拨款"从财政支付,任何这类拨款都必须载明拨付总额和这笔钱的使用对象。更多讨论,参见索尔斯(1914),第 72—74 页。

页)。特别委员会证实,在这些公共工程中很早就发生了这类问题。前面提到,最大的腐败案与迈伦·霍利有关。迈伦·霍利是首届运河委员会的成员,因不能解释某些公共资金的去向和利用部分公共资金购买运河沿岸的土地,在1824年遭到了指控(且供认不讳)。同时,应当指出的是,在这次调查中发现,运河委员会1822—1824年间的账目不知去向(或根本就没有保存这些年的记录),当要求某些人来为运河建设的相关问题作证时,遭到了拒绝。

在这些听证会上,以及在此后几年举行的有关运河建设和经营政策的其他重要听证会上,反映出来的突出问题有,质量控制越来越松散,听任政治家(在谁担任工程师和谁得到承包合同上)施加影响,工程师的腐败行为变得越来越明目张胆。[①] 尽管

---

① 例如,特别委员会的报告对弗里德里奇·C.米尔斯(Frederick C. Mills)任杰纳西河流域运河建设总工程师期间发生的事情给予了关注。在工程即将竣工时,弗里德里奇雇用了他的弟弟海勒姆·P.米尔斯(Hiram P. Mills)担任莫里斯山到奥利安市河段的驻段工程师。这段运河的建设合同在1838年秋发包:"人们将会看到,这段工程极其浩大,工程的大部分工作是在山腰上开挖岩石,把挖出来的岩石直接抛到河槽里。该工程的合同非常诱人,因而竞争异常激烈;采用何种方式把合同发包给成功的竞争者,引起了人们的特别关注。最后,这一合同被授给了尼古拉斯·冯·德沃克(Nicholas Van Derwerken)。而据说,他并不拥有承担像这样的工程所必需的设备,而且作为一个承包人,他也没有这方面的经验。但他却成了标价最低的投标人,何以能如此,除事实本身之外,原因尚不得而知。不过,海勒姆·P.米尔斯走了这条路子,这位驻段工程师给人留下了非常强烈的印象,他与冯·德沃克之间存在共谋行为。在这段工程按照他的意思给了冯·德沃克之后,该工程的合同由冯·德沃克和他的妹夫罗伯特·鲍尔斯(Robert Powers)共同承担,而鲍尔斯此前曾是海勒姆·P.米尔斯的合伙人。"参见《特别委员会报告》(1847,第4—49页)。

诸如1842年至1847年间工程建设中发生的临时停工等其他因素无疑在解释成本超支上具有重要作用,但调查人员得出的结论是,治理不善(包括对无能和低效的容忍),姑且不说它加剧了公然欺诈的泛滥,也有助于解释扩建和改建伊利运河的成本何以从最初预计的1242万美元陡增到了3000万美元以上(所需工期也从12年延长到27年)。由纽约州众议院和参议院共同或单独组建的系列调查委员会所获得的证词和它们所提供的分
110 析,分别发表于1847年(1242页)、1851年(332页)、1868年(1018页)、1875年(677页)和1876年(770页),发表于其他年份(从1840年起)的报告,对合同和欺诈也有不太完整的记载。①

1876年的报告表明了所存在的"种种管理不善、疏忽、欺诈、渎职":

> (1)批准或容忍"收支不平衡的投标";(2)委员们在起草新合同及在延展或撤销旧合同时的不当行为;(3)达成有损于州利益而有利于承包人的合同;(4)在维修、赔偿、奖励拨款中存在盲目、草率或腐败立法;(5)工程师没能估算出真实成本,对投标人或承包人的虚假成本估计给予纵容;(6)运河委员会在判断工程议案是否具有适当的法律约束力上的粗心大意或疏忽;(7)州财产被承包人或管理者盗用;(8)管理者批准不合理或无价值的工程;(9)验收人员做出错误的

① 参见《报告》(1876,第11页)和哈塞(Hasse,1907)。

或不认真的验收;(10)拟订陈述虚假事实、误导州议会和妨碍扩建完工的关于"特别修缮费"的法律;(11)由于职责划分制度存在缺陷,运河工作人员缺乏责任心,难以对不法之徒形成严格约束。(《报告》,1876,第12—16页)

各类听证会不仅暴露出大量诸如此类的管理不善和行为不当问题,而且暴露出运河工作人员所收取的通行费有被挪用的可能性。① 总起来说,以上调查的结论是,旨在防止公共资金使用中出现不正当行为或其他浪费行为的各种规定,不仅在设计上存在缺陷,而且也没能严格遵守,在执行上也无规则可言。我们完全(至少在某种程度上)预计到在大型公共(和私人)企业管理上会存在诸如此类的问题,因此,对于这次彻底调查所揭露出来的种种问题,我们一点也不奇怪。然而,更富有启发性也更有用的是,我们由此得到了这样一个尺度,它允许我们对以上问题的严重性做出评价,并对这些问题的严重性随工程类型或时间

① 在其他州的国土建设工程中也暴露了同样的问题。例如,1840年,宾夕法尼亚运河委员会列举了"有确凿的证据证实……所指控的欺诈公共福利"的20种方法。在《宾夕法尼亚州的公共工程》中,毕晓普对腐败进行了研究(1907b,第229—244页),他认识到,"我们不敢保证,置于公司管理之下会更纯洁","公共工程被执政党当作政治腐败的宝贵工具,它摧毁了公民的道德信念,浪费了州的物力财力。"他得出结论:"那些对当下城市和大公司管理中暴露出来的腐败深恶痛绝的人们,以及那些因此而怀念政治纯洁的'美好往日'的人们,他们不得不面对这样一个事实,这种好时景在宾夕法尼亚不复存在了……至少在州拥有和控制公共工程的时期肯定是这样。"也可参见毕晓普(1907a)和鲍尔斯(Bowers, 1983)。

而发生的变化进行检验。

111 第三节　对公共资源治理质量的评估

纽约州修建运河的历史有几个突出特点。首先,虽然州议员在公共运输工程授权上有一定的随意性,但值得注意的是,寻租作为一种潜在的、更具腐蚀性的腐败形式,似乎并没有给州政府带来巨大成本。州议会似乎没有限制进入低成本运输业的能力,因而也就难以通过这种限制,以牺牲其他人的利益为代价,或以牺牲全州的经济增长为代价,来使某个特定地区或部分人获得太多好处。① 反之,在州财政捉襟见肘,本应强化对边际项目的质询之时,州议员也往往无力号召多数票来加以反对。州议员不能对进入低成本运输业实施限制或进行垄断,并不是因为缺乏支持者。那些已建有通向运河连线的地区的代表们,往往反对再在沿线批准修建争夺运输业务的新运河。同理,他们以及其他与运河运营有利害关系的人,也在寻求对与之有竞争关系的新兴运输方式——铁路——的扩张速度实施限制。当铁路业威胁到运河收费时,对铁路业的各项限制便纷纷推出,而直

---

① 在授权修建运河上的自由主义政策与设立银行和公司的政策没什么两样。自由公司和自由银行法的通过削弱了州议会通过限制进入来创造高额垄断收益的能力。由于垄断租金在很大程度上落入那些拥有公司特许权的州议员手中,自由公司和自由银行法就意味着,这些州议员只能获得一个较低的租金流。导致这类政策的社会和政治压力缩小了南北战争前经济中的腐败范围,同时也减轻了腐败的经济后果。

到19世纪50年代这类限制才得以取消。[1] 当然，为鼓励特定铁路的建设和扩展所提供的补贴，在某种程度上抵消了这类限制的影响。结果出现了运输能力的过剩和费率的急剧下降。

州议员不能有效地限制进入水运或铁路运输的现象，折射出这样一个事实：开放的政治体系将使地区或公司很难获取并维持强大的竞争优势或垄断势力。这个现象还说明，即使纽约运河建设和经营中的腐败行为带来了社会成本，也主要是建设或经营上的超支，或者是由于在那些社会效益较低的边际运河项目上进行了投资。评价纽约州每条运河的社会收益，则超出 112
了我们的研究范围。不过，需要指出的是，艾伯特·菲什洛（Albert Fishlow）的研究表明，纽约州运河投资的收益率大大高于资金成本。[2] 菲什洛的估算似乎意味着，公共资金在运河工程上配置不当所带来的总成本，可能没有那么高。

---

① 参见麦吉尔及其合作者（1917），第353—356页。最初的铁路运输规定要求，铁路只能搭载乘客和乘客的行李，不能搭载货物。在运河开工的那个夏季，又对铁路经营施加了限制。最后的规定是，铁路必须按运输量缴纳运河通行费。宾夕法尼亚州的铁路运输中也引入了同样的限制措施，并一直持续到了1861年。参见邓拉维（1994），第79—80页和第138—139页。

② 菲什洛（2000），第552—564页和第604—606页。也可参见古德里奇等人（1961，第216—247页）和麦吉尔及其合作者（1917）。修建伊利运河的社会收益和私人收益远高于其他运河，在对纽约州的6条运河的评估中，兰塞姆（Ransom，1964）总结道，从财务上看，6条运河中有3条是成功的。菲什洛也认为俄亥俄州早期修建的运河是成功的。问题是修建了太多的支线（如纽约州）。众多运河与铁路的竞争对收费造成了相当大的压力。

这里我们所关注的问题是,政府官员所容忍的腐败行为或无能,是否增加了运河建设的成本,以及在多大程度上增加了这种成本。要对这一理论概念进行精确度量,在梳理数据上无疑存在困难。这里所采用的方法是,把公共工程的实际支出与工程批准时估算的成本的比率,作为衡量公共治理质量的一个大致尺度。当然,与建设成本超过最小可行成本的差额有很大不同,这个比率在度量公共治理质量方面有易于检索资料和蕴涵丰富两个优势。① 我们的方法隐含的假定是,尽责的政府官员笃行有效治理,他们将按照成本(和收益)最优化的估计值来决定是否进行一项公共投资。可以料见,在估算成本时肯定会出差错,因为要完全预见到重大工程建设中发生的所有情况是不可能的。况且,政府官员也会像其他人那样,通常总在打自己的如意算盘。不过,如果公共资源的治理是良好的,那么,大体来说,政府当局在授权从事一项投资项目时所预计的工程成本,就可以看作是成本的一个合理的基准线。因此,我们认为,成本估计上所出现的系统性偏差,一个重要根源就是容忍无能、脆弱的监督或管理、腐败行为以及政府官员其他抬高成本的行为,更一般地说,就是治理质量。对大型公共投资项目成本的蓄意高估,反映了治理质量低下,因为政府官员(不管他们是否是由选举产

---

① 一项工程的最终成本在多大程度上超过它批准时的估计成本,以及这个比率是如何随时间和工程的不同而变化,曾是早期研究的一个主题。例如,参见梅罗(Merrow,1988)和弗林布杰格、布鲁塞柳斯和罗滕格特尔(Flyvbjerg,Bruzelius and Rothengatter,2003)。

生的)能够为所欲为而不受惩罚。而如果一项公共投资项目在批准后出现了(平均意义上的)成本上升,则有理由认为这是由 113
公共资金使用上的管理不善或监督不力造成的——这要么是由于腐败,要么是由于容忍无能和其他抬高成本的行为。因此,我们所使用的度量标准,应该更多地看作与公共治理质量而不是狭义的腐败水平相关。

虽然我们强调成本超支率能够反映公共治理质量,但同时必须承认,该比率之所以不等于1,甚至会发生规律性变化,还有其他原因——其中一些没有任何害处。第一,存在没有预见到的通货膨胀,在这种情况下,即使以不变美元表示的支出不上升,名义支出总额也可能会高于初期预测值。[①] 第二,一项公共工程投资的成本有可能会超过预计值,是因为对工程进行了重新设计,增加了新的要素,因而增加了成本。第三,从理论上讲,没预期到的技术(或管制)创新,可能导致成本增加或减少。另外一个导致成本超支的潜在因素是,在编制有关工程成本预算时,刻意压低成本估计值,以提高工程获得政府当局批准的可能性。还可能存在管理方面的问题,它可能根源于在建工程的复杂性或规模,而非公共治理质量。解释任何一种成本超支及其内在的制度模式,所有这些因素都需要加以考虑。

---

① 人们最初可能认为,这一点在通货膨胀期间将会导致成本严重超支。不过,正如美国近几十年来的情况一样,在对名义支出进行预测时,预计支出通常已考虑到了预期通货膨胀的因素。参见梅罗(1988)的讨论。

前面已经提到,表 3.1 也显示出,伊利运河竣工后,纽约州运河建设中的成本超支问题似乎更严重了。与州议会批准时的预计成本相比,伊利运河总支出超出了大约 46%,而扩建和改建伊利运河的实际成本,与 1835 年(在伊利运河开工 10 年后)该改扩建方案批准时的预计成本相比,超支高达 140%以上。越是到后来,工程超支越严重,这与纽约州参众两院进行的各种调查相吻合,它既表明监督遭到了腐蚀,又表明腐败行为越来越普遍。由于发生了州财政危机,伊利运河改扩建工程在 1842—1847 年间被中断,完成工程的成本高于预期,至少有一部分可归因于此。[①] 此外,值得引起注意的是,相对于批准时的估计成
114 本,伊利运河改建工程的成本超支程度远远高于内战前修建的几条运河——切萨皮克和特拉华运河(63%)、俄亥俄和迈阿密州际运河(16%),也远高于将淡水大规模引入到迅速扩张的纽约市的克鲁顿水渠。

考虑到运河工程规模浩大,相对于企业规模、资本市场深度和经济规模而言,工程建设过程中的成本增加从绝对量上看并不十分显著。但没有最基本的比较,就难以看出成本超支的严重性。出于这个原因,为了便于评价伊利运河以及内战前夕其他运河工程成本超支率的高低,表 3.1 同时包括了美国历史上其他大

---

① 尽管由于数据难以获得而无法深入分析这一问题,但很显然,严重的成本超支往往与工程的延期密切相关。密西西比河防洪大堤和波士顿中央干道/隧道工程就是建设延期较长的两个例子,胡佛水坝则是提前竣工的一个例子。

型公共建设工程的数据。① 表中所选择的公共工程并非随机的，我们力求覆盖从运河时代到当代各大著名工程的有关信息。②

表 3.1 中显示的有关公共工程成本超支的数据表明，伊利运河的建设和内战前夕其他公共工程的建设，并没受成本管理问题的严重困扰。相反，内战前的成本超支率在我们的观察期内大都是最低的，只有大萧条时代的公共工程胡佛水坝才堪与之媲美（巴拿马运河工程也优于伊利运河的改扩建工程）。如果说

① 有意思的是，法国没修建成功的那条穿越巴拿马地峡的运河，以及蒙特利尔市为主办奥运会所修建的城市基础设施，这两项工程均可列为迄今为止成本超支率最高的工程。参见图希和维尔（Toohey and Veal, 2007），第 77 页。不过，这里我们主要关注美国的公共工程。

② 表 3.1 中，我们并没有将所有可获得数据的公共工程尽数列入，但即便把所有工程都包括进来，基本的定性分析模式（和粗略的定量分析模式）仍然可靠。有关 19 世纪末和 20 世纪初的其他例子以及对相关问题的讨论，参见莫尔顿（1915）。在写作本章时出现的另一个例子是旧金山海湾大桥（该桥损毁于一场大地震）东段工程的成本超支问题，该工程是在加利福尼亚州交通运输局的支持下开工建设的。虽然该工程计划在 2010 年完工，但成本超支率已经达到了 3.0。而 19 世纪 60 年代由私人企业承建，1862 年联邦政府提供大量补贴，1864 年又对补贴予以追加的联合太平洋铁路，也没有列入我们的表中。这样做主要是考虑到，联合太平洋铁路的组织方式完全不同于这里所讨论的伊利运河和其他常见的公共工程。在联合太平洋铁路还不足以吸引私人投资者独立承担工程建设，进而工程没有私人投资者进入之前，政府曾尝试修建一条横贯大陆的铁路。对这段历史的细致考察表明，绝大多数的腐败均牵涉到铁路发起者，他们以牺牲其他私人投资者的利益为代价，想方设法从中榨取租金。我们显然无从精确地估计出对政府而言的成本超支，但我们判断超支肯定不会高于 100%，甚至可能更低。显然，这个例子与我们关于腐败总体发展趋势的定性结论不一致。有关联合太平洋铁路的深入讨论，参见福格尔（1960），也可参见怀特（White, 1895）、穆迪（Moody, 1920）和克莱因（Klein, 1978）。

115 有某种趋势,那就是,成本超支在某种程度上日趋严重,二战后更是如此。内战前的5个工程项目,成本超支率在1.16到2.42之间变动(平均为1.60),但1950年以来建设的4大工程,该比率则在4.17到19.10之间变动。① 因此,数值分布差异是非常明显的。如果说成本超支率确实是治理质量的一个有意义的指标,则似乎可以做出这样的结论:19世纪初的情况要好于20世纪末。

这个论断似乎令许多人感到吃惊,那么,我们是否应该认为,依据我们的估算也存在这个趋势呢?这就需要做出判断性分析。尽管增加样本数会更好一些,但我们已经看到的变动模式非常明显,而且,我们的结论与其他研究总体上吻合,我们有理由相信,进一步的研究将有助于支持以上的定性结论。② 例如,本特·弗林布杰格、尼尔斯·布鲁塞柳斯和沃纳·罗滕格特

---

① 州际高速公路网络的高成本超支率尤其引人注目。主要原因似乎是最初的法律没做金额限制,从而导致由联邦政府承担的高速公路建设费用高于预期。按照魏因格洛夫(1996)考证,根据联邦政府与州政府各负担50%的比例,1952的年法案批准了2500万美元的拨款,用于支付随后两年州际高速公路网络的建设。然而,在一年之内,州政府就修建了很长的高速公路,联邦政府负担的份额高达4.775亿美元。遗憾的是,这里有关州际高速公路网络中公共工程的成本超支估计,仅限于高速公路网络规划的初期阶段。迄今为止,我们还没有获得计算有关整个高速公路网络成本超支比率的完整数据。

② 就我们所看到的历史资料,历史上的成本超支,甚至当代的成本超支,似乎主要是由完成或实施初始方案中的设计或任务的成本高于预期所导致的,而不是由在初始方案之外增加新项目所导致的。一个例外(我们还不能确信)可能是州际高速公路项目的成本超支。更详细的讨论,参见表3.1注中所引用的资料。

尔对1827—1998年间的258个铁路与公路工程以及大型非交通运输工程进行了研究，发现成本超支普遍高于且常常远远高于我们所研究的美国内战前的公共工程。并且，成本超支似乎在研究期间仍有轻微的增加。① 在对20世纪70年代和80年代跨国范围内52个重大投资项目（大多数分布在采矿业、制造业和能源行业）的研究中，爱德华·梅罗（Edward Merrow，他所采用的概念和程序与我们的方法相比，所得到的估计值要低）发现，从实际值上看，超支平均达88%，并且，公共工程和公私合营工程要明显高于私人工程。② 虽然20世纪后期公共工程成本超支估计值降到了表3.1所示的估计值之下，但这些数据仍对我们的关键结论提供了有力支持，即内战前的成本超支一般 116
比当今低。③ 对现代公共工程的高成本超支率进行解释所涉及的另一个问题是，20世纪70年代和80年代较高的通货膨胀

① 参见弗林布杰格、布鲁塞柳斯和罗滕格特尔（2003），第18页。

② 参见梅罗（1988）。梅罗和他的团队根据工程获批后制订的详细工程方案对成本超支进行了计算。他们也发现，工程规模越大，成本超支率相应地也越高。

③ 现代都市的体育馆建设（甚至机场和会议厅的建设），均采取了类似于国土建设时期地方和州政府的重商主义政策。这种对运动队和巨额补贴的竞争性招标影响到体育馆位置的选择，也引起了社会对于这类公共投资的社会收益的激烈争论。我们所提供的几项早期体育馆投资的成本超支数略微高于近期修建的体育馆。不过，由于修建公共体育馆热到处蔓延，体育场馆的建设成本在迅速上升。这种用公共资源修建奢华体育馆，并以很优惠的条件交给私人运动队使用的做法，恰恰最能生动地反映公共资源的治理质量。参见夸克和福特（1992，1999）。

率,是否导致人们夸大了实际工程成本超出最初预计成本的幅度。在评估路易斯安那体育馆建设工程、北美体育馆翻新工程、波士顿中央干道/隧道等工程的成本超支情况时,就存在这个问题。然而,即便我们根据价格水平的变化对数值进行合理调整,也不会改变上述的定性结论。①

据我们观察,与当代美国和美国历史上的其他时期相比,在内战前这一段时期,公共工程的成本超支是适中的,这个结论具有可靠的经验基础。② 不过,接下来的一个更基本的问题是,这种有趣的变动模式意味着什么。

---

① 例如,即使依据通货膨胀做出调整,波士顿中央干道/隧道工程的成本仍超出 3 倍以上。参见阿尔特舒勒和卢贝洛夫(Altshuler and Luberoff,2003)的有关讨论,第四章,尤其是第 119 页的讨论。补全用于平减公共工程支出所必需的数据对我们来说是十分困难的,而定性结论似乎是很可靠的,因此,我们不做进一步的探讨。无论是胡佛水坝还是伊利运河工程,价格水平变动所引起的偏差,可能会使成本超支率向下偏移。不过,需要重申的是,基本定性结论对依据价格水平变化所做出的调整并不敏感。

② 19 世纪末的美国,特威德老板及其纽约市政集团被不停地要求说明腐败状况。它们在全国有多大的代表性还不得而知,但历史已昭然若揭,在坦慕尼协会的民主党人执政时期,纽约市的公共治理是多么的糟糕。那么,按照我们的标准,坦慕尼协会的腐败状况又是怎样呢?尽管账目的繁杂使我们难以精确计算成本超支率,但就修建著名的纽约县政府办公大楼("特威德修建的办公大楼")所支出的款项看,竟是该工程最初批准(在特威德集团形成之前)的预计成本的 40 多倍。与之形成鲜明对照的是,同一时期修建的邻近布鲁克林区(金斯县)条件大体相仿(就大小和设备而言)的办公大楼,成本超支大约只有 40%,且其修建成本不及纽约州的 10%。参见《纽约时报》(1871)和卡洛(Callow,1966)。

一个简单的解释是，公共资金的治理或者说对公共资金使用的控制，19 世纪初比现在更加严格，前面已对此作了说明。但对当代成本超支额巨大，且越来越严重的现象，解释起来就非常困难。特别是，如果认识不到公共工程项目审查程序存在严重缺陷（即使没有欺诈），或者认识不到政府当局的监督如此拙 117
劣，以至于任由公共资源被低效率地使用，甚至任由私人掠取，那么解释起来就更加困难。① 当代制度失灵的根源是不易找到的，但 20 世纪末期的成本超支率似乎总是远高于 19 世纪初的水准，这就意味着政府官员（或纳税的选民）丧失了控制权。而

---

① 在那些研究近期公共工程和其他大型投资项目成本超支情况的学者中，对于成本超支越来越多这一明显趋势，存在两派观点。一派观点强调，预测成本是被有意低估的，目的是为了提高工程获批的可能性。这派观点似乎认为，或许是因为大量利益集团从工程审批和协助政府官员编制虚假的成本估计中掠取利益，政府当局比以前更缺乏透明度，或更没有自制力。持此观点的学者见弗林布杰格、布鲁塞柳斯和罗滕格特尔（2003）、阿尔特舒勒和卢贝洛夫（2003）。后者（第 246 页）引述了马丁·瓦克斯（Martin Wacks）这位“在城市交通运输决策方面最有思想和最中立的政府观察家”的话说：“我采访过政府官员、顾问和规划者，他们都参加过[运输工程成本和客流量的预测]，因而，我非常确信，成本超支和资助高估并非技术失误、诚实性过失或不当方法所造成的结果。规划者、工程师和经济学家一次又一次地告诉我，由于没有满足上司的要求，他们不得不多次‘修改’工程预算。这类预算不得不进行‘伪造’，为的是让提出的数字足以获得联邦政府对工程的资助，而不管它们在技术上是否完全合理。”也可参见瓦克斯（1989）。尽管梅罗承认有的公共项目绩效更差，但他也认为，规制环境和可行技术的变化在导致成本超支上同样发挥着重要作用。有关美国高速公路政策的讨论，参见伯奇（Burch，1962）。

对于内战前期公共部门绩效较好的根基是什么,则同样不清楚。

有许许多多可能的解释,从民主的优点、公共事务较高的参与率,到与低人均收入和小规模企业(以及小政府部门)相伴而来的对腐败的天然约束和腐败能力总体不高,不一而足。我们仍不能区分这些解释,而缺乏不同公共工程的社会收益的数据,则是我们的分析必须被视为是尝试性的另一个原因。但有关成本超支的证据确实与托克维尔(1961)的一个观点不谋而合,即美国的民主意味着良治。

第四节 结论

在伊利运河时代,之所以要从事特大型公共工程建设,主要是因为大型工程的投资规模是单个私人企业所不能驾驭的。在政府官员眼中,绝大多数公共工程都给他们提供了许多从中牟取私利的机会,许多人也确实这样做了。不过,总体来看,伊利
118 运河(以及它的同伴尚普兰运河)的建设,无论规划还是实施,似乎都是非常得当的。它不仅通过收费偿还了建设成本且有丰厚的盈余,而且通过增加生产者剩余和消费者剩余,以及带来的广泛正外在性,为纽约市民带来了巨大的福利改进。虽然存在某些明显的欺诈和管理不善,但政府当局完成工程的成本(按照公共工程标准)还是比较接近工程批准时的预计成本。伊利运河的经验为公共工程建设提供了某种可行的模式。

在伊利运河完工后,各地纷纷仿效其成功的做法,由此产生了不少问题。人们看到伊利运河沿线地区兴旺发达起来了,于

是，纽约州的许多其他地区也想改善自己的交通运输状况。州议会批准了某些提案，承诺修建几条运河，让那些适合修建运河的县受益，但其他地方的纳税人至少也要承担部分成本（因为收费收入不够）。但由于没有充分考虑到将来可以达到的交通数量，随着新航道和铁路的激增，加之始于 1837 年的那场严重而持久的经济紧缩的影响，运输线出现了过度供应。公共资金在这类工程中的配置不当，到底在多大程度上应归因于腐败或治理不善，这是一个存在争论的问题，因为在估计模仿成功的创新投资具有多大的可能性时，私人主体经常也会失算（购买这一时期的某些运河债券就是如此），不过，成本控制上的明显弱化使情况变得更糟。在伊利运河竣工后，用于运河工程（既包括新运河也包括伊利运河的扩建和改建）的资源激增，结果，最终成本远远超过最初的预算成本。

为了将这一时期的系列事件置于更广阔的视野，我们计算了伊利运河工程、伊利运河改扩建工程，以及迄今为止许多其他公共工程的实际支出与它们批准时的预计成本的比率。我们认为，这一标准的关注点虽然很窄，但对于公共资源治理质量来说，它的含义很丰富。一般而言，可以预期，这一比率将随着政府当局透明度的缺乏程度以及它们对公共资源使用过程中的无能和其他抬高成本行为的容忍程度而发生正向变化。按照这一标准，我们强调指出，就我们所观察到的事实而言，在 19 世纪初的运河时代，公共资源的治理是完全经得起检验的。的确，成本超支率在最近半个世纪中出现了急剧上升，这既与政府部门相对规模的显著扩大相一致，也与经济的持续增长相一致。在我

119 们看来,腐败的这种变动模式不仅表明学者和政策制定者对腐败的类型、流行和影响如何因应环境变化而变化缺乏理解,而且也表明寻找腐败的更好的度量标准和系统研究腐败的其他方法是多么的重要。

参考文献

Altshuler, Alan, and David Luberoff. 2003. *Mega-projects: The changing politics of urban public investment*. Washington, DC: Brookings Institution Press.

Bernstein, Peter L. 2005. *Wedding of the waters: The Erie Canal and the making of a great nation*. New York: Norton.

Bishop, Avard Longley. 1907a. Corrupt Practices connected with the building and operation of the State Works of Pennsylvania. *Yale Review* 15(February):391—411.

——. 1907b. *The state works of Pennsylvania*. New Haven, CT: Yale University Press.

Bishop, Joseph Bucklin, 1913. *The Panama gateway*. New York: Charles Scribner's Sons.

Bogart, Ernest Ludlow. 1924. *Internal improvements and state debt in Ohio: An essay in economic history*. New York: Longmans, Green.

Bowers, Douglas E. 1983. From logrolling to corruption: The development of lobbying in Pennsylvania, 1815—1861. *Journal of the Early Republic* 3(Winter):439—474.

Burch, Philip H., Jr. 1962. *Highway revenue and expenditure policy in the United States*. New Brunswick: Rutgers University Press.

Callow, Alexander B., Jr. 1966. *The Tweed Ring*. New York: Oxford University Press.

Danielson, Michael N. 1997. *Home team: Professional sports and the American metropolis*. Princeton, NJ: Princeton University Press.

Dunlavy, Colleen A. 1994. *Politics and industrialization: Early railroads in the United States and Prussia*. Princeton, NJ: Princeton University Press.

Engerman, Stanley L., and Kenneth L. Sokoloff. 2005. The evolution of suffrage institutions in the Americas. *Journal of Economic History* 65 (December), 891—921.

Fishlow, Albert. 2000. Internal transportation in the nineteenth and early twentieth centuries. In *The Cambridge economic history of the United States*. Vol. 2, *The long nineteenth century*, ed. Stanley L. Engerman and Robert E. Gallman, 543—642. Cambridge: Cambridge University Press.

Flyvbjerg, Bent, Nils Bruzelius, and Werner Rothengatter. 2003. *Megaprojects and risk: An anatomy of ambition*. Cambridge: Cambridge University Press.

Fogel, Robert William. 1960. *The Union Pacific Railroad: A case in premature enterprise*. Baltimore: Johns Hopkins Press.

——. 1979. Notes on the social savings controversy. *Journal of Economic History* 39(March): 1—54.

Frank, Arthur DeWitt. 1930. *The development of the federal program of flood control on the Mississippi river*. New York: Columbia University Press.

Franklin, Daniel, ed. 2003. *The world in 2004*. London: The Economist.

Gallatin, Albert. 1968. *Report of the Secretary of the Treasury on the subject of public roads and canals*. New York: Augustus M. Kelley. 120
(Orig. pub. 1808.)

Glaeser, Edward L., and Andrei Shleifer. 2003. The rise of the regulatory state. *Journal of Economic Literature* 41(June): 401—425.

Goodrich, Carter. 1960. *Government promotion of American canals and railroads, 1800—1890*. New York: Columbia University Press.

Goodrich, Carter, Julius Rubin, H. Jerome Cranmer, and Harvey H. Segal. 1961. *Canals and American economic development*. New York: Columbia University Press.

Gray, Ralph D. 1967. *The national waterway: A history of the Chesapeake and Delaware Canal, 1769—1965*. Urbana: University of Illinois Press.

Gunn, L. Ray. 1988. *The decline of authority: Public economic policy and political development in New York State, 1800—1860*. Ithaca, NY: Cornell University Press.

Hammond, Jabez D. 1846. *The history of political parties in the state of New York*. 4th ed. 2 vols. Cooperstown, NY: H&E Phinney.

Hanyan, Craig, and Mary Hanyan. 1996. *DeWitt Clinton and the rise of the People's men*. Montreal: McGill-Queens.

Hartz, Louis. 1948. *Economic policy and democratic thought: Pennsylvania 1776—1860*. Cambridge, MA: Harvard University Press.

Hasse, Adelaide. 1907. *Index of economic material in documents of the states of the United States: New York, 1789—1904*. Washington, DC: Carnegie Institution.

Hellman, Joel S., Geraint Jones, and Daniel Kaufmann. 2000. Seize the state, seize the day: State capture, corruption, and influence in transition. World Bank Policy Working Paper 2444. Washington, DC: The World Bank.

Internal improvements in the state of New York. 1850. *Hunt's Merchants' Magazine and Commercial Review* 28:259—269, 383—395, 497—508.

King, Charles. 1843. *A memoir of the construction, cost, and capacity of the Croton Aqueduct*. New York: Charles King.

Klein, Maury. 1987. *Union Pacific: Birth of a railroad, 1862—1893*. New York: Doubleday.

La Porta, Rafael, Florencio Lopez-de-Silanes, Andrei Shleifer, and Robert Vishny. 1999. The quality of government. *Journal of Law Economics and Organization* 15(March): 222—279.

Larson, John Lauritz. 2001. *Internal improvements: National public works and the promise of popular government in the early United States*. Chapel Hill: University of North Carolina Press.

Laws of the state of New York in relation to the Erie and Champlain canals, together with the annual reports of the canal commissioners and other documents requisite for a complete official history of these works. 1825. 2 vols. Albany, NY: E. and E. Horsford.

MacGill, Carol S., and staff. 1917. *History of transportation in the United States before 1860*. Prepared under the direction of Balthasar Henry Meyer. Washington, DC: Carnegie Institution.

Magrath, C. Peter. 1966. *Yazoo: Law and politics in the new republic; The case of Fletcher vs. Peck*. Providence, RI: Brown University Press.

Majewski, John. 2000. *A house dividing: Economic development in Pennsylvania and Virginia before the Civil War*. Cambridge: Cambridge University Press.

McCullough, David. 1977. *The path between the seas: The creation of the Panama Canal, 1870—1914*. New York: Simon and Schuster.

McGrane, Reginald C. 1935. *Foreign bondholders and American state debts*. New York: Macmillan.

Merrow, Edward W. 1988. *Understanding the outcomes of megaprojects: A quantitative analysis of very large civilian projects*. Santa Monica, CA: The RAND Corporation. 121

Miller, Nathan. 1962. *The enterprise of a free people: Aspects of economic development in New York State during the canal period, 1792—1838*. Ithaca, NY: Cornell University Press.

Moody, John. 1920. *The railroad builders: A chronicle of the welding of the states*. New Haven, CT: Yale University Press.

Moulton, H. G. 1915. The cost of the Erie Barge Canal. *Journal of Political Economy* 23(May): 490—500.

Murphy, Kevin M., Andrei Shleifer, and Robert W. Vishny. 1993. Why is rent-seeking so costly to growth? *American Economic Review* 83 (May): 409—414.

Nettels, Curtis. 1962. *The emergence of a national economy, 1775—1815*. New York: Holt, Rinehart and Winston.

New York Times. 1871. How New York is governed: Frauds of the Tammany Democrats [pamphlet]. New York: *New York Daily Times*.

North, Douglass C. 1981. *Structure and change in economic history*. New York: Norton.

Pierce, Harry H. 1953. *Railroads of New York: A study of government aid, 1826—1875*. Cambridge, MA: Harvard University Press.

Quirk, James, and Rodney D. Fort. 1992. *Pay dirt: The business of professional team sports*. Princeton, NJ: Princeton University Press.

——. 1999. *Hard ball: The abuse of power in pro team sports*. Princeton, NJ: Princeton University Press.

Ransom, Roger. 1964. Canals and development: A discussion of the issues. *American Economic Review* 54(May): 365—376.

Renwick, James. 1842. *Life of DeWitt Clinton*. New York: Harper and Brothers.

Report of the commissioners of the state of New York on the canals from Lake Erie to the Hudson River and from Lake Champlain to the same, presented to the legislature. 1818, January 31. Albany, NY: J. Buel.

Report of the Select Committee of the Assembly of 1846, upon the investigation of frauds in the expenditure of the public monies upon the canals of the state of New York. 1847, February 17. No. 100. *Documents of the assembly of the state of New York, seventieth session*. Vol. 3. Albany, NY: Charles van Benthuysen.

Report of Select Committee on reports etc., relative to canal frauds. 1851, April 17 and July 10. Testimony and exhibits taken by committee approved by the Assembly of 1850 to investigate certain alleged canal frauds. No. 158

and 156. *Documents of the Assembly of the state of New York, seventy-fourth session*. Vol. 6. Albany, NY: Charles van Benthuysen.

Report of the committee appointed by the Senate to investigate and inquire into the management of the canals of this state, the official conduct of any person now, or heretofore, officially connected therewith, and also the official conduct of persons comprising the canal contracting board. 1868, January 22. No. 32. *Documents of the Assembly of the state of New York, ninety-first session*. Vol. 4. Albany, NY: Charles van Benthuysen.

Report of Joint Committee of Senate and Assembly in relation to canal fraud investigation. 1875, May 5. No. 152. *Documents of the Assembly of the state of New York, ninety-eighth session*. Vol. 10. Albany, NY: Weed, Parsons and Company.

Report of the Joint Committee of the Senate and Assembly, relative to canal investigation. 1876, March 3. No. 78. *Documents of the Senate of the state of New York, ninety-fifth session*. Vol. 6. Albany, NY: Jerome B. Parmenter.

Rose-Ackerman, Susan. 1999. *Corruption and government: Causes, consequences, and reform*. Cambridge: Cambridge University Press.

Rosenberg, Nathan, and L. E. Birdzell, Jr. 1986. *How the West grew rich: The economic transformation of the industrial world*. New 122
York: Basic Books.

Scheiber, Harry N. 1969. *Ohio canal era: A case study of government and the economy, 1820—1861*. Athens: Ohio University Press.

Seavoy, Ronald E. 1982. *The origins of the American business corporation, 1784—1855: Broadening the concept of public service during industrialization*. Westport, CT: Greenwood Press.

Shaw, Ronald E. 1966. *Erie water West: A history of the Erie Canal, 1792—1854*. Lexington: University of Kentucky Press.

——. 1990. *Canals for a nation: The canal era in the United States,*

1790—1860. Lexington: University of Kentucky Press.

Sheriff, Carol. 1996. *The artificial river. The Erie Canal and the paradox of progress, 1817—1862*. New York: Hill and Wang.

Shleifer, Andrei, and Robert W. Vishny. 1993. Corruption. *Quarterly Journal of Economics* 108(August):599—617.

Sowers, Don C. 1914. *The financial history of New York State from 1789 to 1912*. New York: Columbia University.

Stevens, Joseph E. 1988. *Hoover Dam: An American adventure*. Norman: University of Oklahoma Press.

Sullivan, Neil J. 2001. *The diamond in the Bronx: Yankee Stadium and the politics of New York*. New York: Oxford University Press.

Tocqueville, Alexis de. 1961. *Democracy in America* 2 vols. New York: Schocken Books. (Orig. publ. 1835.)

Toohey, Kristine, and A. J. Veal. 2000. *The Olympic games: A social science perspective*. Walingford, UK: CABI Publishing.

U. S. House. Committee on Flood Control. 1927—1928. On control of destructive flood waters of the United States. *Flood Control Hearings*. 70th Cong., 1st sess., November 7—22, 1927 to February 1, 1928.

Wachs, Martin. 1989. When planners lie with numbers. *Journal of the American Planning Association* 55(4):476—479.

Walker, Barbara K., and Warren S. Walker. 1963. *The Erie Canal: Gateway to empire; Selected source materials for college research papers*. Boston: D. C. Heath.

Weingroff, Richard F. 1996. Federal-Aid Highway Act of 1956: Creating the interstate system. *Public Roads* 60(Summer):10—17.

White, Henry Kirke. 1895. *History of the Union Pacific Railway*. Chicago: University of Chicago Press.

Whitford, Noble E. 1906. *History of the canal system of the state of New York together with brief histories of the canals of the United States and Canada*. 2 vols. Albany, NY: Brandon Printing Company.

第二部分　腐败的后果

第四章　大萧条前美国的公司治理和小股东困境

内奥米·拉莫雷奥克斯*(Naomi R. Lamoreaux)
琼—劳伦特·罗森塔尔(Jean-Laurent Rosenthal)

发起人……有理由欢欣鼓舞……他们组建了动产

---

* 内奥米·拉莫雷奥克斯是加州大学洛杉矶分校(UCLA)的经济学和历史学教授,美国经济研究局的研究员。琼—劳伦特·罗森塔尔是加州大学洛杉矶分校的经济学教授。

作者从下列人士的建议中获益良多,他们是:罗伯特·阿伦(Robert Allen)、史蒂文·A.班克(Steven A. Bank)、鲁思·布洛什(Ruth Bloch)、蔡洪滨(Hongbin Cai)、朱迪思·谢弗利尔(Judith Chevalier)、保尔·戴维(Paul David)、兰斯·戴维斯(Lance Davis)、哈罗德·德姆塞茨(Harold Demsetz)、斯坦利·恩格曼、埃德华·格莱泽、克劳迪娅·戈尔丁、彼得·古莱维奇(Peter Gourevitch)、蒂莫西·吉南(Timothy Guinnane)、亨利·汉斯曼(Henry Hansmann)、罗恩·哈里斯(Ron Harris)、苏珊·赫尔博(Susan Helper)、菲利普·霍夫曼(Philip Hoffman)、雨果·霍鹏海(Hugo Hopenhayn)、冈萨洛·艾斯拉—罗杰斯(Gonzalo Islas-Rojas)、格雷戈里·马克(Gregory Mark)、克里斯托弗·麦克纳(Christopher McKenna)、乔尔·穆克(Joel Mokyr)、威廉·诺瓦克(William Novak)、吉里斯·波斯特尔—维纳伊(Gilles Postel-Vinay)、詹姆斯·雷比泽尔(James Rebitzer)、拉里·E.里博斯泰因(Larry E. Ribstein)、阿瑟·罗尔斯顿(Arthur Rol-

> 信贷公司(Crédit Mobilier),整个联合太平洋铁路建设合同的收益都流进了他们的腰包……政府公债、证券销售、土地和城镇基地出售的收入,都被不断攀升的建筑成本或其他方式所侵蚀殆尽。为达到目的,联合太平洋铁路公司的董事们还巧妙地自己与自己签订合同,将每英里修筑价格从8万美元提高到9万美元甚至9.6万美元,是工程师们最高估价的两倍……联合太平洋集团因此而欢欣鼓舞。试想,单纯依靠穿越空旷原野的货物或旅客运输,他们能有什么利润可图呢?
>
> ——马修·约瑟夫森(Matthew Josephson,1934,第92页)

126 ## 第一节 引言

动产信贷公司操纵案是轰动一时的大丑闻。联合太平洋铁路公司的董事们组建了自己的建筑公司,并亲自包揽了修建大

---

ston)、罗伯特·罗马诺(Roberta Romano)、肯尼思·索科洛夫、约翰·沃利斯和马特·威斯沃尔(Matt Wiswall)。作者同样受益于以下研讨会与会者的评论,它们是耶鲁法学院、牛津大学、凯斯西储大学、加州大学洛杉矶分校举办的研讨会,大芝加哥经济史学界(the Greater Chicago Economic History Group)召开的会议,普林斯顿大学举办的金融市场政治经济学研讨会,美国经济研究局举办的"改革与腐败"会议。作者也非常感谢埃里克·托里斯(Eric Torres)在搜集报纸和其他期刊资料方面的协助。

陆铁路的合同。那么,这种操作是否给它的参与者带来了高额回报呢?对此,尽管历史学家长期没有定论①,但那个时代的人却深信不疑。即便如此,使动产信贷丑闻成为头条新闻的,与其说是由于它攫取了巨额利润,不如说是由于联邦政府卷入其中,联邦政府曾把大片公共土地授予了联合太平洋公司,并为工程建设提供了贷款融资。据报纸披露,这个"铁路集团"把动产信贷公司的股票送给了有影响力的国会议员,以换取政治影响,目的是预防麻烦的检查和得到更多的联邦优惠(Josephson,1934;Bain,1999)。②

在现代观察家们看来,当时因披露贿赂而掀起轩然大波着实令人费解,因为像处于动产信贷公司丑闻案漩涡的那些人的利益冲突,在当时的公司中非常普遍。这类案件当时很少能成为头条新闻,除非涉及像大型铁路或电报线路这样一些对公共福利至关重要的公司。③ 但19世纪末至20世纪初的法律记录

---

① 例如,可比较约瑟夫森(1934)、贝恩(1999)和柯克兰(Kirkland,1961)、萨莫斯(Summers,1993)的相关评论。

② 有趣的是,虽然动产信贷公司操纵案的细节至少从1869年起就有媒体报道,但直到1872年9月,当反对尤利西斯·S.格兰特连任总统的《纽约太阳报》披露这起贿赂事件时,它才引起人们的关注(Bain,1999,第599—600、602、627—628、676页)。

③ 例子有:"电报联盟",《纽约时报》,1877年8月22日,第8版;"古尔德再陷困顿:城市大股东该大显身手了",《纽约时报》,1882年11月5日,第7版;"他卑鄙地向我开枪",《纽约时报》,1883年12月29日,第4版;"被指控合谋:给杰伊·古尔德及其同僚的一击",《纽约时报》,1885年3月3日,第2版;"宾夕法尼亚州的利益所在:为辛辛那提、哈密尔顿和代顿而战",《纽约时报》,1885年5月3日,第2版。

表明，大小公司的董事们经常会与利益相关的其他公司建立合同关系，[①]选举自己出任公司管理人员，领取自己确定的丰厚薪水，[②]安排兼并活动为自己带来高额资本收益，而置其他股东的
127 利益于不顾，[③]还经常做出其他许多自己获益而合作伙伴受损

---

① 有关这类合同的案例，参见《斯密诉普尔》，缅因州第 415 卷第 40 宗(1855)；《马奇诉东铁路公司》，新罕布什尔州第 548 卷第 40 宗(1860)；《弗林特和佩雷·马凯特铁路公司诉杜威》，密歇根州第 477 卷第 14 宗(1866)；《阿什赫斯特的上诉》，宾夕西法尼亚州第 290 卷第 60 宗(1869)；《布鲁尔诉波士顿剧院》，马萨诸塞州第 378 卷第 104 宗(1870)；《福尔兹诉耶茨》，伊利诺伊州第 416 卷第 57 宗(1870)；《欧洲及北美铁路公司诉普尔》，缅因州第 277 卷第 59 宗(1871)；《凯尔诉纽伯里港及阿姆斯伯里·霍斯铁路公司》，马萨诸塞州第 496 卷第 141 宗(1886)；《沃伦诉帕拉橡胶制鞋公司》，马萨诸塞州第 97 卷第 166 宗(1896)；《伯登诉伯登》，纽约州第 287 卷第 159 宗(1899)。也可参见马什(Marsh，1966)和马克(Mark，2003)著作中更多案例清单。

② 有关不当薪酬的诉讼案例，可参见《邓菲诉旅行者报纸协会》，马萨诸塞州第 495 卷第 146 宗(1888)；《布朗诉德扬》，伊利诺伊州第 549 卷第 167 宗(1897)；《范阿尼木诉美国隧道工程公司》，马萨诸塞州第 515 卷第 188 宗(1905)；《阿博特诉哈比森纺织品公司》，纽约州第 1031 卷第 147 宗(1914)；《科尔诉韦尔斯》，马萨诸塞州第 504 卷第 224 宗(1916)；《阿尔米诉阿尔米、比格洛和沃什伯恩》，马萨诸塞州第 227 卷第 235 宗(1920)。

③ 有关这类诉讼的案例，参见《皮博迪诉弗林特》，马萨诸塞州第 52 卷第 88 宗(1863)；《康弗斯诉联合制鞋机械公司》，马萨诸塞州第 422 卷第 185 宗(1914)；《邦纳诉第一国民银行》，马萨诸塞州第 401 卷第 251 宗(1925)。更多的案例，可参见卡尼(Carney，1980)。这类操纵更有可能引起报纸报道，例如，当俄亥俄州克利夫兰市的布鲁士电气公司的董事和控股股东筹划以每股 75 美元的价格将其持有的股份出售给控股的托马斯一休斯敦电气公司的老板时，情况就是如此。该股票的票面价值是每股 50 美元，而当时的市场评估价格是 35 美元。小股东被排斥在这笔交易之外，他们异常愤怒。《纽约时报》，1890 年 1 月 21 日，第 1 版。

之举，如挪用公司资金，向自己增发股票，在公司诉讼中抢占先机。①

按照本书的界定，我们将这种行为称之为欺诈而非腐败，因为其中并没涉及利用政府资源谋求私利。然而，要强调的是，19世纪50年代以前，对于公司而言，这样的区分并没有太大意义。事实上，19世纪初期，公司仍被视为准政府机构。商人们如想建立公司，必须获得州政府的特别许可，而这种许可倾向于只授予那些被认为符合公共利益的项目。而一旦获得许可，许多公司就能从州财政获得部分股本。随着公司形式在普通商业目的上的作用日益凸显，要求议会开放公司这种形式，以防止少数既得利益者独占经营公司好处的政治压力越来越大。州政府对这种政治压力作出了回应，起初是让人们更容易地获得特别许可，后来（大约在19世纪中期）通过了普通公司法，将成立公司的整个过程程序化，任何想成立公司的人，只要满足一些基本条件，填写一张表格，支付一定费用，就可以组建一个公司。在这个过程中，公司失去了其公共特征，并逐渐被视为彻头彻尾的私人机

① 有关这类诉讼的案例，参见《赫西诉维齐》，缅因州第9卷第24宗（1844）；《斯密诉赫德》，马萨诸塞州第371卷第53宗（1847）；《阿博特诉梅里亚姆》，马萨诸塞州第588卷第62宗（1851）；《莱斯利诉洛里拉德》，纽约州第519卷第110宗（1888）；《大陆证券诉贝尔蒙特》，纽约州第560卷第133宗（1912）；《邓莱诉M林荫道汽车修理公司》，纽约市第274卷第253宗（1930）。一个不太涉及金钱利益的案例是，科尔·埃利奥特·F.谢泼德出于宗教原因，为阻止第五大道运输公司在星期天运营，购买了该公司的控制权，此举激起小股东的反对，因为他们遭受了利益损失。《纽约时报》，1888年4月10日，第5版。

构(Hurst,1970;Maier,1993;Bloch and Lamoreaux,2004;Wallis,2005)。

尽管已经私有化了,但公司中控股股东的欺诈性掠夺行为潜在地损害着投资人的产权安全,所使用的方式与政府官员的腐败性掠夺行为完全一样。而小股东就像一般人一样,保护自己免遭权力滥用之害的能力是有限的。建立在一股一票原则基
128 础上的标准公司治理规则意味着,持有足够股份从而能够左右公司选举的股东,将成为公司的实际支配者。① 即使小股东认为大股东实行的政策有误,或有损其利益,也几乎束手无策。小股东无法扭转大股东的决策,不能强制解散企业,也不能轻易地通过出售他们的股票退出公司。对于上市公司,小股东能够做到的只是以反映大股东行为的折扣价格出售他们的股份。对于非上市公司,小股东股份的买者往往只有一个,那就是与自己利益存在冲突的那些大股东。②

然而,令人困惑的是,尽管存在上述问题,但商人们组建公司和小股东对公司进行投资的势头不减。乔治·赫伯顿·小伊

① 有关这些规则的重要性的更深入讨论,参见拉莫雷奥克斯和罗森塔尔(2005)和拉莫雷奥克斯(2004)。两篇文献都表明,在美国,法庭使得企业难以采用非标准的治理规则。有关美国公司与其他国家公司投票规则的比较,参见邓拉维(Dunlavy,2004)。

② 到20世纪中期,股东通过股权承买协议保护自身利益变得越来越普遍。然而,如果大股东阻止公司积累必要盈余,或操纵企业账面价值,那么,即使是这种补救措施也会变得无效。同时,这种方法也大大加重了企业负担(Hornstein,1950;Hillman,1982)。

万斯(George Heberton Evans,Jr.)以主要的几个州作为样本计算颁发的许可证的数量,结果发现,从美国内战至大萧条这段时期,公司数量稳步增长。公司数量的增长确实迅速,以致伊万斯公司指数(1925 年＝100)1870 年大约仅为 5。例如,在俄亥俄州,年均许可证发放数量由 19 世纪 70 年代的 305 个上升到 1895—1904 年间的 1 166 个,20 世纪 20 年代又上升到 4 047 个。① 尽管小企业增长最为迅速,但投资者却越来越愿意冒险将其积蓄投入大公司。早在 19 世纪 70 年代,俄亥俄州估价超过 100 万美元的新建公司,年均法定资本达 3 760 万美元。此后几十年中,由于越来越多的大公司先是选择在新泽西州、后选择在特拉华州办公司,俄亥俄州的数据不再具有代表性。在新泽西州,估价超过 100 万美元的公司,年均法定资本在 1895—1904 年间达到 9.284 亿美元,而到 20 世纪 20 年代,在特拉华州,年均法定资本高达 188.142 亿美元(Evans,1948,附录 3)。而且,正如玛丽·奥沙利文(Mary O'Sullivan)指出的那样,相对于国内生产总值而言,19 世纪末至 20 世纪初,即使不考虑 20 世纪 20 年代后期的繁荣年代,在纽约股票交易所发行的新公司的股票价值上升到比 20 世纪下半叶还高的水平,此时,证券交易委员会已开始保护上市公司的投资者(O'Sullivan, 129
2004)。

企业数目的急剧上升似乎表明,在这个时期,对剥夺的担忧

① 这种趋势似乎没有受到 1916 年开征所得税的影响,而开征所得税使得公司的投资者承担了双重税赋。

并没有明显阻止小股东对公司的投资。不过,这些数据并不表明事情的全貌,因为同期合伙制企业也大量涌现。直到1900年全美制造商普查局公开有关企业组织形式的数据资料,才能够获得可靠数据。当时,在所有者多于一人的制造业企业中,67%采用合伙制形式,只有29%采用公司制形式,剩余4%主要由各类合作社组成(U. S. Census Office,1902,第503页)。[①] 尽管合伙制企业平均规模比公司制企业小很多(普查结果显示,合伙制企业的总产值是25.7亿美元,而相比之下,公司制企业是77.3亿美元),但合伙制企业在数量上的绝对优势很能说明问题。相关文献通常把合伙制企业视为一种较低级的组织形式,认为这种组织形式适合于那些其成功依赖于特殊人力资本的企业,例如法律事务所和其他类似企业(Alchian and Demsetz,1972; Gilson and Mnookin,1985; Grossman and Hart,1986; Hart,1995; Cai,2003; Blair,2003; Rebitzer and Taylor,2004)。[②] 制造业部门合伙制企业所占比例如此之高,给我们提出了这样一个问题:企业家是否是为避免与公司制相关的治理

① 全国性数据直到1916年以后美国国家税务局开征所得税时才可得到。1920年,全美约有31.4万家公司制企业,而合伙制企业约为24.1万,但这里的数据可能大大低估了合伙制企业的数量,因为,所有公司,无论大小,无论盈利与否,都要填写税收申报单,而对合伙制企业来说,只有当收入超过起征点时,才需要填报(美国国家税务局,1992,第8—10页)。

② 很少有人持相反的意见,认为合伙制企业优于公司制企业;不过作为这样的一个例子,可参见里博斯泰因(2005)。

问题而有意选择合伙制这种次优的组织形式。

为对此做出回答，我们将探究这样一个选择问题：是按公司制还是按合伙制来组织新企业。第二节和第三节的分析将表明，支配这两种企业形式的法律规范，将导致两者遭遇不同的组织问题。就合伙制而言，由于企业的任何一个合伙人都能促成企业解散，因此，合伙企业具有分裂的潜在可能性。就公司制而言，控股股东拥有单方面决策权，这就意味着他们可以获取超过所持股份比例的企业收益份额。我们就这类选择问题构造了一个简单模型，来说明投资者选择公司制企业而非合伙制企业的意愿，将受到控股股东能在多大程度上侵占他们的利益的影响。我们还将说明，投资者选择合伙制而不是公司制，取决于合伙人之间的冲突在多大程度上会导致企业的提前解散。 130

在第四节中，我们将探讨法律制度对控股股东侵占利润份额所施加的限制。我们发现，这种限制即使存在，在我们的考察期内也变得越来越松。尽管如此，我们认为，这种变化对经济增长速度几乎没有不利影响。我们模型的涵义是，企业的组织问题只会阻止投资者将其资金投入到那些预期收益低的企业。19 世纪末至 20 世纪初，美国到处都是效益好、回报高的项目，因此，投资者乐意大量组建新企业，包括越来越多的公司制企业。

第二节　合伙制企业和过早解散问题

根据英美普通法，合伙制企业不是法人，因此，离开组建它们的特定个人，它们就不复存在，或不具有合法身份。每个合伙人都拥有完整的所有者权利，不需要征询其他合伙人的意见，就可以签订对企业具有约束力的合同，只要这些合同属于企业正常业务活动的范围。这种单方面采取行动的权利，不仅是企业内部冲突的一个潜在根源，而且它还意味着，合伙人（他们中的所有人都要对企业债务负无限责任）要面临着超出他们控制能力甚至知识范围的责任。因此，除非商人们在发现他们的合伙人不值得信任时能够全身而退，否则他们将不敢达成这种合伙关系。正因为如此，合伙制企业一般都"随意而为"。这就是说，企业的任何一个合伙人，一旦决定不再想成为企业的一部分，就可以强制解散企业。①

因此，合伙制企业将受到所谓的过早解散（Untimely Dissolution）问题的困扰。因为每个合伙人都拥有完整的所有权利，不需要征询其他合伙人的意见就可以采取行动，所以，产生分歧的可能性很大，这可能会诱使企业的任何一个成员去解散企业。这样的分歧具有潜在的高昂成本。无疑，它可能会打乱一个原本可以盈利的企业的正常运转，而更糟糕的是，它可能迫使企业以低于企业继续运转所具有的价值的价格来清算企业的资产。由于过早解散的潜在成本非常高，合伙制企业这
131 种"随意而为"的特征也就造就了敲竹杠的机会。这就是说，

① 有许多文献详细讨论了这一时期的合伙制企业法，可特别参见斯托里（Story，1859）和吉尔摩（Gillmore，1911）。

一个合伙人仅需以解散企业相威胁，就能榨取较大份额的企业收益。①

在理论上，合伙人可以就这类问题签订合同，规定企业的存续期限，但在19世纪末，法庭是否会强制实施这类协议存在相当大的不确定性(Gilmore，1911，第571—573页)。例如，只有分歧由原告方引起时，一些法庭才会拒绝解散企业。用伊利诺伊州一位法官的话说，"让[这样一个人]从他自身的错误行为中获得好处是不公平的"，尤其是，"草率解散一个合伙制企业会给刚向企业投资的合伙人带来灾难性的后果"，而该合伙人没有任何"错误行为或失职行为"(《杰拉德诉盖迪奥》，伊利诺伊州第121卷第84宗[1876])。类似地，在汉纳曼诉凯利科一案中，犹他州一位法官坚持认为，不应该允许合伙人"毫无缘由地，

---

① 看一个早期的例子。E.I.杜邦(E.I. Dupont)的一位名叫彼得·鲍戴(Peter Bauduy)的合伙人，试图将自己代表企业所背书的票据变为自己在企业中的资本，以此来提高他分享企业收益的份额。鲍戴威胁解散企业，除非签署可"从中获取额外补偿和利益"的新合同，否则他拒绝让步。参见"艾柳塞·艾琳尼·杜邦(Eleuthere Erenee Dupont)以其名义并代表梅斯·E.I.杜邦·德奈莫斯公司对彼得·鲍戴针对他向法庭所提诉状及前述考虑的答复"，1817年《专题文件》，《鲍戴诉讼案》(第一部分)(1805—1828年)，朗伍德手稿，第45箱，新增第5组，E.I.杜邦·德奈莫斯公司，序列C，特拉华州威尔明顿海格利图书馆手稿珍藏。

有关合伙制企业中敲竹杠更全面的讨论，参见博登霍恩(2002)。博登霍恩认为，人们可以选择年龄、生产率和资本与自己相仿的人作为合伙人，以此来缓解这一问题。我们并不否认商人可以采取各种各样的策略来减少受敲诈的可能性，但在司法记录中数量庞大的解散诉讼以及大多数合伙制企业的短命都说明，过早解散问题确实存在。

仅出于任性或他自己的意志，就违背他所签下的协议，牺牲企业的所有目标，从而毁掉企业的业务”（犹他州第 236 卷第 9 宗[1893]）。

然而，一些法庭则基于“衡平法规则，即如果法庭无权强制执行某一法令，则法庭不应颁布此种法令”（Mechem，1920，第 196—198 页）而拒绝强制一个合伙制企业存续。如在《莫里斯诉佩卡姆》（康涅狄格州第 128 卷第 51 宗[1883]，第 133 页）中康涅狄格州最高复审法庭所宣布的那样，“不强制实施合伙制企业条款……尽管已确定存续期”，因为确保企业所有合伙人持续不变地履行其责任，这超出了法官的权力。[①] 而且，许多法官认为，强迫一个合伙人违背其意愿继续维系合伙关系，这本身没有意义，因为“没有所有合伙人之间的相互信任和合作，一个合伙制企业就无法有效地开展业务，并从中获利”（《凯利科诉汉纳曼》，美国第 328 卷第 168 宗[1897]，第 336 页）。确实，一些
132 法庭担心，对提前解散的限制本身可能就是有害的，这就如同宣布，自由解散合伙制企业的权利是不能放在合同中的。例如，引用纽约州早期一项判决中密歇根州最高法庭的话，“世上绝不存在合伙制企业不能解散这种事情。”否则，合伙制企业的合伙人将面临合作者的机会主义行为。“由一个合伙人赋予另一个合伙人为他们签署共同协议的权力，不仅是一种

---

① 在这个具体案例中，合同存续期是不是至关重要并不清楚，法官只是在尽可能宽的意义上宣布这个原则。参见《布克诉斯密》，密歇根州第 27 卷第 166 宗(1874)。

可撤销的权力，而且任何人都不能采取任何行动来剥夺这种撤销的权力”(《所罗门诉柯克伍德》，密歇根州第 256 卷第 55 宗[1884]，引自《斯金纳诉代顿》，约翰斯第 513 卷第 19 宗[纽约 1822])。

对因遭过早解散的威胁而蒙受损失的合伙人，支持上述观点的法庭为他们提供的补救措施是，对违反合同行为提起诉讼，而不是强制企业存续。这样，一份合伙协议就可视同于其他任何合同：可“肆意违反，但必须承担损害责任”(《所罗门诉柯克伍德》，密歇根州第 256 卷第 55 宗[1884]，第 260 页)。反对上述立场的犹他州法官则抱怨说，这样一种补救措施从来就没有做到对受损方的“完全公正”，这不仅是因为“这种修补方式……通常很慢且无法令人满意”，而且在许多情况中已被证明，由此而获得的“损害赔偿远不足以补偿一份有利可图且不断发展的事业被断送所带来的毁灭性打击”(《汉纳曼诉凯利科》，犹他州第 236 卷第 9 宗[1893]，第 241—242 页)。① 尽管这种批评有相当大的合理性，但并不占优势。事实上，占优势的是相反的观点，即自由合伙制企业与有约定条款的合伙制企业在合伙人解散权力方面的唯一区别是，“对于前者，解散企业不违背合伙协议，其他合伙人没有理由提起诉讼”；对于后者，“若约定的期限没满，

① 尽管从原则上讲，受损一方所损失的利润将获得赔偿(参见从纽约市第 10 卷第 489 宗[1853]《巴格利诉斯密》，到美国第 227 卷第 489 宗[1913]《齐默尔曼诉哈丁》的案例)，但在估算不确定的未来利润时，法庭肯定会很保守(《拉姆齐诉米德》，科罗拉多州第 465 卷第 37 宗[1906])。

则解散企业违背协议，需要对损害做出赔偿”（《凯利科诉汉纳曼》，美国第328卷第168宗[1897]）①。20世纪20年代，合伙人有权解散企业的观点逐渐占据支配地位，并被载入《统一合伙制企业法》（UPA）（Richards，1921）。

《统一合伙制企业法》的颁布，实际上是明确了以下原则：一切合伙制企业，即使是那些有固定期限的合伙制企业，都是可以
133 随意解散的。那些企图提前解散合伙制企业的行为将被视为非法违反合同，可判处赔偿损失。通过这一措施，新法规确实限制了合伙人以敲竹杠来获取财富的能力。由于缺乏对基层法庭有关损失赔偿的系统研究，我们无从确知这些限制的实际效果，也不知道它是否对合伙人的行为产生了明显影响。但可确知的是，对一个合伙人来说，只要他能证明其他成员有过失，或合伙人之间的重大分歧已经使企业不可能继续经营，他就可以完全避免损失。即使是那些不愿提前解散合伙制企业的法庭，肯定也会主张这一规则。所以在《汉纳曼诉凯利科》中，那位犹他州法官也承认，“当合伙人之间的违约行为致使企业不可能继续经营时，或者当合伙人之间的分歧使当初他们组建企业的信心、前

① 尽管合伙制企业通常由州法律而非联邦法律所统辖，但犹他州当时还只是联邦政府下的一个准州，因此，这个案子被提交到美国最高法庭。然而，就此类法案而言，与宪法问题不同，最高法庭并没制定全国通行的法律。但像联邦法庭这样一个有威望的法庭，其裁决是有很重的分量的。在本案中，霍勒斯·格雷（Horace Gray）法官的看法非常有趣，因为他不厌其烦地驳斥犹他州法官关于合伙制企业的观点，但同时他承认，在对申诉的判决中他没有必要“表达关于合伙制企业的看法”。

景和好处不复存在时，或者存在合伙企业应当在期满之前解散的正当理由，衡平法庭就有权允许解散企业”（犹他州第 236 卷第 9 宗[1893]）。类似地，在《杰拉德诉盖迪奥》中，伊利诺伊州的一位法官也坦承，“像这样的怨恨关系可能会持续存在，直到使继续经营企业变得不可行，到这个时候，就没有争辩的余地，就有理由根据原则和权威裁定解散合伙制企业”（伊利诺伊州第 121 卷第 84 宗[1876]）。合伙人之间的严重分歧是企业解散的理由，并且常常如此。

1. 合伙制企业的一个简单模型

为更好地理解合伙制企业随意而为的特点对商人参与（在其他条件下可以盈利的）企业的意愿的影响，我们为合伙制组织构造一个模型，这种组织面临这样一种可能性：合伙人之间的分歧或敲竹杠的企图会导致企业过早解散。假设企业单位资本的总收益是 R，这里 $R>1+r$，$1+r$ 是市场利率。假设不存在不对称信息。我们还假定，企业仅由一个企业家和一个投资者组成，两人投入企业的资本分别是 K_E 和 K_I（$K=K_E+K_I$）。后面将放松这一假定，以便考虑大企业必须从更多投资者那里筹集资本的情形。

如果一个企业按合伙制组建，则两个合伙人将面临这样一种成本，即本来可以成功的企业却可能被迫解散。我们把合伙制企业被迫解散的概率（d）视为由现行法规和社会制度（如家庭或社区，它们制约着合伙人之间的关系）所外生给定的。如果企业被迫解散，假定它只能廉价出售资产，因此企业的收益为
αR。进一步假定 $\alpha<1$，且对所有企业都相同。也就是说，为了 134

分析简便，我们假定企业之间只是在它们能赚取的利润和解散概率上有所不同。如果企业按合伙制组建，那么，其资本收益 R_P 为：

$$R_P=(1-d)R+d\alpha R$$

企业家和投资者都赚取与企业相同的收益率（$R_{PE}=R_{PI}=R_P$，其中 R_{PE} 和 R_{PI} 分别表示企业家和投资者的收益）。因此，二者面临同样的参与约束，即只有当他们预期到至少能够赚到与市场上相同的收益，即 $1+r$，他们才会加入到企业。此时有：

$$R_{PE}=R_{PI}=(1-d)R+d\alpha R>1+r$$

如果将 α 和 r 视为给定，那么，以上参与约束的含义是非常清晰的。如图 4.1 所示，对于每一个 R，都存在唯一的 d^*（由最上边向右上方倾斜的曲线表示），超过这一点，就不会有合伙制企业组建。

上述分析表明，合伙制这种企业形式缺乏社会效率，因为，如果一个企业按合伙制组建，那么，它能获得的预期收益将低于不存在过早解散问题时所能获得的收益。由于存在这种组织成本，因此，如果合伙制企业是商人们唯一可以选择的企业形式，
135 那么，许多具有社会价值的企业将不会建立。而且，如果放松企业只有两个合伙人这一假定，情况会更糟。如果假定企业的每一个个体合伙人强行退出的概率（d）是独立的，则不发生争执的概率就是 $(1-d)^n$，而过早解散的概率 D 就是 $1-(1-d)^n$，其中 n 是合伙人数量。如图 4.1 所示，合伙人越多，有利的商业机会就越不太可能抓住。推而广之，一个项目需要的资本越多，从

而需要的投资者越多，越不太可能采用合伙制企业形式。

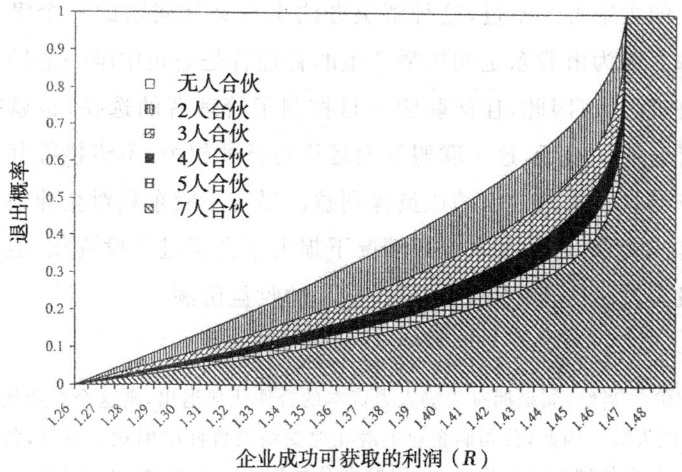

图 4.1 利润率和退出概率对组建合伙制企业的影响

注：解散概率为 $1-(1-d)^n$，其中 d 是个体合伙人的退出概率，n 是合伙人数量。R 的值只是说明性的。如果 $R=(1+r)/\alpha$，则不论合伙人多少，合伙制都是可行的。我们的图例中 $(1+r)/\alpha=1.47$。

第三节 公司和小股东受压制问题

以上这种不合意的状况抓住了 19 世纪初美国商业环境最重要的一面。然而，到了 19 世纪中期，绝大多数州都对合伙制企业的过早解散问题做出了反应，那就是向商人们提供了另一种可供选择的企业组织形式：公司制。与合伙制企业不同，公司是名副其实的法人，其存在完全不依赖于为其提供资本的参与人的不断变动。事实上，公司中任何一名成员的变动都不会影响企业的存续(Freund,1896)。①

公司解决企业成员之间分歧的方法是,让控股股东成为事实上的主宰者。不过,这种解决办法本身又是问题的一个潜在根源。因为由股东定期选举产生的管理者是公司中唯一能够进行决策的人,因此,任何联盟一旦控制了管理者的选择,也就控制了企业。然后,这个联盟就会运用自己的权力,不惜牺牲其他股东的利益来为自己的成员谋利益。尽管小股东只对企业债务负有限责任,因此在大多数情况下损失不会超过其投资额,但他们没有办法防止控股股东侵占他们的收益份额。②

---

① 当然,如果拥有关键人力资本的合作伙伴退出,则这个企业就更有可能失败。因此,公司制企业也潜在地受到敲竹杠的困扰。不过,我们假定,与合伙制企业相比,这种问题在公司制中是轻微的,因此在随后的分析中将不考虑这一问题。

② 应当指出,这里不太考虑企业所采取的具体法律形式,而主要考虑企业过早解散和小股东受压制这两种交易成本之间的权衡。我们不想否认,确实出现过带有许多公司制企业特征的某种特定类型的合伙制企业(并得到法庭的认可)。合股公司(Joint-stock Company)就是最重要的例子。然而,由于合股公司存在缺陷,例如,它很难确保完全的有限责任,所以,一旦易于采用公司形式,合股公司就很少被采用。类似地,美国的商人可以选择按照有限合伙制的形式来组建他们的企业,但法律对此有严格的限制,法庭解释也很苛刻,以致几乎没有企业按照这种形式组建。鉴于美国绝大多数商人要么按普通合伙制,要么按公司制来组建他们的企业,我们的模型所涉及的也正是在这两种企业形式之间进行选择。参见拉莫雷奥克斯和罗森塔尔(2005)。有关18世纪末至20世纪初英国合股公司和其他合伙制企业的变种相对于公司制企业的缺陷的深入讨论,参见哈里斯(Harris,2000)。有关直到19世纪20年代美国情况的类似分析,参见沃伦(1929),还可参见布莱尔(2003)。

我们把小股东受压制这一问题看作是公司制企业形式的一个重要成本。鉴于前面的模型把合伙制企业投资者的收益视为 136
企业收益率和过早解散概率的函数，这里的模型也将公司制企业投资者的收益视为企业收益率和控制权带来的私人收益的函数。在正式分析这两种可供选择的企业组织形式之前，先用一个历史实例作为佐证来说明，我们对这两种企业组织形式的典型描述，抓住了商人和法庭在面临是合伙制还是公司制的选择时思考问题的方式。这个实例就是《伯登诉伯登》一案，由纽约上诉法庭于1899年判决(纽约市第287卷第159宗)。

这个案例的争执双方是兄弟俩，1871年他们从父亲那里继承了一家铁厂，在随后的10年里两人按合伙制企业经营，但两人在企业管理上的分歧越来越严重，到了1881年，他们的关系急剧恶化，以至于(用法庭的话说)他们"彼此之间不再有任何私人谈话，只以书面方式发泄自己的不满"(纽约市第287卷第159宗，第295页)。终于，被父亲当作铁厂老板培养的哥哥詹姆斯·A.伯登(James A. Burden)再也不能忍受这种矛盾，下定决心要么解散企业分割财产，要么把企业改组成由他控制的公司制企业。他的弟弟，I.汤森·伯登(I. Townsend Burden)勉强同意了后一种方案，于是，铁厂被改组为伯登制铁公司。在新公司中，詹姆斯持有1000股，汤森持有998股。剩余的2股由詹姆斯的合伙人约翰·阿茨(John L. Arts)持有，阿茨在企业中担任管理人员。换句话说，为避免这家效益良好的铁厂因解散造成的损失，汤森同意在其兄长控制的公司中做一名小股东。虽然汤森仍可获得公司以红利形式分配的一半利润，但他完全被排挤出了管理层。

汤森为这种结局郁闷了三年半，随后为求公平而起诉，指控说他在公司中毫无影响，致使他的兄长和阿茨得以在企业经营中损害他的利益。他特别指控“詹姆斯和阿茨相互勾结，违背了他们作为受托管理人的职责，给伯登制铁公司造成了巨大损失，却增进和维护了他们的私利”（纽约第287卷第159宗，第306页）。对此种控诉，无论是初审法庭，还是上诉法庭，均予以驳回。在后者给汤森的回复中，巴特里特（Bartlett）法官承认，“原
137 告认为自己被伯登制铁公司管理层所忽视，这没错；认为自己除了以股份额进行投票外，对几乎占一半的巨额财产没有控制权，这也没错。”但他也指出，汤森“显然没有意识到他陷入的困境是由他所面临的处境所注定的”。为了防止对他们兄弟俩都有利的企业过早解散，汤森已经自愿将控制权让给了他的兄长。巴特里特对汤森案进行了归纳，他解释说：“原告所处的状况与所有小股东是一样的，只要受托管理人诚实地行事，没有超越他们的自由裁量权，那么，小股东就不能干预公司的管理活动。”巴特里特裁定原告“应当服从”（纽约第287卷第159宗，第308页）。

一、合伙制企业与公司制企业之间的选择模型

假定合伙制企业与公司制企业之间存在上述明显差异，我们再回到基本的两人模型，并增加几个假定。首先，因为谁拥有企业股份最多这一点至关重要，在此假定企业家拥有较多股份，并拥有企业的控制权，即：

$$K=K_E+K_I\text{，且 }K_E>K_I$$

其次，假定企业家掌握的控制权使得他可以盗取企业利润

的某个份额(ω),这里 ω 的大小是外生决定的,它主要取决于法律制度(它界定了由“控制权带来的私人收益”变为欺诈的界线),还取决于社会制度,如有助于调节企业成员之间关系的家庭和社区。最后假定,盗窃行为仅影响利润分配,而不影响利润水平,这样,公司收益就与企业收益相同,而企业收益高于合伙制企业收益。

$$R_C = R > R_P$$

在这些假定之下,只要企业家获得的收益不低于 $1+r$,他就总是乐于组建企业,且通常采用公司制形式,这不仅因为公司制企业的收益高于合伙制企业,还因为在公司制企业中企业家盗取收入的能力更大。然而,投资者只有在下述条件下才愿意向公司投资,这个条件是:

$$R_{CI} = R(1-\omega) > 1+r$$

设 α,ω,r 为定值,那么,该参与约束意味着存在唯一的 R^*,只有当 $R \geqslant (1+r)/(1-\omega) = R^*$ 时,投资者才会投资于公司。

如果 $R < R^*$,那么,企业只能按合伙制组建。但企业家和投资者只有在企业过早解散的概率不太高时,他们才愿意为利 138
用好机会而组建合伙制企业。也就是:

$$R_P = (1-d)R + d\alpha R > 1+r$$

如果 $R \geqslant R^*$,那么,当企业家有权选择企业的组织形式时,企业将按公司制组建。但 R 在某个取值范围内,投资者偏好与企业家偏好存在冲突。当 $R_{CI} > R_{PI}$ 时,投资者将偏好按公司制来组建企业。也就是:

$$(1-\omega)R > [1-d(1-\alpha)]R$$

换言之,投资者偏好公司制企业的条件是:

$$d > \frac{\omega}{1-\alpha}$$

企业组织形式的分布如图 4.2 和 4.3 所示。在图 4.2 中,保持 ω 不变而让 d 变动。垂线表示 R^*,即 R 的临界值,低于该临界值,则公司制企业不会组建,而向右上方倾斜的 $d^*(R)$ 线为一条边界线,在它的上方,合伙制企业不会组建。类似地,在图 4.3 中,固定 d 而让 ω 变动。此时,R^* 是一个临界值,低于该临界值,合伙制企业不会组建(沿纵轴变动对此结果没有影响),而向右上方倾斜的线,即 $\omega^*(R)$,则界定了公司制企业的可行区域。

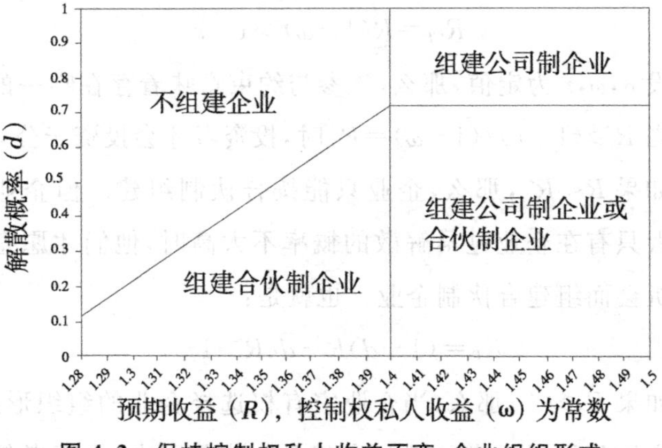

图 4.2　保持控制权私人收益不变,企业组织形式的选择是解散概率的函数

注:$d^*(R)$是把"不组建企业"与"组建合伙制企业"两个区域分开的一条边界线。R 和 d 的值仅用于说明问题。在本图例中,R^*(组建公司制企业所必需的预期收益率)为 1.4。

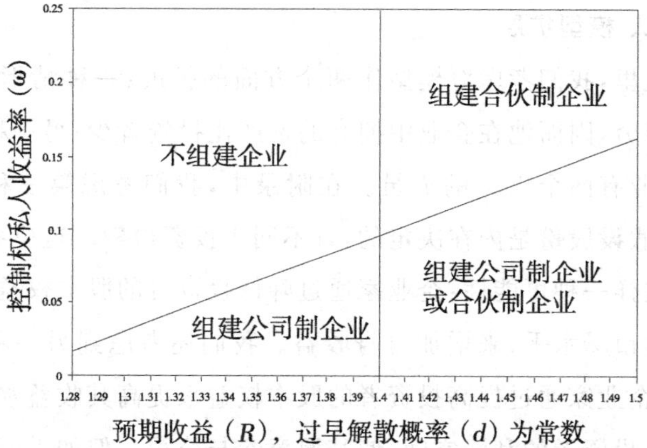

图 4.3　保持解散概率不变，企业组织形式的选择是控制权私人收益的函数

注：$\omega^*(R)$是把"不组建企业"与"组建公司制企业"这两个区域分开的一条边界线。R 和 d 的值仅用于说明问题。在本图例中，R^*（组建公司制企业所必需的预期收益率）为 1.4。

上面两图强调了模型的两个重要涵义：第一，在均衡状态
下，对两种企业组织形式都可能存在需求；第二，某些企业仅 139
因为组织困难而不能组建。如果 ω 很大，则有很大一部分企业将由于利润太低而不能吸引投资者加入。而企业能否组建则取决于 d 的大小。很显然，降低 d 的效果非常明显，降低 ω 则效果更佳。因此，在此类交易的成本很高的社会里，制度进步能够对增长产生重要影响。即便如此，值得指出的是，不能组建的企业恰恰是那些收益较低的企业。而对于那些收益足够高的企业来说，组建的困难尽管令人生厌，但并不影响进入。

二、模型扩展

这里，我们考虑对模型作两个方面的扩展：一种情形是，企业家很穷，因而他在企业中拥有的资产比投资者少；另一种情形是，企业有两个以上的成员。在附录中，我们考虑第三种可能性，即假设股份是内在决定的，且不同于投资份额。这里我们考虑到这样一种可能性：企业家通过降低投资者的股本权益，直到
140 其接近市场水平，来增加自身收益。我们还考虑到另一种可能性：即企业家通过提高投资者的股本权益来提高其收益水平，进而提高投资者的利润空间，使其愿意参与公司。但如上所述，这就需要企业家维持对企业的控制权，这是采用第二种策略所受到的约束。所以，企业家的初始投资份额越接近50%，ω越高，企业就越有可能按合伙制形式组建。

假设企业家是某种稀缺资产（如一项发明）的所有者，但他很穷，因而$K_E<K_I$。若考虑的是合伙制企业，这种相反的情况并不会改变上述模型。因为，对合伙制企业来说，参与约束对于企业家和投资者是相同的，它不依赖于他们各自的所有权份额。然而，对公司制企业来说，这种股权结构的变化则意味着投资者现在拥有控制权。结果，投资者收益总是高于企业家，此时，企业家的参与约束就会起约束作用。因为，在初始模型中，企业家的参与约束和投资者是相同的，所以，当企业家和投资者的股本份额倒过来后，公司制企业的可行性区域并不会发生改变。不过，当合伙制企业和公司制企业这两种形式都具有可行性，且解散成本较低时，这种变动会改变企业家对企业组织形式的选择。特别是，若企业家可以选择企业的组织形式，且$R\geqslant R^*$，

$d \leqslant \omega/(1-\alpha)$，那么，他就会选择合伙制而非公司制企业。因此，即便与公司制企业相比而言，合伙制企业缺乏社会效率，但在以上所设定的条件下，它却是企业家防止因丧失控制权而遭到剥夺的唯一途径。结果是，企业家、投资者和社会将不得不承受合伙制企业过早解散而带来的成本。

现在假设公司制企业中有多个投资者。如果企业家拥有控制权（即企业家自己拥有多数股份，或企业家是集体拥有公司多数股份的紧密联盟的一员），则此时的分析与基本模型相同。如果公司存在一个拥有控制权的联盟，但企业家不是其中一员，那么，这就类似于以上所描述的穷企业家的情形（但随着企业合伙人数增多，合伙制的社会成本日益增大，人们反而期望企业家能保持住控制联盟成员的位置）。换言之，只有在掌握控制权的集团和个人没有确定的情形下，才会明显偏离我们的模型。理论上，可以设想这样一种情形，即企业的每个成员，包括企业家，事先都拥有均等的机会成为控制权联盟的一员。由于每个成员都 141
有同样的可能性来获取控制权带来的私人收益，因此，每个人都有相同的预期收益，这个预期收益等同于企业收益。这种类型的公司制企业总是先于合伙制企业而被人们选择。

然而，企业家总是更希望确认自己是控制联盟的一员，因为这样一来，他就可以获得来自控制权的私人收益。如果企业家与联盟的其他成员之间是这样一种关系，以致需要通过签订合同来确保集团的稳定，那么，一种现成的机制就是表决权信托。而且，表决权信托的可行性几乎确定无疑，因为表决权信托一再得到法庭的支持。① 因此，可以预见，一旦企业的利润高到足以吸引外部投资者参与，就会形成控制企业的联盟。而一旦利润低到不足以吸引外部投资者参与，可以预见，企业家宁愿放弃控制权的确定性，也不愿组建一个低效率的合伙制企业。但企业家的这种克制，只有在至少有三个委托人的条件下才可行。如果只有两个委托人，其中一人不可避免地会掌握控制权，此时，解决小股东受压制的唯一途径就是建立一个合伙制企业。

第四节 限制控制权私人收益的趋势

前面已经提到，尽管大股东的控制权带来的私人收益会给投资者带来潜在的成本，但 19 世纪末至 20 世纪初的公司数量依然不断增加，并且越来越多的投资者愿意购买公司股票。对这种趋势的一个可能的解释是，法律制度对控股股东肆意掠取收益的能力施加了新的限制，也就是说，降低了 ω 值。但我们行将看到，这一时期有关公司的法律法规的变化似乎起到相反的作用。

法庭意识到合伙制企业中存在敲竹杠问题，他们同样清楚

① 例如，参见《布朗诉太平洋邮政轮船公司》，联邦诉讼第 420 卷第 4 宗(1867)；《福尔兹诉耶茨》，伊利诺伊州第 416 卷第 57 宗(1870)；《布赖特曼诉贝茨》，马萨诸塞州第 105 卷第 175 宗(1900)；《曼森诉柯梯斯》，纽约第 313 卷第 223 宗(1918)。

公司制企业中小股东容易遭受大股东的掠夺。但面对两个重要问题,法庭不能为小股东提供更多的保护。第一,在普通法之下,小股东不具有法律资格,因而无权通过起诉滥用职权的公司管理者和董事来申诉他们的冤屈。公司是法人,所以,唯有公司而非其股东才能启动司法行动。① 考虑到掌握公司控制权的滥 142
权者不大可能准许公司来起诉自己,通过赋予小股东在某种情况下以其自身名义提起诉讼的权利,衡平法相对于普通法可相对容易地克服这个问题。一个重要判例是《罗宾逊诉斯密》(佩奇第222卷第3宗[1832])。在这个案例中,纽约州首席法官明确地将托管原则推广到公司,托管原则原来是用于保护慈善机构的受益人的。这位首席法官提出,公司的董事相当于受托人,而共享公司财产收益的股东则相当于"信托资产收益的受益人"。他声称,衡平法庭绝不允许出现"仅仅因为组织形式的缘故而得不到赔偿"这类不公正行为,同时他还指出,只要股东能够证明公司为滥用信任之人所控制,他们即可以自己的名义提

① 这个原则支持了美国最高法院首席法官约翰·马歇尔(John Marshall)在《达特茅斯大学诉伍德沃德》一案中的判决。马萨诸塞州最高法庭莱缪厄·肖(Lemuel Shaw)法官在1847年《斯密诉赫德》一案中清晰地阐述了这一原则对小股东的含义:"公司的单个成员,无论全体联合行动,还是单独行动,都无权力或权利干预企业的财产或事务。"他们也无权"要求任何管理人员、代理人或雇员做出解释。"若有受害方,而受害方恰是公司,即权利攸关的法人,也唯有公司自身才能够采取行动对损害做出补偿(马萨诸塞州第371卷第53宗,第384—387页)。一个相似的英国案例,参见弗兰克斯、迈耶和罗西(Franks, Mayer and Rossi)即将发表的论文。

起诉讼，“把公司置于被告席上”。①

法庭面临的第二个，也是更棘手的问题是，如何在保护小股东利益的同时，维持公司制企业与合伙制企业之间应有的法律差异。也就是说，在保护小股东利益的同时，不至于让企业成员之间的分歧像合伙制那样干扰到公司的正常运转。基于这一考虑，在界定掌握公司控制权的人是否滥用信任时，法庭非常谨慎。例如，他们很快达成这样一项原则：股东不能仅仅因为自己认为公司管理者和董事推行了错误或不利的政策，就对他们提起诉讼。这样的分歧属于商业判断，超出了法庭的权限。因此，当托马斯·A. 爱迪生（Thomas A. Edison）依据衡平法提起诉讼，试图开除公司董事，从而迫使爱迪生联合唱机公司听从他的意愿开展业务，否则就解散公司时，法庭驳回了他的请求：“最好
143 的法律规则莫过于声明：公司董事只要在其权限范围内经营，并出于善意和诚实动机，他们的行为就不受司法控制或修正”（《爱迪生诉爱迪生联合唱机公司》，新泽西州第 620 卷第 52 宗[1894]）。除非董事明显地超越其法定权限，否则，若没有令人信服的证据证明掌握公司控制权的人从事欺诈或非法行为，从而给公司或其股东造成了严重损害，法庭将不会干预一个有偿付能力的公司的事务。此外，举证责任由提起诉讼的股东承担。

---

① 有关这个案例以及《达特茅斯大学诉伍德沃德》和《斯密诉赫德》判决更加全面的讨论，参见布洛什和拉莫雷奥克斯（2004）。英国法律中存在相似的趋势，参见《罗宾逊诉斯密》以及后来美国最高法院在《道奇诉伍尔西》（美国第 59 卷第 331 宗[1856]）判决中引用的案例。

正如马萨诸塞州最高法院在它经常引证的《邓菲诉旅行者报业协会》案例中所解释的那样，“法庭一般认为，[董事]及其管理者是遵守法律的，并基于公司所有成员的利益而善意行事，除非有相反的事实出现”（马萨诸塞州第495卷第146宗[1888]，第497页）。

对《罗宾逊诉斯密》判例的这种解释提高了 ω 的值——即控股股东从合伙人那里掠取的私人收益，它表明，法庭对董事与股东利益冲突的态度发生了变化。存在利益冲突的合同可以裁定无效，这是一条确立已久的法律原则。这是一条绝对原则，甚至对于那些在其他方面看似完全合理的合同也同样适用，因此，即使“这份合同写得再好……只要存在欺诈行为或对公司造成损害……这项法律原则也会使之化为乌有”（《弗林特和佩雷·马凯特铁路公司诉杜威》，密歇根州第477卷第14宗[1866]，第487—488页）。而且，正如美国最高法院1880年在《瓦德尔诉铁路公司》一案中所断言的那样，毫无疑问，这一原则适用于公司制企业。在这一案件中，联合太平洋铁路公司的管理者与他们自己组建的煤炭公司签订合同，这份合同遭致诉讼。在宣判词中，菲尔德(Field)大法官宣告如下：

公司董事和受其他当事人委托的所有人，都被赋予为委托人利益而行事的权力，他们都应服从这个原则。不能允许他们占据那些与他们所代表和所要保护的当事人的利益相冲突的职位。作为代理人或受托人，他们不能考虑或批准那些为其他人谋利的合同，而自己又接受任命为这些人服

> 务,然后参与分享由此所带来的利益。(美国第 651 卷第 103 宗[1880],第 658 页)

不过,在这个具体案例中,废止合同的行动是以公司的名义进行的,因为公司的董事未曾正式批准过这份合同(该合同实际是由铁路公司的执行委员会起草和实施的,并没提交给公司董事会)。因此,法官们不必考虑,如果该诉讼是由某一小股东提起,该项判决会产生什么后果。菲尔德在他的判决中引用的一
144 些案例表明,判决结果原本可能非常不同。[1] 确实,有证据显示,州法庭多年来对于类似案件一直适用有效理性标准。例如,在经常引证的案例《霍奇斯诉新英格兰螺丝公司》中,对于一起实质上是由同一些人控制的两个公司之间的一宗资产出售交易,罗得岛州最高法院拒绝宣判其无效,并认为“出售方案经过了深思熟虑,且符合螺丝公司的利益”(罗得岛州第 312 卷第 1 宗[1850],第 343 页)。此外,就在《瓦德尔诉铁路公司》案判决后的第二年,美国最高法院在《哈维斯诉奥克兰》一案中确定了什么是有效理性标准。遭受利益冲突之害的股东,只有在下述情形下才能“以其自身名义站在衡平法庭上”:

---

[1] 例如,《弗林特和佩雷·马凯特铁路公司诉杜威》一案是由公司提起的,公司董事批准了公司总裁提交的一份合同,但他们不清楚总裁是否有可能从这份协议中获利。在该案的判决中,法庭提出了这样一种可能性,如果该合同是“在充分解释并理解其利益所在及其全部情况后”由董事会批准的,那么,它就很有可能被推定为具有约束力(密歇根州第 477 卷第 14 宗[1866],第 487 页)。

> 执行经理，或与其他当事人相勾结，或成为其中的一员，或与其他股东相勾结，来谋划或共同完成一项***欺诈***交易，并给公司造成***严重损害***；董事会，或董事会中的多数成员，***基于自身利益行事***，或***以有损于***公司自身利益或其他股东权益的方式行事；或大股东以公司的名义***通过压制和非法手段***推行某项举措，而这项举措违背了其他股东的利益。（表示强调的斜体是我们加的，《哈维斯诉奥克兰》，美国第 450 卷第 104 宗[1881]，第 460 页）①

正如我们用斜体字所强调的那样，小股东为确保法庭介入，他们必须证明：掌握控制权的人所采取的行动，不仅具有欺诈性，而且危害严重。

法庭不仅让上诉股东承担举证责任，证明某个牵涉利益冲突的合同是不合理的，而且有证据显示，法庭常常对小股东持怀疑态度，从而使控制集团得到好处。法庭怀疑的理由是，控制集团的成员不可能故意采取有损于自己股票价值的行动。因此，罗得岛州法庭在《霍奇斯诉新英格兰螺丝公司》一案中声称，“每当我们想起这些董事拥有螺丝公司的绝大部分股本时，我们[对

---

①　在该判决中，最高法院有意对 1856 年《道奇诉伍尔西》（美国第 331 卷第 59 宗）一案中明确表述的一个较为宽松的标准进行限制。这一限制是对早期判决所引发的潮水般诉讼的一个反映，同时提供了一个很好的例证用以说明法庭试图起到平衡的作用，一方面，它努力限制控制权带来的私人收益的水平，另一方面，它希望不要鼓励小股东的寻租行为。有关这些案例的更深入讨论，参见布洛什和拉莫雷奥克斯（2004）。

145 我们关于该项资产出售是合理的判决结果裁定]就更加深信不疑，他们不可能在降低原告股票价值的同时，而不以相同比例降低他们自己股票的价值"(罗得岛州第 312 卷第 1 宗[1850]，第 343—344 页)。类似地，在《法奥兹诉亚茨》一案中，伊利诺伊州最高法院也发现，芝加哥石墨焦炭公司的三个股东签订的一个合伙协议不存在任何问题。这三个股东联合持有该公司的绝大多数股票，他们签订的协议要求他们统一投票，从而使得他们可以控制董事会的选举。他们还合伙租用了公司的采煤带，并经营采煤带的矿井。在法庭看来，"庭审记录根本没有显示出对其他股东造成了任何伤害，也没有显示出给公司带来任何损失，"因此，没有理由废止他们之间的协议。而且，法庭甚至走得更远，声称不涉及利益冲突，因为这三个合伙人和其他股东的激励是一致的。据法庭称，这三个合伙人"有双重利益需要保护，即他们作为股东的利益和作为承租人的利益……作为精明、灵活和谨慎的人，他们渴望增加投资，使股票更具价值。他们的利益与小股东是一致的"(伊利诺伊州第 416 卷第 57 宗[1870]，第 420—421 页)。

当利益冲突导致合同存在明显欺诈时，法庭则乐意干预这类案件。法庭的这种意愿对 ω 施加了约束，但重要的是要强调，法庭的态度经历了一个从总是允许裁定这类合同无效，到上诉股东需跨越举证门槛才能获得补偿的转变。在没有系统研究基层法庭对此类案件判决情况的条件下，要弄清这种门槛实际有多高，非常困难。不过，可以从判例法中大致了解法庭的适用标准。例如，要证明有利益冲突的合同存在欺诈，一种方式就是原告必须证明，合同所带来的支付明显高于市场水平。因此，汤森·伯登输掉了他与兄长詹姆斯的官司，部分原因就是他不能证明，詹姆斯在从其控制的另一家公司购买铁矿石时支付了过高的价格。初审法庭的结论是，没有证据表明这些交易存在"不诚实或带有欺诈的意图"，而是相反，它们为伯登制铁公司省了钱（《伯登诉伯登》，纽约第287卷第159宗[1899]，第306页）。

而即便举证成功，上诉股东也只有同时证明控制集团明知故犯，才会处于更有利的位置。否则，他们的起诉很容易被驳回，因为法庭认为，"仅判断失误还不足以作为衡平法庭干预的理由，因为那些受托管理公司的人所掌握的权力基本上是自由裁量权"（《莱斯利诉卢里拉德》，纽约第519卷第110宗[1888]， 146
第532页）。在《布鲁尔诉波士顿剧院》一案中，原告之所以能够对几位董事诈取公司利润提起诉讼，是因为他们出示了证据证明这几位董事有意向董事会其他成员隐瞒他们参与合同的事情（马萨诸塞州第378卷第104宗[1870]）。类似地，在《阿尔米诉阿尔米、比格洛和沃什伯恩》一案中，原告能够证明，在她拒绝将自己的股票出售给控股股东之后，这些控股股东采取种种手段，包括以投票方式决定向"除原告阿尔米之外的所有其他董事会成员"支付高额薪水和发放"礼品和酬金"，试图迫使她退出公司（马萨诸塞州第227卷第235宗[1920]，第233页）。

以上这些案例显示，法庭确实对公司实施了干预，并对那些利用职务之便侵害其他所有者利益的控股股东进行了惩罚。尽管如此，法官在决定采取行动之前，还是要求提交具有说服力的违法证据。在《弗林特和佩雷·马凯特铁路公司诉杜威》一案中，密歇根州最高法庭警告说，“这种自我交易合同，如果必须等到被证实存在欺诈和腐败才能被废止，那么，其结果往往是，合同必须履行，尽管存在欺诈和腐败”（密歇根州第 477 卷第 14 宗，第 488 页）。这个预言到 19 世纪末期得到了验证。尽管 ω 受到了约束，但它确实存在，而且并非微不足道。而且，这一时期，ω 的值只要变化，似乎都是增加的。

第五节 结论

合伙制企业和公司制企业都面临各自不同的组织问题的困扰。合伙制企业只有在企业的每一个合伙人都能够随意行事的情况下才能真正存在，所以，它面临着潜在成本巨大的过早解散问题。也就是说，企业成员之间的分歧可能导致某一合伙人退出企业，从而使原本盈利的企业中断运转，甚至使企业专用资产被迫遭到清算。这个问题在 19 世纪末至 20 世纪初这段时间变得日趋严重，因为在此期间，法律规则发生了变化，开始强调合伙制企业的自愿特征，进而在很大程度上确定了这样一个原则：“所有合伙合同，即使是那些有固定期限的合同，均可撤销。”合伙人越多，问题也就越多。实际上，如果合伙制企业是这一时期唯一可供选择的组织形式，那么，大规模资本密集型企业的资本筹措将极其困难。

不过，合伙制企业并不是唯一可供选择的组织形式。到 19 世纪中期，大多数州的商人完全可以按公司制来组建企业。如
147 同合伙制企业那样，公司制企业成员之间也会且确实产生了分

歧，但公司治理规则却赋予了控股股东事实上的支配权。大股东只要愿意，即可无视小股东的意见，而小股东除了逆来顺受，别无选择。小股东既不能把他们的意志强加给控股股东，也不能强制解散企业。然而，作为一种防止企业过早解散的保护机制，它也伴随着巨大的成本，因为这种独断权在允许大股东漠视小股东意见的同时，也就赋予了控股股东掠夺企业收益、使其超过自己应得份额的权力。

在媒体上，尽管经常有文章戏剧性地揭露公司控制权集团的不当行为(其中，除动产信贷公司丑闻以外，最著名的或许就是查尔斯·弗朗西斯·亚当斯[Charles Francis Adams]的《伊利岁月》[Adams and Adams,1871])，但似乎并未出现重大的改革风潮。直到1929年，由于股票市场崩溃的连带影响，才促使国会在1934年成立了证券交易委员会。然而，即使是此时，立法也仅限于大型上市公司，私人公司中的小投资者仍然得不到保护。有证据显示，到19世纪30年代，与早期诉讼案相比，法官变得易于接受股东诉讼(Marsh,1966;Mark,2003)。但私人公司中投资者地位的重大变化仅始于二战后，当时，许多州已着手修订普通公司法，提高非上市公司股东通过合同保护自己的能力。1950—1975年间，许多州还通过立法，赋予股东新的补救手段，以防范大股东的压制和其他类似的不当行为(O'Neil,1978;Hillman,1982)。20世纪末出现的另一股立法浪潮，为小企业提供了选择企业组织形式的机会，其中最值得关注的就是有限责任合伙公司(LLP)和有限责任公司(LLC)，这些组织形式有助于缓解既与公司制企业又与合伙制企业相关的签约问题(Lamoreaux and Rosenthal,2005)。

如果说保护外部投资者的利益确实是一件好事，那么，可以预见，法律会沿着以下方向迅速演进：增强小股东保护自身的能力，以防止公司控制权人的掠夺。然而，正如我们所看到的，19世纪末至20世纪初的法治变革似乎产生了完全相反的效果。法官把注意力放在了防止出现合伙制企业那样的因企业成员之间的分歧而导致公司经营中断的情况，所以，他们不希望让不满的股东轻易向法庭提起诉讼。事实上，法官不仅没有赋予股东法律武器来对抗公司管理者和董事，相反，他们倾向于弱化长期
148 存在的这样一个普通法规则：牵涉当事人一方利益冲突的合同本身就是无效的。

我们无法估计，掌握控制权的股东在不触犯法律的前提下究竟从公司中掠夺了多少私人利益，但诉讼档案表明这种收益相当高。况且，假如这种私人收益很少，那么，我们应能看到，这一时期的合伙制企业数量应该急剧下降。然而，合伙制企业的数量不仅没有大幅下降，反而有大量的合伙制企业组建。同时，公司数量也呈稳定增长，因为投资者乐意将他们的钱投向公司。①

---

① 虽然报纸报道和其他类似资料表明，这一时期有大量的合伙制企业和公司制企业成立，但几乎没有数据让我们能够测算出1916年开征所得税以前合伙制企业和公司制企业相对数量的变动趋势。美国税务局在其年度报告《收入统计资料》中发布的合伙制企业和公司制企业数量的数据显示，相对于公司制企业，合伙制企业的数量在20世纪20年代出现下降，30年代保持稳定，40年代上升，50年代又出现下降。但唯有50年代的趋势或许反映了商人们所偏好的企业组织形式的重大变化。因为，其他几个趋势变化更多地归因于税收水平的变化，因为它决定了更多（还是更少）的合伙制企业必须填报收入。公司制企业无论是否需要纳税，都要填报收入，而合伙制企业却不是这样。

假设 d 和 ω 都有可能增加而不是下降，那么，在 19 世纪末和 20 世纪初企业组建数量高速增长，极有可能是因为这个时期有许多好(高收益)项目。我们知道，在美国历史上的这个时期，人口迅速增长，运输和通信成本下降，大陆新居住区被开拓，原料资源被发现，技术革新日新月异，所有这一切都意味着，有吸引力的创业机会确实很多。其中很多机会要求有足够数量的资本，以利用规模经济，因而，伴随着投资者人数增加，找到一种不至于面临中断的企业组织形式就显得尤为重要。只要这些大型项目还能带来比政府债券或其他类似资产高的收益，大股东所能获取的控制权带来的私人收益尽管让投资者很恼火，但并没严重到吓退投资者的地步。20 世纪 30 年代的大萧条明显改变了这种量的关系，打破了 19 世纪末和 20 世纪初的法律均衡，使经济走上制度变迁的新路径，它所带来的一个后果就是产生了一系列更加关注小投资者的法律和判例。相对于合伙制，公司数量大幅度增加，这或许没有什么奇怪的。

附录 149

内生权益股本的情形

就我们所知，依据 19 世纪美国的商业习惯，假设投资和权益股本等同是有道理的。从理论上讲，这样的假设也是站得住脚的。如果一个企业有两个成员，除投资的相对规模不同外其他方面都一样，则纳什谈判将引导二者按各自的贡献来分割股本。然而，投资和权益股本等同这个假设有两个重要含义。第一个含义是，不论企业的具体形式如何，投资者均能获取高于市场水平的收益。因此，企业家如果能降低投资者的权益股本，直至投资者的收益接近市场收益水平，他就能增加自身收益；第二个含义是，如果企业家能够向投资者提供较高的权益股本，以此提高投资者的收益，那么，一些原本不能组建的企业也能组建起来。在本附录中，我们将放松投资和权益股本相等这一假设，以至于企业家可以向投资者提供"不二"的出价，考察由此带来的结果。[①] 始终假定 $K_E > K_I$，E_E 是企业家的权益股本，E_I 是投资者的权益股本。

在合伙制企业中，投资者和企业家获得相同的股本收益。调整投资者权益股本，使得他的参与约束条件恰恰是，投资者权益股本应为 $E_{PI} = E_I(1+r)/R_{PI}$，其中 $R_{PI} = [1-d(1-\alpha)]R$。给定 K_I，允许企业家可以内生地调整权益股本，这就意味着，在所有其他条件不变的情况下，投资者的股本将随 R 的增加而下降。不过，这样的调整对合伙制企业的进入决策并不产生影响。的确，如果 $d < d^*(R)$，则 $R_{PI} < 1+r$。但由于 $R_{PE} = R_{PI}$，$R_{PE} < 1+r$，因此，企业家将不愿进入。因此，在合伙制企业中，投资者的权益股本***绝不可能***大于其投资股本。

在公司制企业中，每股收益对于投资者和企业家来说并不相同，因为企业家享有控制权带来的收益。调整投资者权益股

---

① 放松假设使我们可以考察比简单纳什谈判更复杂的交易。不过，我们并不打算考虑以补充合同来消除公司中小股东受压制的问题。因为，经验材料（尤其是，所有经济部门中大量合伙制企业的持续存在和有关小股东受压制的诉讼的大量出现）并不支持这样的修正。

本，使得他的参与约束条件恰好是 $E_{CI}=E_I(1+r)/R_{CI}$，其中 $R_{CI}=(1-\omega)R$，或 $E_{CI}=E_I(1+r)/R(1-\omega)$。如同合伙制企业的情形，当 $R>R^*$ 时，投资者赚取的收益高于市场水平，因此，允许企业家调整权益股本将会使投资者的股份随 R 的上升而下降。不过，不同于合伙制企业的情形，企业家可以通过变动权益股本来影响进入决策。由于企业家享有控制权收益，因此，在 150
投资者收益低于市场收益时，某些企业将不会组建，即使企业的收益高于市场收益也是如此。在这些情形中，企业家可以通过增加投资者权益股本，将自己的某些收益转移给投资者，使其达到足以鼓励投资者参与的水平。但实施该策略存在一个重要的约束条件：企业家不能失去控制权。这个约束条件意味着，给定 r, α, ω, K_I 和 K_P，将存在唯一的 R^{*m}，低于 R^{*m} 时，公司不会组建。由于 $R^{*m}<R^*$，允许企业家调整权益股本将扩大可以组建公司制企业的利润区间。

企业家试图向投资者转移权益股本，以使得投资者在参与企业与投资于市场之间无差异。如果投资者的权益股本超过一半，那么，他不仅能够获得额外收益权，还能享有控制权所带来的私人收益。这种非线性特征使得当 K_I 接近 $K/2$ 时的企业家问题变得很棘手。如果企业收益率(R)太低，那么，企业家将会发现，他若组建公司，则很难满足投资者的参与约束。也就是说，随着企业收益增加，为换取特定投资额而必须付给投资者的权益股本将下降。相反，随着 ω 增加，由于企业家控制权的私人收益增加，相对于一个特定的投资额来说，投资者必须获得一个较大的权益份额，才能满足他的参与约束。这个较大的权益份额反过来又使得企业家保住自己的控制权更加困难。因此，当企业的两个成员拥有大致相等的投资股本时，合伙制这种企业组织形式的比较优势就会提高。当过早解散的成本很低时，企业家将组建合伙制企业而非公司制企业。

参考文献

Adams, Charles Francis, Jr., and Henry Adams. 1871. *Chapters of Erie and other essays*. Boston: J.R. Osgood.

Alchian, Armen A., and Harold Demsetz. 1972. Production, information costs, and economic organization. *American Economic Review* 62(December):777—795.

Bain, David Haward. 1999. *Empire express: Building the first transcontinental railroad*. New York: Viking.

Blair, Margaret M. 2003. Locking in capital: What corporate law achieved for business organizers in the nineteenth century. *UCLA Law Review* 51(December):387—455.

Bloch, Ruth, and Naomi R. Lamoreaux. 2004. The public-private distinction in American history: The privatization of the corporation and the problem of minority shareholders. Department of History, UCLA, and
151 Department of Economics and History, UCLA. Unpublished manuscript.

Bodenhorn, Howard. 2002. Partnership and hold-up in early America. NBER Working Paper no. 8814. Cambridge, MA: National Bureau of Economic Research, February.

Cai, Hongbin. 2003. A theory of joint asset ownership. *RAND Journal of Economics* 34(Spring):63—77.

Carney, William J. 1980. Fundamental corporate changes, minority shareholders, and business purposes. *American Bar Foundation Research Journal* 1980(Winter):69—122.

Dunlavy, Colleen A. 2004. From citizens to plutocrats: Nineteenth-century shareholder voting rights and theories of the corporation. In *Constructing corporate America : History, politics, culture*, ed. Kenneth Lipartito and David B. Sicilia, 66—93. New York: Oxford University Press.

Evans, George Heberton Evans, Jr. 1948. *Business incorporations in the United States. 1800—1943*. New York: National Bureau of Economic Research.

Franks, Julian, Colin Mayer, and Stefano Rossi. Forthcoming. Spending less time with the family: The decline of family ownership in the UK. In *The History of Corporate Governance around the World*, ed. Randall Morck. Chicago: University of Chicago Press.

Freund, Ernst. 1896. The legal nature of corporations. PhD diss., Columbia University.

Gilmore, Eugene Allen. 1911. *Handbook on the law of partnerships including limited partnerships*. St. Paul, MN: West Publishing.

Gilson, Ronald J., and Robert H. Mnookin. 1985. Sharing among human capitalists: An economic inquiry into the corporate law firm and how partners split profits. *Stanford Law Review* 37(January): 313—392.

Grossman, Sanford J., and Oliver D. Hart. 1986. The costs and benefits of ownership, a theory of vertical and lateral integration. *Journal of Political Economy* 94(August): 691—719.

Harris, Ron. 2000. *Industrializing English law: Entrepreneurship and business organization, 1720—1844*. Cambridge: Cambridge University Press.

Hart, Oliver, 1995. *Firms, contracts, and financial structure*. New York: Oxford University Press.

Hillman, Robert W. 1982. The dissatisfied participant in the solvent business venture: A consideration of the relative permanence of partnerships and close corporations. *Minnesota Law Review* 67(October): 1—88.

Hornstein, George D. 1950. Stockholders' agreements in the closely held corporation. *Yale Law Journal* 59(May):1040—1056.

Hurst, James Willard. 1970. *The legitimacy of the business corporation in the law of the United States, 1780—1970*. Charlottesville: University of Virginia Press.

Josephson, Matthew. 1934. *The robber barons: The great American capitalists, 1861—1901*. New York: Harcourt, Brace and World.

Kirkland, Edward Chase. 1961. *Industry comes of age: Business, labor and public policy 1860—1897*. New York: Holt, Rinehart and Winston.

Lamoreaux, Naomi R. 2004. Partnerships, corporations, and the limits on contractual freedom in U. S. history: An essay in economics, law, and culture. In *Constructing corporate America: History, politics, and culture*, ed. Kenneth Lipartito and David B. Sicilia, 29—65. New York: Oxford University Press.

Lamoreaux, Naomi R., and Jean-Laurent Rosenthal. 2005. Legal regime and contractual flexibility: A comparison of business's organizational choices in France and the United States during the era of industrialization. *American Law and Economics Review* 7(1):28—61.

Maier, Pauline. 1993. The revolutionary origins of the American corpora-
152 tion. *The William and Mary Quarterly* 50(January):51—84.

Mark, Gregory A. 2003. A tentative history of the law governing managerial discretion: The concern with conflicts of interest. Rutgers-Newark University School of Law. Unpublished manuscript.

Marsh, Harold, Jr. 1966. Are directors trustees? Conflict of interest and corporate morality. *Business Lawyer* 22(November):35—76.

Mechem, Floyd R. 1920. *Elements of the law of partnership*. 2nd ed. Chicago: Callaghan.

O'Neal, F. Hodge. 1978. Close corporations: Existing legislation and recommended reform. *The Business Lawyer* 33(January):873—888.

O'Sullivan, Mary. 2004. What drove the U. S. stock market in the last century? INSEAD Department of Strategy and Management. Unpublished manuscript.

Rebitzer, James B., and Lowell J. Taylor. 2004. When knowledge is an asset: Explaining the organizational structure of large law firms. Case Western Reserve University, Weatherhood School of Management, and Carnegie Mellon University, John Heinz Ⅲ School of Public Policy and Management. Unpublished manuscript.

Ribstein, Larry E. 2005. Why corporations? *Berkeley Business Law Journal*, forthcoming.

Richards, H. S. 1921. Uniform partnership act: Conclusion. *Wisconsin Law Review* 1(April):147—165.

Story, Joseph. 1859. *Commentaries on the law of partnership, as a branch of commercial and maritime jurisprudence with occasional illustrations from the civil and foreign law*. 5th ed. Boston: Little, Brown.

Summers, Mark Wahlgren. 1993. *The era of good stealings*. New York: Oxford University Press.

U. S. Census office. 1902. *Twelfth census: Manufacturers, part I*. Vol. 7. Washington, DC: U. S. Census Office.

U. S. Internal Revenue Service. Various years. *Statistics of income*. Washington, DC: Government Printing Office.

Wallis, John. 2005. Constitutions, corporations, and corruption: American states and constitutional change, 1842 to 1852. *Journal of Economic History* 65(1):211—256.

Warren, Edward H. 1929. *Corporate advantages without incorporation*. New York: Baker, Voorhis.

153 # 第五章　处处水汪汪

——美国城市财政与供水

戴维·卡特勒*(David Cutler)

格兰特·米勒 (Grant Miller)

第一节　导言

塞缪尔·泰勒·柯尔律治(Samuel Taylor Coleridge)笔下那位搁浅在海上束手无策的古代水手，近乎在刻画19世纪的美国城市。① 尽管大规模的市政水供给最早是在19世纪初的美

---

* 戴维·卡特勒是哈佛大学社会科学系主任、经济学教授和美国经济研究局研究员。格兰特·米勒是斯坦福医学院助理教授和美国经济研究局的教职研究员。

我们衷心感谢研讨会的参加者，他们提出了有益的评论和建议。迈克尔·埃德尔斯坦(Michael Edelstein)、克劳迪娅·戈尔丁和金苏库(Sukkoo Kim)慷慨地让我们利用了历史资料。经由美国经济研究局，本项研究得到了美国国家老年研究院的资助，拨款号是 T32 AG00186，谨表示诚挚谢意。文责自负。

① 本章的标题出自柯尔律治的著名诗句："处处水汪洋/船板日减尺；/处处水汪洋/涓滴不解饮"(古舟子颂，1797)。

国出现，但其后数十年间，许多美国城市中的水资源开发和供给依然非常落后。相当一部分家庭仍旧依赖于私人水井和户外茅厕，此类生活设施往往会导致“循环水系统”，形成家庭废弃物的环流并传播慢性疾病（Melosi，2000）。一些较大的城市及其较富裕的邻近地区最先享受到摆脱这种恶性循环的好处。不管怎样，快速的城市扩张，对疾病传播的肤浅认识和公共卫生系统的不完善，都导致了供水和污水排放状况的恶化，以至于形成了大规模的循环水系统（Duffy，1990）。由于早期的供水系统没能满足城市空前扩张的需求，火灾依然是城市面临的严峻威胁（Anderson，1988）。

尽管到了 20 世纪 30 年代，柯尔律治的描绘已不再合乎时宜，但许多历史观察家还是将此前数十年管道供水的匮乏归因 154
于地方政府的贫弱和公共部门中存在的腐败。比如有人指出，“正是城市政治家和商人们的疏忽和漠视，才使得这种有碍健康的供水状况，在早已凸显为影响城市全体居民的问题之后，还能拖延很长一段时间……由于担心失去行政庇护权，政治家不肯让出他们对于独立公共事务与公共卫生机构的某些权力”（Alewitz，1989）。地方政府腐败与供水系统建设的时间变化路径显示出二者之间存在负相关关系。然而，1890 年到 20 世纪 20 年代公共所有权的迅速增长却伴随着供水系统大规模投资的出现。如果拙劣的地方治理或腐败是造成管道供水长期严重短缺的罪魁祸首，那么，为什么公共所有权的增长却突然导致了供水系统如此突飞猛进的发展？一个显而易见的答案可能是，供水恰巧是腐败的另一种手段。它可以通过对投入或承包业务进行超额支付来换取回扣，实现对公众的掠夺（本书所定义的一种腐败方式）（Blake，1956；Steffens，1957）。[1]

我们认为，对于政府介入供水系统建设和公共部门，历史证据并不支持基于腐败的解释。首先，我们给出城市供水系统变迁的案例，这些案例说明，当私人供应商不能有效供水时，城市会开发新的供水系统，或大幅度改善现有供水系统。随后，我们对供水系统中政府主导型改进的两种主要解释作了探讨。[2] 第一种解释是供水系统价值（或认知价值）变动。19 世纪末和 20 世纪初是人类在疾病认知上取得重大进展的时期。这一时期，清洁饮用水的公共品属性日益凸显。但这种解释似乎并不贴切，因为，在细菌理论被广泛接受之前，甚至在人们还没能深入认识到构成这种联系的生物机制之前，不洁饮用水与疾病之间的联系就已经是显而易见的。另外，随着公共卫生状况趋向恶化，城市人口密度的增加也加剧了对清洁饮用水的需求。而且，在供水系统扩张和公共所有权增长的同时，似乎并没有伴随人口密度的显著变化。

第二种解释是供水系统的成本不断变化。供水系统是一种自然垄断行业，因此，对获得合同的私人企业来说，它们有降低服务水准（和收取高价）的激励。因此，随着城市的扩张，福利损失也会随之增加。但我们并不认为这种解释能够反映全部事

---

① 也可参见本书中恩格曼和索科洛夫的第三章。

② 本章将重点放在 19 世纪末和 20 世纪初供水**量**的急剧增长上。卡特勒和米勒（2005）考察了水质及其卫生状况。

实。例如，煤气行业等其他一些公用事业，虽然也是自然垄断行 155
业，但却以私营为主。在市政所有权出现之前，公共部门与私人部门之间签约也很困难。城市与私人供水公司之间的签约成本很可能在不断攀升，但从大小城市的公共所有权的时间选择和模式选择来看，成本攀升并非主要解释因素。私人公司在进行成本高昂的基础设施投资后，同样很担心遭到市政当局的征收(Troesken and Geddes，2003)。但与公共供水公司相比，实际上私人供水公司更有可能建造昂贵的过滤厂(Troesken，1999)，类似的公共所有权模式并没出现在其他要求巨额投资的公用事业中。从行政改革带来腐败成本下降和高水平市政工程师队伍不断壮大等角度来解释，似乎同样不能令人满意。

我们对于供水系统和公共所有权的迅速增长提出了另一种解释，强调资本成本和地方财政的发展。在19世纪末期，对供水系统的扩张有巨大的潜在需求——向遭到忽视的街区供水、寻找清洁的饮用水源、确保充足的消防供水。建造足够大的供水系统，成本也是非常高昂的。现代供水系统往往需要从很远的地方把水输送过来，还需要投资建造过滤厂。这些成本对私人企业来说太大了，只有大城市和那些能够利用复杂市政金融技术的城市才能负担得起。① 尽管一些大城市早在19世纪末以前就对供水系统进行了投资，但我们认为，对于绝大部分美国城市而言，市政债券市场的发展是提供充足用水的关键。我们

① 19世纪初，在市财政发展起来之前，供水系统可能更适合于由私人公司承建。

利用有关市政供水系统的成本、供水系统融资工具的开发利用、水资源投资的时间模式和历史上市政债券收益的时间序列数据，为这一解释提供了若干证据。

本章中我们采用的方法是非正式的。我们给出了若干经过挑选的趋势、图表和案例研究以支持我们的论点，即地方财政的发展是供水系统改善的主要原因。第二节简要介绍美国城市在采用现代供水排污系统之前一般是如何满足给排水需求的。第三节以波士顿市和纽约市为案例，说明当现有的私人供水系统不能有效运行时，市政府就会对供水进行干预。第四节分析地方财政发展及其对供水系统建设和扩展的重要性。第五节和第
156 六节评论对地方政府所有权和供水控制的其他几种解释，依据证据逐一批驳。第七节作总结。

第二节 19世纪末和20世纪初市政给排水系统掠影

下面几小节考察20世纪之交美国市政给排水系统的各个方面。

一、家庭水井与户外茅厕

对于没有与市政给排水系统相连的家庭，通常由他们自己来提供这些服务，就是在自家地上挖口水井和茅厕。干茅厕一般只供人使用，通常离住处一定距离。茅坑用来容纳人的粪便和其他类型的湿性粪便，一般位于地下室或紧挨着住处，以方便用家庭排水冲洗。(***茅厕***和***茅坑***两个词现已混用)茅厕和茅坑通

常是挖一个三四英尺见方、少则五英尺深的坑。茅坑的溢出物非常普遍，周边土地上到处都是污秽的东西。茅厕的坑一般用砖块、石块或木头砌成。过上一段时间，茅坑可能会烂掉，或者开始开裂。甚至刚刚砌成的茅厕也到处是孔，以便于污物流出。结果，茅厕附近的地下水受到污染，而被污染的地下水通常又流入家庭水井(Duffy，1990；Melosi，2000)。

并非所有废物都直接渗入家庭供水系统或周边土壤。还有很多情况，垃圾就堆放在自家门前的街道上。液体废物任其流到小巷的露天排水沟中和街道上。随后，它们便与从茅厕中用手和粪桶清理出来的粪便、动物尸体和垃圾混在了一起(Duffy，1990)。市政府不时会派出马车，穿越居民区拉走堆积在街道和排水沟中日积月累的垃圾。在20世纪之交，“粪便”被用作肥料，直到科学证据充分证明这种做法非常不利于健康。城市逐渐开始引进新的排空茅厕的方法，就是用密封管和货车来清运茅厕，但清理茅厕这类服务通常并非严格按时提供。砾石街面也加剧了倾倒在街道上的垃圾和粪便的腐烂问题。砾石路面难以冲洗和变干，使得垃圾清理变得相当费事和低效(Duffy，1990)。

二、建设供水系统所需的条件 157

在19世纪，建设大型市政供水系统面临的挑战令人生畏(当然，今天它也并非易事)。需要做出各种复杂的决策，每项决策都将牵涉到大量的研究和规划工作，而且在变化无常的政治环境中，还要经常采取行动平衡各方利益。要找到合适的水源，对大多数城市来说，通常有多种候选方案，包括地表水(溪流、江河和湖泊)和各种地下水。地质学家和工程师们勘测水源的工作既艰辛又费时，他们的勘测结果又往往备受争议，而且会面临政治压力。每一处潜在水源均需要估算其供给量和纯洁度（在没有科学阐明“纯洁度”的含义之前，要估算水源纯洁度更是困难）。接着，工程师们还要考虑如何把各种水源的水输送给城市居民。这又涉及利用水泵和水坝取蓄水，通过大型渡槽输送水，把水提升至足够高度并借助重力使其流动，以及在大城市修建水库存蓄足够的水，以熨平高峰和低谷的用水需求（Blake，1956）。

利用以上信息，便可获得各水源方案的初步成本估计。无疑，这些估计值一般都很不精确。私人利益集团往往也会对这些估计和勘测结果施加相当大的影响。在大多数案例中，无论选择什么水源，供水工程的高昂费用都令人瞠目，有时竟达市政府年度收入的许多倍（Blake，1956）。考虑到供水系统建设所需要的信息量、它的不确定性、财政投资的巨大规模、未来城市需求的不确定性和来自各方面的强大政治压力等因素，一项重大供水工程开工之前往往要历经数十年的争论，也就不足为奇了。

三、与市政给排水系统相关的公共卫生问题

19 世纪 70 年代至 80 年代，主要城市都扩建或新建了给排水系统，建立了成体系的垃圾收集站，鹅卵石路面开始添加平滑材料，如花岗石，偶尔也会用到沥青。显然，这些市政服务——特别是市政给排水系统——有望解决家庭水井和户外茅厕带来的问题。但是，这一希望并没立即变为现实。

19 世纪 70 年代至 80 年代，公共卫生工程逐渐发展成为一个专业领域，这就意味着许多东部城市早年修建的排污设施缺

乏计划性和合理性(Melosi,2000)。大量的垃圾继续倾倒到城市街道,这些垃圾通常被扫进或冲进排水沟和下水道。供水系统通常不能提供充足的供水或足够的水压来定期冲洗街道和下水道。而大部分排水系统当年设计时又只是为了排泄暴雨,由 158
于没有足够的排泄能力(许多排水管直径不足 2.5 或 3 英尺),常常阻塞不堪(Duffy,1990)。整个 19 世纪,人口的快速增长使得现有排水系统排泄能力不足的问题急剧恶化,也经常使得那些用于改进现有排水系统的投资毫无效益。除了大量垃圾从城市街道冲入下水道之外,19 世纪 70 年代抽水马桶在美国的出现,也给原本负担过重的排水系统带来了相当大的压力。最终结果是,下水道的污水经常向街道和排水沟倒流。一些观察家开始把下水道称作"延伸的粪便池"(Duffy,1990)。

污水倒流最糟糕的或许是污水直接从排水系统流入饮用水供给系统。在 19 世纪末,许多美国城市的主要污水排放口将污水排放到取水口的上游,或者直接排放到紧临取水口的大型水体(如五大湖)。而少数几个较早着手处理污水倒流问题的城市,则仍要遭受上游社区没经处理的污水排放之苦。这种现象实质上是在城市层面再现了家庭循环水系统问题(Duffy,1990)。

四、家庭层面的服务供给

家庭给排水的连接管线往往做得不好,从而导致浪费和污水不断渗漏。自来水是按年度支付固定费用的,因此,家庭没有激励去维修漏水的管道。直到 20 世纪初,许多城市才不再收取固定费用,而是开始设法用仪表来计量家庭的供水量,按使用

(或耗费)量收费。但是,在不同的时段,水压、浑浊度和味道有很大的差异,且不时有其他供水异常现象的传闻(如供水管道把鱼冲进了浴缸)。1870 年以后,随着抽水马桶逐渐取代简陋的茅厕和便盆,抽水马桶的卫生问题凸显,甚至引发了比茅厕和粪池更多的不卫生问题。(由于安装抽水马桶的执照很容易获得)许多抽水马桶安装不当,从而导致了严重的污水渗漏(Melosi,2000)。

五、供水系统与消防

供水系统对于重大火灾抢险的重要性在 19 世纪早期开始显现。人口的增长和大型建筑物的增多意味着火灾失控将带来更为严重的后果。水桶救火队和送水马车显然不足以对付大火灾。在拥有供水系统的城区,灭火用水可来自几种途径。最原始的方法是在木制供水管上打孔,这些孔可根据需要用软木塞
159 塞住或打开。一种较为复杂的方法是安装消防栓。供水方式可以是市政向私人供水公司支付消防栓租费,或免费供给灭火用水,各种方法不一而足。然而,水压通常不够,难以有效对付火灾。即使在具有完善供水系统的城市,供水系统也常常没有扩展到郊区、贫民区和海拔高的区域。很显然,这些区域特别容易遭受火灾的破坏,火灾保险费也要贵数倍(Anderson,1988)。

六、政府接管私人供水系统

市政府希望加强对供水系统的干预,主要采取两种方式:没有现成供水系统时,新建供水系统;若有现成的私人供水系统,则接管它。市政府接管现有私人供水系统,通常要么是直接购买私人公司,要么引入一个私人供水公司的市政竞争者(实质上

就是使私人公司破产)。具体采取哪种做法,要依私人公司的特许权种类而定。例如,如果一个私人公司拥有向某个城市居民供水的排他性法定权利,则这种权利通常须以购买方式获得。如果一个私人公司拥有某个特定水源的排他性法定权利,则市政供水公司要么购买这种权利,要么寻找其他水源。在极端情况下,市政府也可以请求州议会废除私人供水公司的特许权。

一旦一家供水公司由市政府所有,它就必须由市政府来经营。这通常需要设立一个常设的市政供水委员会来经营,该委员会不随选举周期而变动(尽管委员会成员的任命无疑将带有政治性),不直接由市议会经营。供水委员会与所雇用的工程师和承包人一道管理供水系统。供水委员会确定费率,并向市民和企业征收。供水系统的改扩建,一般先由委员会聘请的工程师进行勘察和起草建议。委员会决定它所偏好的项目,同时从市议会或其他相关市政部门寻求政府许可和资助。一旦获得政府许可,同时资助也得到批准,供水委员会就会对市政合同进行招标,以实际启动这项工作。

七、随后几年供水状况的变化

19 世纪末供水系统建设突飞猛进。20 世纪初,经过了大量工程改造的排水系统逐渐替代了为排泄雨水而设计的老系统。临近我们考察期末尾的 1932 年,联邦《救济和重建法案》批准向州和地方政府提供 15 亿美元的贷款,用于公共工程项目。这些资金相当大的比例被用于改善给排水系统(Melosi,2000)。至 160
此,不仅几乎所有城市都修建或极大地改善了给排水系统,而且市内连接不同街区的管线也大大延伸了。

然而，由于各种原因，对于这种大幅度改善供水系统的效果，很难进行经验上的估计，但毫无疑问，它起到了更好地防范火灾、大幅度地增进健康和激发其他经济发展因素的作用。消防用水不再是一个问题。伴随着饮用水质量的提高(或受饮水质量提高的推动)，居民健康水平大有提高(Cutler and Miller, 2005)。经过短短五六十年的时间，许多美国城市的公共卫生环境实现了从遍地污秽向类似现代城市的转型。

第三节 波士顿市和纽约市案例

供水系统建设及其所有权的演进，在每个城市都迥然不同。有鉴于此，下面以波士顿市和纽约市为例，介绍它们的历史。[①] 在这两个案例中，利用供水系统牟取私利的方式显然多种多样，既有合法的，也有不合法的。波士顿市和纽约市都不愿承担建设供水系统所必需的初期投资，而宁愿让私人投资者探路。两个城市的供水均始于小规模的私人企业，这显然不能满足城市扩张的需要。最终，这两个城市的政府都介入进来，出资兴建大型的供水工程，以增加水供应，如此规模的供水工程是私人公司不愿企及的。这两个例子说明供水工程的规模是多么地庞大。

一、波士顿市

1794 年，一个企业家群体向马萨诸塞州递交了一份申请，要求组建一家供水公司，将牙买加水库的水输送给波士顿居民。

---

① 两个案例均摘自布拉克(1956)。

而这个建议自始至终遭到牙买加水库所在地的罗克斯巴里市(Roxbury)的反对。1795年,州议会批准了申请,组建了渡槽公司(the Aqueduct Corporation)。波士顿市也通过了批准该工程的一项决议。渡槽公司所获得的特许权,不仅包括从罗克斯巴里任何区域取水的权利,还包括向波士顿任何区域送水的权利。渡槽公司的特许权也受到两个重要限制:罗克斯巴里和波士顿保留消防用水免费的权利和水费受法院管制。

渡槽公司的工程进展迅速。公司已得到了松木,同时得到了一份在数月内铺设木制管道的合同。尽管历史记载不太清 161
楚,但似乎到1798年的年中消费者就用上了水。不过,这项工程在最初的12年间没有给它的投资者带来收益。而在它首次支付红利时,收益率也才约1.5%。不管怎样,公司业务逐渐趋好,在接下来的30年间,该公司股票的年收益率约为4%。

虽然该工程获得了成功,但首期供水系统仅能满足800户家庭的需要,它的管道细而且埋得太浅,一到冬季就会被冻住。家庭供水普及运动源于1825年的一场火灾,这场火灾烧毁了53座房屋和商店,损失高达150万美元。作为回应,市议会对如何保障充足的城市供水进行了严肃而认真的讨论。这场讨论持续了几乎25年之久。

时任波士顿市长的昆西(Quincy, Sr.)特意为此组建了一个调查研究委员会。一位负责城市勘测的工程师报告说,有两处水源最为合适:一处是位于水城瀑布上游的查尔斯河,另一处是位于斯通汉的斯波特水库。其中,斯波特水库不需要水泵抽水和水库贮水,因为它的海拔较高。在所有权问题上,委员会出现了分歧。与此同时,昆西市长还向费城水务委员会主席征询建议(因为费城供水系统的成功和规模当时有口皆碑)。答复中,主席对斯波特水库在干旱月份供水的充足性提出了质疑,同时极力称赞供水系统的公共所有权,建议波士顿采用。正是听从了这个建议,昆西市长便开始否决企业家提出的建立私人供水公司的申请。不过,市长自身的努力也遭受了挫折,直到任期结束,供水系统建设仍没有取得任何进展。

几年后,新任市长西奥多·莱曼(Theodore Lyman)再度将供水问题推到了台前,并公开支持市政所有权。显然,牙买加水库作为水源太小,不能满足整个城市的需要,于是着手新的勘测。1834 年,新勘测完成,主要基于供水量的考虑,推荐了较大但距离较远的斯波特水库和查尔斯河两个水源地。此外,位于弗雷明汉的法姆和沙卡姆水库,还有长塘,也都被推荐为最合适的备选水源。

1835 年当选的阿姆斯特朗(Armstrong)市长不同意在弗雷明汉这么远的地方寻找水源,于是他另组建了一个委员会来研究这一问题。他还要求委员会就供水系统是采用公共所有权还是私人所有权提出建议。委员会的报告主张先建设一个规模比以前更适当、能够随人口增长而扩张的供水系统,而不是一开始
162 就投资兴建一个大型的供水系统。这份报告提议选择斯波特水库作为水源,同时附带一个条件:在该水库供水出现不足时,波士顿市能从密斯蒂克水库取水。有趣的是,该报告把波士顿水力公司的特许权问题加进来了,这家公司刚刚由马萨诸塞州议会组建,不过仍有待市议会的批准。该特许权赋予这家公司从

波士顿 12 英里范围内的查尔斯河北段任何地方取水的权利，同时赋予波士顿市购买这家新公司相当大比例的股份的选择权。市议会批准了这家公司的特许权，但拒绝购买该公司的任何股份。

此后，好几任市长当选，好几个委员会被委派来研究如何向波士顿市供水。1837 年，波士顿市指定 3 名市政委员制定具体供水方案。方案考察了斯波特水库、密斯蒂克水库、长塘和查尔斯河这四个一直遭到质疑的水源地。其中，查尔斯河是最缺乏吸引力的选择，因为与其他方案相比，它需要更多的机器抽水，水也被认为更脏。选择实际上是在长塘和斯波特水库之间进行（后者必要时可从密斯蒂克水库补水）。3 位委员不能达成一致，其中两人建议选择斯波特水库，时任市长也想采纳这个方案。

1838 年，供水委员会常委和市政委员会以市政所有权为条件，批准了从斯波特水库取水的方案。毫不奇怪，两家私人供水公司坚决反对这一方案，甚至争辩说它们之间的竞争最符合市民利益。波士顿周边的小镇也表示强烈反对，它们既担心地方利益受到损害，也担心工程会征用他们的土地。米德尔塞克斯运河的投资者（1793 年他们被特许建造连接梅里马克河和波士顿湾的一条航道）也表示反对，说他们运河的水流将会因此而变小。这些反对意见导致了旷日持久的一系列听证会。

1840 年，乔纳森·查普曼（Jonathan Chapman）当选市长。他反对波士顿市现有的供水方案，因为这需要巨额开支，而近年来波士顿市的债务却在迅速增加。由于市政府中止了努力，私人供水公司的活动再度活跃起来。1840年,渡槽公司的权利扩展到了布鲁克林和布来顿两个区。同时,这家公司开始适度扩展供水管网,并用更加耐用的铁质水管替代木质水管。不过,该公司也明白,它从牙买加水库取水肯定不能满足波士顿所有地区的供水。由于担心供水系统会收归市政所有,该公司开始在那些向波士顿其他地区供水的辅助供水系统中培育私人利益集团。

1843年年初,一位其家族多年来拥有斯波特水库的市议会议员与他的同僚一起辞职,组建了一家公司,从斯波特水库向波士
163 顿供水。几个月后,斯波特水库渡槽公司成立。该公司对斯波特水库拥有排他性权利,它还免费向波士顿提供消防用水。波士顿市有权购买该公司高达1/3的股份,或在任何时间按预定方案所确定的价格获得其特许经营权和公司财产。但该公司的特许权有一个特殊之处,那就是由股东个人来承担公司的债务,因此,波士顿市决定不购买斯波特水库渡槽公司的任何股份。

1844年,一个开发利用长塘水源(现在它是波士顿市政府认为唯一能够向整个城市供水的水源)的方案再度流行起来。据报道,波士顿人口的持续快速增长,以及用密斯蒂克水库补充斯波特水库水源的额外成本,都使得长塘成为最诱人的水源。最初赞成斯波特水库从而使其以多数通过的两位市政委员现在改变了主意。长塘现在是新委员会报告所推荐的一致选择。经过议会激烈争论和数次折中,1845年市议会批准波士顿建设从长塘取水的市政供水工程。然而,私人公司的支持者却发起了极力反对该方案的运动,在全民公投中,这个方案也由于多数票反对而遭到

失败。

斯波特水库渡槽公司试图乘虚而入，它向市议会递交了一份建议草案，出价向波士顿市出售它的水权和斯波特水库。在考虑该公司的出价时，波士顿市再次重新考虑了所有水源选择，并再次对外寻求帮助，对本市未来的用水需求和每个潜在水源的质量进行评估。约翰·杰维斯(John Jervis)这位克鲁顿渡槽公司的总工程师被选中负责新的勘测工作。在等待杰维斯报告的同时，支持各自水源的派系千方百计地为自身水源谋求尽可能有利的位置。斯波特水库的支持者邀请市议会成员参加豪华的欢迎会，参观水库，但参观却起到了事与愿违的效果，因为该水库碰巧处于它的最低水位。(斯波特水库可取水量小，这无疑是它最主要的缺陷。)这个集团后来声明，长塘派借参观之机，放置大石头来截堵流入斯波特水库的水流。

最终，由杰维斯主笔的报告极力支持长塘方案。此后不久，最早发起市政供水系统建设的原市长的儿子乔赛亚·昆西(Josiah Quincy)当选市长，他承诺从长塘引水。在昆西市长的领导下，波士顿重新从州议会那里获得了继续这项工程的新授权。事实上，这项工程没有遭到反对(除了劳维尔镇以外)，议会也于1846年通过了新水法。不久之后的破土典礼标志着该工程的开工。1848年，波士顿举行盛大仪式，用波士顿公园中青蛙池塘中央喷涌的大型喷泉来庆祝新水的到来。 164

这里有一个逸闻花絮，市民对自己城市的未来水源有一个俗气的名字感到不满。稍做一点研究就可发现，长塘以前有一个印第安名字：科奇泰特(Cochituate)。神奇的是，从词源来看，该词有"纯洁而柔软的水流源源不断，海拔高度足以使它流到波士顿市，所需费用亦很适中"的涵义（Blake，1956）。昆西市长建议，长塘此后就称科奇泰特湖，他的这个建议受到了热烈拥护。

波士顿市政府所拥有的供水系统的完工给现有私人供水公司带来了显而易见的问题。在 1848 年年底，原来的渡槽公司要求波士顿市收购其水权和财产权，请求市政府不要忘记私人股东为公共利益做出了巨大牺牲。昆西市长原打算给该公司 10 万美元，但市议会知道，原渡槽公司只能把水权和财产权出售给波士顿市，除此之外别无选择。因此，市议会只愿以 2 万美元收购，而渡槽公司对这个价格极为反感。波士顿市与渡槽公司没能达成协议，该公司继续为愿意用牙买加水库而不是科奇泰特湖水的约 400 人提供服务。1851 年，新成立的供水系统管理机构协商以 4.5 万美元收购渡槽公司，该公司接受了这个出价。这实际上是波士顿私人供水的终结，尽管几年后波士顿市把从牙买加水库向罗克斯巴里市供水的权利卖给了一个名叫牙买加水库渡槽公司的新的私人实体。

二、纽约市

18 世纪后期，若不是受阻于独立战争，一个名叫克里斯托弗·科利斯（Christopher Colles）的人很有可能在 18 世纪末就已在纽约建成了供水系统。独立战争后，一波又一波公民运动向市议会施压，要求建设城市供水系统。1798 年，一个名叫约瑟夫·布朗（Joseph Browne）的医生，同时又是科学家和工程师的人，提出从布朗克斯河筑坝取水的建议，这个建议得到了市议会的认真考虑。不过，布朗同时提议，将来应由一个私人实体来承担这项工程。市议会自然不乐意让私人公司处于如此强势的位置，因此决定请求州议会授权自己来建造供水系统。但是，事与愿违，由于州议员阿伦·伯尔(Aaron Burr)的精心谋划，州议会提出的议案却把这项特许权授给了一家私人供水公司。更具讽刺意味的是，正是亚历山大·汉密尔顿的辩护才说服市议会接受由州议会提出的这个议案。促成接受这一议案的一个重要原因就是可以避免巨额开支和纳税人负担。

曼哈顿公司很快组建起来。相对于当时其他私人供水公司获得的特许权，曼哈顿公司的这项新特许权几乎没有什么要求 165 (同样是承蒙阿伦·伯尔的努力)。尽管如此，该特许权还是规定，如果该公司不能在10年内源源不断地向纽约全体市民提供“清洁而健康”的水源，它将被解散。这项特许权还有一个值得注意的特征，就是它隐藏着这样一个条款，该条款赋予该公司可以在与供水无关的其他用途上使用所有“剩余”资本的合法权利。

特许权的这个含混不清的条款为阿伦·伯尔通过曼哈顿公司从事银行业务开启了方便之门，而这正是他最初的意图。那个时代的银行特许权很难通过繁文缛节的政治程序获得，其有效期也是很有限的。曼哈顿公司的特许权在政治雷达下悄然存在，且不受期限限制。虽然州议会的其他一些议员显然知道这个阴谋，但它曝光后还是激起了公愤。伯尔在随后的选举中丢掉了自己的职位，但曼哈顿公司却在其政敌的有意作梗中活了下来。

曼哈顿公司要站稳脚跟，显然必须在某种程度上保证供水。现实问题依旧是怎样才算适度供水。尽管人们对于地下水的纯度极度担心，但曼哈顿公司依然决定利用水井和水泵抽取地下水。早在1800年一部分水就是从地下抽上来的。颇具讽刺意味的是，这一工程的首席工程师正是约瑟夫·布朗。自开始供水之日起，有关供水服务不稳定和无规律的问题和投诉就已出现。由于供水量还不够冲洗街道和排水沟，这就迫使纽约市仍要依赖原来的水井。曼哈顿公司还要向城市消防免费供水，但能否充分满足需要则不是很清楚。

到1840年，市议会认定曼哈顿公司的供水不足以与城市扩张同步，转而考察其他从较远的水源，如布朗克斯河取水的方案。曼哈顿公司的银行业务蒸蒸日上，因此它对供水的兴趣日渐索然。（顺便提一句，当时的政治和金融困境迫使阿伦·伯尔卖出了他在曼哈顿公司的大部分股票，他也被赶出了公司董事会。）德威特·克林顿时任纽约市市长，他在1808年声明，曼哈顿公司没能实现其特许权的要求（即10年内源源不断地向全市居民提供"清洁而健康"的水源），他认为，鉴于该公司在供水业务上的困难和低盈利性，它应当把其供水系统出售给市政府。当然，曼哈顿公司若要继续从事其银行业务，就势必要求州议会修订它最初的特许权。有意思的是，德威特·克林顿同时又是曼哈顿公司银行业务的董事。协商涉及的一个关键问题是，为
166 了获得曼哈顿公司的供水系统，需要支付给它什么样的价格。市议会的许多人认为，该公司亏损经营，尽管公司账面显示其初始投资获得了略低于7%的年收益率。

由于这个问题悬而未决，市议会向州议会提出了修改曼哈顿公司特许权的申请，以获得收购其供水系统的权力。令人十分吃惊的是，除担任市长和银行董事外，德威特·克林顿还是代表纽约市南区的重要州议员。州议会默许了这些请求。曼哈顿公司被赋予了租赁或出售其供水系统及相关权利的权利，而其向纽约全体市民提供"清洁而健康"的水源的时间被延长到了20年，同时新特许权赋予它在放弃供水系统之后继续从事银行业务和其他活动的权利。此外，曼哈顿公司将继续持有特许权，直到它卖掉它的供水系统，而自出售供水系统之日起，该特许权仍可存续30年。因此，曼哈顿公司会尽其所能地拖延出售供水系统的时间。

对曼哈顿公司供水服务的投诉接连不断。纽约市一些地区（已铺设管道设施的地区）的居民在很长一段时间内没有任何供水。若不是出于缓解公愤所引发的危机，就根本不会有人去维修。消防用水奇缺，以至于不得不动用公共资金来修建收集雨水的贮水池，以备消防之用。火灾和疾病传播（尽管此时对疾病基础知识的了解还十分贫乏）再度将供水不足问题推向政治中心。公共舆论坚决反对由曼哈顿公司提供供水服务。

随后几年，曼哈顿公司与纽约市政府之间的联盟关系趋于恶化。纽约市在银行欠下高额债务，为了履行自己的义务，它最终不得不卖掉它在曼哈顿公司的股份。德威特·克林顿自己也慢慢出售了他在该公司的股份，1813年他谢绝再次选任银行董事。到1820年，德威特·克林顿出任纽约州州长，他和州议会支持从高原上的河流为纽约市取水。但市议会仍在为如何着手此事而争吵不休。

1823 年，在经过数年勘测并慎重考虑若干选择方案后，市议会决定支持另一项民间提案，即特许纽约沙伦运河公司修建从康涅狄格州的沙伦（Sharon）到哈得逊河一条航道，把它与规划修建的从沙伦到豪塞托尼克河之间的一条运河连接起来。州议会批准了这项提案。与此同时，还有另一项特许设立纽约水务公司的民间提案也获得了支持，这使曼哈顿公司和沙伦运河公司感到不安。尽管纽约水务公司的特许权最终获得了批准，但人们认为它是有缺陷的，因为曼哈顿公司拥有曼哈顿地下水
167 的排他性权利，而沙伦运河公司拥有威斯彻斯特县地表水的排他性权利。由于曼哈顿公司的银行业务是盈利的，它由此受到的损失最大。虽然曼哈顿公司不愿投资从距离较远的河流取水，但为了发掘新的地下水源，它不得不开始打新井，并开始用铁质水管替换木质水管。

但令问题复杂化的是，一份新报告声称，赖伊水库和布朗克斯河的供水不能满足纽约市的需求，而这恰是纽约水务公司和沙伦运河公司的项目所依赖的水源地。1830 年后，纽约市的供水需求增长十分迅速，因此，人们将注意力从布朗克斯河转向了克鲁顿河。而克鲁顿河方案先前因为耗资惊人而被搁置了起来。

眼看曼哈顿公司面临的挑战越来越大，市议会便任命了一个委员会来调查曼哈顿公司是否有权随意中断消防供水，是否对它所损坏的街道和人行道负有赔偿责任，概言之，曼哈顿公

司是否达到了最初特许权所约定的条件。调查委员会发现，城市铺设和建造了供水设备，但只有 1/3 的市民能获得供水，它没能找到更丰富的水源，这是不可原谅的。一言以蔽之，曼哈顿公司没能尽到自己的责任。对曼哈顿公司的另一打击是一群德高望重的医生和化学家写给市议会的一封信。这封信断定，曼哈顿的所有地下水都受到了墓地和厕所污物的严重污染。

到 1833 年，纽约市显然已开始打算建立自己的供水系统。经过激烈争论和提交大量针锋相对的地理勘测及工程报告之后，克鲁顿河被一致认为是最佳水源。于是，曼哈顿公司出价向纽约市出售其全部水权，并同意公开协商价格。1836 年发生了一场严重火灾，而克鲁顿渡槽尚处于建设当中，纽约市便开始与曼哈顿公司进行谈判，以便暂时获得消防用水的供应。不过，双方没有达成任何协议。与此同时，州议会发现，曼哈顿公司违背了其特许权规定。

市议会最终没有收购曼哈顿公司的水权，因为 1842 年克鲁顿渡槽公司开始运营后，实际上已不再需要曼哈顿公司的水权了。该公司仍拥有曼哈顿地下水的法定权利，但新水源根本不需要抽取曼哈顿的地下水。当克鲁顿河水开始流进纽约市时，曼哈顿公司就完全失掉了它的客户。具有讽刺意味的是，曼哈顿公司在此后几十年中仍旧保留着它的水井，这不是因为它想用这些水井主动供水，而是担心其特许权再次遭到责难。

168 第四节 市财政和供水系统的公共所有权:历史和证据

在波士顿市和纽约市的案例中,当私人公司表现不佳时,市政府就会干预水供应——这里的表现不佳,通常指不能保障充足的供水,以满足不断增长的用水需求。不过,在早期的美国,波士顿市和纽约市是有名的人口中心,或许不能代表典型的美国城市。在典型的美国城市中,水需求量的增长出现得较晚,且与供水系统公共所有权的急剧增加在时间上是一致的。就新奥尔良市来说,这一转折发生在世纪之交以后,接着便经历了与波士顿市和纽约市相似的供水量的增长过程(Troesken and Geddes,2003)。1878 年,一家私人公司开始向新奥尔良市供水,但该公司拒绝把管道扩展到城市的远郊区。而且,它所输送的水实际上既没有消毒也没有过滤。随后,新奥尔良市请求路易斯安那州州议会撤销该公司的特许权,并最终于 1908 年获得了该公司的供水系统。此后不久,供水系统急剧扩张,还修建了一家过滤厂。

图 5.1 和表 5.1 显示,19 世纪的大多数年份,公共所有权一直在增加,但从 1890 年(当时供水系统的 43% 为公共所有)起到 20 世纪整个 20 年代(70% 为公共所有),这种趋势在加速——这与供水系统数量和充足性的快速提升完全一致。特别是,公共所有权增长最快的时期(这里不考虑 19 世纪最初几十年,因为那时供水系统的绝对数量很小)是 19 世纪 90 年代。

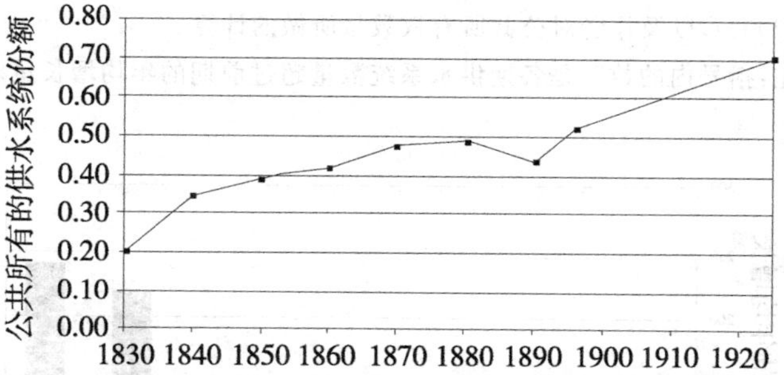

图 5.1 1830—1924 年美国城市公共供水系统所占的份额

资料来源:各期供水系统数量的系列数据来自盖里绍夫(Galishoff,1980)和梅洛西(2000),以及作者所计算的公共所有权份额。所用数据是1830—1890 年间每隔 10 年的数据,以及 1896 年和 1924 年的数据,中间所插入的点由线性内插法获得。

表 5.1 1830—1924 年美国城市公共和私人供水系统数量

年份	供水系统数量						公共份额
	总计		公共供水系统		私有供水系统		
1830	45	—	9	—	36	—	20
1840	65	(2)	23	(1)	42	(1)	35
1850	84	(2)	33	(1)	51	(1)	39
1860	137	(5)	57	(2)	80	(3)	42
1870	244	(11)	116	(6)	128	(5)	48
1880	599	(36)	293	(18)	306	(18)	49
1890	1 879	(128)	806	(51)	1 073	(77)	43
1896	3 180	(217)	1 690	(147)	1 490	(70)	53
1924	9 850	(238)	6 900	(186)	2 950	(52)	70

资料来源:各期供水系统数量的系列数据来自盖里绍夫(1980)和梅

洛西(2000),以及作者对公共所有权数量所做的计算。

注:括号内的数字是各期供水系统数量超过前期的年均增长量。

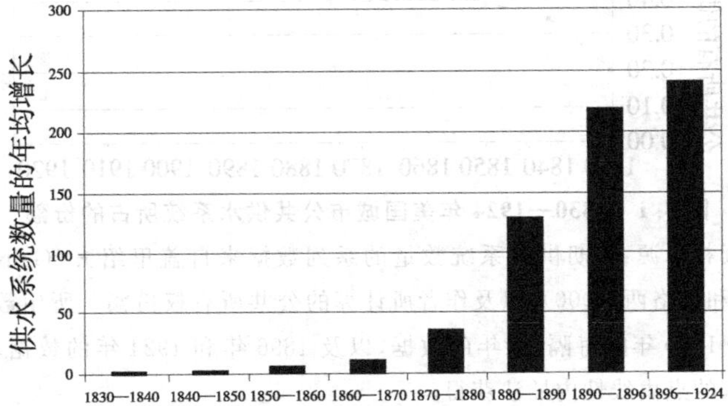

图 5.2 1830—1924 年美国供水系统数量的年均增长

资料来源:各期供水系统数量的系列数据来自盖里绍夫(1980)和梅洛西(2000),以及作者所计算的年均增长数量。所用数据是 1830—1890 年间每隔 10 年的数据,以及 1896 年和 1924 年的数据。

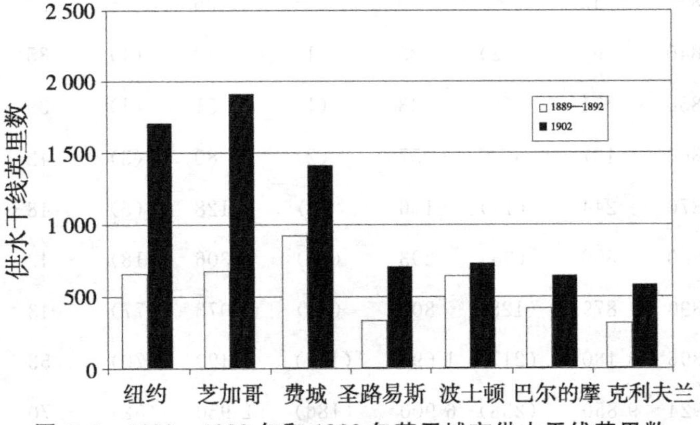

图 5.3 1889—1892 年和 1902 年若干城市供水干线英里数

资料来源:蒂福德(1984)。

图 5.2 和表 5.1 显示，供水系统绝对量的年增长速度在 1890 年
前后明显加快了。1890—1900 年这 10 年间，主要城市供水系 169
统的铺设里程几乎比原来翻了 1 倍(图 5.3)。[①] 本节首先简要考察 19 世纪地方公共财政的发展，然后给出证据证明，正是市政债券市场的出现才使得供水系统的改善成为可能。

一、19 世纪的地方公共财政 170

尽管美国首支市政债券发行的准确时间不得而知，但 19 世纪早期几乎没有发行市政债券。纽约市大约在 1812 年发行了它的首只有价证券，并在 1837 年和 1838 年发行了用于克鲁顿渡槽建设的债券。1830—1850 年间，无论从总量上看还是从人均量上看，市政债务均出现了迅速增长(见表 5.2 和图5.4)——但几乎仅限于大城市。如表 5.3 所示，1843 年(也就是所有城市的数据都可收集到的第一年)记载的所有城市债务中，至少有 93%是由人口中心城市发行的(Hillhouse,1936)。

19 世纪中叶，市政债务出现爆炸式增长，这或许是由于这期间对州债务实施了限制。经历了 1837 年萧条时期的财政困难和 1840 年前后部分州政府拖欠债务，地方财政的状况发生了根本性变化。许多州议会修订了宪法，禁止州借款修建昂贵的运河、收费公路、铁路和其他扩建项目。由于州政府日益受到财政量入为出的限制，为弥补支付能力与需要之间的缺口，市政债务就应运而生了。(直到第一次世界大战以后，许多州宪法对债务的限制才正式有所松动。)在这个时期，大部分市政债务用于

① 对于本处所能获得数据的这些主要城市，情况确实如此。

了铁路建设。在19世纪60年代后期和19世纪70年代初期，
171 市政债务达到了顶峰。1868—1873年，纽约市净债券债务增加了两倍。1867—1873年，芝加哥市的债券债务也增加了两倍。波士顿市的债务1868年到1874年增加了两倍，辛辛那提市的债务1868年到1876年增长了5倍，而克利夫兰市的债务1867年到1876年竟增加了12倍(Griffith,1974)。

经过这些年无限制的借款和开支之后，地方经济在1873年的恐慌中开始恶化。接踵而至的是，有史以来最大规模的市政债务到期不能偿还。(初期的经济衰退引起州拖欠债务，但衰退

表5.2 1843—1932年美国城市的实际市政债务

年份	市政债务总额(百万美元)	相对于前期的增长率	人均市政债务(美元)	相对于前期的增长率
1843	625	—	265	—
1853	4 208	0.19	963	0.13
1860	4 055	0.00	652	−0.01
1870	6 629	0.05	669	0.00
1880	13 547	0.07	959	0.04
1890	17 126	0.02	775	−0.02
1902	31 899	0.05	979	0.02
1912	60 310	0.06	1 355	0.03
1922	77 678	0.03	1 357	0.00
1932	186 924	0.09	2 660	0.07

资料来源：名义债务来自希尔豪斯(1936)；历年消费价格指数(CPI)来自卡特等(2005)。按2000年价格对债务作了调整。相对于前期的增

长率由笔者计算。

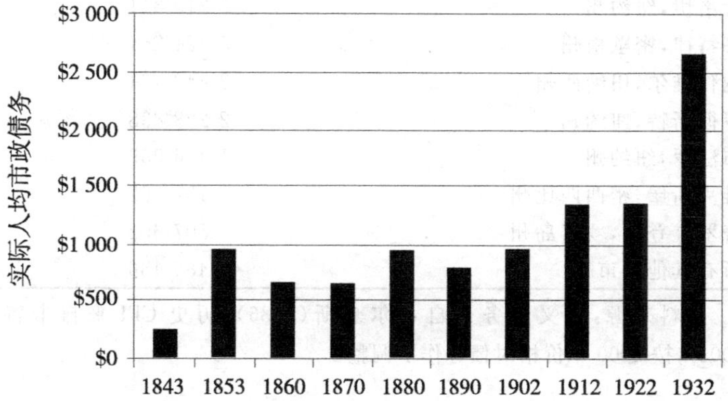

图 5.4 1843—1932 年美国实际人均市政债务

资料来源:名义债务来自希尔豪斯(1936),历史消费价格指数(CPI)来自卡特等(2005)。按 2000 年价格对债务作了调整。1840—1940 年的人口历史数据来自:http://www.census.gov/population/censusdata/table-4.pdf。

表 5.3 1843 年 1 月若干城市的债务情况

城市	总债务(美元)
纽约,纽约州	295 922 345
费城,宾夕法尼亚州	70 915 707
新奥尔良,路易丝安那州	39 982 622
波士顿,马萨诸塞州	33 757 045
巴尔的摩,马里兰州	29 989 809
辛辛那提,俄亥俄州	25 927 297
查尔斯顿,西弗吉尼亚州	24 097 285
萨凡纳,佐治亚州	12 445 467
墨比尔,亚拉巴马州	11 667 284

（续上表）

奥尔巴尼，纽约州	9 909 959
特洛伊，纽约州	8 210 311
底特律，密歇根州	5 424 264
纳什维尔，田纳西州	2 642 424
罗彻斯特，纽约州	2 228 838
布法罗，纽约州	1 466 939
维克斯堡，密西西比州	1 137 162
普罗维登斯，罗得岛州	507 652
所有其他城市	45 486 486

资料来源：名义债务来自希尔豪斯（1936），历史 CPI 来自卡特等（2005），按 2000 年价格对债务作了调整。

172 期间市政府一般没有多少债务。见格里纳斯、沃利斯和西拉 Grinath，Wallis，and Sylla，1997。）取消发行的债券数量从 1870 年的 35 只增加到 1880 年的 101 只（Hillhouse，1936）。[①] 萧条过后，所有市政债务中估计有 1/5 没有偿付。19 世纪 70 年代，许多市政债务拖欠与铁路有关。1873 年的经济恐慌及随后发生的债务问题在南部城市尤为严重，这些城市当时正挣扎在恢复重建之中。一些城市重新协商它们的债务，另外一些城市则放弃了它们的特许权，或实施破产清算（Griffith，1974）。

经历了 1873 年的经济恐慌和对无所不在的政府腐败的前所未有的大曝光，许多州和城市开始按总财产估价的一定百分比对市政债务实施新限制。纽约的公债在 1876 年达到顶峰，在随后十年中下降了 25%（Teaford，1984）。其他城市与纽约情

① 这些年中债券发行量的数据不容易得到。

况类似。最为惊人的是，底特律市的净债务从 1875 年的 96.1 万美元降到了 1885 年的 1.2 万美元（Teaford，1984）。但在随后几年，这些市政债务限制措施便被以各种方式规避了。州宪法的修正条款的通过便是其中的一种方式，一位历史学家将其归因于市政府俘获了州议会（Teaford，1984）。这些修正条款为包括“自营”市政事业（诸如供水工程之类）在内的很多特殊行业开了特例（Griffith，1974）。另一种方式是建立特区——一种从 173
技术上讲不属于市政府的特别行政区。许多以这种方式组建的地方供水机构便逃避了债务限制（Monkkonen，1995）。

1893 年的经济恐慌同样推动了市政债券市场的发展，从而提升了公共供水系统的融资能力。尽管市政府遭受经济恐慌的损失较小，但工商业却遭到了重创（Griffith，1974）。结果，市政债券对投资者相对地变得更具吸引力。利率下降，市政府便可大量举债，不断为城市扩张提供资金。用一位财政史学家的话说，“市政当局从没享有过对其发行债券如此有利的市场，因为在 19 世纪 90 年代，没有哪种投资能像市政债券那样可靠”（Teaford，1984）。州议会准许市政府实施“地方自治”，这也扩大了它们的借支能力。但是，20 世纪之交之前很少有这种情况发生（Griffith，1974）。

二、地方财政和水供应的证据

19 世纪末和 20 世纪初供水系统迅速扩张，对此的一种解释是地方财政已经发展并日趋成熟。私人供水公司无力建造满足全体市民之需的供水系统，因此，在大规模筹资手段发展起来之前，只有大城市才有能力提供充足的供水。即使与其他市政公用事业相比，供水系统也过于昂贵。1915 年，市政供水系统的平均价值超过了市政府的年度收入，如表 5.4 所示。值得注意的事实是，许多供水系统早在1915年之前很久就已建成，所以，相对于年度市政收入，建设供水系统的费用毫无疑问要比表5.4所显示的要高。已有的统计数据表明，1905年供水系统是市政府的最大债务项目(美国普查局，1907a)。

来自不同方面的证据支持上述观点。不同规模城市供水的市政投资，其时间模式是不一样的，这是第一个证据。图5.5显示出在1915年拥有市政供水系统的所有城市中，不同规模城市同一时期市政所有权情况。一般来说，大城市要比小城市更早地将其供水系统收归市政所有。例如，那些1915年人口超过50万的城市，在19世纪50年代末都拥有了公共供水系统，而那些人口规模较小的城市，当时拥有公共供水系统的不足20%。①

如果基于市财政的解释是正确的，那么，我们也可以预见，
174 19世纪末期，相对于大城市，小城市的债务和收入会出现迅速
增长(如图5.5所示，公共所有权在较小城市中增长较快)。图
5.6则显示，当时的情况确实如此。1880—1902年间，小城市的
175 债务大约增长了1/3，而大城市却下降了10%以上。②

---

① 也有可能是，城市规模会随供水系统的公共投资而变化，但就掌握的可靠数据来看，我们不能厘清这种双向因果关系。进一步的讨论参见下面的分析。

② 图5.6中的城市按以下方式选择：首先，选择那些人口较为集中的州：加利福尼亚、康涅狄格、佐治亚、伊利诺伊、印第安纳、肯塔基、路易斯安那、马里兰、马萨诸塞、密歇根、明尼苏达、密苏里、内布拉斯加、新泽西、纽约、俄亥俄、宾夕法尼亚、罗得岛、田纳西、得克萨斯和威斯康星。其次，选择那些1900年人口在1.5万或以上，并有1880年、1890年、1902年债务统计数据的所有城市。

表 5.4　1915 年部分美国城市供水系统的账面价值和年度收入

	供水系统价值（美元）	市政总收入（美元）	价值/收入比率
人口超过 50 万的所有城市	569 727 688	462 077 044	1.23
纽约，纽约州	350 004 152	206 010 937	1.70
芝加哥，伊利诺伊州	52 557 484	80 622 887	0.65
费城，宾夕法尼亚州	30 000 000	45 242 379	0.66
人口为 30 万到 50 万的所有城市	149 222 136	146 467 942	1.02
布法罗，纽约州	15 702 219	15 184 834	1.03
洛杉矶，加利福尼亚州	36 058 144	24 405 199	1.48
辛辛那提，俄亥俄州	17 366 561	13 785 166	1.26
人口为 10 万到 30 万的所有城市	186 574 699	171 787 677	1.09
泽西城，新泽西州	12 448 453	6 792 713	1.83
堪萨斯城，密苏里州	8 967 124	10 296 283	0.87
罗彻斯特，纽约州	9 768 056	7 408 794	1.32
人口为 5 万到 10 万的所有城市	93 665 860	89 950 262	1.04
沃斯堡，得克萨斯州	3 937 893	1 694 390	2.32
萨默维尔，马萨诸塞州	1 017 365	1 916 006	0.53
哈里斯堡，宾夕法尼亚州	2 487 150	1 481 848	1.68

资料来源：供水系统的账面价值来自美国普查局（1907a）；市政总收入来自美国普查局（1975）；国民生产总值平减指数来自巴尔克和戈登（Balke and Gordon，1989），按 1915 年价格对供水系统账面价值进行了调整；价值/收入比率由笔者计算。

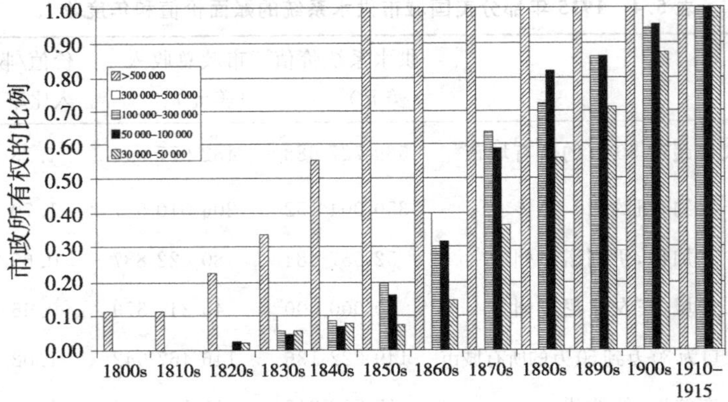

图 5.5　1915 年拥有市政供水系统的所有城市中人口规模不同的城市不同时期的市政所有权比例

资料来源:美国劳工局(1899)。

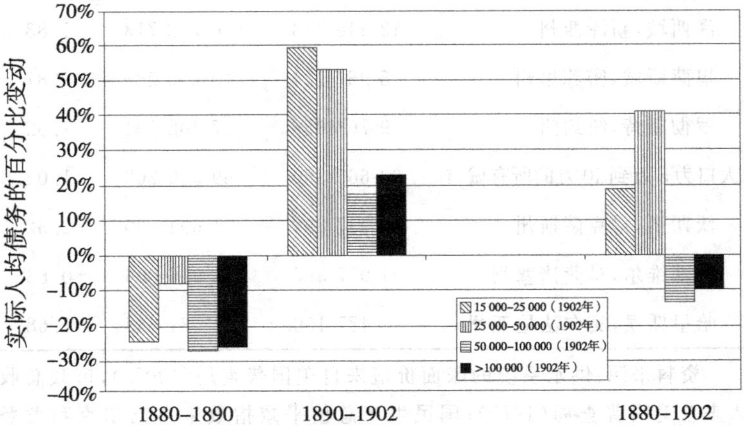

图 5.6　1880—1902 年美国城市人均实际债务的百分比变动（按 1902 年城市人口分组）

资料来源:名义债务来自美国普查局(1907b);国民生产总值平减指数来自巴尔克和戈登(1989),按 1902 年价格对债务进行了调整;百分比变动由笔者计算。

当然，小城市市政债务的增长可能有供给和需求两方面的因素。从供给方面给出的解释是，金融创新和投资者收益率使得小城市有**可能**比以往借到更多的钱。另一种可能的解释是，城市突然决定它们必须借更多的钱，从而需要增加债务。尽管不能获得以城市规模来分类的相关数据，但19世纪末市政债券收益率提供了某种手段，以确定是用供给还是用需求来解释市政债务的增加。用供给因素解释就意味着，随着借款的增加，债券收益率应当下降，而用需求因素解释则意味着，收益率应当上升。

图5.7显示了新英格兰州1857—1913年间市政债券的平均名义收益率和实际收益率。① 一般来说，债券实际收益率的波动与商业周期相一致。实际债券收益率先是上升的，随着1873年的经济恐慌而急剧下降，到19世纪末仍没回到原来水平。尽管19世纪90年代中期实际债券收益率有小幅上升，但这可能与1893年的经济恐慌有关。除商业周期波动的影响之 176
外，19世纪90年代和20世纪初实际利率之所以低，还由于这一时期市政借款的增加和市政府介入供水系统的步伐加快。这一时期实际收益率低通常与强调市政债券市场发展的供给面解释相一致。有关需求面解释的证据将留待下一节考察，但需求

① 图5.7所示的名义市政债券收益率来自麦考利(Macaulay, 1938)，也可从美国经济研究局《宏观历史资料丛书》第13020期中得到。实际债券收益率用巴尔克和戈登(1989)提供的综合国民生产总值平减指数计算得出。

面的因素也应该反映在市政债券收益率的时间变化中。在这个时期，尽管债务和供水系统的公共投资都在不断增加，但并没有出现较高水平且不断上升的实际收益率，因而不支持需求面的解释。

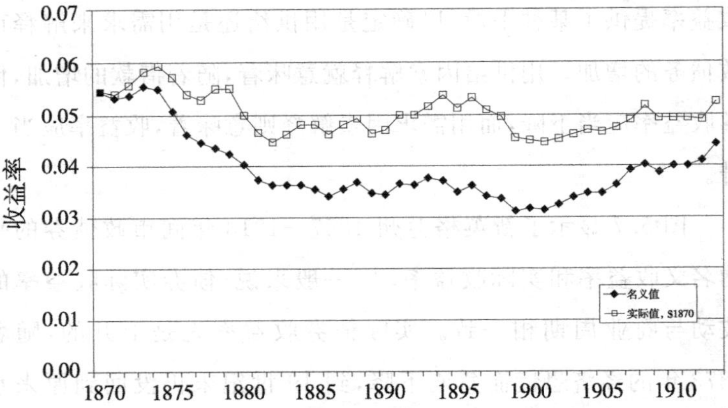

图 5.7 1870—1913 年新英格兰州所有城市市政债券年均名义收益率和实际收益率

资料来源：债券名义收益率来自美国经济研究局(NBER)的《宏观历史资料丛书》第 13020 期；国民生产总值平减指数来自巴尔克和戈登(1989)。

19 世纪 80 年代供水系统市政所有权的衰落也给依据市财政所作的解释提供了某些支持。随着 1873 年萧条的到来，腐败丑闻几乎同时爆发，州政府对市政债务实行了严格限制，市政债券发行量没有增加，所有城市的借款都下降了(1880—1890 年间的情况如图 5.6 所示)。尽管债务限制只是暂时地阻止了债务的增加，但还是带来了整个19世纪供水系统公共所有权的唯一一次下降（图5.1显示了1880—1890年的下降）。

第五节　基于价值（或认知价值）变化的解释

对于供水系统的迅速扩张和市政所有权增长的另一种解释是，供水系统的价值（或认知价值）增加了。供水系统价值的提高导致了对供水服务需求的增加，特别是在正外部性存在的条件下，地方政府也许是更适合的水提供者。 177

一、外部性和对疾病的新认识

显然，水供给存在私人供水公司无法获得的巨大外部收益，最为明显的是减少疾病和提高消防能力（供水系统还可以通过其他途径刺激经济发展，这一点还没有完全弄清楚）。从表面上看，我们并没有弄清楚，为什么能够用外部性来解释始于1890年前后的供水系统市政所有权的急剧上升。自从城市产生之日起，火灾和传染病流行就一直是城市的棘手问题。可能的解释是，19世纪70年代和80年代的细菌学革命，进一步促使人们重视疾病的外部性。随着对饮水传染性疾病认识的日渐清晰，人们对于私人公司社会利益激励不足的担忧不断加强。

但基于几个理由人们对以上思路存有疑问。其中之一是，在细菌学革命之前很久，人们就知道脏水与疾病之间的因果联系。有关不洁饮水与疾病关联性的第一个论断就是著名的约翰·斯诺（John Snow）论断，它论证了19世纪50年代伦敦的霍乱是如何从某个水泵蔓延开来的。斯诺预言到了细菌理论，但对该理论的充分表述，却花费了几十年的时间。

当时的主流疾病理论是瘴气理论，认为各种疾病均是由有毒有害的污浊蒸气（“瘴气”）引起的（Anderson，1984；Duffy，1990）。巴甫洛夫学说为瘴气理论的广泛传播奠定了基础。暴露在污秽之气中的人更可能得病，气味难闻的地区往往病人更多，更多人似乎在夏季更易生病，而夏季正是难闻气味更为盛行的季节。这种从相关性到因果关系的逻辑跳跃致使公共卫生干预发生偏差，当然也有一些成功的案例。

外部性论点也常常难以与经验观察相吻合，即20世纪初，与公共公司相比，私人供水公司更有可能建造昂贵的过滤厂（Troesken and Geddes，2003）。从法律上讲，私人供水公司对大规模水传染性疾病爆发造成的损害负有明显的责任（Troesken and Geddes），但在实际上如何实施这种责任则不得而知。

二、人口密度

随着大量人口从农村迁往城市，城市人口密度增加了。19世纪末和20世纪初，城市中显然出现了贫民窟。如果城市人口
178 密度迅速提高，公共卫生条件的恶化将会增加对供水的需求。同样地，市政供水系统的正外部性也会增强，这就为地方政府介入供水提供了更强有力的理由。

尽管19世纪90年代以前城市人口密度的可靠统计资料一般很难得到，但人口密度似乎并没有随供水系统的扩张而突然上升。119个城市1890年到1950年的一组连贯的数据表明，

城市人口密度的唯一一次大幅上升发生在1910年至1920年之间(Kim,2002),也就是在大幅度改善供水系统之后的二三十年。

第六节　基于成本变化的解释

除了可以从价值变化的角度进行解释外,对供水系统的迅速扩张和市政所有权的增长,还可以从成本下降的角度进行解释。下面探讨这种解释的可行性。

一、自然垄断

公用设施服务的成本结构通常具有边际成本下降的特征。因此,从理论上讲,由一个企业来为整个市场提供服务是最有效率的。诚然,追求利润最大化的企业一旦掌握垄断权,就会导致服务供给的无效率。如同所有的垄断者一样,垄断的水供应商也会把价格提高到利润最大化的水平,并通过限制供给来维持这个价格。因此,从地方政府的角度看,公共所有权是一种本能反应。

但这种从自然垄断的角度所进行的解释,既没能说明供水系统市政所有权增长的时间路径,也没能说明为什么在供水系统日益归市政府所有的同时,燃气和电力设施却不是这样。就时间路径来看,我们还没有弄清楚,自然垄断的社会福利损失或者说给地方政府造成的损失何以会在19世纪90年代前后突然加剧,并引起供水系统市政所有权的显著增加。此外,燃气和电力供给也有类似的成本结构,为什么这些公共设施几乎是私有

的。表 5.5 显示,1890 年至 1920 年间,当供水系统市政所有权
179 出现迅猛增长的同时,燃气公司却几乎全部为私有。有关电力公司的统计资料很少,但 19 世纪与 20 世纪之交,美国 952 家电力公司中近 70%为私有(美国劳工专员,1899)。

表 5.5 1890—1920 年美国燃气公司的公共所有权情况

年份	公司总数	公共所有的公司总数	公共所有的比例
1890	871	8	0.9
1900	896	15	1.7
1910	1 282	122	9.5
1920	1 008	45	4.5

资料来源:特勒斯肯(1997)。

二、缔约失灵

尽管供水服务的某些方面很容易观察和监督,或者可以事先在合同中约定(如水压、费率等),但其他许多方面还不能这样。例如,很难事先讲明,是否应该向现在还不存在的某个人口中心供水,是否应该寻找新的水源来满足未来需求的增长。随着供水系统日益复杂化,以及管制规定变得日益繁琐,缔约成本将会降低供水业务的收益率,从而削弱它对私人企业的吸引力。

已经出现了一些富有启发性的研究成果,这些成果表明,在供水系统迅速市政化时期,针对私人供水公司的诉讼与市政府的接管数量正相关(Troesken and Geddes,2003)。目前尚

不清楚，合同不完备何以在19世纪末更会成为一个问题，但相关历史资料显示，1900年之前几年，合同已变得很复杂，潜在的缔约成本亦很高。例如，1899年起草了美国市政同盟标准《市政公司法案》，这一法案随后被许多城市所采用（Webber and Wildavsky，1986）。但是，缔约成本难以解释在燃气与电力行业中私人所有权长期占主导地位。

敲竹杠是另一个潜在的缔约难题。市政府不征用私人供水公司巨额基础设施投资的承诺是不可置信的。细菌学革命之后，伴随预防水传染性疾病技术（如过滤技术）发明的出现，供水系统建设和经营所需要的投资大量增加。因此，到19世纪末和20世纪初，市政府征用所带来的损失（或者说是对损失的担心）潜在地增加了。

证据显示，市政府对私人供水公司的接管与供水系统的扩张正相关，而与私人供水公司的财务困难负相关（Troesken and Geddes，2003）。对这种相关性的一种解释是，市政府更有可能征用那些可能带来更多租金的私人供水系统。而对市政征用的担心也会诱使私人公司理性地减少供水系统的投资，这就会导致供水服务供给不足，并反过来又会成为市政征用的另一个理由。

事实与以上观点相反，私人供水公司比公共供水公司更有可能拥有昂贵的过滤设备。根据1899年联邦政府对供水公司 180
的一项调查，19%的私人供水公司拥有过滤设备，而只有6%的公共供水公司拥有过滤设备（Troesken，1999）。同样不清楚的是，如果说19世纪末20世纪初市政府腐败确实减少了，而合同日趋完善，何以此时市政府征用或对征收的担忧加剧了呢？况且，这一时期的其他公用设施（燃气和电力）并没有被政府接管，这似乎也与以上观点相矛盾。

最后，新近一项研究引证人口密度和公共所有权截面数据的正相关性认为，缔约失灵和征用问题是造成市政府控制的主要原因（Masten，2004）。不过，这还印证了城市越大（一般人口密度也越高），建设或扩张市政供水系统的金融工具也越多。

三、腐败成本和行政改革

始于19世纪末的行政改革降低了由供水系统市政所有权所引起的腐败成本。19世纪70年代，随着大量市政府丑闻曝光，市政府开始尝试旨在减少腐败的行政改革。这些改革似乎至少在一定程度上促成了履行专门职能（如经营供水系统）的常设委员会的成立。委员会成员无疑易于腐败，但相对于市议员（在专门委员会成立之前由他们负责经营市政供水系统），他们的腐败程度可能较轻。那么，向城市委员会授权实际上有明确的目的（减少腐败）吗？抑或是顺势而为（受到城市功能日益专业化和复杂化的驱使）？对此尚不清楚。

从腐败成本和行政改革的角度进行解释，问题是供水系统市政所有权的急剧上升发生在19世纪90年代。而实际行政改革发生在20世纪头几十年进步时代来临之时。1899年最初起草的美国市政同盟标准《市政公司法案》的一个主要目标就是行政改革（Webber and Wildavsky，1986）。虽然从历史上看腐败必然会存在于供水系统及其管理中（McCarthy，1987），但它似乎与公共所有权和供水系统扩张几乎没有直接关系。

四、市政工程师供给的增加

最后一个可能性是，市政工程师供给的外生性增长使得市政府有可能自己经营供水系统。市政府可能早就有这样的愿望（既出于自身利益的考虑，也出于公共利益的考虑），但由于缺乏 181
人力资源而不能为之。

表 5.6　1830—1949 年纽约州每 10 年所授予的土木工程师学位数

时期	授予土木工程师学位数	与前期相比学位数的绝对变化
1830—39	61	—
1840—49	88	27
1850—59	124	36
1860—69	523	399
1870—79	605	82
1880—89	712	107
1890—99	973	261
1900—09	2 001	1 028
1910—19	3 330	1 329
1920—29	2 446	−884
1930—39	3 026	580
1940—49	2 760	−266

资料来源：授予土木工程师学位的数量来自埃德尔斯坦（2002）；每 10 年的变化由笔者计算得出。

注：我们认为表中数据包括了初级和高级学位的数量。

反对这种解释的主要证据是,19 世纪末期负责工程师和应用科学培训的主要是公共部门。这意味着,工程师数量的增长可能并非外生于当时主要的公共工程项目。① 例如,《莫雷尔土地划拨法》就向州提供了大宗联邦土地,用于资助和扶持专门研究农业和机械技术的高等教育机构(Goldin and Katz,1999)。19 世纪 70 年代和 80 年代,绝大多数的新工程项目均为土地授权机构所建(Edelstein,2002)。

美国专业领域工程师新增数量的历史数据不易获得。纽约州土木工程师数据(表 5.6 所示)显示,新增工程师数量的激增发生在 20 世纪之交以后。如果纽约市工程师培训状况的变化能够代表全国趋势,那么,工程师供给的增加并不能对供水系统的快速扩张及其公共所有权的不断增长作出解释。②

182

第七节　结论

临近 20 世纪之交,美国城市管道供水量显著增长,而在供水系统建设和扩张的浪潮背后,地方政府所有权似乎是一种重要的驱动力。地方政府——事实上是大城市的市政府——可能早就想介入进来,但财力约束似乎阻碍着它们。随着地方财政

---

① 推动供水工程建设的工程师供给量的外生增长,还反映在由于城市需要增加债务而导致的市政债券收益率的上涨上。但图 5.7 并没有显示出这方面的明显证据。

② 纽约州最有可能领先于其他许多州。

创新使得小城市也易于借款，美国许多城市开始收购或建设供水系统。甚至那些已拥有供水系统的大城市，也能够筹资向那些以前没有供水服务的区域进行大规模扩张。在地方政府腐败盛行的年代里（Steffens，1957），在那些诸如供水等高成本部门，政府介入似乎极大地促进了公共利益（也增进了政治家的私人利益），这是显而易见的。这个观点与其他人的结论是一致的，即尽管腐败是人们所不愿意的，且无效率，但如果腐败的政治家既寻求政治支持，又希望有一个可供掠夺的强大经济，那么，腐败事实上是可以与促进公共福利的政策携手并进的（Menes，2003）。

参考文献

Alewitz, Sam. 1989. *A social history of unsanitary Philadelphia in the late nineteenth century*. New York: Garland.

Anderson, Letty. 1984. Hard choices: Supplying water to New England towns. *Journal of Interdisciplinary History* 15(2): 211—234.

——. 1988. Fire and disease: The development of water supply systems in New England, 1870—1900. In *Technology and the rise of the networked city in Europe and America*, ed. Joel Tarr and Gabriel Dupuy, 137—156. Philadelphia: Temple University Press.

Balke, Nathan S., and Robert J. Gordon. 1989. The estimation of prewar gross national product: Methodology and new evidence. *Journal of Political Economy* 97(1): 38—92.

Blake, Nelson Manfred. 1956. *Water for the cities: A history of the urban water supply problem in the United States*. Syracuse, NY: Syracuse University Press.

Carter, Susan, Scott Gartner, Michael Haines, Alan Olmstead, Richard

Sutch, and Gavin Wright, eds. 2005. *Historical statistics of the United States: Millennial edition*. New York: Cambridge University Press, forthcoming.

Cutler, David, and Grant Miller. 2005. The role of public health improvements in health advances: The 20th century United States. *Demography* 42(1):1—22.

Duffy, John. 1990. *The sanitarians*. Urbana, IL: University of Illinois Press.

Edelstein, Michael. 2002. The production of engineers in New York colleges and universities, 1800—1950: Some new data. City University of New York, Economics Department of Queens College. Unpublished manuscript.

Galishoff, Stuart. 1980. Triumph and failure: The American response to
183 the urban water supply problem, 1860—1923. In *Pollution and reform in American cities, 1870—1930*, ed. Martin Melosi, 35—57. Austin: University of Texas Press.

Goldin, Claudia, and Lawrence F. Katz. 1999. The shaping of higher education: The formative years in the United States, 1890 to 1940. *Journal of Economic Perspectives* 13(1):37—62.

Griffith, Ernest S. 1974. *A history of American city government: The conspicuous failure, 1870—1900*. New York: Praeger Publishers.

Grinath, Arthur, John Wallis, and Richard Sylla. 1997. Debt, default, and revenue structure. NBER Historical Working Paper no. 97. Cambridge, MA: National Bureau of Economic Research.

Hillhouse, A. M. 1936. *Municipal bonds: A century of experience*. New York: Prentice-Hall.

Kim, Sukkoo. 2002. The reconstruction of the American urban landscape in the twentieth century. NBER Working Paper no. 8857. Cambridge, MA: National Bureau of Economic Research.

Macaulay, F. R. 1938. *The movements of interest rates, bond yields, and stock prices in the United States since 1856*. New York: National Bureau of Economic Research.

Masten, Scott E. 2004. Public utility ownership in 19th century America: The"aberrant"case of water. University of Michigan Business School. Mimeograph.

McCarthy, Michael P. 1987. *Typhoid and the politics of public health in nineteenth century Philadelphia*. Philadelphia: American Philosophical Society.

Melosi, Martin. 2000. *The sanitary city: Urban infrastructure in America from colonial times to the present*. Baltimore: Johns Hopkins University Press.

Menes, Rebecca. 2003. Corruption in cities: Graft and politics in American cities at the turn of the twentieth century. NBER Working Paper no. 9990. Cambridge, MA: National Bureau of Economic Research.

Monkkonen, Eric H. 1995. *The local state: Public money and American cities*. Stanford, CA: Stanford University Press.

Steffens, Lincoln. 1957. *The Shame of the Cities*. New York: Hill and Wang.

Teaford, J. 1984. *The unheralded triumph: City government in America, 1870—1900*. Baltimore: Johns Hopkins University Press.

Troesken, Werner. 1997. The sources of public ownership: Historical evidence from the gas industry. *Journal of Law, Economics, and Organization* 13(1):1—25.

——. 1999. Typhoid rates and the public acquisition of private waterworks, 1880—1920. *The Journal of Economic History* 59(4):927—948.

Troesken, Werner, and Rick Geddes. 2003. Municipalizing American waterworks, 1897—1915. *Journal of Law, Economics, and Organization* 19(2):373—400.

U. S. Bureau of the Census. 1907a. *Statistics of cities having a popula-*

tion over 30,000: 1905 (Special Reports). Washington, DC: Government Printing Office.

——. 1907b. *Wealth, debt, and taxation*. Washington, DC: Government Printing Office.

——. 1975. *Historical statistics of the United States: Colonial times to 1970, part* 2. Washington, DC: Government Printing Office.

U. S. Commissioner of Labor. 1899. *Water, gas, and electric-light plants under private and municipal ownership*. Washington, DC: Government Printing Office.

Webber, Carolyn, and Aaron Wildavsky. 1986. *A history of taxation and expenditure in the Western world*. New York: Simon and Schuster.

第三部分　改革之路

第六章 第四社会阶层的兴起

——报纸何以变得资讯丰富以及它为什么如此重要

马修·根茨科*(Matthew Gentzkow)
爱德华·L.格莱泽 (Edward L. Glaeser)
克劳迪娅·戈尔丁 (Claudia Goldin)

伯克(Burke)曾说国会中有三大阶层;然而,就在记者席那边,

---

* 马修·根茨科是芝加哥大学商学院研究生院经济学副教授。爱德华·L.格莱泽是哈佛大学经济学教授和美国经济研究局研究员。克劳迪娅·戈尔是哈佛大学亨利·李经济学讲座教授、美国经济规划发展部主任和美国经济研究局研究员。

我们要感谢很多人。麦戈理·法希奥特(Magali Fassiotto)汇编了附录A和B中的几乎全部资料,尼尔·梅塔(Neil Mehta)和泰曾·乔德里(Tazeen Chaudhry)对此提供了倾力帮助。韩莉(Li Han)着手进行了资料工作。凯瑟琳·卡普兰(Katharine Kaplan)帮助提供了各种详细资料。感谢杰西·夏皮罗(Jesse Shapiro)和安德烈·施莱费尔在研讨会上的建议,感谢保罗·罗德所作的评论。杰伊·汉密尔顿(Jay Hamilton)提供了附录A中所述的部分资料。在寻找分析报纸与腐败关系的方法时,詹姆斯·E.劳赫(James E. Rauch)和托麦斯·诺恩麦克(Tomas Nonnenmacher)把他们的资料给了我们。虽然他们的思路我们没有采用,但我们仍感谢他们。

> 端坐的*第四社会阶层*(*the Fourth Estate*)远比国会这三大阶层重要。印刷即民主,这并非措辞的简单反复,也并非文字游戏;它是不折不扣的事实:无论谁开口,现在只要他能够面向整个国家,他就会拥有一种权力,就会成为政府的一部分,就会在立法乃至权力体系中享有举足轻重的地位。贵贱贫富,都无关紧要。真正关键的是,他说的话别人愿意听,除此之外,别的什么都不需要。
>
> ——托马斯·卡莱尔(Thomas Carlyle),《论历史上的英雄、英雄崇拜和英雄史诗》([1841]1993,第 141 页,突出强调的部分为原文所有)

188

第一节 导言

自由而资讯丰富的报纸对民主过程至关重要,这一点已得到广泛认同。水门事件的新闻调查,安然公司会计舞弊事件曝光中报纸所扮演的角色,以及其他奇闻逸事的报道,都支持这样一个观点:记者确实不同凡响。而当今,媒体的歪曲报道和政治偏见给政府甚至整个社会构成了威胁(例如,Goldberg,2001),更是遭到人们的痛斥。

但是,基于历史的视角,重要的并不是媒体依然带有某种偏见,而是至今人们仍希望媒体能够提供无偏见的信息。在共和国建立之初,《极光》(*the Aurora*)等报纸只是政治家资助的公共关系工具。19 世纪,独立报纸是罕见的。直到 1870 年,在报道政治事件的城市日报中，依然有89%骄傲地宣称它们隶属于某个政党。[①] 对于与报纸政治立场相左的消息，或漠然视之，或斥之为谬论。的确，19世纪最一般的新闻，就其派性而言，似乎甚于当代最偏执的时评。当今媒体依然带有偏见，但相对于19世纪以辩护为准绳的情况，还是适度的。

我们这里所关心的是，资讯丰富报纸(informative press)兴起的原因和影响，即对腐败的强有力的监督。第二节将通过三类证据说明媒体偏见的演变历程。首先，我们将提出一个衡量偏见的基本标准：是否声明隶属党派。[②] 尽管声明政治独立并不一定能保证独立，但声明隶属党派无疑会带有偏见。声明独立的政论性报纸的份额从1870年的11%上升到了1920年的62%。[③] 衡量偏见的另一个标准是看报纸是否使用攻击性言语。报纸常用“诽谤”、“谎言”、“堕落”之类的贬义词来表达自己不愿看到的事情；而用“诚实”、“光荣”、“无可指责”之类的褒义词来为政治英雄辩护。通过文本分析可以发现，19世纪末20世纪初党派偏见和指摘性语言大幅下降了。

---

① 有关报纸的党派隶属关系最早的统计资料来自《1850年社会统计人口普查》。当时约85%的报纸具有党派隶属关系，这个结论与1870年城市日报的数据差别不大。

② 利用党派隶属关系作为新闻不公正的一种衡量标准，这种做法类似于汉密尔顿(2004)。

③ 62%这个数据使用的是宽泛的独立衡量标准，既包括独立于共和党的报纸，也包括独立于民主党的报纸。按较窄的衡量标准，声明独立的报纸占40%。

以上总量指标不够精确,因此我们还考察了报纸对两大丑闻的报道,它们是19世纪70年代初的动产信贷公司丑闻和20世纪20年代的蒂波特山丑闻(the Teapot Dome scandal)。研究结果支持了文本分析所得出的结论:从新闻评论中“捏造”这
189 一指摘性词汇的使用情况看,在报道动产信贷公司丑闻案中,它使用得很频繁,但在报道蒂波特山丑闻案中,几乎没有用到这个词。我们还发现,在这两起丑闻案中,媒体的行为表现出了细微的差别。在动产信贷公司丑闻案中,许多共和党报纸对可能中伤自己党派的早期批评性言论不予刊登。即便这些报纸最终刊发或承认了这一事件,但却把它与民主党方面的恶意诋毁搅在一起。而到了20世纪20年代,共和党报纸在为其政党成员的腐败问题辩护时,并没诋毁指控者的人格。尽管20世纪20年代各类丑闻仍有所遮掩,但独立报纸的增长意味着大多数城市居民都有机会了解到这类丑闻。

在说明资讯丰富报纸是如何兴起之后,我们转而探讨这一变迁的原因。在第三节,我们将沿着贝斯利和普拉特(Besley and Prat,2004)的思路提出一个供给模型,说明报纸是如何权衡偏见的收益(政治家所给的贿赂或个人从中获得的快乐)和偏见的成本(因提供虚假新闻而损失的发行量)的。模型所得到的关键推论是:随着报纸市场规模的扩大和纸张生产边际成本的下降,报纸的偏见会减弱,而采集信息的投资会增加。模型还表明,日益激烈的竞争会进一步减少偏见。

第四节将给出证据证明,资讯丰富报纸的兴起是报业规模

扩张和竞争激化的结果，而技术进步是这些变化的原因。我们将分析报纸发行量的大幅度增加，报业规模的不断扩大和总体竞争水平的上升。我们还将给出证据表明，这种趋势与新闻纸和报纸生产成本之间的联系。最后，我们将就独立报纸的兴起与新闻市场日益扩大之间的联系提供某种证据。我们尤其关注那些自称独立的报纸的发行份额，结果发现，在人口增长最快的城市，这类报纸份额的提高也最快。

第二节　资讯丰富报纸的兴起

资讯丰富报纸是在19世纪70年代至20世纪初之间的某个时候出现的。我们利用有关报纸偏见和真实报道的三个方面的资料给出这一转型的信息。第一方面的资料是自称独立（没有政治隶属关系）的报纸的数量；第二方面的资料是报纸上文章用词的时间序列，它表明狡辩性、夸张性用词减少了，而缜密陈述事实的用词增加了。最后，我们考察报纸对美国历史上两起最著名的丑闻案的报道，它们是19世纪70年代的动产信贷公司丑闻案和20世纪20年代的蒂波特山丑闻案。

一、独立报纸数量的增长 190

今天的报纸会强烈否认，除了公正和中性的报道之外，它们还能提供别的什么东西。但在19世纪的大部分时间里，这样的话鲜有耳闻，那时的报纸从不声称报道不加修饰的事实。相反，它们公开声明自己与两大政党中的一个有紧密的隶属关系。尽管报纸声明自己“独立”并不意味着它就能够做到无偏见地进行报道，但毫无掩饰地声明自己隶属于某个政党，却可以肯定它的新闻报道带有政治倾向。整个19世纪中叶，绝大多数报纸明显隶属于某个重要政党。一些报纸直接由某个政党支持，而另一些报纸则得到了庇护职位（如邮政局长）的支持，并与政府签订印刷资料的合同。①

美国内战前的许多报纸是政治老板的绝佳讲坛。瑟罗·威德（Thurlow Weed）就是一例。他曾是一个印刷工人，在《罗彻斯特邮电报》（the *Rochester Telegraph*）工作，后来他买下了这份报纸，用它来支持自己的候选人。很快他给自己设定了更高的目标，掌管《奥尔巴尼晚报》（the *Albany Evening Journal*），这是一份由反共济会党（Anti-Masonic）支持的辉格党报纸。1838年，他利用该报支持苏厄德（Seward）竞选纽约州州长。1840年，他和另一位知名编辑霍勒斯·格里利（Horace Greeley）一道，成功地推动了哈里森（Harrison）当选总统（Emery and Emery，1992，第104页）。

1870年至20世纪初，报纸与政党的联系明显弱化。为了

---

① 根据库克（Cook，1998）的研究，19世纪30年代以前，政党通过直接庇护（如签订印刷协议）资助报纸。政府虽然最初是报纸的出资者，但后来它只通过较低的邮费来补贴报纸。有关政治补贴和何时出现独立报纸，也可参见卡普兰（1993）。舒德森（Schudson，1978）研究了报纸资讯内容的历史变迁，萨莫斯（Summers，1994）则讨论了报纸从隶属于党派向独立的转型。

弄清报纸的政党隶属关系的变化，我们搜集了 1870—1920 年间美国大城市报纸的相关数据。① 数据涉及当时 152 个城市中历次人口普查最大的全部 100 个城市。

表 6.1　1870—1920 年间日报数、发行量和独立报纸的增长

	样本所有城市					
	1870	1880	1890	1900	1910	1920
A：按城市统计的报纸情况						
城市数	140	149	150	150	150	150
拥有不同类型报纸的城市所占比例						
有报纸的城市	0.743	0.866	0.947	0.967	0.973	0.967
有第一类独立报纸的城市	0.164	0.517	0.647	0.633	0.753	0.827
有第二类独立报纸的城市	0.164	0.436	0.527	0.527	0.627	0.653
拥有不同数量报纸的城市所占比例						
没有报纸的城市	0.257	0.134	0.053	0.033	0.027	0.033
有一种报纸的城市	0.129	0.148	0.060	0.047	0.073	0.100
有两种报纸的城市	0.307	0.248	0.240	0.293	0.287	0.313
有三种或以上报纸的城市	0.307	0.470	0.647	0.627	0.613	0.553
B：报纸的党派属性						
隶属于不同党派的报纸所占比例*						
隶属于共和党的报纸	0.527	0.386	0.336	0.360	0.332	0.219
隶属于民主党的报纸	0.360	0.316	0.319	0.302	0.216	0.164
第一类独立的报纸	0.114	0.298	0.345	0.337	0.452	0.618

① 我们的资料拓展了汉密尔顿(2004)的研究，他热情地向我们提供了他的研究成果。有关数据结构的详细情况由附录 A 给出。

（续上表）

第二类独立的报纸	0.114	0.257	0.263	0.261	0.340	0.404
不同类型报纸的人均发行量						
所有报纸	0.194	0.253	0.419	0.450	0.577	0.606
第一类独立的报纸	0.051	0.135	0.215	0.217	0.300	0.441
第二类独立的报纸	0.051	0.128	0.192	0.175	0.237	0.265
独立报纸发行量所占比例[**]						
第一类独立的报纸	0.263	0.534	0.512	0.424	0.520	0.728
第二类独立的报纸	0.263	0.506	0.458	0.389	0.411	0.437
C：新闻竞争：拥有以下各类报纸的城市所占比例[***]						
仅拥有D或R或I类报纸的城市	0.289	0.279	0.162	0.145	0.205	0.386
（仅拥有I类报纸的城市）	(0.039)	(0.070)	(0.049)	(0.055)	(0.110)	(0.317)
（拥有D或R）和I的城市	0.058	0.171	0.232	0.269	0.411	0.407
拥有D和R(不拥有I)的城市	0.529	0.194	0.204	0.255	0.130	0.076
拥有D、R和I的城市	0.125	0.357	0.401	0.331	0.253	0.131
D：报纸价格（实际价格）：以1982—1984年美元价计算的年成本						
未加权	n. a.	57.41	64.34	62.23	53.02	35.74
以发行量加权	n. a.	71.76	60.90	55.90	44.76	33.33
以每平方英寸的价格×100加权	n. a.	n. a.	1.657	1.383	0.844	n. a.

资料来源：N. W. 艾尔和桑(N. W. Ayer and Son，各年报纸年鉴)、罗厄尔(Rowell，各年报纸目录)。参见附录A。城市人口数据来自吉布森（Gibson，1998)。第8行采用的价格平减指数(见第8行)来自卡特等(Carter，即将发表)。

注释：城市的总体是每年人口数居前100位的城市的集合。“所有城市”包括给定年度有人口数据的所有城市。布鲁克林区与纽约市在合并后仍按两个城市对待。马萨诸塞州的查尔斯顿市和宾夕法尼亚州的阿勒格尼市，这两个城市由于合并而从样本中剔除。调整之后，这些城市（某些城市虽在某些年度没有报纸，但依然放在各年度的样本中）的数据几乎没变。这里的报纸既包括隶属于党派的报纸，也包括独立报纸，但不包括专业类报纸（如金融、音乐、时尚、园艺等方面的报纸）。同时，我们将较小的党报（如社会党、劳工党、人民党等党派的报纸）以及外文报纸排除在外。我们使用两种方式定义“独立”。“第一类独立”包括独立于共和党（IR）和独立于民主党（ID）以及完全独立三种类型。“第二类独立”只包括“完全独立”这一种类型。平减指数是消费价格指数，按 1982—1984 年等于 100 计算：1880 年，10.2；1890 年，9.1；1900 年，8.4；1910 年，9.5；1920 年，20.0。“每平方英寸”是除以每版面积与版面数的积。没有得到 1870 年和 1880 年的数据，1920 年的数据不是用平方英寸计算得到的。n.a. 表示数据无法获得。

* 第一类独立中，IR 独立、ID 独立和完全独立各自所占比例之和为 1。第二类独立所舍弃的是 IR 独立和 ID 独立。

** 用独立报纸的人均发行量除以所有报纸的人均发行量获得。

*** 此处独立指“第一类独立”。

1870 年，只有 11%的大城市日报可以被认为是独立的（见表 6.1，组 B）。① 具有独立性的主要是大报，它们占发行总量的 26%，但在 1870 年，绝大多数美国人所阅读的报纸都公开声称具有党派性。此后半个多世纪中，报纸的党派性出现了实质性变化。到 1920 年，所有大城市的报纸 62%是独立的，占所有大城市报纸发行量的 73%（表 6.1 中 B 组使用的是较宽泛的“独 192

① 本章不包括外文报纸和关注面较窄的报纸（如金融、时尚、戏剧、园艺方面的报刊）。表 6.1 也不包括小党。在我们获取资料的报纸目录中，报纸是按党派隶属关系（包括党派独立）列出的，在 1870 年后，则同时按独立于共和党或独立于民主党进行分类。对独立我们给出了两种定义，宽定义包括所有三种独立，窄定义只包括一种独立。

立”的定义）。在1870年，独立报纸是异端，但50年后却成为规范。

1870—1920年间，独立报纸增长最快的两个时点是这一时期的起止点——1870年代和1910年代。在第一个十年，可以看到报纸对格兰特政府的过失作出了反应，后一个十年则构成了进步时代的一部分。由于新办独立报纸的增加，现有隶属于党派的报纸转向独立，非独立报纸的退出，以及非独立报纸与独立报纸的合并等原因，独立报纸占全部报纸的份额提高了。1870—1920年间，独立报纸数量因进入、退出、转向和合并而增长的情况见表6.2。期间除最后十年（1910—1920年）外，净增加的独立报纸中绝大部分为那些创办时就是独立的新兴报纸。

许多旧报纸自然会发生转向。民主党报纸和共和党报纸变成了独立报纸（或者独立报纸与以前隶属于政党的报纸合并），也有一些不隶属于党派的报纸转向隶属于党派。不过，在1870—1910年整个40年间，新创办的独立报纸的数量约为转化为独立的报纸净数量的3倍。只是在最后十年，由隶属其他政党转向独立的报纸才在独立报纸的兴起中扮演主要角色。在1910—1920年这十年间，趋势出现了逆转，转向独立的报纸的
193 净数量3倍于新办的独立报纸。1910年代，绝大部分转向报纸（60%）是从共和党走向独立的（独立报纸（I）与独立于共和党（IR）的报纸各占一半）。

表 6.2　1870—1920 年独立报纸数量的增长

时期	末年报纸总数	独立报纸				
		净增加数量	进入数量	退出数量	净转化数量	因合并的净变动量
1870—1880	373	81	68	13	29	—3
1880—1890	476	53	74	30	11	—2
1890—1900	486	0	38	39	5	—4
1900—1910	467	47	47	34	37	—3
1910—1920	421	49	26	31	62	—8

资料来源：见附录 A。

注：在 1870—1920 年历年人口排名前 100 名的样本城市中，我们分析的报纸都是“政治类”报纸。“报纸总数量”仅限于隶属于主要政党的报纸：隶属于共和党的报纸、隶属于民主党的报纸或独立报纸，分别用 I、IR 和 ID 来表示。隶属于其他政党的报纸（如社会党、劳工党），如果它们转变为独立报纸，或离开独立行列而变成隶属于“其他”党派的报纸，则在“净转化数量”中加以反映。表中各个时期，来自“其他”的报纸和转向“其他”的报纸，数量很小。“净增加”是最后年份的独立报纸数量减去起始年份的独立报纸数量。它也等于“进入—退出＋净转化＋因合并的净变动量”。

报纸转向独立并不必然意味着没有偏见，许多名义上独立的报纸有时甚至会显现出极端的政治偏见。事实依然是，1870 年报纸公开声称自己的偏向，而到了 1920 年，报纸至少会伪装成没有偏向。独立形象已成为一项有价值的资产。

二、党派内容的减少

现在我们转向新闻的内容和措辞，以此判断声称独立的报纸数量的增加是否与新闻内容的变化相一致。某些辞藻更有可能出现在内容空洞而不是严肃报道事实的文章中。若报纸处于为某个问题进行辩护的一方，则这些辞藻包括"谎言"及它的许多同义词。[①] 处于辩护一方的报纸的社论和评论使用第一人称复数。在文章中大量使用"我们"一词，表明该报纸新闻的主体部分是评论。

报纸对19世纪70年代著名的动产信贷公司丑闻案（这是我们所研究的案例之一）的报道可以用来说明以上两种类型的偏见。根据共和党的报纸（因而处于辩护一方）《奥尔巴尼晚报》的报道：

> 对动产信贷公司的诽谤是最近一次但不可能是最后一次谎言，"饶舌和工于算计"的绅士们在大选期间总会散布出这类谎言。这一诽谤是无赖捏造的，但被蠢货到处贩卖。（1872年9月16日）
>
> 面对动产信贷公司所遭到的诽谤，副总统科尔福克斯（Colfax）的回答果断而高尚。然而，对于此类无耻的诽谤，任何回应都无必要……这场交锋的丑恶之处在于，无论多么残忍、令人愤慨的话，格里利的支持者们都说得出口，无论多么可怕的谎言，无论多么卑鄙的诽谤人格的话，他们也都说得出口。（1872年9月26日）

共和党的《费城晚报》（*Philadelphia Evening Bulletin*）在第一

① 我们找到的19世纪70年代的同义词，参见附录B。

次报道动产信贷公司丑闻案时，竟有六个副标题，包括“政治诽谤”、“尊敬的共和党人如何遭受辱骂”以及“整个事件竟然是假的”，且新闻报道还以“企图咬住受贿指控不放……业已证明纯属捏造”来开头（1872 年 9 月 14 日）。在 19 世纪的大部分时间里，这种过度渲染、夸张的写作风格是常见现象，而不是例外。

政治光谱的另一端是反格兰特派的报纸，它们采用评论性词汇“我们”来渲染这一事件。一份反格兰特的共和党报纸《纽约论坛报》（the *New York Tribune*）这样写道，“最后，*我们*对动产信贷公司丑闻再多说一句……威尔逊先生（Mr. Wilson）否认……不过……*我们*认为他的话值得信赖。”（1872 年 9 月 16 194
日，斜体是这里加的）一些独立报纸，如《巴尔的摩太阳报》（the *Baltimore Sun*），就撰写了真实的报道，杜撰的成分很少。但同样是独立报纸，《纽约太阳报》（the *New York Sun*）在向美国公众揭露这一事件时却用了六个副标题，包括“完美骗局”、“巨额受贿”、“掠夺人民的国会议员，谁还在支持国家窃贼”和“某些人是如何掠取财富的”。

借助能交叉搜索数百份电子扫描报纸的搜索引擎，我们能够在许许多多报纸中搜索某个特定词，以了解这个词在一定时期的使用频率是上升了还是下降了。① 为了平减新闻报道的总量，我

---

① 我们使用的是 Ancestry.com。虽然该网站有数百份报纸，但我们考察期中所使用的报纸数量，19 世纪 40 年代的约 10 份，19 世纪 80 年代后大多数年份为 50 份。而且这些报纸几乎全部来自小镇，只是偶尔包括一份大城市的报纸。如果一个词在一个版面上至少出现一次，则该搜索引擎就记一次。其他搜索引擎，像 Proquest，一个词在一篇文章中至少出现一次，才记一次。

们用中性词汇"一月"出现的次数去除该词出现的次数。①

在"谎言"的各种同义词中,我们选择"诽谤"一词进行了搜索,并搜索了该词的反义词"诚实"。② 图 6.1 显示了用中性词"一月"进行数量平减后,1850—1950 年间"诽谤"和"诚实"词频的时间变化情况(这里采用三年移动平均处理)。运用"诽谤"一词表明,报纸以评论的方式介入其中,以达到诋毁相反观点的目的,而"诚实"一词则被用来建立声誉。

"诽谤"一词泛滥于 19 世纪 50 年代,这是图 6.1 所描述的时期的起点,当时"诽谤"一词的出现频数约为"一月"的 1/12。但到 19 世纪 80 年代,"诽谤"的相对使用次数开始减少,到 20 世纪 20 年代,"诽谤"一词出现的频数仅为"一月"的 1/30。类似地,从 19 世纪末到 20 世纪 20 年代,"诚实"一词在使用次数上约减少了一半。19 世纪 70 年代新闻报道中盛行的武断风格,到 20 世纪初期已不常见了。

19 世纪情绪化语言的总体使用情况也发生了变化,这可以从计算书籍中"诚实"(及其变体)一词的使用频率看出来。③ 但

---

① 为平减政治性新闻报道的数量,我们使用了"政治"打头的全部词汇出现的次数。我们没有在图 6.1 中显示它们的时间序列数据,因为它们所显示的时间变化趋势相似。

② 我们搜索了以"诽谤"开头的全部词汇(如"诽谤的")和以"诚实"开头的全部词汇。

③ 我们在密歇根大学网站(http://hti.umich.edu/m/moagrp/)和康奈尔大学网站(http://cdl.library.cornel.edu/moa/,这是一个较小的网站)上检索了"美国的缔造"(*The Making of America*)文库,并把检索限定在"书籍"上,从而排除了诸如杂志和小册子之类的文献,因为这类文献在内容上与报纸类似。我们用出版年份来标注这些文献的日期,并用中性词汇"一月"进行平减。

是，文学作品中的趋势明显不同于政治性报纸。“诚实”一词相对于中性词（如“一月”）的使用频率19世纪30年代达到很高。此后直到1885年几乎持续下降，但随后保持稳定，直到我们时间序列的末端，即1905年前后。相反，在政治类报纸中，“诚实”一词相对于中性词的使用次数，直到19世纪90年代一直变动不定，此后直线下降。由此可见，19世纪情绪化和煽动性语言 195

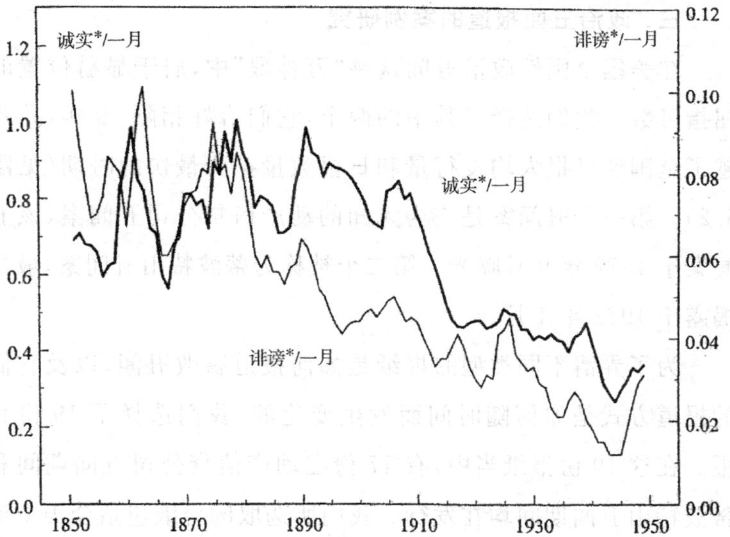

图 6.1　偏见报道指标

资料来源：Ancestry.com运用光学字符识别软件对报纸进行了扫描。有关Ancestry.com及其扫描报纸的更多信息，可参见本书导言。

注：我们对“一月”和所有以“诽谤”和“诚实”开头的词汇都进行了检索。当一个词在报纸的一个版面至少出现一次就记一次（这种检索程序是按版面而不是文章进行的）。所覆盖的报纸逐年变化，每年约包括10到50份报纸。大部分是小城市和镇的报纸。

的总体使用情况确实发生了变化，但这种变化先于政治类报纸约半个世纪。政治报纸用语的变化印证了这样一个观点：19 世纪末报纸的偏见越来越少而独立性越来越强。

这些事实是令人感兴趣的，也富有启发性，它们反映出一种广泛的趋势，而对这种广泛的趋势有多种可能的解释。为了评估新闻媒体的偏见和信息内容在多大程度上发生了变化，下面转向动产信贷公司丑闻和蒂波特山丑闻这两个案例的研究。

三、政治丑闻报道的案例研究

在美国全国性政治丑闻这座“万神殿”中，居于显赫位置的屈指可数。我们选择了其中的两个，它们恰好相隔 50 年，并跨越了全国性日报人均发行量和日报数量扩张最快的时期（见图 6.2）。第一个丑闻案是广为人知的动产信贷公司丑闻案，该丑
196 闻案于 1872 年 9 月曝光。第二个被称为蒂波特山丑闻案，最初揭露于 1922 年 4 月。

为了弄清不同类型的报纸是如何报道腐败丑闻，以及它们的报道方式是如何随时间而发生变化的，我们选择了 19 份日报。在这 19 份报纸当中，有 17 份在动产信贷公司丑闻期间和蒂波特山丑闻期间均在发行。我们所选取的报纸包括全美主流报纸，同时也设法获取到了小城市的报纸，这些小城市远离国家政治活动中心，且它们只有一份报纸（见附录 B，表 6B.3）。

我们搜索到了在这两个事件发展的两个关键时期报纸对它们的所有报道，并对它们进行了如下编码：(a)是否报道了特定“事实”；(b)以栏寸计算的事件报道版面的大小；(c)“杜撰”程度；(d)对事实报道的及时性。用两种方法来度量杜撰的程度。

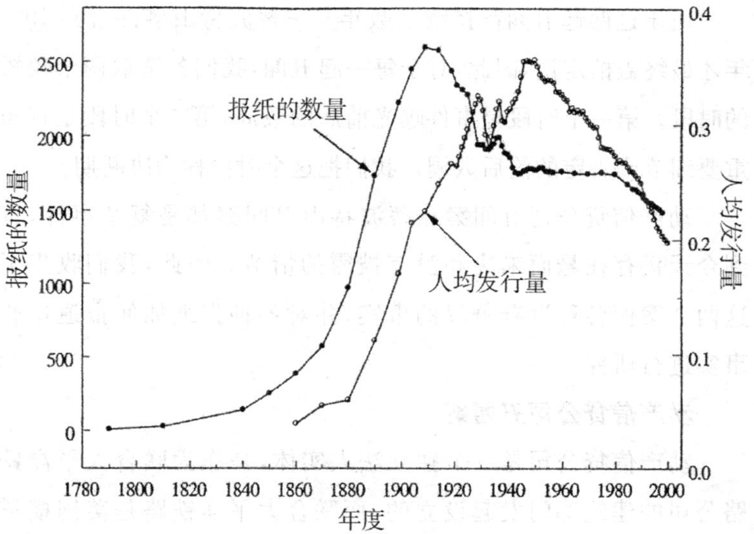

图 6.2　1790—1998 年日报数量及其人均发行量

资料来源：1790—1925 年的日报数据，参见迪尔(Dill，1928)，表 5，第 28 页；1929—1998 年的日报数据，参见《编辑与出版》(相应年份)。

注：1850—1921 年的日报发行量，是根据 1921 年的报纸发行量与订阅量之比用订阅量换算出来的。由此可类推 1921—1928 年的发行量。美国人口数据得自十年一次的人口普查。由于以上数据均为全美的数据，因而可能与表 6.1 中的数据不同，表 6.1 是美国大城市的数据。

一是统计“谎言”一词及其同义词在每篇文章头两段出现的次数(用文章数量进行调整)。二是统计第一人称复数(不管用什么形式，如“我们认为”)在文章头两段中使用的次数(也用文章的数量进行调整)。杜撰的第一种形式在辩护一方的报纸中更为常用，而杜撰的第二种形式在攻击一方的报纸中更为常用。无论哪种情况，它们都是一种论战策略，背离了真实报道的原则。 197

由于这两起丑闻都持续了数年——蒂波特山事件直到1928年才最终盖棺定论，因此，对于每一起丑闻，我们各选取两个较短的时段。第一个时段是事件曝光前后的数周，第二个时段是宣布重要细节或决定的前后数周。我们把这个时段称为决断期。

动产信贷公司丑闻案和蒂波特山丑闻案都是复杂事件，直到今天仍存在悬而未决和没有披露的情节。因此，我们收集了这两个案例各种没有争议的事实，并对各种报纸如何报道这些事实进行研究。

动产信贷公司丑闻案

动产信贷公司是一个独立法人实体，是作为联合太平洋铁路公司的建筑部门发起设立的，而联合太平洋铁路是美国横贯东西的铁路大动脉的组成部分。由于联合太平洋铁路公司的股票是分散持有的，因此，即使联合太平洋铁路公司拿走好的合同，给特定个人带来的好处也是微不足道的。但动产信贷公司的股票既不是分散持有，也不能进行交易。动产信贷公司丑闻牵涉到国会议员奥克斯·埃姆斯(Oakes Ames)，他在动产信贷公司中所占的股份使其可以利用公司股票来贿赂(或报答)其他政府官员。

动产信贷公司丑闻于1872年9月4日由《纽约太阳报》所刊登的一封信而被揭露出来，这封信的落款日期是1868年1月28日，据称是马萨诸塞州的国会议员奥克斯·埃姆斯写给一位名叫亨利·麦库姆(Henry McComb)的陆军上校的。信中有一份名单，其中有1868年成为国会议员、时任副总统的斯凯勒·科尔福克斯(Schuyler Colfax)和十位众议院议员、四位参议院议员。埃姆斯曾把动产信贷公司的股份卖给了这些人，把动产信贷公司的股票放在这些人手里可以“带来最大利益”。[①] 这份名单中还有詹姆斯·布莱恩(James Blaine，代表缅因州的国会议员)，时任美国众议院议长；詹姆斯·加菲尔德(James Garfield，代表俄亥俄州的国会议员)，后来当选总统；乔治·鲍特韦尔(George Boutwell，代表马萨诸塞州的国会议员)，时任财政部部长；亨利·威尔逊(代表马萨诸塞州的参议院议员)，时任格兰特总统竞选班子副总统候选人；以及大多数国会主要委员会、包括众议院筹款委员会的主席。尽管历史档案证实，埃姆斯确实是将股份“卖给”而非送给了上面所提到的至少一部分人，但其股价却仅为一年所支付的股息。至关重要的是，这些人几乎都是共和党人，而且是格兰特总统的支持者。 198

奥克斯·埃姆斯和他的弟弟都是联合太平洋铁路公司的主要投资者，同时也是动产信贷公司持股者团体的成员。由于联合太平洋铁路公司已从联邦政府获得了巨额拨款和贷款，而且在 1868 年似乎还需要更多的拨款和贷款，所以，埃姆斯在 1868 年 1 月写给麦库姆的这封信中提出，他正在谋求进一步的支持，并正在按往日的功劳报答他的朋友们。

在联合太平洋铁路公司股份的处置问题上，麦库姆与埃姆斯进行了长期的法律和财务争执，于是他把这封信泄露给了《太阳报》。泄露的时机正值美国 1872 年总统选举的关键时期，时任总统格兰特与其对手霍勒斯·格里利之间的总统竞选活动正

---

① 如《纽约太阳报》和许多其他报纸的报道，此处引文出自此信。

进入白热化阶段。而且，格里利是《纽约人》(the *New Yorker*)和《纽约论坛报》(the *New York Tribune*)的创立者，他还一度从事过编辑工作。

这封信泄漏后不久，众议院和参议院各任命了一个委员会负责调查这起指控。众议院的委员会由议员卢克·伯伦(Luke Poland，佛蒙特州代表)担任主席，参议院的委员会则由议员贾斯廷·莫里尔(Justin Morrill，佛蒙特州代表)担任主席。参议院还任命了一个委员会，由亨利·威尔逊(他也被牵扯进动产信贷公司事件中)担任主席，负责调查联合太平洋铁路公司和动产信贷公司的金融活动。1873 年 2 月，伯伦和莫里尔负责的委员会均提交了报告。伯伦负责的委员会建议，应当谴责并开除这两位议员(埃姆斯和布鲁克斯[Brooks]，他是卷进去的唯一一位民主党人)。众议院对这两人进行了公开谴责，但并没有开除他们，而参议院却投票开除了佩特森(Paterson)。

这里我们汇编了 1872 年 9 月 4 日至 30 日之间披露消息阶段的 9 个"事件"(见附录 B，表 6. B1)。第一件事是埃姆斯写给麦库姆的那封信。其余八件事是信中所列各色官员对事实的否定。1873 年 2 月 14 日至 28 日是决断阶段，包括涉及国会委员会听证会和总结报告的 11 个"事件"。

蒂波特山丑闻案

被称之为"蒂波特山"的丑闻是无意间被《华尔街新闻》(the *Wall Street News*，现为《华尔街日报》[the *Wall Street Journal*])首次揭露的，报道的时间是 1922 年 4 月 7 日。当时，美国政府把怀俄明州一个叫蒂波特山的地方附近的土地租给了巨象石油公司的哈里·辛克莱(Harry Sinclair),这个地方是海军石油储备基地之一。另一个海军石油储备基地在加利福尼亚州的赤鹿山,也被出租用于石油钻探。该租约的奇怪之处在于,这个海军石油储备基地属于海军部长埃德温·登比(Edwin Denby)管辖,但内政部长艾伯特·福尔(Albert Fall)却批准了该租约。一周后,参议院要求召开辛克莱租约的听证会。

表明这实际上是一起丑闻的证据在1924年1月下旬被捅了出来。当时,获得赤鹿山租约的石油公司董事长爱德华·杜赫尼(Edward Doheny)披露,他在这笔石油交易之前,曾给艾伯 199
特·福尔提供过一笔数额为10万美元的无担保贷款。巨象石油公司董事长哈里·辛克莱也通过他的律师披露,他也曾在蒂波特山租约之后给福尔提供过一笔贷款。蒂波特山事件的判决直到1928年才做出,也就是在艾伯特·福尔被查明犯有受贿罪的时候。而福尔已在1923年3月辞职,海军部长埃德温·登比也在1924年3月被迫移交了他的职务。

这里我们汇编了1922年4月7日至30日披露消息阶段的8件事。这些事件主要涉及石油租约的存在、租期、海军和内政部长们对这份租约的辩护,以及参议院对石油租约的反应。1924年1月21日至28日为决断阶段,包括9件事,涉及杜赫尼和辛克莱向艾伯特·福尔提供贷款的披露。这两个阶段的系列事件参见附录B和表6B.2。

报纸对动产信贷公司丑闻的报道

在为期3周的动产信贷公司丑闻“消息披露”阶段,我们在17份报纸中共查找到了224篇文章,而为期2周的“决断”阶段，我们在同一组报纸中找到了 543 篇文章。[1] 我们根据以下四个特征对这些文章进行了编码（编码请见附录 B）：(a)报道版面，(b)报道事件，(c)杜撰，(d)报道的及时性。计算结果按照报纸的隶属关系在图 6.3 中进行了概括。在 17 份报纸中，8 份隶属于格兰特总统和共和党，5 份要么隶属于民主党，要么反对格兰特共和党，还有 4 份被列为独立报纸。[2]

在这起丑闻的披露消息阶段，在支持格兰特（或支持共和党但不反对格兰特）的报纸中，报道的相对版面要远少于其他报纸，报道事实件数也较少（见图 6.3，组 A，1872 年）。[3] 杜撰程度在两类报纸之间极为不同。在披露消息阶段，支持格兰特的报纸非常频繁地使用“谎言”及其同义词，而反对格兰特的民主党报纸
202 则更多地使用了评论词“我们”（见图 6.3，组 B，1872 年）。[4]

① 这些文章是由我们的特别研究助理找到的，特别是麦戈理·法希奥特，他仔细浏览了缩微胶片。这里只有《纽约时报》和《华尔街新闻》可通过光学字符识别软件来检索。

② 隶属关系得自报纸名录（见附录 A）和新闻史。两份隶属于共和党但反对格兰特的报纸是《纽约论坛报》和《芝加哥论坛报》（the *Chicago Tribune*）。

③ 用于报道这一新闻事件的栏寸（由报道的版面除以报纸总版面再乘以 10 得到）的均值是，共和党报纸 0.110，民主党报纸和反对格兰特的报纸 0.425，独立报纸 0.992。报道关键事实的平均比例是，共和党报纸 0.542，民主党报纸和反对格兰特的报纸 0.689，独立报纸 0.667。两个靠南方的城市加尔维斯敦市和新奥尔良市是这一模式的例外，它们较少报道这起丑闻。

④ “谎言”一词出现的平均频率（即每篇文章头两段出现该词的次数），共和党报纸是 1.591，民主党报纸和反对格兰特的报纸是 0.288，独立报纸是 0.463。“我们”一词出现的频率，共和党报纸是 0.424，民主党报纸和反对格兰特的报纸是 0.715，独立报纸是 0.419。

A

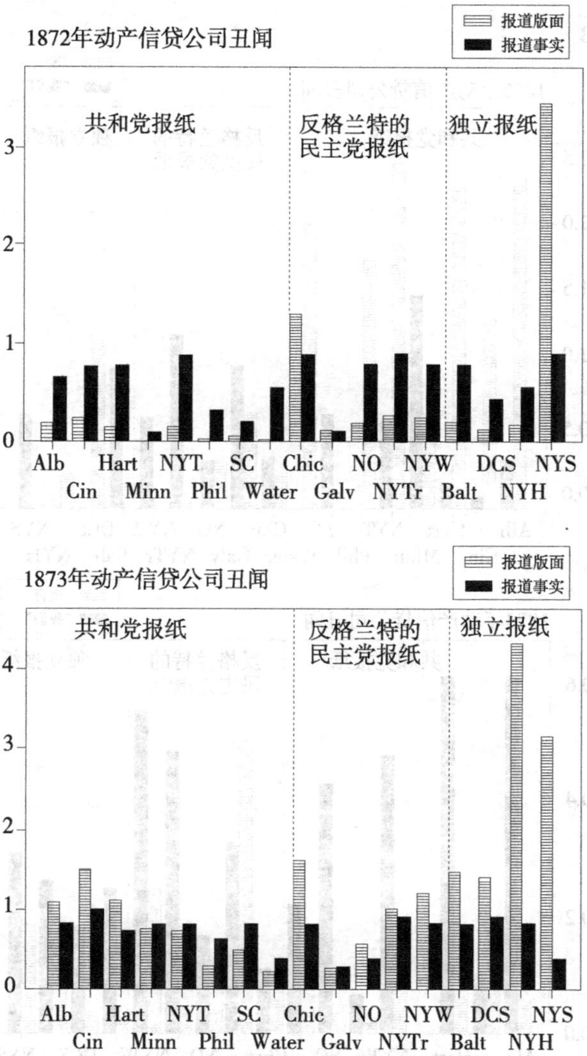

图 6.3　动产信贷公司丑闻的新闻报道：报道版面、报道事实、及时性和杜撰程度：A，1872 年和 1873 年动产信贷公司丑闻：报道版面与报道事实；B，1872 年和 1873 年动产信贷公司丑闻：杜撰程度；C，1872 年动产信贷公司丑闻：及时性。

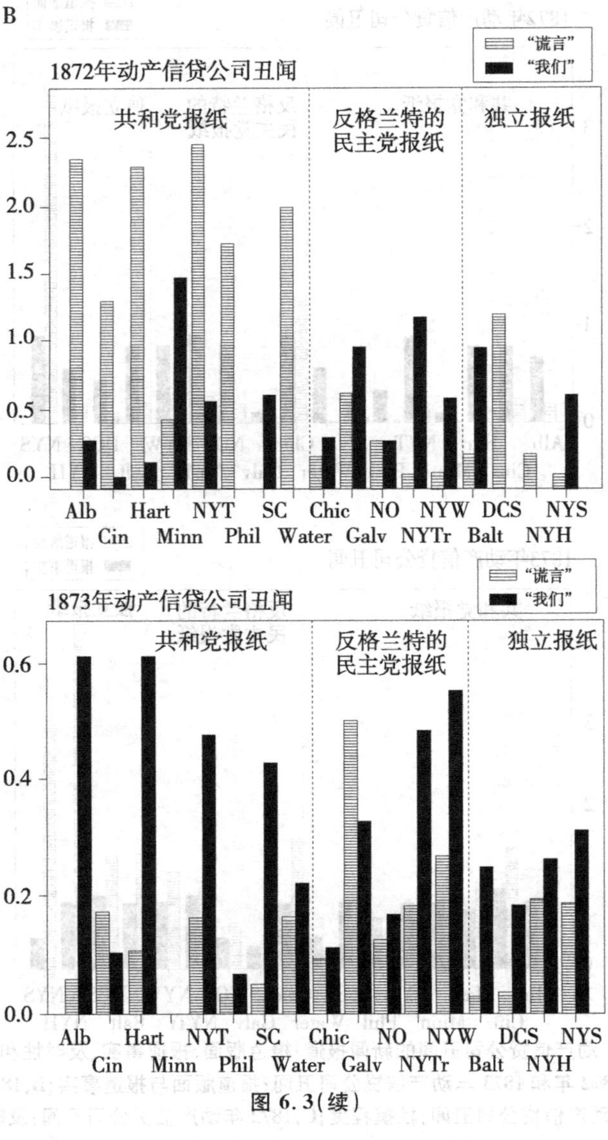
B
1872年动产信贷公司丑闻
"谎言"
"我们"
共和党报纸
反格兰特的
民主党报纸
独立报纸
2.5
2.0
1.5
1.0
0.5
0.0
Alb
Cin
Hart
Minn
NYT
Phil
SC
Water
Chic
Galv
NO
NYTr
NYW
Balt
DCS
NYH
NYS
1873年动产信贷公司丑闻
"谎言"
"我们"
共和党报纸
反格兰特的
民主党报纸
独立报纸
0.6
0.4
0.2
0.0
Alb
Cin
Hart
Minn
NYT
Phil
SC
Water
Chic
Galv
NO
NYTr
NYW
Balt
DCS
NYH
NYS

图 6.3(续)

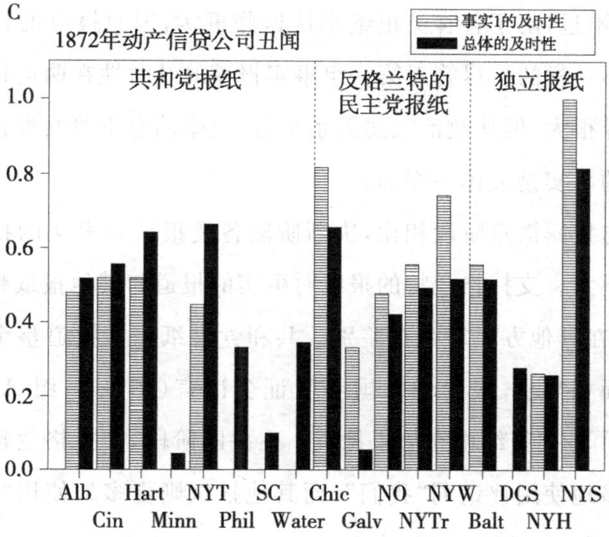

图 6.3(续)

注释和资料来源：参见图 6.4 和附录 B。

关于组 C 的注释：1873 年 2 月“决断”阶段的总体样本报纸和大部分重要事实在及时性方面几乎没有差异。

当 1872 年 9 月 4 日《纽约太阳报》披露埃姆斯写给麦库姆的那封信时，许多人还以为这只是格里利竞选阵营的政治阴谋。在整个披露消息阶段（1872 年 9 月 4 日至 30 日），共有 4 份报纸，它们全都隶属于共和党，自始至终没有报道过这封信的存在，而只是婉转地提及此信。其余的 4 份共和党报纸大约在两个星期后开始进行报道（见图 6.3，组 C，1872 年）。相反，民主党报纸和独立报纸很快报道了《太阳报》发表的这封信。而对于披露消息阶段的其余事实，各类报纸几乎以相同的速度进行了报道，不过，由于各官员拒绝承认这些事实，因而报道的杜撰程度是不一样的。尽管对第一组事实报道的及时性在两类报纸之间差异很大，但从政治隶属关系来看，披露消息阶段两类报纸所
203 报道的事实是大体一样的。

与披露消息阶段相比，决断阶段各类报纸对事实的报道差别并不大。支持格兰特的报纸对事实的报道与其他报纸频率相同，但在其他方面却存在差别。共和党报纸完整报道整个事件的版面相当小，很少刊发国会听证会证言（图 6.3，组 A，1873 年）。[①] 各类报纸中充满了杜撰。在决断阶段，支持格兰特的报纸更多地使用评论词“我们”，而其他报纸则更多地使用“谎言”一词（图 6.3，组 B，1873 年）。

总而言之，19 世纪 70 年代报纸刚刚开始转型，即开始从美国内战前夕充当高度政治化的工具转向更加独立于政党。当动产信贷公司丑闻爆发时，不少地方的美国人是在几周之后才得知这一消息的，而当他们被告知这一消息时，事实已被歪曲了不少。事实遭到歪曲出于若干原因，其中一个原因是，许多报纸在地理位置上远离全国政治和商业中心，搜集信息的成本很高。虽然那时电报和专线电报降低了搜集新闻的成本，但成本仍然不菲。不过，歪曲主要还是由于报纸的政治属性。

---

① 用于这起丑闻的平均版面（表示为报纸总版面的一个分数比例再乘以 10），共和党报纸是 0.688，民主党报纸和反对格兰特的报纸是 0.919，独立报纸是 2.584。

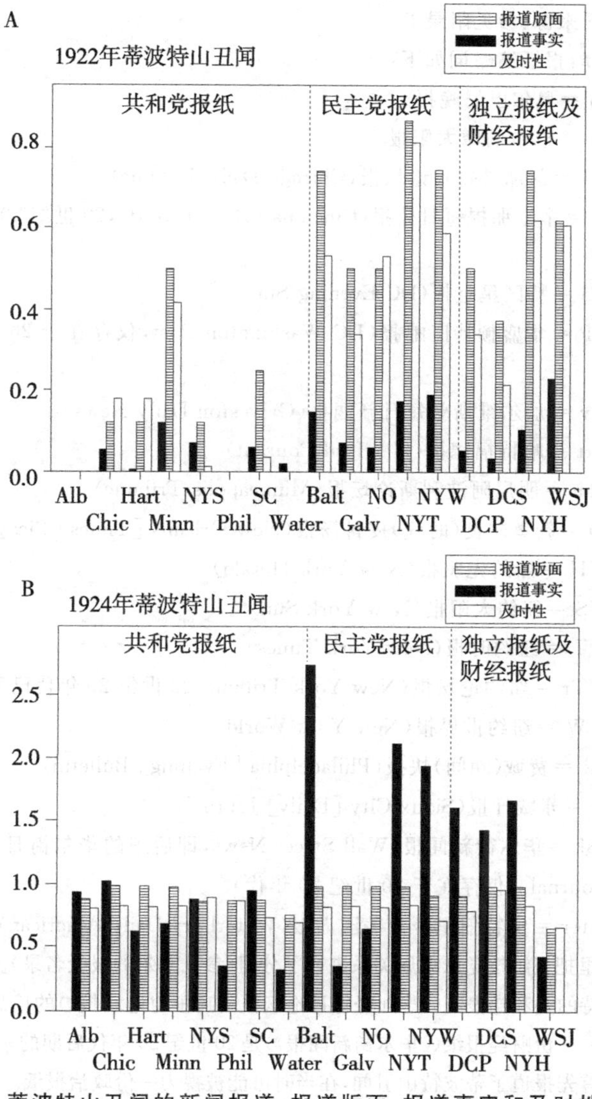

图 6.4　蒂波特山丑闻的新闻报道：报道版面、报道事实和及时性：A，披露消息阶段；B，决断阶段。

资料来源：参见附录B。

注释：报纸缩略词如下：

Alb =奥尔巴尼晚报

Balt =巴尔的摩太阳报

Chic =芝加哥每日论坛报(Chicago Daily Tribune)

Cin =辛辛那提每日公报(Cincinnati Daily Gazette，20世纪20年代已不存在)

DCS =特区星空报(DC Evening Star)

DCP =华盛顿特区邮报(DC Washington Post，仅存在于20世纪20年代)

Galv =加尔维斯敦每日新闻报(Galveston Daily News)

Hart =哈特福德报(Hartford Courant)

Minn =明尼阿波利斯论坛报(Minneapolis Tribune)

NO =新奥尔良(时代)皮科扬报(New Orleans [Times] Picayune)

NYH =纽约先驱报(New York Herald)

NYS =纽约太阳报(New York Sun)

NYT =纽约时报(New York Times)

NYTr =纽约论坛报(New York Tribune，20世纪20年代已不存在)

NYW =纽约世界报(New York World)

Phil =费城(晚间)快报(Philadelphia [Evening] Bulletin)

SC =苏城日报(Sioux City [Daily] Journal)

WSJ =华尔街新闻报(Wall Street News，即后来的华尔街日报[Wall Street Journal]；仅存在于20世纪20年代)

Water =沃特伯里今日美国人报(Waterbury Daily American)

这里把报纸按党派隶属关系进行了分组(参见艾尔的报纸名录)。补充了反格兰特的共和党报纸(《芝加哥每日论坛报》和《纽约论坛报》)的信息。所列入的唯一一份财经报纸(《华尔街新闻报》)是20世纪20年代后期的一份报纸，正是它首先报道了蒂波特山丑闻，在当时可能被视为一份政治报纸。

"报道版面"是由文章的栏寸除以报纸总版面再乘以10得到。因此，"报道版面"是指"相对版面"，以考虑一些报纸的总版面大于其他报纸这一事实。总版面是长乘以宽再乘以版面数。

"报道事实"是指在特定时期报道事实的比例(重要事实见附录 B)。

"杜撰程度"以两种方法衡量。在两起案例中,统计两个阶段所有文章头两段中特定词汇出现的次数。首先,统计"谎言"及其各种同义词出现的次数。其次,统计"我们"出现的次数。"谎言"这个词一般用来杜撰相反的事实。而"我们"这个词则一般用来进一步强调特定的事实(即主观评论)。总次数用该时期每种报纸刊发的此类文章的数量进行调整。

"及时性"的计算先对"事实"评分,然后除以最高评分,再减去 1。如果一则事实在其可能被报道的第一天就被报道了,那么,这家报纸就得到 0 分,其"及时性"就是 1。如果一天后报道,就得 1 分,两天后报道则得 2 分,依此类推。滞后的最多天数是(1＋所考察时期的总天数)。接着用报纸的总得分除以最高可能得分,再减去 1。如果结果为 0,就意味着该报在所考察的时期从没对事实进行过报道。

媒体对蒂波特山丑闻的报道

在为期两周的披露消息阶段,我们在 17 份报纸中找到了 104 篇有关蒂波特山丑闻的报道,在为期一周的决断阶段,我们在同组报纸中查找到了 381 篇文章(见附录 B,表 6B. 2)。如同前面一样,我们根据以下几方面对文章进行了编码:(a)报道版面,(b)报道事实,(c)杜撰程度,(d)及时性。图 6. 4 按报纸隶属关系对计算结果进行了归纳。在 20 世纪 20 年代,17 份报纸中 8 份是共和党报纸,5 份是民主党报纸,4 份是独立报纸(包括一份金融报纸《华尔街新闻报》,是它首先披露这一事件的)。

到 20 世纪 20 年代,美国报纸看上去已很像当今大报那样基于事实进行报道。与 19 世纪 70 年代相反,20 世纪 20 年代对事件的报道是基于事实的,杜撰已不明显。实际上,对 20 世纪 20 年代的报纸，我们已不能按杜撰程度进行编码，因为我们发现此时的报道已不再使用“谎言”和“我们”之类的措辞。不过，我们还是找到了其他方法来衡量不同类型报纸在新闻报道上的差异。

在 1922 年蒂波特山丑闻的披露消息阶段，除一份非共和
205 党报纸外，其他报纸均刊出了过半数的事实(《特区星空报》是唯一的例外；见图 6.4，组 A)。这些报纸中有 4 份刊出了 3/4 以上的事实。这 4 份报纸不仅刊出了这一事件，而且比较及时，并用了相当大的版面。相反，共和党报纸则没有刊登许多事实。例如，在《华尔街新闻报》刊出有关蒂波特山租约的新闻报道之后两周多的时间内，《奥尔巴尼亚晚报》、《费城快报》和《沃特伯里今日美国人报》都没有刊发石油租约方面的专题
206 报道。3 份共和党报纸只刊出了 8 则事实中的 1 则。在 20 世纪 20 年代，所有报社都能获知这些事件，并能及时加以报道。不刊出事件表明存在某种程度的检查，这完全可以称之为新闻压制。

在 1924 年的决断阶段(见图 6.4，组 B)，报纸的相关报道之间区别很小，只有一个例外，它印证了我们在动产信贷公司案例中的结论。那就是，非共和党的报纸，尤其是隶属于民主党的一些报纸，对于它们刊发出来的事件进行了(相对而言)大版面的报道。

从这两起案例研究中得出的结论是，从 19 世纪 70 年代到 20 世纪 20 年代，虽然新闻报道风格发生了巨大变化，但到 20 世纪 20 年代，非独立报纸依然压制新闻事件，对于那些有损于

自己候选人的新闻报道，所给的版面很少。由于我们所选取的这两起丑闻均涉及共和党政府，我们并不能从这里的研究中得知，民主党报纸是否也会如此，但我们仍敢妄猜，它们确实会如此。非独立报纸往往带有偏见，且内容空洞。不过非独立报纸在日报中所占的比重越来越小，发行份额更小。而且，即使在那些拥有非独立报纸的城市，来自独立报纸的竞争也促使报纸资讯日益丰富。

第三节　理解资讯丰富报纸的兴起

在研究资讯丰富报纸兴起的过程中，我们发现报纸中的偏见在减少，而信息量却大幅度增加了。现在我们力图基于不断涌现的文献来解释这种转型，这些文献探讨了经济因素是如何决定新闻文章的偏见程度和信息量的。

新闻的信息内容反映了消费者需求与供给者激励之间的权衡。消费者追求知识和娱乐，供给者追求利润和灌输它们的意识形态观念。越来越多的理论文献，包括马莱内森和施莱费尔(Mullainathan and Shleifer，即将发表)、根茨科和夏皮罗(Gentzkow and Shapiro，2004)、贝斯利和普拉特(Besley and Prat，2004)，探讨了这些因素如何导致报纸企业在均衡状态下报道带有偏见的新闻的。

在本节，我们沿着贝斯利和普拉特(Besley and Prat，2004)的思路建立供给者激励模型，该模型涉及以下两个要素的权衡:(1)来自消费者的利润,消费者愿意购买资讯丰富的报纸;(2)因刊出有利于某一政治派别的消息而直接获得的报酬。虽然这种直接报酬并不是偏见唯一可能的根源,但是,它似乎与19世纪和20世纪初报纸所面临的激励的相关历史证据高度一致。①

这种由信息的政治背景所带来的直接报酬,其最明显的根
207 源是报纸所有者本身的政治偏好。我们前面以瑟洛·威德的《奥尔巴尼晚报》和霍勒斯·格里利的《纽约论坛报》作为19世纪由政治利益团体经营报纸的例子。此外还有科勒聂·麦考米克(Colonel McCormick)的《芝加哥论坛报》、哈里森·格雷·奥蒂斯(Harrison Gray Otis)及其后裔的《洛杉矶时报》(1960年以前),他们均持有顽固的右翼观点,并在自己的报纸当中秉持了同样的立场。②

---

① 有一个寻找供给方偏见来源的模型,它似乎与我们下面要分析的一个关键经验事实高度吻合:在19世纪末和20世纪初偏见的减少是与成本的不断下降和广告收入的不断增加相一致的。从直观上讲,如果供给者把来自偏见新闻的直接收益与市场利润相比较,进行权衡取舍,那么,能够增加市场收益的任何变化都会降低新闻的偏见程度。但寻找需求方偏见来源的模型则不必然隐含这样的因果关系。

② 需要指出的是,20世纪初人们普遍抱怨的是报纸偏向右翼,但在今天,所谓的偏见主要是指新闻记者在新闻报道中有意偏向左翼的自由主义观点。对于这种转变的一种解释是,如果它确实已经发生了,那是因为记者的收入增长了。如果说改变信仰的机遇是一件奢侈品,那么我们就会看到,随着大多数记者变得越来越富有,他们为得到推动自己信仰的机遇会越来越愿意接受较低的工资。

直接报酬的另一个来源是政治家或政党的外部影响。它可能采取直接贿赂或回扣的形式，就像贝斯利和普拉特模型所分析的那样。最有名的例子或许就是国务卿托马斯·杰斐逊，他把国务院的钱支付给菲利普·费雷诺(Philip Freneau)，让他经营支持杰斐逊而反对联邦党人的激进派报纸《国民公报》(*National Gazette*)。外部影响也可能来自那些能以较低成本提供偏见信息的利益集团，或来自这样一些政治家，他们以切断记者获得新闻的途径相威胁，以阻挠不利的新闻报道。

为建立正式模型，假定报纸先确定一个投资水平，这个投资水平将决定报纸获得一则新闻的概率 q。投资包括诸如记者数量、记者素质和基础设施投资等。投资成本用 $K(q)$表示，其中 $K(0)=0, K(1)=\infty, K'>0, K''>0$。假定新闻不能虚构，新闻事件不能渲染。相反，报纸面临的主要意识形态问题是，是否***压制***与自己立场相悖的新闻。报纸还要决定花多少钱来发掘新闻事件。

新闻的意识形态内容为 $\omega, \omega\in\{-\infty,\infty\}$。意识形态内容反映新闻事件在多大程度上帮助或伤害不同政治背景的政治家。一旦观察到 ω，报纸就要么刊发 $x=\omega$ 的新闻事件，要么压制它。压制新闻事件可理解为，要么根本不提它，要么刊发传递不实信息的政治评论。

为了把报纸的政治偏见考虑进来，我们假定，当报纸刊出具有意识形态内容 ω 的新闻事件时，它就可以得到报酬 $r\omega$。刚刚提到，这反映的可能是所有者的政治偏好，或者是政治既得利益 208

集团的外部影响。[①] 为简便起见,假定 $r>0$。

假定有 P 个消费者经常购买报纸,并且,只要报纸刊有刚发生的新闻事件,就会有新的 C 个消费者购买报纸。报纸从每位读者获得的广告收入是 a。发行一份报纸的边际成本是 c。因此,如果报纸刊出一则内容有 ω 的新闻事件,则报社的利润为 $(C+P)(a-c)+r\omega-K(q)$,否则,利润为 $P(a-c)-K(q)$。为简洁起见,假定 $a>c$。由该模型可直接得到以下命题。

命题 1:意识形态内容存在一个值 ω^*,在这一值上,报纸刊发和不刊发这一新闻事件没有差别。对于大于 ω^* 的 ω 值,报纸严格偏好于刊发这则新闻事件;对小于 ω^* 的 ω 值,报纸严格偏好于压制这则新闻事件。ω^* 的值等于 $-C(a-c)/r$,因此,它随 c 和 r 上升而上升,随 a 和 C 上升而下降。

证明:报纸刊发这则新闻的收益等于 $C(a-c)+r\omega$,因此当 $\omega=-C(a-c)/r$ 时,刊出或不刊出这则新闻对报社是没有差异的。因 $C(a-c)+r\omega$ 随 ω 单调增加,当 $\omega>-C(a-c)/r$ 时,报纸严格偏好于刊出,当 $\omega<-C(a-c)/r$ 时,报纸严格偏好于不刊出。比较静态分析的结果是通过对 $-C(a-c)/r$ 求一阶导数得到的。

ω^* 值表示引入到报纸中的偏见的程度,因为报纸希望刊发

---

① 这里隐含了一个重要的假定,即压制还是刊发一则新闻的直接政治收益不取决于读者数量(即 C 和 P)。这个假定在某些情形下似乎是一个准确的描述(例如,当直接报酬来自一位对赢得选举有确定预期的政治家时),但在其他一些情形下(例如,当编辑看重每一个思想摇摆的读者的政治立场时),这个假定显然太简单了。在后面的讨论中,我们的结论要求,政治报酬随 C 和 P 而发生的变化要慢于随市场收益而发生的变化。

那些有利于特定政治派别的新闻事件。随着 ω^* 上升，更多的新闻事件受到压制，偏见程度也会上升。比较静态分析表明，偏见程度将随着 $(a-c)$，即从每位消费者那里获得的净收益的上升而下降，随着 C（更多资讯所带来的新增消费者）的上升而下降，而随 r（供给方的偏见程度）的上升而上升。

虽然这种比较静态分析的结果并不让人感到意外，但它指出了报纸在偏见问题上的一个最基本的权衡。出售更多报纸所带来的潜在收益与压制政治上的指控消息所获得的私人利益相权衡。在这个模型中，随着市场规模扩大（导致 C 上升），或者随着广告收入和成本之间的差额扩大（导致 $(a-c)$ 上升），报纸的偏见会变得越来越少。也可以认为变量 C 反映了报纸之间的竞争。例如，假设大多数消费者都喜欢看**一些**报纸，而不管报纸的内容如何，但他们更喜欢看资讯丰富而不是内容空洞的报 209
纸。这样，一个垄断报社就能够向所有读者出售自己的报纸，而不会去理会信息内容如何，而一个双头垄断报社则只能通过提供资讯来增加对自己报纸的需求。①

现在接着分析在信息提供上的均衡投资水平——q 的选

① 贝斯利和普拉特（Besley and Prat，2004）正式指出，在一个企业接受政治家支付而压制有害新闻的模型中，竞争的强化应该能够降低偏见程度。在他们的模型中，如果 N 家企业在均衡状态下都对信息实施了压制，那么，如果某一个离经叛道者刊发了消息，他就能够作为一个垄断者获得相同的支付。从而，必须向每个企业支付的贿赂是独立于 N 的，并且贿赂总量会随 N 而增加。在一个激烈竞争的市场上，政治家发现压制信息是很难的。

择。报纸预期收益等于$(a-c)\{P+Cq[1-F(\omega^*)]\}+qr\int_{\omega^*}^{\infty}\omega f(\omega)d\omega-K(q)$。因此，一阶条件为$K'(q)=[1-F(\omega^*)]C(a-c)+r\int_{\omega^*}^{\infty}\omega f(\omega)d\omega$。

命题 2:报纸的信息投资随C和a的上升而上升，随c和r的上升而下降。

证明:因为$K''(q)>0$，所以，任意一个变量x对q的影响与该变量对$\{1-F[-C(a-c)/r]\}C(a-c)+r\int_{-C(a-c)/r}^{\infty}\omega f(\omega)d\omega$的影响，符号是相同的。对上式求导可得，$q$随着$C$和$a$的上升而上升，随$c$和$r$的上升而下降。

命题 2 是对命题 1 的回应，表明随着市场扩张，将会有资讯更加丰富和偏见更少的报纸涌现。同时，成本c的下降也将对搜集信息产生激励，因为每个读者所带来的净收益增加了。如果C随着竞争水平的提高而上升，那么，信息搜集也将随着竞争的加剧而强化。供给方偏见程度较低也能强化信息搜集倾向。由于偏见会牵涉到信息压制，所以，较高水平的偏见首先会降低搜集新信息的价值。

这里的分析框架表明，应当把(1)生产成本、(2)市场规模、(3)市场竞争和(4)广告收入视为决定报纸信息量和偏见程度的力量。下面接着考察 19 世纪新闻媒体的有关证据，以弄清楚这些力量中哪些有助于我们理解资讯丰富的报纸的兴起。

第四节 资讯丰富报纸兴起的原因

下面接着分析以上模型所预测的应该对报纸的偏见程度和

信息量产生影响的因素，如生产成本、市场规模和广告收入。我们将重点关注整个19世纪到20世纪初以上每一个变量各自所发生的显著变化，尽管我们知道这些变量是相互关联的，但我们还是把每个变量视为一个独立的因素。 210

一、生产成本

19世纪，报纸生产成本的最重要的变化可能就是新闻纸价格的下降。1870年到1910年，新闻纸的实际价格下降了1/5，从每磅25美元降到每磅5美元（见图6.5）。追溯到整个19世纪中期，几乎所有的报纸都是用比较贵的新闻纸印制的，这些新闻纸用棉花或亚麻制成。由于佛氏造纸法的发明，由碎布原料制成的优质纸的价格从19世纪30年代开始下降，但直到1867年木浆造纸法引进之后，新闻纸的价格才出现直线下降（Emery and Emery，1992，第188页）。除了内战期间出现过急剧上涨，那时以后到1910年代，新闻纸的价格呈现迅速而持续的下降。 211

新闻纸是报纸成本构成中最大的部分。例如，创刊于1851年的《纽约时报》，在它创刊后的第一年，新闻纸占其经营成本的整整一半（Mott，1962）。而且，新闻纸在***边际***成本中所占的份额也相当大（其他成本只有油墨和印刷工人工资）。粗略计算表明，1851年4版一份的《纽约时报》，新闻纸成本大约为1美分，与报纸标价一样（1852年提高到2美分）。

新闻纸价格的变化，以及随之而来的发行量增加，使得高速印刷技术的发明和投资变得有利可图。与一个世纪前的纺织业发展类似，这些新技术拓宽了行业瓶颈。一旦新闻纸价格降低了（类似于纺织业中的纱），提高印刷速度（纺织速度）就会有利

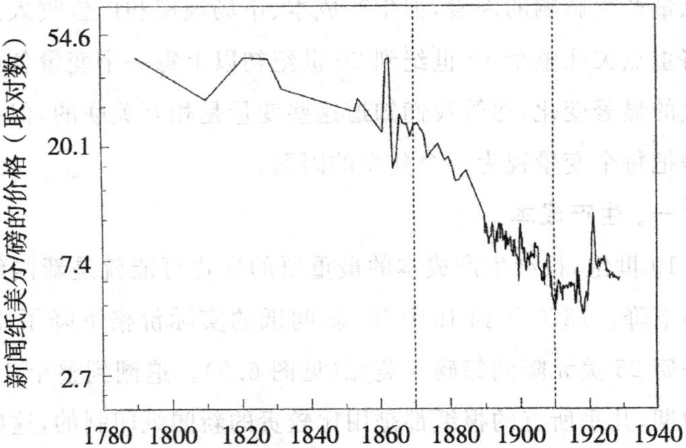

图 6.5 1790—1930 年的新闻纸价格(美分/磅,用批发物价作平减指数,1967 年=100,对数刻度)

资料来源:1790—1890 年:李(Lee,1937,第 742—743 页);1890—1929 年:《NBER 宏观历史数据库》系列 m04093a、b,新闻纸价格的季度数据,参见 http://www.nber.org/databases/macrohistory/congents/。批发物价平减指数:1790—1889 年,美国普查局(U.S. Census Office,1975),系列 E-52(Warren and Person);1890—1929 年,《NBER 宏观历史数据库》,季度批发物价作平减指数。年度数据,NBER 的 1890—1915 年系列与美国普查局(U.S. Census Office,1975)E-40 相同,1913—1929 年系列大致相当于美国劳工统计局(BLS)E-23。

注:NBER 数据是月度数据,而李所用的数据,1860 年以前时间间隔各不相同,自 1860 年起是年度数据。1890 年,李和 NBER 的数据开始衔接,衔接部分数据几乎相同。李的 1860—1890 年的数据源自《纽约论坛报》。李的 1860 年之前的数据是由几处来源拼在一起而成的。《NBER 宏观历史数据库》的两组新闻纸数据在 1914 年衔接在一起。平减指数用 1890 年价格指数乘以 0.6854(=56.2/82)计算,1913 年价格指数依此类推。最终平减指数设置为 1967 年=100。

可图。而一旦印刷速度加快了，即使在廉价报纸上投资也是值得的。

19 世纪印刷技术最重要的创新包括蒸汽驱动印刷机技术和滚筒而非平版印刷技术。这两项发明都是在 19 世纪中期引进的，内战后迅速推广。赫伊（Hoe）的著名“电光印刷机”，即第一台滚筒印刷机，是 19 世纪 40 年代中期面世的。莱诺排版机则实现了键盘自动排版功能，于 1886 年首次投入使用，直到 20 世纪 50 年代仍在使用。这一时期的其他新发明还包括铅版印刷模板（它能在多台印刷机上同步印刷，方便地进行复制），自动折页机和用于印制照片的网目铜版印刷术（例如，参见 Emery and Emery ，1992，第 9 章；Mott，1962，第 30 章）。打字机在 19 世纪 60 年代由 C. L. 肖尔斯（C. L. Sholes）发明，肖尔斯曾是密尔沃基市《哨兵报》（*Sentinel*）的一名编辑，19 世纪 80 年代，随着价格的下降，编辑室和记者办公室广泛使用这种打字机（Current，1954）。

随着印刷机产量的不断增长，经营的平均固定成本直线下降。虽然我们没找到平均固定成本的时间序列数据，但通过假定不同类型机器的资本寿命和折旧率相同，我们仍能大致估计成本变化。

1850 年，一台六筒旋转式印刷机每小时能印刷 1.2 万印次，成本（以美元现值计算）在 2 万到 2.5 万美元之间。到了 19 世纪 90 年代，几乎所有的印刷厂都有卷筒纸轮转印刷机，用新闻纸连续滚印，并可同时进行双面印制，自动折页。这种印刷机每小时能印制 2.4 万—4.8 万份 12 版报纸，成本在 4 万到 8 万

美元之间(以美元现值计算)。若用不变美元表示资本成本,并假定各类机器的折旧率和寿命相同,则1890年平均固定成本
212 (每版)仅仅是1870年的1/15(平均每年下降约7%)。①

卷筒纸轮转印刷机的维修成本可能高于原来的机器。不过,新的印刷机能自动折页,节省了劳动成本,且每天可运转更多小时,每年可运转更多天数。我们不知道印刷机改进程度有多大,但我们估计的固定成本大幅度下降这一点是不会发生根本改变的。② 而且,印刷技术仍在进步。在1895年,赫伊采用了八重印刷机,它每小时能印制4.8万份16版报纸,此后十年,双倍八重印刷机开始投入使用,每小时能印制14.4万份16版报纸。

当然,成本变化驱动报纸规模扩大的最好例证还是报纸的实际销售价格。虽然我们缺乏内战前报纸价格的数据,但已有的数据表明,当时报纸年度订阅价格为87美元到110美元(以1982—1984年美元计算)。③ 我们掌握的报纸价格、发行量和版面大小的数据始于1880年(见表6.1,组D)。在1880年,平均

---

① 这里使用的是给定范围的均值,并应用了CPI平减指数(Carter等,即将发表)。假定这些印刷机运转天数相同,维修费是初始成本的一个不变函数。有关印刷机产量和价格的大部分数据来自莫特(Mott,1962)。

② 由于莱诺排版机的应用,排版的成本也下降了。1890年,莱诺排版机比人工快3倍,排字工人一天工作9小时获得4美元报酬(Emery,1972,第338页)。由于佩琦排版机价值1.2万美元而特尼/辛普勒克斯排版机价值仅2000美元,有关排版机的数据变动太大,因而不能估计所节约的成本(Mott,1962,第500页)。

③ 订阅费来自莫特(Mott,1962,第203页)。

年度(没加权)订阅价格是57.41美元(以1982—1984年美元计算),而到1920年,下降到了35.74美元,但1880年到1910年的价格变动很小。按发行量加权的价格数据显示出一个更加明显而持续的下降趋势。1880年的订阅价格(以1982—1984年美元计算)是71.76美元,1890年是55.90美元,1920年则是33.33美元。那些发行量最大的报纸最初往往也是价格最贵的报纸,而到了考察期末,它们已不太贵了。1880年到1920年,对一般读者来说,报纸价格年均下降1.92%。

而一旦用报纸的版面大小来调整,则价格下降更加显著。无疑,版面越大,成本越高。1890—1910年,也就是我们能得到报纸版面数和版面大小的数据的时期,单位面积的价格年均下降3.37%(调整和加权后),调整但没加权的价格下降1.54%。虽然用报纸版面大小进行调整有其合理之处,但也有可能出现这种情况,相对于每平方英寸报纸对于读者的边际价值而言,我们所估算的价格下降幅度可能偏大,这种按单位质量所衡量的成本下降大约处在加权估计值与版面调整值(和加权)之间。 213

第三个方面的关键性创新涉及通讯。19世纪初,报纸要想及时获取全美或跨大西洋地区所发生的新闻事件的信息,所遇到的困难是可想而知的。当时,几乎所有的新闻都需要通过地方报纸交换或记者信件以邮寄的方式来传递,邮件要么由马通过陆路运送,要么从海上运送。邮件常常因为恶劣的天气而延误,新闻记者会发现自己处于非常难堪的境地,1805年《奥尔良报》(*Orleans Gazette*)的编辑写道:"昨天没有邮件——我们都不知道能给报纸填充些什么内容,起码得有点新闻的模样"(引自 Mott,1962)。那个时代,位于波士顿的报社预计要等上几乎一周时间,才能等到纽约或华盛顿发出的新闻,来自新奥尔良的新闻则需要一个月,而来自英国的新闻更是需要好几个月的时间(Mott,1962)。

驿马快递、蒸汽轮船、铁路甚至信鸽等推动了交通和通讯的进步,这种局面稍有缓解。但最为关键的技术创新是电报,它于1844 年首次投入使用。电报线路很快就把美国所有主要城市连接了起来。随着横穿大西洋的海底电缆在 1866 年铺设完毕,即时新闻甚至可以从欧洲立即传播到美国。电报引起有线新闻服务的出现,其中最为重要的是创建于 1848 年的美联社,它是由纽约市主要报社合资组建的企业,以分担通过电报获取新闻的成本。

聘用记者和各类编辑对于资讯丰富的报纸的兴起同样具有举足轻重的作用。直到 19 世纪 40 年代,报纸很少聘用专职记者。然而,到了 19 世纪 50 年代,特别是内战爆发以后,聘用的记者被派到前线。此后,报纸大量聘用记者。根据埃默里和埃默里(Emery and Emery,1992,第 179 页)的研究,到 19 世纪 70 年代,一般的大城市日报都雇有一位总编辑、一位负责新闻的编辑部主任、一位能管理 20 多名记者的本市编辑、一位整理电讯新闻的电报新闻编辑,以及一些专业编辑和社论撰写人。在本章的模型中,报社雇员的增长应被视为信息采集上投资的增长,或者说是 q 的增长。

二、市场规模、发行量和广告收入

从美国内战结束到第一次世界大战开始,报纸成本的大幅降低，加之城市平均人口和人均收入的增长，势必带来报纸市场规模的巨大增长。就全美看，1870—1920年报纸订阅量从260万份增加到3 300万份，订阅规模增长了12倍(见图6.2)。这相当于从1870年日均约每20个居民订阅一份报纸，提高到1920年 214
日均约每4个居民订阅一份报纸。美国大城市中，人均发行量较高，但增长情况大致相同。在1870年，约每5个居民订阅一份报纸，而到1920年，则每1.7个居民订阅一份报纸。[①] 因此，城市平均每个成年人订阅一份以上报纸，阅读的报纸可能更多。

发行量增长的大部分可直接归因于成本下降、价格降低和收入提高，发行规模的扩大可部分归因于其他与需求有关的因素。这一时期美国城市人口的迅速增长和教育水平的提高也增加了对报纸新闻的需求。

可运用一个简单的办法将总发行量的增长分解为人均发行量的增长和人口水平的增长。[②] 就大城市样本来看，总发行量从1870年的137万份上升到了1920年的2050万份。人均日报发行量从1870年的0.194份增加到1890年的0.419份再增加到1920年的0.606份(见表6.1，组B)。[③] 基于以上数据分

① 参见表6.1组B“人均发行量”，这里我们将它转换为每x个居民订阅一份报纸。

② Δ总发行量＝Δ人均发行量·初始人口＋Δ人口·初始人均发行量＋Δ人均发行量·Δ人口。

③ 以上数据和表6.1中的全部数据适用于1870—1920年所有年份美国100个大城市的日报(见附录A)。这里的“政治”报纸是指除金融和戏剧等专业报纸之外的所有报纸。

解，如果人口保持不变而只有人均发行量变动，总发行量就会从137万份上升到427万份。这意味着，若将人口维持在1870年的水平上，则总发行量上升的15%可由人均发行量的增长来解释。但如果人均发行量保持不变，而人口增长，则总发行量将从137万份上升到659.3万份。这样，总发行量变动份额的27%便可以由1870—1920年的人口增长来解释。发行量增长的其余份额即58%，则可归因于人均发行量与人口水平的交叉增长。发行量水平的急剧提高在很大程度上可由这种交叉增长效应来解释。

读者数量的上升势必带来广告收入的大幅增长。报纸对于读者销售收入的依赖日渐减少，而对于广告收入日渐倚重。尽管没有广告收入的时间序列数据，但我们得到了1880年城市日报广告费的有关资料。显然，从截面数据看，报纸发行量是广告收入的主要决定因素。报纸发行量每增加1万份，则广告费上
215 升28%。① 因此，有理由相信，随着总发行量的飙升，广告收入

---

① 回归结果如下（括号中是 t 统计量的绝对值；$R^2=0.813$）：

$$\text{广告费}=4.039+4.55\times\text{发行量}\cdot 10^{-3}+0.205\times\text{城市人口}\cdot 10^{-3}$$
$$(2.18)\quad(17.6)\qquad\qquad(14.1)$$
$$-0.839\times\text{晚报}+2.066\times\text{早报}$$
$$(0.56)\qquad(1.39)$$

这里广告费为每10条广告的美元价格，早报和晚报是指出刊时间分为早晚（类型区分中省略了一天中的其他时间）。这里对325份隶属于主要政党或独立的政治类（非外语）日报进行了回归。参见N. W. 艾尔和桑（N. W. Ayer and Son，各年报纸年鉴）和附录A。

会持续上升。据一份资料表明，1880 年广告收入占报纸收入的 50%，1910 年上升到 64%（Emery and Emery，1988）。尽管这里的增长数字并不完全与模型中的参数 a 一致，但它证实了这样一个观点：对于 19 世纪末的报纸来说，吸引大量读者是财务成功的关键。

三、市场竞争

市场规模的扩大不仅伴随着报纸数量的大幅增加，而且还伴随着同一个城市市场上报纸数量的大幅增加。全美报纸转型见图 6.2，该图显示了全美发行的日报总量。19 世纪中期报纸数量稳步攀升，1870 年后急剧增加，由 500 份激增到 1910 年前后的 2500 多份，达到峰值。

我们的数据取自 1870—1920 年 152 个在历次人口普查排名前 100 名的城市（见表 6.1，A 组是历年城市总数）。1870 年，我们的样本包括了 140 个城市，其中 25.7%的城市（即 36 个城市）没有日报，12.9%的城市（即 18 个城市）有 1 份日报，30.7%的城市（即 43 个城市）有 2 份日报，30.7%的城市（即 43 个城市）有 3 份以上日报（见表 6.1，组 A）。而 1920 年，样本包括 150 个城市，仅有 3.3%的城市（即 5 个城市）仍没有日报，10.0%的城市（即 15 个城市）只有 1 份日报，而 83 个城市有 3 份以上日报。所有报纸，不论政治色彩如何，所面临的竞争都明显加剧了。但更为重要的是，党派报纸与独立报纸之间的竞争更为激烈。

竞争的加剧非常重要，原因是多方面的。竞争可以诱使报纸提供比倾向性报道更多的信息。即使报纸行为没有发生变

216 化，更多的报纸也意味着提供给大众的信息更多。在一个城市中，只要一家大报曝光了腐败，消息就会传开。

1870 年，在拥有一份日报的城市中，25%的城市只有民主党的报纸或共和党的报纸（只有 4%的城市有独立报纸），另有53%的城市拥有彼此竞争的民主党报纸和共和党报纸，但没有独立报纸（见表 6.1，组 C）。[①] 因此，1870 年对诸如动产信贷公司丑闻案这类事件，140 个大城市中 78%的城市的报道可能是有偏见的和内容空洞的。但到了 1920 年，在拥有一份报纸的城市中，只有 7%的城市或为民主党报纸或为共和党报纸（32%的城市拥有独立报纸），8%的城市拥有彼此竞争的民主党报纸和共和党报纸，但没有独立报纸。相反，拥有一份独立报纸，*且*至少有一份民主党报纸或共和党报纸的城市多达 54%（40.7+13.1）。

利用赫费代尔指数（the Herfindahl index）同样可以看到地区报纸市场竞争的变化。利用附录 A 的数据，我们计算了 1870—1920 年每个城市的平均赫费代尔指数。该指数按常规定义为市场份额的平方乘以 10 000 后加总，值域为（0，10 000]，这里，数值越小表明竞争越激烈。各城市平均赫费代尔指数，1870 年为 6 916，1880 年为 6 531，1890 年为 6 410，1900 年为 6 215，1910 年为 6 295，1920 年为 5 833。以上数值表明，地方报纸从来不具有真正的竞争性。因为，以上历年的赫费代尔指数值高于两个竞争者均分市场时的数值。提供新闻内容的成本（记者工资）

① 我们把 ID 和 IR 报纸归类为独立报纸。

是一种固定成本，它能够与物质资本一起产生显著的规模收益（见 Berry and Waldfogel，2003）。虽然如此，该指数几乎每隔十年都会下降一些。由于新闻纸价格迅速下降，这就意味着相对于可变成本，固定成本所占的比例在这一时期很有可能上升了，因此，赫费代尔指数的下降会更明显。

当然，报纸竞争加剧并不难理解。成本降低和需求增长都不可避免地诱使新竞争者进入市场。为了争夺读者群，一个茁壮成长的市场既要求报纸增加信息量，也要求用事实代替尖锐的观点。

四、城市截面证据

上一节我们指出各种不同的经济因素同时发挥着作用：成本下降和规模递增、竞争以及广告收入，所有这些因素（根据模型）都应该能够增加信息量和降低偏见。假定这些因素彼此相关，我们就无法确定哪些变量更为重要。因此，我们转向截面证据来考察市场规模、新闻内容与政治独立之间的关系。

我们给出两种不同形式的城市截面证据。首先，利用动产信贷公司丑闻案的相关资料，我们可以考察报纸发行量与报纸 217
对这起丑闻报道的信息指标之间的关系。如前所述，我们可以用四个不同的潜在指标来度量新闻质量：报道事实的百分比、事件报道的总量、事件报道的相对量和报道的及时性。我们有 1872 年和 1873 年以上四个变量的指标值，以及 1880 年以来的报纸发行量数据。尽管我们不能解释这些变量之间的因果关系，但我们的模型仍清楚地显示出，发行量和新闻信息内容之间应该具有正相关性。

1872年，以上四个变量与发行量之间确实存在正相关关系。[①] 如果在回归中将《纽约先驱报》(该报纸显然是一份内容空洞的报纸，但发行量却惊人地高)剔除，那么，所有这些相关关系在统计上都是显著的(如加入《纽约先驱报》，则只有两个变量显著，其他两个变量则为临界显著)。具体来说，发行量与报道事实百分比之间的相关系数是0.335(不包括《纽约先驱报》时为0.415)。报道事件数与发行量之间的相关系数是0.529(不包括《纽约先驱报》时为0.729)。报道的及时性与发行量之间的相关系数是0.382(不包括《纽约先驱报》时为0.557)。事件报道的相对量与发行量之间的相关系数是0.788(不包括《纽约先驱报》时为0.946)。总体上看，报纸的发行量越大，报道的事实和重要事件就越多，报道就越及时、越真实，报道的版面也越大。

如前所述，1873年对动产信贷公司丑闻案的报道比较全面，各报纸之间的差异较小。但发行量与事件报道数量和报道版面的相对量依然保持正相关关系。发行量与报道事实之间，以及发行量与报道及时性之间则呈负相关关系，但不显著。

在蒂波特山丑闻期间，发行量与新闻报道和及时性之间总体呈正相关关系(但在一般显著性水平上，这种正相关关系不存在)。报纸的读者群越大，刊发的事实也越多。不过，由于当时报道一般比较全面，这种相关性比1873年那个时代要弱得多。

---

① 如果不用发行量，而用一个更具外生性的指标——城市人口，则除新闻报道的相对量外，我们得到的相关性数值更高。

尽管如此，蒂波特山事件仍旧说明，拥有读者越多的报纸，就越能够对事件进行更全面的报道。不管怎样，越来越多的美国人能够了解重大事件。

第二种类型的证据涉及城市之间报纸的独立性。如果说日益扩大的报纸规模和发行量会带来偏见的减少，那么，独立报纸的数量和发行量就应随着城市人口水平和城市读者量的增长 218

表 6.3 城市人口与独立日报的发行份额

变量	合并截面时间序列回归		城市固定效应面板数据回归	
	相关系数	标准差	相关系数	标准差
城市人口对数	0.0710	0.0168	0.0937	0.0418
1880	0.166	0.0362	0.159	0.0422
1890	0.181	0.0396	0.161	0.0479
1900	0.164	0.0388	0.140	0.0557
1910	0.247	0.0440	0.211	0.0667
1920	0.395	0.0476	0.357	0.0760
常数	—0.624	0.172	—0.852	0.428
R^2	0.206		0.600	
样本数	803		803	

资料来源：见附录 A。

注：因变量：城市独立日报(包括 I＋IR＋ID)的发行量份额。独立报纸是一个独立的群体(见表 6.1 注)。也就是说，独立报纸包括那些严格独立的报纸，以及那些独立于共和党和独立于民主党的报纸。标准差是稳健标准差，在城市层面上聚合(148 个城市)。

而增长。汉密尔顿(2004)指出，在他的样本中(是我们样本的一个子集，包括 1870—1920 年历年最大的 50 个城市)，独立报纸发行份额随城市人口而增长。我们利用自己的大数据库作了类似的分析，以考察城市规模、城市发行量与独立报纸城市发行份额之间的相关性。下面我们只报告用城市人口回归的结果，但用城市日报发行量回归的结果是类似的。

在表6.3中，我们给出了148个城市横跨6个10年（从1870年到1920年）的合并截面时间序列回归的结果。回归结果显示，城市人口的对数与独立报纸的城市发行份额之间存在相关性。[①] 在合并分析中，我们发现，人口提高1个对数点（人口增长约100%），独立报纸发行份额将提高7.1个百分点。这个回归结果对于任意10年，不论何种意义上的独立（完全独立，或兼容性独立，包括独立于共和党和独立于民主党），均支持以下结论：较大的城市中，独立报纸的发行份额也较高。

为检验这些结论的可靠性，我们还采用了城市固定效应面
219 板数据回归分析方法。通过这种方法，我们利用城市内变量找到了这种固定效应。该结果可用于检验，城市规模增长越快，独立报纸的发行份额是否也增长越快。两者的相关系数估计值为0.098，比得自合并截面时间序列数据的普通最小二乘回归系数稍微小一些，可以认为该系数验证了随着报纸市场规模的扩大，独立报纸的相对规模也会扩大。

如果可以认为以上回归系数反映了人口（或发行量）对独立

---

① 在这些回归中，我们使用更具兼容性的独立性度量方法（I+IR+ID）。结果与使用兼容性较小的度量方法（只用I类报纸）相似。城市人口对数的系数稍微低些（尽管因变量的均值也较低），并且，在城市固定效应模型中，该系数的显著性也较低。

报纸相对发行量的影响，那么，我们就可以确定人口（或发行量）增长可以在多大程度上带来独立报纸的增长。在我们的大城市样本中，人口从 1870 年的 710 万增加到 1920 年的 3 440 万。如果独立报纸份额与人口对数的相关系数是 0.098，那么，这样的人口增长将导致独立报纸发行份额上升 15.5 个百分点。而在整个 1870 年到 1920 年间，独立报纸发行份额总共上升了 46.8 个百分点，因此，以上测算大致占到 1/3。前面找到的其他因素——成本下降、广告收入增长等，则可以解释余量的大部分。

第五节　总结：资讯丰富报纸对腐败和改革的影响

我们已考察了 19 世纪末和 20 世纪初新闻媒体所发生的重大变化。大部分报纸不再具有党派隶属关系，报纸也越来越不愿意使用党派语言进行报道。通过比较报纸对于动产信贷公司丑闻和其后 50 年的蒂波特山丑闻的报道，我们发现，新闻报道越来越全面、越来越及时，杜撰的内容一般也越来越少。

我们还提出和论证了报纸的这种转型是报纸行业规模扩大和竞争强化的结果。成本下降和城市人口增长引起了报纸规模的巨大增长。1870 年，办报人可能要通过设法取悦地方政治家，而不是卖报纸和登广告来赚钱。但到了 1920 年，报纸已成为一个大的行业，它们通过提供真实而丰富的新闻来扩大读者群和增加收入。伴随这种经济激励而来的是，报纸开始从政治工具转向至少给人以公正报道的形象。①

我们并没有直接地回答这些变化是否会对政治结果造成差
220 别。② 对未来的研究来说，搜集这种相关性的系统性证据仍是一个挑战。但不管怎样，一系列有趣的证据表明，报纸独立性的不断增强对政治结果产生了显著影响，特别是对腐败的发生具有显著影响。

首先，借报纸之力揭露腐败的著名例子很多。动产信贷公司丑闻和蒂波特山丑闻均由报纸揭露出来。《纽约时报》和《哈勃周刊》(*Harper's Weekly*)在1871年成功地扳倒了政治老板特威德及其坦慕尼协会总部。许多报纸，如普利策(Pulitzer)主办的《圣路易斯邮讯报》(*St. Louis Post-Dispatch*)，因其发动多起针对腐败政治家的运动而闻名于世。

1872年，尽管一些报纸存在杜撰和偏见，但毫无疑问，纽约市居民源源不断地接触到了动产信贷公司丑闻的事实。相比之下，小城市的居民则往往没有机会了解全国性重大事件。因此，虽然资讯丰富报纸的兴起对大城市并不十分迫切，但对于绝大多数小城市和镇，则是至关重要的。

政治家对于报纸的重视，可间接地由政治家普遍对报纸进行政治投资来验证。亚历山大·汉密尔顿若不是把报纸作为政

① 有人可能会问，在当今，为什么技术变迁和市场扩大没有同时起到将无偏见和诚实的报道传播到世界各地的作用。我们的答案是，有些市场太小，同时许多国家的政府能够运用权力对报纸施加影响。

② 有关出版自由对控制腐败的作用的跨国分析，参见布鲁尼迪和威德(Brunetti and Weder, 2003)。

治成功的工具，他就不可能成为那样一位辩才；同样，托马斯·杰斐逊若不是把费雷诺的《国民公报》视为与联邦党人论战的工具，他就不会把费雷诺写入美国国务院的花名册。无论何时，只要政治家动用资源，如政府合同或公然贿赂，对报纸施加影响，那么，他们就验证了这样一个事实：新闻报道是受到高度重视的。

对19世纪甚至20世纪的许多政治家来说，新闻出版是他们通往政治名流道路上的重要驿站。看看几位曾是新闻工作者的政治显要们吧，霍勒斯·格里利、怀特洛·里德（Whitelaw Reid，《纽约先驱报》的出版商，1892年副总统选举中失利的候选人）和瑟洛·威德。而拥有数家报纸且为俄亥俄州州长的詹姆斯·考克斯（James Cox），在1920年的总统竞选中输给了同行沃伦·哈丁（Warren Harding，哈丁家族拥有《马里恩星报》[*Marion Star*]）。①

报纸对重大丑闻的曝光，往往与牵涉丑闻的在任者输掉选举同时发生。最有名的是坦慕尼协会的败北恰巧与一场针对市政腐败的新闻战同时发生。在1876年的选举中（这是1860—1884年间唯一一次民主党候选人获胜的全国大选），共和党的
脆弱表现就可归结为诸如动产信贷公司丑闻等格兰特时代丑闻 221
的曝光。在林肯·斯蒂芬斯等揭黑记者不断揭露腐败的条件

① 《马里恩星报》对蒂波特山事件作了一些报道，报道牵连到了哈丁。1922年4月21日，该报（第2版）刊出了参议员肯德里克撰写的一篇短文，该文对蒂波特山石油租约提出了质疑。

下，进步政治家成功地罢免了在任者。尽管我们不能证明资讯丰富报纸有助于减少腐败，但很显然，每当反腐败运动得到新闻报道的支持时，就取得了成功。

从 1870 年到 1920 年的几十年间，腐败在美国明显下降了，而报纸信息量越来越大，党派色彩越来越淡，发行量显著增加。[①] 有理由假定，资讯丰富报纸的兴起是继进步时代之后的镀金年代腐败减少的原因之一。

附录 A

1870—1920 年的报纸数据

我们创建了 1870—1920 年城市和日报的平衡和非平衡面版数据，间隔 10 年。城市按以下方式选择。每年人口居于前 100 位的城市入选。然后对平衡面板数据增补，即增补前期未进入但后期进入前 100 位的城市，以及前期进入但后期未进入前 100 位的城市的信息。一些城市合并或者某些城市在较早年份尚不存在。因此，我们的总样本就包括了 152 个城市，其中 1870 年具有上述人口特征的城市 140 个，1880 年 149 个，其余年份 150 个。所有 5 年平衡面板包括 138 个城市。

我们弄到了一本当时全国报纸的名录，如 N. W. 艾尔和桑编纂的《美国报纸年鉴》(*American Newspaper Annual*)，乔治·P. 罗厄尔和康帕尼的《美国报纸名录》(*American Newspaper Directory*)，我们搜集了这些城市中与名录时间最接近的所有

① 有关腐败的时间路径，参见格莱泽和戈尔丁(本书导论)。

日报上的各类信息。在大多数情况下，我们能够用精确年份来寻找信息。报纸上可得到的信息如下：城市、州、报纸名称、是否是外语报纸、报纸类型、政党隶属关系、创刊日期、订阅费、广告费（某些年份）、以页面和平方英寸计算的报纸版面、发行量的准确性（即发行量是否得到证实）。这里所谓的“报纸类型”，指报纸是否是非政治类报纸，如金融类和戏剧类报纸，或者是不是政治类报纸，要么隶属于某个政党，要么是独立的，要么是两者的某种混合。因此，所谓“政治类报纸”，是指正规 222
的、非专业性报纸。我们通常把后来合并的城市分成一组，例布鲁克林和纽约市。我们还从人口普查中补充了人口和县名的资料。

152 个城市的完整名录（包括那些后来合并的城市）如下：

AL	伯明翰	CT	纽黑文
AL	莫比尔	CT	诺威奇
AR	小石城	CT	沃特伯里
CA	洛杉矶	DC	华盛顿
CA	奥克兰	DE	威尔明顿
CA	萨克拉门托	FL	杰克逊维尔
CA	圣迭戈	GA	亚特兰大
CA	旧金山	GA	奥古斯塔
CO	丹佛	GA	萨凡纳
CT	布里奇波特	IA	伯灵顿
CT	哈特福德	IA	达文波特

IA 得梅因
IA 迪比克
IA 苏城
IL 芝加哥
IL 东圣路易斯
IL 皮奥里亚
IL 昆西
IL 斯普林菲尔德
IN 埃文斯维尔
IN 韦恩堡
IN 印第安纳波利斯
IN 新奥尔巴尼
IN 南本德
IN 特雷霍特
KS 堪萨斯城
KS 莱文沃斯
KS 托皮卡
KS 威奇托
KY 卡温顿
KY 路易斯维尔
KY 纽波特
LA 新奥尔兰
MA 波士顿
MA 布罗克顿
MA 剑桥
MA 查尔斯顿
MA 切尔西
MA 福尔里弗
MA 格洛斯特
MA 霍利奥克
MA 劳伦斯
MA 洛厄尔
MA 林恩
MA 新贝德福德
MA 塞勒姆
MA 萨默维尔
MA 斯普林菲尔德
MA 汤顿
MA 伍斯特
MD 巴尔的摩
ME 班戈
ME 波特兰
MI 贝城
MI 底特律
MI 弗林特
MI 大瀑布城
MI 萨吉诺
MN 德卢斯

MN	明尼阿波利斯	NY	埃尔迈拉
MN	圣保罗	NY	纽约
MO	堪萨斯城	NY	纽堡
MO	圣约瑟夫	NY	奥斯维戈
MO	圣路易斯	NY	波基普西
NE	林肯	NY	罗彻斯特
NE	奥马哈	NY	斯克内克塔迪
NH	曼彻斯特	NY	锡拉丘兹
NJ	贝永	NY	特洛伊
NJ	卡姆登	NY	尤蒂卡
NJ	伊丽莎白	NY	扬克斯
NJ	霍博肯	OH	阿克伦
NJ	泽西市	OH	坎顿
NJ	新不伦瑞克	OH	辛辛那提
NJ	纽瓦克	OH	克利夫兰
NJ	帕塞伊克	OH	哥伦布
NJ	帕特森	OH	代顿
NJ	特伦顿	OH	斯普林菲尔德
NY	奥尔巴尼	OH	托莱多
NY	奥本	OH	扬斯敦
NY	宾厄姆顿	OK	俄克拉荷马
NY	布鲁克林	OK	塔尔萨
NY	布法罗	OR	波特兰
NY	可荷斯	PA	阿勒格尼

PA	阿伦敦	TN	孟菲斯
PA	阿尔图纳	TN	纳什维尔
PA	伊利	TX	达拉斯
PA	哈里斯堡	TX	埃尔帕索
PA	约翰斯敦	TX	沃斯堡
PA	兰开斯特	TX	加尔维斯顿
PA	费城	TX	休斯敦
PA	匹兹堡	TX	圣安东尼奥
PA	雷丁	UT	盐湖城
PA	斯克兰顿	VA	诺福克
PA	威尔克斯-巴里	VA	彼得斯堡
PA	威廉斯波特	VA	里士满
RI	北普罗维登斯	WA	西雅图
RI	波塔基特	WA	斯波坎
RI	普罗维登斯	WA	塔科马
SC	查尔斯顿	WI	密尔沃基
TN	诺克斯维尔	WV	惠灵

有关动产信贷公司丑闻与蒂波特山丑闻新闻事件的编码

历史事件与事实

我们选择了动产信贷公司丑闻和蒂波特山丑闻这两起众所周知的重大历史事件。对于每起事件，我们选取了各自相对短暂的两个阶段。第一个阶段为披露消息阶段，第二个阶段是收集意见阶段，包括国会调查或罪行坦白。这两个阶段一般持续一到四周。每个事件的持续时间则由这两个阶段之间的新闻报道时间所决定。以上两起丑闻两个阶段的持续时间如下。

动产信贷公司丑闻的第一阶段：1872 年 9 月 4 日至 30 日

该阶段始于《纽约太阳报》上刊发的一封信（落款日期是 1868 年 1 月 28 日），这封信是共和党人奥克斯·埃姆斯写给其动产信贷公司原同事亨利·麦库姆的，信中说，动产信贷公司股票给了“能给我们带来最大利益的地方”。麦库姆把国会议员、参议员和副总统的名字写在信的背面，并称这是埃姆斯给他看过的一个名单。这封信是由麦库姆提供给《纽约太阳报》的。事发后，名单所列的人断然否认此事。

动产信贷公司丑闻的第二阶段：1873 年 2 月 14 日至 28 日

该阶段的事件包括，众议院委员会和参议院委员会对动产信贷公司丑闻作出结论，以及国会对牵涉此事的现任议员采取行动（表 6B. 1）。

蒂波特山丑闻的第一阶段：1922 年 4 月 7 日至 30 日

该阶段始于《华尔街新闻报》无意刊发的一则新闻，说美国政府通过内政部长艾伯特·福尔把包括怀俄明州一处叫蒂波特山的埋藏有石油的土地租给了巨象石油公司的所有者哈里·辛克莱。事发后，参议院要求提供有关租约的更多情况。

蒂波特山丑闻的第二阶段：1924 年 1 月 21 日至 28 日

该阶段的主要事件包括：爱德华·杜赫尼承认，他的公司得到了赤鹿山石油租约，他借给艾伯特·福尔 10 万美元。辛克莱的律师也承认辛克莱曾给过福尔一笔贷款（表 6B.2）。

表 6B.1 动产信贷公司丑闻案两个阶段的事件

	第一阶段：1872 年 9 月 4 日至 30 日
1. 1872 年 9 月 4 日	《纽约太阳报》刊出了共和党人奥克斯·埃姆斯（MA）写给亨利·麦库姆的信（写于 1868 年 1 月 28 日），说股票给了“能给我们带来最大利益的地方”。国会议员、参议员和副总统的名字被麦库姆写在信的背面，据称这是埃姆斯给他看过的一个名单。
2. 1872 年 9 月 5 日	参议员布莱恩（ME）在《肯纳贝克日报》（*Kennebec Journal*）上否认拥有动产信贷公司的股份。
3. 1872 年 9 月 7 日	《纽约太阳报》披露埃姆斯写给麦库姆的第二封信（写于 1868 年 1 月 25 日），同时附上了接受股票者的名单。
4. 1872 年 9 月 11 日	共和党人道斯（Dawes）在一封信中感谢《锡拉库扎日报》（*Syracuse Journal*）的编辑对《太阳报》指控的谴责。
5. 1872 年 9 月 13 日	参议员亨利·威尔逊（MA）在致《特洛伊辉格党报》（*Troy Whig*）的信中否认投机。
6. 1872 年 9 月 15 日	加菲尔德上将（R，OH）否认《太阳报》的指控，声称没持动产信贷公司和联合太平洋公司任何股份。
7. 1872 年 9 月 17 日	埃姆斯在致他的选民的信中否认《纽约太阳报》的指控。

（续上表）

8. 1872年9月20日	共和党人斯科菲尔德(Scofield,PA)声明他从没收到动产信贷公司的股份。
9. 1872年9月25日	副总统科尔福克斯在印第安纳州南本德发表演讲，否认自己有不当行为。
	第二阶段:1873年2月14日至28日
1. 1873年2月14日	由参议员莫里尔任主席的参议员委员会听取麦库姆、参议员康克林(Conkling,NY)和参议员佩特森(NH)的证言。
2. 1873年2月15日	参议院委员会听取哈伦(Harlan)就T.杜兰特(T. Durant)向哈伦竞选活动献金1万美元的陈述；听取参议员威尔逊(MA)的证言。
3. 1873年2月17日	华盛顿特区《星期日先驱报》刊出传说中的埃姆斯备忘录的副本。
4. 1873年2月18日	伯伦委员会(众议院)建议开除奥克斯·埃姆斯和詹姆斯·布鲁克斯(D,NY)。奥克斯为其行为不端认罪。
5. 1873年2月19日	参议院的委员会听取奥克斯有关哈伦的陈述。
6. 1873年2月19日	伯伦委员会(众议院)听取副总统科尔福克斯和约瑟夫·福勒(Joseph Fowler,前任参议员，TN)的陈述。
7. 1873年2月20日	负责调查联合太平洋公司的威尔逊特别委员会(参议院)汇报联合太平洋公司与动产信贷公司之间的关系。
8. 1873年2月20日	众议院向司法委员会提出弹劾副总统的动议。
9. 1873年2月22日	莫里尔委员会(参议院)听取佩特森的陈述；罢免参议员哈伦。
10. 1873年2月27日	众议院投票表决严厉谴责埃姆斯和布鲁克斯，但没有开除他们。
11. 1873年2月27日	莫里尔委员会(参议院)建议开除参议员佩特森。

表 6B.2 蒂波特山丑闻案两个阶段的事件

	第一阶段:1922 年 4 月 7 日至 30 日
1. 1922 年 4 月 7 日	《华尔街日报》报道美国政府将海军石油储备基地之一怀俄明州的蒂波特山租给了巨象石油公司的哈里·辛克莱。
2. 1922 年 4 月 14 日	内政部宣布一项有关地面储备石油的政策公告。
3. 1922 年 4 月 15 日	参议院通过参议员肯德里克(WY)要求提供辛克莱租约详细情况的提案。
4. 1922 年 4 月 17 日	代理内政部长芬尼(Finney)宣布租约条件:累进开采费为 12.5%—50%。
5. 1922 年 4 月 21 日	参议员拉·福利特(La Follette, WI)提出议案,要求对把埋藏石油的土地出租给有影响的公司的情况进行调查。
6. 1922 年 4 月 22 日	海军部长登比和芬尼发出联名信,说他们租借石油储备基地是按国会授权行事的。
7. 1922 年 4 月 28 日	参议员拉·福利特指控纽约证券交易所的投机者由于事先获得消息而净获利 3000 万美元。
8. 1922 年 4 月 29 日	参议院通过决议,指派公共土地与勘察委员会负责调查租约事件。
	第二阶段:1924 年 1 月 21 日至 28 日
1. 1924 年 1 月 21 日	阿奇·罗斯福(Archie Roosevelt,罗斯福总统的儿子)声明与辛克莱脱离关系。
2. 1924 年 1 月 22 日	向福尔和佐威利(Zevely,辛克莱的律师)发出传票,要求到参议院作证。辛克莱要求出席。
3. 1924 年 1 月 23 日	参议员卡拉韦(Caraway, AR)要求立即执行他有关撤销蒂波特山租约的决议案。
4. 1924 年 1 月 24 日	爱德华·杜赫尼承认他曾借给福尔 10 万美元["没有担保……最终于 4 月 25 日把合同给了杜赫尼,凭借这个合同,他又在无人竞争的情况下获得了一份赋予他优先租用 1 号海军储备基地

（续上表）

	大部分地块的合同”]。
5. 1924 年 1 月 25 日	佐威利证实，在蒂波特山租约签订之后，辛克莱又给了福尔一笔 2.5 万美元的贷款。
6. 1924 年 1 月 25 日	参议员下令对福尔插手印第安土地租约进行调查。
7. 1924 年 1 月 27 日	总统柯立芝声明他将委派一位特别顾问。
8. 1924 年 1 月 28 日	众议院建议给柯立芝拨款 10 万美元用于调查该租约。
9. 1924 年 1 月 28 日	参议员罗宾逊（AR）提交决议案，呼吁总统要求海军部长登比辞职。

编码 227

我们阅读了以上各个时间段有关这两起丑闻的所有文章，并按以下方式进行编码，以考察报道版面、真实性、及时性和杜撰程度：

1. 用栏寸测算的文章的版面（不包括标题）。

2. 是否对以上所列事实进行了报道，以及是在哪一天报道的。

3. 用两种方式来把握杜撰程度。我们完整阅读每篇文章的前两段，并记下使用第一人称复数（“我们”、“我们的”）的次数。第一人称复数的使用表明文章中加入了评论。同样，我们还用这两段来计算诸如“谎言”和“谬误”等词出现的次数（19 世纪 70 年代的文章中，与“谎言”同义的不同词汇有 30 多个）。①

① 这些词汇全部列举如下：无根据的、诽谤、谬传、江湖骗子、欺骗、诡计、骗人的、不诚实、捏造、冒充、不真实的、谬误、谎言、虚构、欺诈、无依据的、愚弄、胡说八道、虚伪、冒牌、无诚意的、造谣中伤、欺骗性的、歪曲、神话、背信弃义、说谎、骗子、诋毁、华而不实和虚假。所有词类都被计算在内（例如名词、形容词、动词等）。

报纸

我们对日报进行了编码，包括那些对披露事件有帮助的报纸（如动产信贷公司案例中的《纽约太阳报》）。我们还尽可能地把小城市（如苏城[Sioux City]）、那些地理位置远离东海岸的城市（如加尔维斯顿[Galveston]），以及那些作为部族首府的城市的报纸也包括进来。我们试图把各政党的报纸作为一个总体，尽管共和党报纸通常占主导地位。

下面是给定时期报纸的全部名录和所发表的相关文章的大致数目（见表 6B. 3）。

表 6B. 3 刊登动产信贷公司丑闻和蒂波特山丑闻编码文章的报纸

报纸	隶属党派		每阶段文章篇数			
			动产信贷公司丑闻		蒂波特山丑闻	
	1880[a]	1920	1872. 9. 9—1872. 9. 30	1873. 2. 14—1873. 2. 28	1922. 4. 14—1922. 4. 30	1924. 1. 22—1924. 1. 29
奥尔巴尼晚报	R	IR	12	52	0	20
巴尔的摩太阳报	I	ID	8	32	5	47
芝加哥每日论坛报	R	IR	31	54	9	15
辛辛那提每日公报	R	—	12	29	ne	ne
特区星空报	I	I	4	27	4	25
华盛顿特区邮报	D	I	ne	ne	4	19
加尔维斯顿每日新闻报	D	ID	3	6	4	13
哈特福德报	R	R	11	28	1	21
明尼阿波利斯论坛报	R	R	2	14	9	15

（续上表）

新奥尔良（时代）皮科扬报	D	ID	6	24	4	18
纽约先驱报	I	I	4	46	8	25
纽约太阳报[b]	I	IR	40	42	4	18
纽约时报	R	ID	24	42	11	40
纽约论坛报	R	—	30	33	ne	ne
纽约世界报[b]	D	ID	26	45	6	38
费城（晚间）快报	R	IR	4	30	0	15
苏城日报	R	R	3	21	2	20
华尔街新闻报（后来的华尔街日报）	—	金融	ne	ne	32	18
沃特伯里今日美国人报	IR	IR	4	18	1	14
所有报纸上的文章	—	—	224	543	104	381

注：ne 表示此时不存在该报纸。《纽约时报》和《华尔街新闻报》是在线报纸，带有光学字符识别（OCR）技术，除这两份报纸外，其他所有报纸均通过缩微胶卷阅读。

[a] 用 1880 年的政党隶属关系，因为 1870 年的许多隶属关系缺失。需要指出的是，《华盛顿特区邮报》于 1877 年创办，因而没出现在 1872、1873 年的样本中。

[b] 19 世纪 20 年代就有晨报和晚报。这里使用的缩微胶卷是晨报。

参考文献

Berry，Steven，and Joel Waldfogel. 2003. Product quality and market size. 229
NBER Working Paper no. 9675. Cambrige，MA：National Bureau of Economic Research，May.

Besley，Timothy，and Andrea Prat. 2004. Handcuffs for the grabbing hand：Media capture and government accountability. London School of Economics. Mimeograph.

Brunetti, Aymo, and Beatrice Weder. 2003. A free press is bad news for corruption. *Journal of Public Economics* 87(August): 1801—1824.

Carter, Susan, Scott S. Gartner, Michael Haines, Alan Olmstead, Richard Sutch, and Gavin Wright, eds. Forthcoming. *Historical statistics of the United States: Millennial edition*. New York: Cambridge University Press.

Cook, Timothy E. 1998. *Governing with the news: The news media as a political institution*. Chicago: University of Chicago Press.

Current, Richard N. 1954. *The typewriter and the men who made it*. Urbana: University of Illinois Press.

Dill, William A. 1928. *Growth of newspapers in the United States*. Lawrence: University of Kansas Department of Journalism.

Editor and Publisher. Various years. *Editor and Publisher international yearbook*. New York: Editor and Publisher.

Emery, Edwin. 1972. *The press and America: An interpretative history of the mass media*. 3rd ed. New Jersey: Prentice-Hall. (Orig. pub. 1954.)

Emery, Edwin, and Michael Emery. 1988. *The press and America: An interpretative history of the mass media*. 6th ed. New Jersey: Prentice-Hall. (Orig. pub. 1954.)

——. 1992. *The press and America: An interpretative history of the mass media*. 7th ed. New Jersey: Prentice-Hall. (Orig. pub. 1954.)

Gentzkow, Matthew, and Jesse M. Shapiro. 2004. Media bias and reputation. Harvard University, Department of Economics. Mimeograph.

Gibson, Campbell. 1998. Population of the 100 largest cities and other urban places in the United States: 1790 to 1990. U. S. Bureau of the Census, Population Division Working Paper no. 27. http://www.census.gov/population/www/documentation/twps0027.html

Goldberg, Bernard. 2001. *Bias: A CBS insider exposes how the media distorts the news*. New York: Regnery.

Hamilton, James T. 2004. *All the news that's fit to sell: How the market transforms information into news*. Princeton, NJ: Princeton University Press.

Kaplan, Richard. 1993. The economics and politics of nineteenth century newspapers: Market segmentation and partisanship in the Detroit press, 1865—1900. *American Journalism* 11(Winter-Spring): 84—101.

Lee, Alfred M. 1937. *The daily newspaper in America: The evolution of a social instrument*. New York: Macmillan.

Mott, Frank Luther. 1962. *American Journalism: A History, 1690 to 1960*. 3rd ed. New York: Macmillan.

Mullainathan, Sendhil, and Andrei Shleifer. Forthcoming. The market for news. *American Economic Review*.

N. W. Ayer and Son. Various years. *American newspaper annual*. Philadelphia: N. W. Ayer and Son.

National Bureau of Economic Research(NBER) Macro History Database. Wholesale price of newsprint paper. Series m04093a, b. http://www.nber.org/databases/macrohistory/contents/chapter04.html

Rowell, George P. Various years. *American newspaper directory*. New York: Geo. P. Rowell.

Schudson, Michael. 1978. *Discovering the news: A social history of* 230
American newspapers. New York: Basic Books.

Summers, Mark Wahlgren. 1994. *The press gang: Newspapers and politics, 1865—1878*. Chapel Hill: University of North Carolina Press.

U. S. Bureau of the Census. 1975. Historical statistics of the United States from colonial times to the present. Washington, DC: Government Printing Office.

231 # 第七章　南北战争前纽约州的银行特许权和政治腐败

——变革中的自由银行制度

霍华德·博登霍恩*（Howard Bodenhorn）

他看到了这个制度中他认为最危险的政治引擎，它可能操控在坏人之手，用于邪恶目的。

——卢瑟·布朗迪施(Luther Brandish)，纽约州议员，引自1837年1月19日《奥尔巴尼晚报》

---

* 霍华德·博登霍恩是拉菲特学院的经济学教授和美国经济研究局的研究员。

这里要感谢李·奥尔顿、迈克尔·鲍多(Michael Bordo)、安德鲁·埃科诺莫鲍勒斯(Andrew Economopoulos)、爱德华·格莱泽、斯蒂芬·奎因(Stephen Quinn)、休·罗柯夫(Hugh Rockoff)、杰伊·香博(Jay Shambaugh)、理查德·西拉(Richard Sylla)、约翰·沃利斯、尤金·怀特(Eugene White)和罗伯特·E.赖特(Robert E. Wright)，还要感谢在罗格斯大学、纽约大学、耶鲁和美国经济研究局召开的研讨会的参加者，他们对初稿提出了许多有益的评论和建议。特别要感谢克劳迪娅·戈尔丁，她提出了详尽而有价值评论。此外，感谢帕姆·博登霍恩(Pam Bodenhorn)宝贵的研究协助。

第一节　导言

政府的经济政策可分为三种类型：最小化政策、最大化政策和分散化政策（Frye and Shleifer，1997）。最小化政策体制，通常称之为“看不见的手”，它把绝大部分经济决策留给私人主体，只把少数几种重要公共品的提供留给政府。在最大化或“铁腕”体制中，政府通常以制定产业政策的方式积极介入经济活动，产业政策把资源引导到政治家所认为的重要部门。在最大化体制中，官僚可能会腐败，但腐败——这里将其定义为为了私人利益而出卖公共资产——是有限的，且不妨碍经济增长（Murphy，Shleifer，and Vishny，1993；Mauro，1995）。而在分散化体制或“掠夺之手”体制下，政府由许多独立官僚机构组成，各官僚机构间相互角逐租金，严重侵害经济活动。

从华盛顿总统宣誓就职到范布伦总统上台的半个世纪中，许多州经历了从纯粹“铁腕”体制向“看不见的手”体制的急剧转型。没有哪个领域的转型像银行许可证政策那样明显，也没有 232
哪个州的转型像纽约州那样显著，它们见证了从19世纪30年代初范布伦领导的强大的民主党政治集团实施的铁腕银行业政策，到1838年开创的市场导向型政策的转变。

19世纪初的美国，银行特许权发放是有着巨大利益的政治权术。由于各州一般都限制法人特许权的数量，所以特许权的潜在租金规模巨大，那些试图获得特许权的未来银行家往往不惜血本。南北战争前，改革建议接连不断，但直到19世纪30年代末密歇根州和纽约州率先采取行动，重大改革才得以启动。这两个州的应对措施就是众所周知的自由银行制度。到1860年，大约有18个州效仿纽约州1838年的法律，颁布了各自的自由银行制度。本章将考察导致纽约州1838年自由银行法得以通过的一系列事件，揭示腐败政治活动和铁腕特许权体制是如何让位于自由市场改革和宽松的普通公司法的。美国独立战争后，纽约州的限制性特许权以及由此产生的政治特权按政党分配，最终导致了选举改革，并以1821年修订州宪法而宣告结束。一旦政治问题得到解决，社会注意力就转向了经济机会的政治操纵。关于政府经济职能的争论对当时三个主要政党的政治纲领产生了影响。最终，自由银行制度成为反共济会的平民主义、民主党的实用主义和支持工商业的美国辉格党原则的交汇点。

对于自由银行制度为什么生逢其时的传统解释没有充分说明，为什么1838年的法案能得以通过，而早期的法案却遭到失败。由雷德里克(Redlich,1968)和B.哈蒙德(B. Hammond,1957)提出的传统解释认为，自由银行制度是激进的、自由放任的、杰克逊式的平民主义和对1837年恐慌所做出的狭隘的、通货膨胀论者式的反应共同作用的结果。[①] 尽管纽约州的民主党

---

① 哈蒙德注意到了社会对政治腐败的日益不满(下面将会探讨这一点)，但他没有探寻这种社会不满的根源和程度，以及它所带来的社会经济后果。

集团在杰克逊时期就已丧失了对该党的控制权，但其强烈的平等主义观念要比杰克逊主义者早十多年。杰克逊式的平民主义作为一个政治派别出现，它的确信奉这个词的基本含义和某些反共济会的政策，反共济会是基于反对特权而组建的政治派别，但纽约州州长威廉·L. 马西（William L. Marcy）给它贴上了政治“分肥”的标签。同样，通货膨胀论者的解释也是乏力的，因为他们所呼吁的银行改革与 1838 年法案有许多共通之处，而这种呼吁至少在 1837 年恐慌以前的十多年就出现了。这场恐慌之所以重要，是因为它打开了通向 1838 年法案的大门，而不是因为通货膨胀论者的政策被错误地认为是解决恐慌诱发的通货紧缩的对策。这场恐慌之所以重要，还因为它激起了全体选民对范布伦民主党集团腐败行为的不满。在 1837 年秋的选举中，辉格党多数派控制了纽约州议会。辉格党将自己重新获得权力和声望视为是一种实施改革 233
的授权，包括彻底改革银行特许权政策。因此，19 世纪 30 年代末的自由银行制度并不是在回应杰克逊式的平民主义和应对 1837 年恐慌中自动产生的。相反，1838 年法案的通过是一系列连锁事件和长期形成的经济机会均等这一普遍接受的观念共同作用的结果。经济机会均等的观念早在 1810 年代末就已经出现了，并最终于 19 世纪 30 年代末得到了充分阐释。本章通过叙事的方式追溯以上历史事件，揭示出公众对腐败政治的日益不满是如何导致纽约州 1838 年自由银行法得以通过的。

第二节 银行特许权:1803—1837 年

纽约州的一份腐败遗产

本节首先讨论纽约州颁发法人特许权的一般条件,进而考察自由银行制度确立之前 20 年的银行特许权。19 世纪初,法人特权只授予诸如图书馆、学校、教堂、桥梁和收费公路公司等服务于公共福利的组织。但到 1825—1850 年,那些主要服务于其所有者的公司也得到了特许权。约在 1820—1838 年间,马丁·范布伦政治集团操纵特许权的颁发过程,以服务于自己的盟友和加快自己的政治进程。

一、早期的特许权实践

1790—1810 年间,法人特权只授予少数特定组织,主要是非营利性社团。宗教团体、学校、科研机构和大学、医疗机构、图书馆和慈善社团所获得的法人特许权,要多于其他任何类型的社团组织(Evans,1948)。随着这类组织数量的增加,对公司法的需求消耗了立法机构越来越多的时间和精力,1784—1811 年间,纽约州就为非营利组织组建的法人制定了许多普通法。其中,准许宗教机构自由组建法人的一项法律特别值得关注,因为它向所有教徒承诺教派平等、法人优先和政府不干预(Seavoy,1982,第 3 页)。授权教育和慈善机构自由组建法人的法律也反映了独立战争后美国追求平等和进步的精神。对于教堂、教育机构和慈善团体来说,组建法人的主要好处是,它不仅可以接受捐赠和遗产,还可以在共同所有权之下,以成员(可变的)名义而不是托管的方式持有并依法保护它的财产。

法人组织对于经营活动也有若干好处，因此，法人特许权就成为企业创办人竞相角逐的目标（Seavoy，1982，第 4 页）。如同 234
非营利性机构一样，公司可以保护不动产和个人财产的集体所有权，鼓励资本大规模聚积，限制投资者投资于投机企业的风险，便于利用法庭。独立战争后，纽约州把公司授予那些对现有业主制企业和合伙制企业不构成竞争的新建大型企业。公司还赋予了州的监督职能。修建收费公路、运河和桥梁需要有特殊权力，包括征用权、没收权和组建公司权。尽管选民看好这些公司，但公共监督必不可少，以确保这些企业既不滥用它们的征收权，也不偏离已确定的线路。虽然银行和保险公司的特许权赋予这类公司广泛的权力，但也对其施加了大量的限制，一旦公司由于管理不善或欺诈而失败，常常会免除股东的有限责任。建立公司必须要有一部平衡法。一方面，增进公共福利是政府的责任，这主要通过发展慈善和进步团体来实现，而公司只是其中的一种手段而已（Handlin and Handlin，1947）。另一方面，增进公共福利时常需要保持谨慎和克制。能够提供巨大社会利益的机构同样能够施加巨额成本。达到二者的平衡是政府的责任。

像大多数其他州一样，纽约州只是勉强放开了对经营性公司的控制权。尽管贡（Gunn，1988，第 49 页）认为，1790—1820 年间公司已演变成为“一种本质上是私有的现代经济的组织手段”，但这种演变是缓慢且时断时续的。1800 年之前，纽约州仅向 28 家营利性公司颁发了特许权，包括 13 条收费公路、4 家银行和3条运河。在随后的10年里，纽约州向179家公司颁发了特许权，主要是收费公路、桥梁和供水公司（Evans，1948，第17页）。只是在1812年战争前后的几年，新组建的制造业公司的数量（153家）才超过了新组建的公用事业公司的数量（134家）。在公司总数中，银行和保险公司很少。1800—1820年间，特许设立的保险公司仅25家，同一时期，得到特许权的银行仅28家。

纽约州的银行特许权从一开始就卷入到了党派政治之中。无论是在纽约州还是在其他州，早期的银行通常可以与发起人的政治隶属关系划等号。纽约州早期的银行属于联邦党人和汉密尔顿主义者。尽管共和党人对于经济特权和金融交易持怀疑态度，但当他们看到银行能够用以促进政治日程时，这种担心就被置之脑后（Alexander，1906，第187页；Wright，2002）。银行作为信贷的分配者，它们会优待自己的贷款人。一旦银行为某
235 个政党所控制，银行就可以确保该政党的支持者能够在拥有股权方面得到额外的好处，或许还能够容易地获得贷款。①

问题是，受挫的贷款人为什么不更换政党。毫无疑问，有人确实这样做了。但在早期的美国，早在银行出现前，政治和经济精英的政党隶属关系就已尽人皆知，更换政党并不能消除多年积累的政党敌视。甚至在内战前夕银行业已趋于成熟之后，单纯凭政党隶属关系也并不能确保获得银行贷款或所有权。要成

---

①　拉莫雷奥克斯（Lamoreaux，1994）指出，在早期的新英格兰州，银行将信贷更多地贷给了内部人（股东和管理人员）以及他们的朋友、家人和商业伙伴。有关纽约州银行内部人贷款数量的证据大多无法考证，但与新英格兰州的情况是吻合的。

为银行的圈内人，需要公开且忠诚地服务于所属政党，而这是来回变换政党的机会主义者所无法做到的。

由于立法机构限制了银行特许权的数量，特许权就很有价值，为获取特许权，潜在银行家们会不惜重金。对贿赂的指责至少早在 1804 年颁发纽约市商业银行特许权时就已出现，据披露，一位州参议员承诺送给另外两位参议员银行股份，并保证在特许权获得批准后，他们可以高溢价出售手中的股份（Knox，1903，第 397 页）。[①] 贿赂终于在 1812 年演变成为一个社会热点问题。纽约市计划颁发拟注册资本 600 万美元的美国银行的特许权，该注册资本额相当于该市当时最大的银行的 6 倍。尽管申请者是联邦党人，但他们聘请了两位著名的民主党人做说客，一个是华盛顿特区的戴维·托马斯（David Thomas），另一个是奥尔巴尼州的所罗门·索思威克（Solomon Southwick），由他们来游说民主党控制下的州议会（Alexander，1906，第 194 页）。据记载，托马斯是一个诡计多端、不择手段且野心勃勃的人，而索思威克则是一个英俊潇洒、气宇不凡且富有魅力的人。他们个性互补，互相配合，游说富有成效。然而，当这名申请人又聘请了另外几位游说者后，形势便失去了控制。

在 1812 年度立法会开幕的头几天，几份特许权申请递到了州议会。1 月份，在对议会的年度致辞中，汤普金斯（Tompkins）州长提醒议会警惕银行发起人用“阴谋诡计和虚假托辞”

① 赖特（Wright，1997）发现，第一起贿赂指控于 1803 年随纽约州立银行特许权案浮出水面。这项指控在 1812 年升级成为公众丑闻。

来“腐蚀和颠覆共和理念”(Lincoln,1909,第697页)。3月份,汤普金斯州长决定行使他的宪法特权,推迟60天召开州参众两院会议。在他解散议员的咨文中,汤普金斯提到,在上一届州立法会中,银行特许权申请存在不正当手段,并指责众议院的四位联邦党议员和一位州参议员接受了美国银行游说者的贿赂(Cole,
236 1984,第27—28页)。他让议员们回家,问一下选民,反省他们行为的严重错误(Lincoln,1909,第711页)。同时,汤普金斯下令司法部长展开调查。申请者的几名代理人因贿赂而遭到起诉,他们当中有一位以前是教士,最终被判刑进了州监狱。托马斯被指控动用申请人的大量钱财贿赂议会中的两派议员,他和索思威克一起遭到了起诉和审判。但当检方的主要证人,一位州参议员和众议院议长拒绝作证时,两人均被宣告无罪。最终,汤普金斯州长推迟议会的决定没能产生任何实际效果。议会复会后不久,两院批准了美国银行的特许权。在整个1810年代,尽管对贿赂的指控不断出现,但没有哪一桩能与美国银行丑闻比肩。

二、奥尔巴尼摄政团、安全基金制度和作为政党约束手段的特许权

1810—1820年纽约的政治形势一派混乱,联邦党日渐式微,民主-共和党分裂成了多达六个小派别,各派都自称真正代表杰斐逊信仰(Countryman,2001,第300页)。尽管极少存在意识形态交锋,但这个政党还是在沿着各个派别的路线分崩离析(Kass,1965,第110页)。即使在此时,党内依然认识到,处于支配地位的派别应该推出一个领袖,他能够平息不同声音,缓和派系争执,带领成员实现共同目标。尽管德威特·克林顿是

一位具有领袖魅力和远见的人，尽管他能够动员公众支持具体的工程建设项目，如伊利运河，但他却不能把支持者组织成一个统一的政党。克林顿之所短正是马丁·范布伦之所长。范布伦的天赋在于，他能够把一个由时而合作但又常常发生争执的几个派系所组成的松散联盟，转型为一个有影响力、凝聚力和基本稳定的政治集团。

范布伦 1813 年进入州参议院，不少历史学家和传记作者不吝将这说成是一个实用主义者迈入政坛（Cole，1984，第 39—51 页）。1817 年，范布伦意识到伊利运河工程得到越来越多人的强烈支持，便一改往日直言不讳的反对立场，发表了支持修建伊利运河的声势浩大的演说，从此声名鹊起。① 他的这次演说使他跃升到政治领导者地位。这一经历使范布伦认识到顺应民心的价值所在。随后，他组建了一个强大的共和党人联盟，朋友们称其为"雄鹿尾"（此名缘于每逢政党大会，成员都在帽子上插雄鹿尾巴），而诋毁者则称其为"奥尔巴尼摄政团"。② 237

---

① 米勒（Miller，1962，第 45 页）认为，范布伦 1816 年阻止伊利运河特许法案通过是一种政治策略。因为像伊利运河这样庞大的工程须三思而后行，因此范布伦要求进一步研究运河的路线规划和前景。在 1817 年的议会会议上，范布伦抢了克林顿的风头，提出自己与其他人一样支持运河工程项目，但与他的政治对手相比，范布伦显得更加谨慎、更加严格，财政上更加负责任。

② 尽管此时美国革命一代已基本退出政坛，但给政治对手带上一顶"君主主义者"的帽子，依然是一个有效的政治策略。因此，政治对手们将范布伦的共和党领导人小圈子称为摄政者，在他们脸上抹上了反共和主义的色彩。这个伎俩最终奏效，选民们转而反对通常被视为摄政团精英的统治。

到 1819 年,范布伦的雄鹿尾已强大到可以公开挑战克林顿州长对纽约州任命委员会的提名权。1820 年,雄鹿尾在议会选举中占据了支配地位。[①] 尽管克林顿再次当选州长,但却四面楚歌,雄鹿尾不仅控制了任命委员会,而且清除了州任命委员会官员中克林顿的支持者,以雄鹿尾的人取而代之。从这方面看,范布伦扶持了年轻人的成长,在整个 19 世纪 30 年代,他任命的政治人物成为纽约州共和党的核心。到 1823 年,这个摄政团已成为地位牢固、组织严密、运行平稳的政治集团,支持者为之自豪,对手心生嫉妒,并因此而成为美国下一个世纪政治集团的典范(Cole,1984,第 86 页)。

摄政团的政策由一小撮人制定,他们私下争论,但从不公开争吵。[②] 领导层所发出的命令先传达到位于奥尔巴尼的州议会政党核心小组,再由包括极具影响力的《奥尔巴尼看守人报》(*Albany Argus*)等党报和巡回各地的委派法官传达到全州各地(参见 Cole,1984,第 86—87 页;Countryman,2001,第 300—302 页)。在基层,摄政团控制着数以千计的治安法官、县法官和衡平法庭检察官的任命,所有这些人都被寄予促进党的政治

---

① 根据纽约州 1777 年宪法,任命委员会由州长和四个州参议员组成,到 1821 年,他们任命了近 1.5 万个地方和州的管理职位,包括县治安官、县书记员、市长、治安法官以及除由州议会任命的司库外的所有州官员。正是这种任命权形成了摄政团分肥的基础。

② 即使是那些只在私下激烈争执的摄政团领导人,也发现自己成了圈外人。例如,曾受到信任的威廉·L. 马西(William L. Marcy),甚至在他担任纽约州民主党州长时,也最终被挤出了小圈子(Spencer,1959)。

日程的希望。做不到者就会从受庇护的职位上被免职。虽然摄政团的控制不是绝对的,但富有成效,被当时的人们评论为"范布伦政党纪律的杰作"(Cole,第155页)。

1813—1821年,几乎每一项银行特许权都摆脱不了腐败的指控。为了减少腐败,1821年州宪法规定,只有获得参众两院2/3多数票才能组建银行。这一措施的支持者认为,绝对多数票规定将会使那些真正口碑好的银行家才能获得特许权(Seavoy,1982,第128页)。而批评者则认为,绝对多数票规定只不过是抬高了赌注。因为需要更多票数,需要说服的议员也更多,而不管采取什么手段。无论2/3票规定对贿赂的影响如何,它 238
对银行业成长的影响是显而易见的。1821—1828年,只有12家新银行被授予特许权,而在1822年、1826年、1827年和1828年四年中,没有一家新银行获得特许权。1828年年末,州银行制度的危机隐约出现。表7.1显示,纽约州的人均银行法定资本不足9美元,远低于马萨诸塞州(人均约28美元)和宾夕法尼亚州(人均约12美元),说明该州在金融发展上落后很多。[①] 而且,正在经营的40家银行中有30家银行的特许权在随后的5

① 表7.1显示了人均法定银行资本,这些数据对于整个考察期间都是可以获得的。利用1820年及之后的人均贷款或人均银行总资产数据(如果这些数据足够可靠),不会明显改变主要结论。马萨诸塞州仍是金融业最发达的州,宾夕法尼亚州远远落在其后,而纽约州则处在它们中间。例如,在1830年,马萨诸塞州人均银行贷款是45.85美元,纽约州是18.23美元,宾夕法尼亚州是14.25美元。到1860年,马萨诸塞州是96.8美元,纽约州是51.63美元,宾夕法尼亚州是20.41美元。

年中将到期(Root,1895,第 288 页)。一旦这些银行因特许权到期而突然退出,又没有新的银行来替代,那么,纽约州将不再有合法的金融部门,共和党人也就无法实现其促进公共福利的职责。

新当选的马丁·范布伦州长要寻找到一个解决银行问题的方案,这个方案要同时解决以下三个问题。第一,任何新的银行政策要消除银行特许权颁发僵局,这个僵局是由 1821 年州宪法关于所有银行特许权必须获得 2/3 以上多数票才能授予的规定造成的。第二,任何新政策都要能够保护公众免遭支付系统崩溃带来的损失。第三,银行特许权要继续控制在摄政团手中。解决了第二个问题也就基本解决了第一个问题。之所以要对成立公司(经合法特许)施加限制,目的在于州议会有责任保护公众免遭那些草率的、不负责任的或过度冒险的公司发起人之害。但由于银行家们获取特许权靠得更多的是他们搅乱政治过程的能力而不是自己商业上的敏锐(尽管二者并不必然彼此排斥),因此,谨慎的州议员们不太愿意发放银行特许权,也不愿意对那些潜在的坏银行家放得太松,让他们去滥用公众的信任。最后,范布伦要求银行政策围着他的意志转。只要雄鹿尾民主党人能够继续将特许权发放掌控在自己手中,忠实的党徒就可以获得新特许银行所带来的丰厚回报。

范布伦推出的解决方案就是《1829 年安全基金法》。[①] 该法

① 参阅卡洛米里什(Calomiris,1989)和博登霍恩(Bodenhorn,2003)以及这里描述和分析《安全基金法》时所用的资料来源。

案要求，以后所有的特许银行，无论特许权是新颁发的还是续期的，都要交纳相当于实收资本6%的费用作为基金，用于赔偿那些破产的会员银行的票据持有人和储户。该法还规定了一般特许权条件，并建立了美国最早的银行业监管机构。

表7.1　马萨诸塞州、纽约州和宾夕法尼亚州的人均银行资本（给定年份，美元现值）

年份	马萨诸塞州（美元）	纽约州（美元）	宾夕法尼亚州（美元）
1800	9.01[a]	5.81[b]	8.06[a]
1805	12.22	7.27[b]	10.04
1810	14.16	7.75[b]	7.41[c,d]
1815	23.07	15.93[b]	16.38[d]
1820	20.26	15.38[b,e]	14.02[d,f]
1825	25.74	16.04[b]	n.a.[f]
1830	31.61	12.44[b,e]	10.84[d,f]
1835	45.36	14.72[b,g]	11.65[f]
1837[h]	54.99	16.43[i]	14.86
1840	45.75	15.15	14.04
1845	36.24	15.94	7.32
1850	37.13	15.29	7.43
1855	53.05	24.19	7.67
1860	54.00	28.72	8.80

资料来源：除非另有说明，表中数值以美国货币监督局（U. S. Comptroller of the Currency，1876）和美国普查局（U. S. Census Office，1872）报告的资本账户数据为根据。非普查年份的人口数值根据普查年份间的连续复合增长率计算而来。

注释：n. a. 表示数据无法获得。

[a] 1801年的数据。

[b] 银行资本数据引自威廉斯(Williams,1837,第 235 页)。加勒廷(Gallatin,1831,第 97—103 页)计算的数据稍有不同:1811 年为 7.57 美元,1815 年为 16.57 美元,1820 年为 13.83 美元,1830 年为 12.78 美元。

[c] 1811 年的数据。

[d] 引自加勒廷(Gallatin,1831,第 97—103 页)。

[e] 芬斯特马克尔(Fenstermaker,1965)的资本报告给出了不同数据:1819 年为 0.84 美元,1830 年为 3.54 美元。

[f] 芬斯特马克尔(Fenstermaker,1965)的资本报告给出了不同数据:1820 年为 6.37 美元,1825 年为 7.57 美元;1830 年为 9.51 美元;1835 年为 12.39 美元。

[g] 美国货币监督局(U. S. Comptroller of the Currency,1876,第 103 页)的数据是 14.14 美元。

[h] 纽约州议会颁发银行特许权的最后一年。

[i] 芬斯特马克尔(Fenstermaker,1965)的数据是 16.21 美元。

该法案获得了广泛支持,并放开了合法特许证的供给,这就
239 满足了压抑已久的对组建新银行的需求。1821—1828 年,纽约州议员仅特许了 12 家银行,其中只有 10 家得以开业(Fenstermaker,1965)。仅仅 1829 年一年就颁发了 11 家新特许权,1830 年增加 9 家,1831 年增加 9 家,1832 年增加 7 家,1833 年增加 8 家,1834 年增加 8 家,1836 年增加 12 家。《1829 年安全基金法》的通过使各银行间彼此承担债务,大大减轻了人们对单个银行家能力和行为的顾虑。在这种共同保险方案下,坏银行业务的成本就主要落在了银行而不是公众身上。由于无需过多担心银行质量,州议员们就将注意力放在银行数量上。简而言之,这

种共同担保机制打消了州议员们的顾虑，于是他们颁发的特许证也就更多了——1829—1836 年发放了 64 家新银行特许证，换发了 29 家银行特许证（Root，1895，第 290—291 页）。尽管一时间颁发了大量新银行特许证，但与邻近的商业对手相比，纽约州依然处于金融不发达的可悲状态（见表 7.1）。

安全基金制度并没有减少特许权腐败，因为其本意也不 240
在于此，这便激起了反摄政团联盟的不满。当时的人声称，“游说者们”依然从事着“赚钱的行当”，《奥尔巴尼晚报》（下面简称 AEJ），一份反摄政团联盟主办的报纸，刊发了大量有关州立法机构收受贿赂的指控（Johnson，1850，第 611 页）。例如，4 月 13 日 AEJ 报道，在经过了长时间的拖延后，伴随着“一名参议员名誉扫地”，化工银行的特许权才得以通过。1833 年 3 月，阿尔瓦·贝比（Alvah Bebee）因贿赂州众议员约翰·德莫特（John De Mott）而遭到指控。在一次州议会听证会上，贝比的律师辩称，仅仅揪出他的客户有失公允。他掌握了许多诸如此类的情形，“州议会的成员收受了银行的股份，因为他们在特许权上投了赞成票，这已没有秘密可言——没有人觉得这有什么不妥”（AEJ，1831 年 2 月 21 日）。1798—1830 年在州众议院供职的伊拉斯塔斯·鲁特（Erastus Root）声称，“出于微妙动机，在（免费）提供（被审议的）银行股份给议员这一点上，没有人会犹豫”（Alexander，1906，第 190 页）。经过简短的辩论，最后，州议会以一种“郑重而有力的方式”对贝比进行了严厉谴责，并把他送到了他该去的地方。①

表7.2中的统计数据对腐败和贿赂的潜在规模作了某种评估。1830—1837年，纽约州众议院共收到535项申请，每一项申请都是由一群潜在银行家提出的希望得到特许权的“祈求”。从这535项申请中，众议院委员会起草了236项独立的特许权法案，并提交给全体议员讨论。这236项法案中，最终通过了134项。而在这些法案中，仅有53项或不到半数的法案后来得到了参议院的通过。尽管公民可以自由地提出申请，但要使申请得到众议院银行委员会8位委员的关注，并最终变成法案向全体议员报告，则申请者就需要有某些引人注目的，尤其是有价值的东西。申请通常由“利益相关市民团体”亲自提交。在多数情形中，如何表达这些市民的利益，则只能留待人们去想象了，因为即使是那个时代的批评家们，通常

① 贝比辩称议员把持了对特许权的投票权并据此收受银行的股份，这与《奥尔巴尼晚报》反复抱怨议员刻意回避对某些银行特许权的投票相反。如果投票结果牵涉到个人经济利益，那么，回避投票对于议员们而言就是一种临时策略，法律禁止立法者对牵涉自身经济利益的公司法案进行投票。州议员如被赠与或被承诺赠与股份，在法律上就有义务回避投票。但是，这并不意味着他们就不能通过投票交易或其他形式的互投赞成票来影响结果。看一看摄政团几个成员的传记，就可以清楚地发现，这些人并不觉得，以合法影响来换取股份，同时严格遵守有关投票规则的法律条款，二者之间存在什么道德冲突。现金支付（贿赂）与股份承诺（非贿赂）之间的界线确实不易划清。与收取现金所具有的确定性相比，持有股份需承担风险，这就使得一些州议员认为，二者是完全不同的交易。

对贿赂的细节也是三缄其口。在贿赂细节被公开的少数几个例子中，贿赂的最常见方式是承诺，特许权一旦获得通过，就免费 241
送给一些被审议银行的股份(J. Hammond,1852,第 334 页；Seavoy,1982,第 84 页)。由于获得特许权的可能性很低，现金支付并不常见。而股份承诺恰能够把议员与发起人的激励协调起来。①

摄政团领导人的一个引人关注之处在于，他们将这种腐败与党的利益而不是自己的目的联系在一起。虽然党的领导人没有中饱私囊，但他们却为其他人中饱私囊提供了可能。正如科尔(Cole,1984,第 95 页)所指出，摄政团的统治是建立在分肥制基础上的。摄政团领导人知道，如果使体制屈从于他们的个人利益，那么很快就会疏远选民。但这些领导人也明白，政治机器需要用金钱和职位添加燃料，因此他们就将金钱和职位分给了

① 计算这种寻租所导致的扭曲的经济成本，超出了本章的范围，但寻租的潜在成本得到了广泛的认同(Murphy,Shleifer,and Vishny,1993)。同时值得注意的是，以占全州税收收入的比例衡量，纽约州从银行红利和税收中获得的收入明显低于其他州。尽管南北战争前夕纽约州得自银行的收入占到州平均收入的 1/5，但得自银行的收入超过州收入 10 个百分点的年份只有 10 年(Sylla,Legler,and Wallis,1987,第 400—401 页)。纽约州得自银行的税收收益相对较低，这得归因于该州金融较不发达。这也是将特许权授予政党成员的政策所带来的后果，这些党员抵制以税收形式把这些租金交给州政府。如奥尔森(Olson,1965)所指出的，小型利益联盟的游说比大利益集团更有效。由于银行数量很少，并且其股份又牢牢把持和控制在政党亲信手中，所以，摄政团控制下的议会就不愿意向银行征收太多的税收。

自己的朋友和支持者。通过把新特许银行的股份分配给忠诚的党员，摄政团将银行与党联系在了一起。

表 7.2　1830—1837 年纽约州参众两院收到申请、提交法案和通过特许权法案的情况

年份	众议院			参议院			众议院和参议院
	收到申请	提交法案	通过法案	收到申请	提交法案	通过法案	批准的特许权法案
1830	23	22	12	37	34	13	9
1831	54	36	26	27	26	20	9
1832	91	49	19	23	19	16	7
1833	83	38	22	39	26	12	8
1834	92	31	21	33	24	13	8
1835	20	4	2	1	1	1	0
1836	118	54	32	36	28	19	12
1837	54	2	0	3	0	0	0
总计	535	236	134	199	158	94	53

资料来源：1830—1837 年各期《奥尔巴尼晚报》。

从 1811 年开始，每一项公司法案都会指定行政人员负责新
242 银行股份的分配。1825 年，反对党报刊公开了奥尔巴尼商业银行原始股的分配情况，股份分配问题受到了普遍关注。那些受命分配股份的人将大部分股份分配给了自己及少数几个朋友。政治反对派认为，行政人员“将攸关公众利益的事情变成了个人

获利和投机的买卖”(Chaddock,1910,第 252 页)。[①] 在赫基墨县银行特许权的争论中,来自奥兰治县的众议员伊萨克·范杜泽(Isaac Van Duzer)提出了一个修正案,将行政人员可以认购的股份由 200 减少到 50。但该修正案遭到了彻底失败,范杜泽当时向全体议员大声疾呼,“摄政团丝毫没有交出‘分肥’资源的意思”(AEJ,1833 年 2 月 4 日)。

直到 1837 年,这种分配方式才有了改变。1836 年有 12 家银行获得了特许权,但这些银行股份分配的党派色彩过于明显,甚至连摄政团任命的银行委员们在他们递交给州众议院的年度报告中,也对这种滥用职权提出了批评。这些委员提交了杰斐逊县沃特敦银行股份分配的详情。9 名被任命的行政人员将认购书公开了两天,接到了 500 多份认购额不等的个人股票认购书。由于出现了超额认购,像几乎所有新银行发售股票那样,行政人员不得不制订一个分配方案。尽管行政小组由两党人员组

① 这种将股份所有权仅限于政党盟友和忠实者的做法产生了明显的分配效应。拉莫雷奥克斯(Lamoreaux,1994)指出,新英格兰州的许多银行承办的都是内部人业务,股东得到了大多数银行贷款。从某种程度上讲,纽约州银行同样是内部人机构,非政党成员实际上被拒之信贷门外(假若信贷需求超过了供给,银行就按政党隶属关系配给信贷,这只需随意浏览一下古今文献即可印证)。而二级股票市场的存在,即使其流动性不太强,也能够减轻这种分配方式的影响。如果非政党成员愿意为获得信贷而支付高于政党成员的支付额,他就可以购买股票而成为银行内部人,进而享有获得信贷的优先权。在后一种情形下,现有的信贷得到了(合理)最优分配,但财富发生了由非政党成员向政党成员的转移。当然,这并不意味着现有的可用信贷数量是社会最优的。

成，但是雄鹿尾占 5∶4 的多数，他们的分配方案得到采纳。通过代理机构和律师的运作，该银行的12 000股股票实际分配给了 9 名行政人员，每个人都得到了 250 股的法律限额，另外 7 人获得7 695股。当时的一份调查显示，该银行全部12 000股股票，认购者多达 500 人，最终持有者却只有 36 人。[①] 这份调查还表明，杰斐逊县银行的案例具有典型性。它代表的是雄鹿尾
243 用于鼓励和奖赏忠诚党员的众多方式中的一种。

如果以反对派报刊（《奥尔巴尼晚报》最为有名）中登出的社论数量作为一个合适的衡量标准，那么，到 1837 年，公众对利益分肥，尤其是与银行特许权相关的利益分肥已越来越不能容忍了。这种明目张胆的不公平做法遭人唾弃，州议会开始着手纠正这种做法，以平息公众日益不满的情绪。1837 年法案规定，股份应以公开拍卖方式出售。任何个人在拍卖首日购买的股份不得超过 5 股，次日或之后购买的股份不得超过 10 股。为确保地方的所有权，购买者必须是银行所在地的居民。为抑制投机，在全部资本筹齐后的 3 个月内，所购股份不得出售。在第一年内，所有转让必须立誓，即出售者是善意的所有者，且在初始拍卖前没有签订过出售股份的任何协议。这个法律最终没有发挥实际作用，因为纽约州议会从没有颁发过任何一个银行特许权。

辉格党人利用选民对摄政团分肥的日益不满和 1837 年的金

---

① 由于没有正规的地方银行股票二级市场，因此，股票交易不规范，价格信息也不公开。尽管如此，摄政团转让股份的市值确实很大。城市银行股票通常以高出票面价值 25 至 30 个百分点的价格进行交易。

融恐慌，在1837年秋季的选举中从民主党人手中夺得了州议会的控制权。1838年议会开幕期间，成立了一个参议院委员会，负责研究修订银行业法，以允许私人银行家自由进入和改革商业银行特许权颁发制度的合理性。该委员会后来指出，已经到了替代现有特许权制度的时候了，它“与平等权利和自由政府存在尖锐对立”（纽约州参议院，1838，第4页）。最后，在州议会结束之际，一部自由银行法案被制定出来了，并在4月份获得通过。

经过十多年的争论，纽约州于1838年通过了《自由银行法》。1825年和1828年，特别立法委员会就曾对类似法案进行过研究，但都遭到了否决。事实上，最初的《1828年安全基金法》建议（1829年被采纳）就含有1838年自由银行法的某些特征，即自由进入和债券担保票据的发行，但是为了延续议会的特许权审批和监管控制，又去掉了这些内容。然而，到19世纪30年代中期，平等权利的呼声已很普遍，由州来批准经济特权备受各方面的抨击，认为它侵犯了代议制民主和自由放任经济的精髓。不过，纽约州的《自由银行法》既不代表选民反抗州所支持的经济特权的开端，也不代表这种反抗的高潮。也不像雷德里克（Redlich，1968）所认为的那样是初生平民主义的狂暴肆虐。它只是纽约州迈向更高政治代议性和经济自由的一步，当然是很重要的一步。

第三节　自由银行制度改革 244

1836年12月，在摄政团控制的《奥尔巴尼看守人报》发表的一篇文章中，纽约州审计长阿扎莱亚·弗拉格（Azariah Flagg）宣布了该党的新立场。“现存的法律”，他写道，“剥夺了人们平等的经济权力，不赞成资本的自由使用，构成了贸易和商业的障碍。”（Flagg，1868，第 8 页）让弗莱格这样一个摄政团的高级官员在官方的党报上发表这样一个声明，就像弗朗西斯·珀金斯（Francis Perkins）在 1936 年公开宣布，民主党领导层认为《国家劳工关系法》是对贸易的违宪限制。弗莱格的评论发出了一种信号，表明选民、普通党员和党的领导层之间的裂痕在不断扩大。

的确，像 1836 年股票分配这样的滥用职权已经使纽约州民主党内产生了深深的裂痕。丘吉尔·C. 坎布雷龙（Churchill C. Cambreleng），这位在众议院深得范布伦信赖的中尉，在写给范布伦的信中谴责摄政团的银行业政策（Seavoy，1982，第 129 页）。那么，摄政团领导层是如何改变他们的观念的呢？为什么要改变呢？《安全基金法》常常被他们拿来作为自己的主要立法成就，而在制定仅仅 9 年之后，他们为什么又会甘愿放弃呢？难道正如 B. 哈蒙德（Hammond，1957）和多德（Dowd，1992）所认为的那样，与获取银行特许权和分配股票相关的腐败，最终变得在政治上难以招架或导致了高昂的社会代价，以致整个结构遭到了抛弃？

事实证明，原因极其复杂。19 世纪 30 年代的腐败行为肯定起了一定的作用，但是，自由银行制度的起源可以追溯到十多年前，它也不代表顶峰，而只是漫漫长路上迈出的一小步，这一小步是选民态度发生变化的结果。而只有在选民不再抵制雄鹿尾，并且这种变化在政治上可行时，雄鹿尾才会接受这种变化。在纽约州，针对政治参与的程度和特许权的范围展开了日益激烈的争论，并逐渐演化为一场有关经济自由的合理边界的争论。而银行业政策则是这些争论的交汇点。

一、自由银行制度的准备阶段

自由银行制度并非无缘无故和毫无先兆地在 1838 年自发产生。它也不是农民朴素的平民主义思想的结果。它预示着迈向更大的***政治和经济自由***的一场更加广泛的运动，这场运动发生在美国各州的每一个角落。在纽约州，1821 年的宪法改革扩大了公民权，消除了政治和行政集权的两个主要来源：复审委员会和任命委员会。复审委员会拥有对所有立法的否决权，任命委员会任命绝大部分地方官员，包括治安法官、县治安官和市长，构成了雄鹿尾分肥体制的基础。在受到政治精英们长达 20 245
多年的抵制后，宪法改革才通过提高地方行政自治和政治自决，将更大的***政治***决定权让给了选民。

民众对更多的政治自由存在普遍的需求，自然会要求更多的经济结社的自由。19 世纪早期，纽约州就给予了宗教、教育和慈善机构更大的开办公司的自由，并为这些机构制定了普通公司法，但州政府却紧紧攥住商业公司的特许权不放。随着美国东北部经济的发展，以及盈利能力（甚至农业盈利能力）越来越依靠信贷和交通运输，更一般地讲，越来越依赖市场，那种只有少数人才能成立公司的观念已经越来越站不住脚了（Handlin and Handlin，1947，第 113 页）。

19 世纪早期，新英格兰的几个州放开了对成立公司的限制，但在纽约州，雄鹿尾依然保持着控制权，使公司屈从于党的意志。事实上，《1828年安全基金法》的最初建议稿包含了自由成立公司和发行债券担保票据——这些都是自由银行制度的基本特征，但范布伦却拒绝了最初建议稿中的这些内容，因为民主党将会丧失其分肥体制的重要因素。甚至在1838年，当威廉·L. 马西(William L. Marcy)州长——他曾是范布伦政府的一个副州长——签署自由银行法时，他仍极不情愿，因为自由公司条款剥夺了该党一个丰厚的分肥资源。不过，在1828—1838年的10年中，公众舆论已经表现出对现状的强烈不满。纽约州早就给予宗教、教育和慈善机构组建公司的自由。长期以来人们一直要求把自由组建公司的权利扩大到商业性公司。1838年终于有所松动。

二、反共济会和政治改革

银行业改革的根本原因可以追溯到长久以来人们对于扩大经济自由的不懈要求。但是，直接促成这种要求爆发的却是一起不太可能的事件——1826年9月14日夜威廉·摩根(William Morgan)的失踪。威廉·摩根是纽约州杰纳西县巴达维亚共济会的会员，一名默默无闻且心怀不满的石匠。19世纪20年代，共济会很普遍。1800年美国全国只有347个分会和16 000名会员，而到了1825年，仅纽约州就有450个分会和20 000多名会员(Formisano and Kutolowski，1977)。穷困潦倒而又濒临破产的情况之下，摩根便以公开出版有关共济会秘密的书籍相威胁。当地共济会会员被摩根的背叛所激怒，他们放火烧了戴维·米勒(David Miller)的印刷厂，并诬告二人致使他

们遭到逮捕。后来二人被监狱释放，但摩根又遭到绑架，人们再 246
也没有见到他。据传，一群共济会会员把摩根秘密地带到了尼亚加拉堡，短暂扣留后，摩根被带上一条小船，扔进了伊利湖，大概被淹死了。

对摩根失踪的调查牵扯出不少知名的共济会成员，他们都与摄政团成员有着政治上的联系。县治安官起初拒绝逮捕他们。他们被逮捕后，检察官又拒绝起诉他们。但迫于民众的强烈抗议，阴谋策划者被带上了审判台，法庭很快变成了戏院，吸引了成百上千的观众。报纸原原本本地公布了法庭记录，消息不胫而走。其后大约 4 年多的时间里，公众一直对有关新闻议论纷纷，主要是说共济会（和摄政团联盟）破坏了政治和司法制度。当大多数被指控的阴谋者被无罪释放时，一场“公众抗议浪潮”爆发了，并演变成了一场合法的政治运动（Gunn，2001，第 374 页）。当时的一本书断定，这些劫持、谋杀和掩盖罪恶等一系列活动，是由数以百计的人共同参与实施的，包括知名议员、律师和县治安官。由州议会任命的特别检察官揭露了共济会的蓄意阻挠行为，所下的结论是，密谋、绑架和谋杀的主要指控是属实的。

反共济会的感召力，从而它的政治合法性提升了，因为每一个有理性的人都认为，共济会对执法给予了太大的影响（Vaughn，1983）。参与调查和犯罪起诉的县治安官、检察官、法官和其他官员中，有好几个是共济会会员。他们大多数都恰当而公正地履行了自己的职责，但也有一些人通过操纵制度来包庇共济会同伴。福尔米萨诺和库托洛斯基（Formisano and Kutolowski,1977,第153页)断言,人们已经普遍相信,“司法的制度性腐败……绝不是什么主观臆想。”以法律面前人人平等为纲领,反共济会政党迅速成长为一股有生政治力量。1828年,纽约州选举中的敏感问题,与其说是全国热烈讨论的州权利和内政改革,不如说是候选人的反共济会特征,以及特权是否到了让位于民众意志的时候。安德鲁·杰克逊(Andrew Jackson)在纽约勉强获得了51%的选票,范布伦赢得了州长职位,但这仅仅是因为包括反共济会候选人所罗门·索思威克(Solomon Southwick)在内的两个竞选对手分散了反对票(Benson,1961,第31页)。①

反共济会所引发的后果是深远的。1828—1835年,纽约州共济会分会从490个减少到了80个,积极分子从20 000名减到了仅剩3 000名(Benson,1961,第36页)。在击垮了主要对手后,无论是这场运动本身,还是反共济会党本身,都没有就此消
247 失。一个强有力的领导阶层掌握着45家以上的报纸,这类消息便传播开来。特权颠覆的不仅仅是刑事审判。各种类型的特权和秘密组织,包括政治上享有优惠待遇的公司,破坏了共和政体的所有优点。法律面前人人平等、代表权平等和机会平等,成了反共济会党的口号。在1829年反共济会大会上,一位演讲者主张,“对于那些可以纳入政府权力管辖下的一切事务,公共舆论……也必须予以适当的约束。”(引自Benson,第22页)反共

① 我们在前面提到过所罗门·索思威克,他是1812年美国银行特许权丑闻中的一个著名说客。

济会党发出的讯息凝聚成了一种推动平等化的动力：普遍的男性选举权，普遍的州办教育，反对奴隶制度，善待印第安人、孤儿和精神病患者（Van Deusen，1944）。

反共济会的改革诉求迅速融入到那个时代最敏感的经济问题。该党赞成严格执行高利贷法，废除因债获刑制度，拓展交通运输网络，当然，它还赞成银行和金融服务的分配在地区部门间更加平等。反共济会的早期历史表明，该党是由乡村土地所有者对城市商业财富和权力的嫉妒激发起来的。但是，反共济会不仅仅代表激进的农民平民主义，它更多地是由中产阶级对难以进入银行和交通运输设施的不满而促使的。

早期的许多银行史学者，包括B.哈蒙德（Hammond，1957）和雷德里克（Redlich，1968），将西部对银行匮乏的抗议简单地解释为通货膨胀论者的平均地权运动。但实际上，反共济会与激进的平均地权运动基本没有什么关系。相反，它是西部商人对难以进入银行业和获得银行信贷的日益不满在政治上的表现。并且，传统雄鹿尾大本营之外的商人们的抱怨是有正当理由的。表7.3列出了1830—1857年若干时点按参议院选区计算的人均银行资本。[①] 毫不奇怪，纽约市遥遥领先于所有其他地区，并将排在第二的奥尔巴尼远远地抛在了后面。不过，即使不包括这两个主要的城市商业区，银行资本的分布仍存在显著

① 之所以选择这些年份，是为了尽可能控制重大宏观经济事件。19世纪30年代和19世纪50年代都是较早的繁荣时期，紧随其后就是在1837年和1857年的严重金融恐慌。

差异。在阿迪朗达克/尚普兰湖地区(Ⅳ),人均银行资本只有0.45美元,而芬格湖区则达到5.66美元。1830年,纽约州8个地区的基尼系数是0.69,表明存在着显著的不平等。而且,在1830年,纽约州所有县中,2/3没有一家银行,这些县绝大部分位于纽约西部和南部。

表7.3　纽约州按参议院选区计算的人均银行资本(美元现值)

参议院选区	人均银行资本(美元)			
	1830	1837	1850	1857
Ⅰ	51.18	56.17	36.56	65.38
Ⅱ	1.77	7.44	9.22	12.07
Ⅲ	11.67	19.04	16.50	33.02
Ⅳ	0.45	3.43	4.91	10.94
Ⅴ	2.45	8.56	11.13	16.14
Ⅵ	1.49	5.64	5.43	10.50
Ⅶ	5.66	9.37	8.75	12.41
Ⅷ	1.25	6.64	9.04	14.44
基尼系数	0.69	0.48	0.35	0.36
无银行县所占比重(%)	66.1	26.8	15.5	5.2

资料来源:美国国务院(U.S. Department of State,1832,1841),美国普查局(U.S. Census Office,1853,1864),纽约州众议院(New York State Assembly,1831,1838,1858),《奥尔巴尼看守人报》(1850年11月25日)。

注:地区Ⅰ包括纽约市和长岛,地区Ⅱ指纽约市北部县;地区Ⅲ指奥尔巴尼周边县,地区Ⅳ指阿迪朗达克地区,地区Ⅴ包括锡拉丘兹、奥斯威格、沃特敦地区,地区Ⅵ指宾厄姆敦周边的南迪尔,地区Ⅶ指芬格湖区,地区Ⅷ指从罗彻斯特到布法罗以及南邻宾夕法尼亚州边界的西部县。

《安全基金法》的通过,以及随之而来的特许权发放的增加,使得人均银行资本的分布趋于平等。即使在发展相对落后的阿迪朗达克/尚普兰湖地区，人均银行资本也由 1830 年的 0.45 美 248
元上升到了 1837 年的 3.43 美元。基尼系数下降到了 0.48，无银行县的数量大幅度减少了。自由银行制度和 1845—1857 年的长期经济繁荣，使人均银行资本更加平等，使几乎每个县都至少拥有一家商业银行。到 19 世纪 50 年代中期，每个参议院选区的人均银行资本都达到了两位数，只有 3 个县(占 5.2%)仍没有商业银行。到 1850 年，基尼系数也下降到 0.36，并在随后的 10 年一直保持稳定。

考虑到 1830 年银行资本分布的地理差异，毫不奇怪，反共济会跨越了经济阶层的界限（Kutolowski，1984；Formisano，1993)。的确，那些良田较多、人口较密和土地价值较高的镇，对反共济会的支持也较强。反共济会的领导人主要来自纽约西南部的中层和上层——交通和金融革命还没有完全到达这些地区(Kutolowski，1984)。反共济会的挑战是根本性的，即使在某些方面表现得有些天真：难道生活在民主社会中的所有人不应当平等地获得经济迅速发展所带来的机会吗？在财富和声誉的竞技场上，共济会支配的摄政团不公正地授予它自己优势，这公平吗？从这个角度来看，这场运动对于那些渴望"通过政治参与来进一步改善交通运输、银行设施和……获得有利的地方公共政策"的人，尤其具有强大的吸引力(Kutolowski，第 281 页)。在 249
那些市场已带来有限繁荣的地区，反共济会得到了蓬勃的发展。反共济会的领导人想获得更多被摄政团把持的创造财富的工具——银行、运河、铁路。

把平等主义的推动力转化为具体政策，比如自由银行制度，需要一些时间(Benson,1961,第37页)。但是，平等主义运动在19世纪30年代获得了发展势头。1831年，因债获刑制度被废除。纽约州扩充了教育资金。支线运河规划方案已经制订，勘测业已完成，工程已经开工。1835年和1836年出现了废除限制私人银行的有关法律的呼声。1837年，纽约州参众两院认真地讨论了自由银行制度，犹如一场新的立宪运动。在1837年的尤蒂卡会议上，代表们呼吁废除任何形式的由议会颁发特许权，取缔限制进入任何职业和职位的一切管制，并提出了一个宪法修正案，禁止未来的州议会通过偏袒某个集团的法律(Gunn,1988,第172页)。

到1837年，州议会有关银行业政策的争论明显带有反共济会的性质。在谴责州众议院委员会的银行决议没有报告某个银行的提案时，来自奥内达加县的众议员约翰·威尔金森(John Wilkinson)愤怒地指出，"不能认为，纽约[市]的居民能够准确判断在尤蒂卡开办一家银行是否合适，而又不带傲慢态度"(AEJ,1836年3月22日)。这种决定最好留给尤蒂卡的居民。阿尔比恩的一群市民向州议会请愿，宣称，"人民正在行动……改革精神已在全州唤醒"(AEJ,1837年3月28日)。的确，改革精神已变得非常高昂，以致摄政团派的州长威廉·L.马西在给州议会的年度致辞中也不得不敦促改革。现存制度"无疑是有害的"，"私人财产的本质特征在于，所有者不仅享有排他性的所有权，而且应当享有自由使用的自由"(AEJ,1837年1月3日)。马西在银行制度方面的立场表明，摄政团的态度和政策出现了巨大松动。他的立场更像反共济会，而不是民主党。

反共济会运动表现出了经济改革时常会出现的偶发性。也就是说，经济改革赖以发起的事件似乎与根本问题相去甚远。那些将威廉·摩根从船上投入水中的共济会会员们，会想到他们即将触发一场动摇共济会和摄政团根基的政治运动吗？他们会料到他们所触发的事件会导致州政府和商业团体之间重新订立契约吗？他们当然不可能想到。这不是说自由银行制度依赖于威廉·摩根的神秘失踪。实际上，早在 1828 年，也就是反共 250
济会党成立 5 年以前，类似于自由银行制度的某些东西就已经被提出来了，但因不合政治口味而遭到了拒绝。

然而，反共济会运动确实表明，一个看似无关的随机事件可能会成为关键因素，把潜在的变革要求推向前台。例如，在以上例子中，威廉·摩根的失踪导致了一个反对党的形成，这个反对党利用了人们变革银行政策的潜在要求，突出这一焦点问题，使之成为该党政治纲领中的一个突出要素。正如 B. 哈蒙德(Hammond，1957)和雷德里克(Redlich，1968)论述的那样，获得更多信贷渠道的要求，在俄亥俄州、印第安纳州、肯塔基州和其他地区同纽约西部地区一样强烈，然而，在纽约州之外的其他地区，变革则谨慎一些。尽管其他 17 个州也实行了自由银行制度，但从纽约州实施自由银行制度到其他州实行这一制度，中间大约相隔 15 年(Rockoff，1975，第 3 页)。① 如果没有像摩根失

① 密歇根州 1837 年通过了自由银行法，但很快就被废除了。纽约州和佐治亚州 1838 年通过了自由银行法。此后直到 1849 年，只有阿拉巴马州通过了该法，1851—1853 年又有 10 个州通过了该法。

踪这样的事件来唤醒选民，接下来的变革将是缓慢的。因此，反共济会或许不是变革的关键，但它确实加快了变革的步伐。

三、19 世纪 30 年代中期的党派辩论和政治变革的交融

只有在改革的动力已远不是摄政团所能控制，以至于民主党内一个叫作罗柯夫克斯(Loco-Focos，有时称为平等权利党)的小派别也赞成废除安全基金制度的时候，摄政团对自由银行制度的支持才能转化为官方政策。这些人大部分是纽约市的零售商和小业主，他们认为现行制度威胁到了他们的经济福利。他们坚信经济的独立必须建立在财产所有权基础之上。任何政府，只要它通过的法律偏向让少数人积累财富，如安全基金制度，它就是坏政府。“一个切实可行的城市—工业民主要求经济盈利机会必须均等”(Seavoy，1982，第 130 页)。尤其是，机会的平等就要求获得银行信贷的平等。废除特许商业银行制度，并以私人银行制度取而代之，是实现这一目标的最佳途径。

同样，杰克逊式的民主受到了强烈的平等主义力量的驱动(Schlesinger，1945；Sellers，1991)。而杰斐逊式的共和制则将机会均等扩展到了西部新定居的自耕农。早期西部的银行业政策既带有通货膨胀的特征，又带有促进发展的特征(Bodenhorn，2003)。诸如肯塔基、田纳西和伊利诺伊等州，建立了完全的州立银行，向打算购买土地的农民提供中期抵押贷款。结果，移民蜂拥而至，他们大量购买土地，不久就将边远地区变成了繁
251 荣兴盛的农耕区。正如杰克逊主义者们所认为的那样，东部新兴城市工业区，也需要采取某些类似措施来阻止经济不平等加

剧的趋势。①

自由银行制度使反共济会、杰克逊主义者和罗柯夫克斯党站在了同一阵线上。罗柯夫克斯党对机会均等的呼吁，唤醒了杰克逊主义者的公平竞争意识。然而，有关银行业政策的棘手问题是，如何在保证机会均等的同时提供安全、可兑换的货币。在 1837 年的会议上，围绕这个问题提出了两个法案。第一个法案建议废除 1804 年关于禁止非公司类企业从事任何银行业务的大部分限制性条款。该法案准许成立有限责任合伙制企业，授予非公司类个人社团从事除发行票据以外的所有银行业务的权利（AEJ，1837 年 3 月 18 日）。第二个法案提出成立具有包括票据发行在内的全部银行职能的非公司类银行，但是，不准许这类银行发行面额低于 20 美元的票据（AEJ，1837 年 3 月 3 日）。这两个法案都是通过限制坏银行与公众交易的能力来保护公众

① 对杰克逊主义政策的这种简要描述，肯定会模糊掉杰克逊民主党内部的众多矛盾。具有超凡魅力的杰克逊组织起了一个联盟，这个联盟既有支持银行的人，也有反对银行的人，既有乡村农民，又有城市机械工人，既有积极支持由联邦政府进行内部改良的人，又有积极反对联邦干预扩张的人，既有前联邦党人，又有老共和党人。因此，杰克逊民主党从骨子里是敌视银行的。但杰克逊民主党同样是一个支持企业家和企业的政党。甚至连杰克逊对美国第二银行特许权展期的否决，也没能“清晰表明该党的立场以及它与全国其他几百家银行的未来关系”（Sharp，1970，第 5 页）。一些杰克逊主义者试图强化银行的安全，从而特许成立更多的银行。但另一些人则试图完全废除银行。后者长期主导着该党的言论，但是，前者最终对政策产生了较大影响，正如纽约州和其他地区的自由银行制度所证实的那样。

免遭损害。当时除了商人以外,开户银行还不普遍,而从事日常交易的人们很少用得上 20 美元或 20 美元以上的票据。这两个法案都没有通过参议院的批准,主要是由于司法部长认为这两个法案是违宪的,因为它们都违反了宪法中的 2/3 票数的规定来创建事实上的公司。最后,州议会降低了限制性条款的某些标准,使经纪人能够从事某些受限的私人银行业务(Seavoy,1982,第 150 页)。

在 1837 年秋季选举前夕,恐慌席卷了全国金融市场,银行暂停现金支付。在选举投票中,辉格党人彻底击败了雄鹿尾人。辉格党人把他们赢得选举胜利理解为受托废除《安全基金法》,许多人来到奥尔巴尼,极力敦促通过普通公司法。尽管作为雄鹿尾党人的州长威廉·L. 马西公开提议通过自由银行法,但却仍在私下反对。他明白,普通公司法的实施将削弱该党对一项重要庇护来源的控制。而且,它可能会威胁到《安全基金法》本身的稳定性。西维(Seavoy,1982,第 152 页)也认为,范布伦在
252 联邦层次上的财务分治计划——主张政府应该将自身与银行业务分离开来——推翻了摄政团与州银行之间长期而紧密的关系。马西被逼到了墙角,除了支持通过一部他希望能精心设计的普通公司法之外,几乎别无选择。

1838 年 4 月,纽约州颁布了自由银行法。贡(Gunn,1988,第 229 页)认为,这项法律是"19 世纪上半叶最重要的一项州立法"。它反映了州议会在经济事务中的角色转变:离开但不完全放弃共和理想。组建公司开始成为了一种纯粹的管理职能。州议会放弃了它的权力,转而授权一个官僚机构来负责执行一套

适用于所有组织的程序和政策。自由银行制度使商业公司脱离了政治，反映了在经济事务中议会权力的衰落。公司失去了原有的公共特征，成为一个纯私人的事情。然而，具有讽刺意味的是，尽管公民权被大大扩展了，但是，自由银行制度和类似法案也极大地限制了选民影响社会和经济后果的能力。在公众在政治上获得更多的话语权后不久，政府就在自身与经济之间筑起了一道防火墙。选民似乎逐渐意识到了曼库尔·奥尔森（Mancur Olson，1982）所谓的分利联盟所导致的效率成本，并且试图通过消除其赖以形成的至少某种机制来减少这种成本。

四、自由银行制度的结果

自由银行制度承载了人们的诸多期望。众议院特别委员会的一份报告充分概括了当时人们对自由银行制度的期望。普通公司法可以废除安全基金制度派生的特权和垄断。它消除了立法机关腐败的一个根源，并减少了互投赞成票。银行所有权将更加分散。银行自身的地理分布将更加合理。更多的信贷机会将刺激商业和制造业的发展。最后，它将提高和增强货币的稳定性。

自由银行制度的两个主要方面与本章所讨论的问题相关，即特权和机会（尤其是小企业之间的机会）更加均等。首先，自由银行制度用“法治”取代了出于特殊利益的立法，用相对固定的行政程序和政策取代了特殊、易变、个人化的特许权条件。与拥有自由裁量权的立法委员会和其他机构相比，执行规则的监管者较不容易腐败（Glaeser and Shleifer，2003）。行政政策是 253
清晰而明确的，不太可能被立法和司法腐败所扭曲。

其次，自由银行制度反映了杰克逊时代日益高涨的推动力。1838 年法案吸收了 1837 年两个法案的许多特点。第一个法案解除了对那些想经营私人银行的个人或合伙制企业的限制，目的是促进那些能够反映和满足地方需求的较小机构的建立。第二个法案旨在取代特许设立较大的公司制商业银行的现存制度。1838 年的最终法案包含了两个特征，一是为较大的股份制银行确立了一个标准，二是为个人（实际上是可开具票据的私人）银行确立了一个较低的标准。的确，自由银行制度鼓励小型企业的创办，与反共济会、杰克逊主义甚至杰斐逊主义者的说法完全一致。例如，1850 年 3 月，47 家个人银行中有 29 家的实收资本在 2 万美元以下，1840—1850 年，自由银行的平均总资本由 26.3 万美元下降到了 17.6 万美元。①

在激励小企业的同时，自由银行制度的拥护者认为，他们同时解决了腐败、特权和机会均等问题，并能通过百分之百的票据担保条款保护公众免遭不称职的银行家的侵害。一些杰克逊主义者对银行提出了批评，他们认为，银行，或一般地说公司，占据着特权位置，行使着过大的经济权力，能够造成严重的政治和经济危害。而反银行的民主党人则深信银行会造成经济损害，例如，在银行战争期间，尼古拉斯·比德尔（Nicholas Biddle）与美国

---

① 特许银行的平均总资本一直稳定在 37.5 万美元左右。安全基金制度下的或更早的特许银行，准许在特许权有效期内（从 20 年到永久不等）保持特许权，但在初始特许权到期后，它们就必须变成自由银行许可证。安全基金制度下的最后一批银行是在 19 世纪 50 年代末变成自由银行许可证的。

第二银行签订的贷款协议就将经济拖入到衰退之中。既然一个银行出点小问题，经济就会因此而陷入衰退，那么，假如一个大银行倒闭，又会发生什么呢？假如银行自身联合起来背离公共利益，又会发生什么呢？诸如此类的问题把人们对银行债权人的安全和保障的关切摆在了前面。人们相信，自由银行制度能同时解决以上重重顾虑。在鼓励小银行发展的情况下，银行就不能获得太大的政治或经济影响力，它们造成损失的能力也是有限的。

尽管19世纪40年代自由银行破产的损失率相当大，但到19世纪50年代，损失率大幅度下降了，远低于11家摄政团安全基金银行破产时的损失率。损失率的下降，加之银行资本更加灵活的配置，使得自由银行制度更有吸引力。最终，其他17个州也模仿纽约州通过了自由银行法。还有三个州明显放松了 254
特许权限制，并实施了债券担保票据发行制度。美国内战期间，国家银行制度采纳了纽约州1838年法案的几个特点，自由银行制度便走向了全美各地。尽管反共济会党特别不适合输出，因为该党在纽约州之外从没成为过重要力量，但自由银行制度却很适合输出。杰克逊时代的改革动力是很强大的，但是，要把潜在动力转变成具体政策，州与州之间差别很大。探讨其他地方实施自由银行制度的政治条件，可能是未来研究中能够取得丰硕成果的一条思路。

第四节　结论

正如雷德里克（Redlich，1968）力图让我们相信的那样，自由银行制度既不是杰克逊自由放任思想大流行的结果，也不是重新崛起的辉格党人寻求诋毁摄政团政治集团主要成员的下意识反应的结果，而是另一场始于 19 世纪初期的要求提高政治和经济自决权运动的结果。1821 年纽约州宪法的变革在很大程度上满足了政治自决的需要，但范布伦摄政团仍凭借针对各类企业的特殊公司法，掌握着足够多的经济特权的分配，加剧了人们的不满。

然而，一起不太可能事件触发了一个竞争性政党的形成，这个党致力于经济平等，并具有与摄政团同样的能力，能够将自己的讯息通过党报传播给选民。瑟罗·威德（Thurlow Weed）的《奥尔巴尼晚报》是摄政团的《奥尔巴尼看守人报》的一个强有力的对手。事实上，在 1830—1837 年，除了少有的 14 天之外，威德的《奥尔巴尼晚报》几乎天天刊发有关银行和银行特许权的评论。而《奥尔巴尼看守人报》敢于讨论这个问题的时间，则不过区区两个星期。① 显然，摄政团的官方策略是对反共济会党对其银行特许权政策的抨击不予理睬。从结果上看，这可能是摄政团的一个重大失误。它让反对派主宰着论战，而几乎没有摄政团对自己政策进行辩护的声音。摄政团的沉默使当时的许多人认为其默认了下述事实，即腐败猖獗，民主党是一个“分肥”的政党，根本没有改革现有制度的意愿。这样一种思想情感，加上人们普遍认为便利的银行信贷能够加速资本积累和经济增

---

①　这个观察结果基于阅读这两份报纸 1830—1837 年的几乎每一期。

长，两者结合在一起，便动员了民主党人无力应对的改革动力。自由银行制度，以及后来的普通公司制度，是纽约州不断高涨的 255
改革动力的一个结果，但只是其中的一个结果。

参考文献

Alexander, DeAlva Stanwood. 1906. *A political history of the state of New York*. Vol. I. New York: Henry Holt.

Benson, Lee. 1961. *The concept of Jacksonian democracy: New York as Test Case*. Princeton, NJ: Princeton University Press.

Bodenhorn, Howard. 2003. *State banking in early America: A new economic history*. Oxford: Oxford University Press.

Calomiris, Charles W. 1989. Deposit insurance: Lessons from the record. *Federal Reserve Bank of Chicago Economic Perspectives* 13 (May/June): 10—30.

Chaddock, Robert E. 1910. The Safety Fund Banking System in New York, 1829—1866. 61st Cong., 2nd Sess. Senate Document no. 581. National Monetary Commission. Washington, DC: Government Printing Office.

Cole, Donald B. 1984. *Martin Van Buren and the American political system*. Princeton, NJ: Princeton University Press.

Countryman, Edward. 2001. The Empire State and the Albany Regency. In *The Empire State: A history of New York*, ed. Milton M. Klein, 295—306. Ithaca, NY: Cornell University Press.

Dowd, Kevin. 1922. U. S. banking in the "free banking period." In *The experience of free banking*, ed. Kevin Dowd, 206—240. London: Routledge.

Evans, George Herberton, Jr. 1948. *Business incorporations in the United States, 1800—1943*. New York: National Bureau of Economic Research.

Fenstermaker, J. Van. 1965. *The development of American commercial banking, 1782—1837*. Kent, OH: Bureau of Economic and Business Research, Kent State University.

Flagg, Azariah C. 1868. *Banks and banking in the state of New York from the adoption of the Constitution in 1777 to 1864*. Brooklyn, NY: Rome Brothers.

Formisano, Ronald P. 1993. The new political history and the election of 1840. *Journal of Interdisciplinary History* 23(Spring):661—682.

Formisano, Ronald P., and Kathleen Smith Kutolowski. 1977. Antimasonry and Masonry: The genesis of protest, 1826—1827. *American Quarterly* 29(Summer):139—165.

Frye, Timothy, and Andrei Shleifer. 1997. The invisible hand and the grabbing hand. *American Economic Review Papers and Proceedings* 87 (May):354—358.

Gallatin, Albert. 1831. *Considerations on the currency and banking system of the United States*. Philadelphia: Carey and Lea.

Glaeser, Edward L., and Andrei Shleifer. 2003. The rise of the regulatory state. *Journal of Economic Literature* 41(June):401—425.

Gunn, L. Ray. 1988. *The decline of authority: Public economic policy and political development in New York, 1800—1860*. Ithaca, NY: Cornell University Press.

——. 2001. From factions to parties: The emergence of the second party system. In *The Empire State: A history of New York*, ed. Milton M. Klein. 369—382. Ithaca, NY: Cornell University Press.

Hammond, Bray. 1957. *Banks and politics from the Revolution to the Civil War*. Princeton, NJ: Princeton University Press.

Hammond, Jabez. 1852. *The history of political parties in the state of New York*. Syracuse, NY: Hall, Mills and Company.

Handlin, Oscar, and Mary Flug Handlin. 1947. *Commonwealth: A study of the role of government in the American economy; Massachusetts,*

1774—1861. New York: New York University Press. 256

Johnson, A. D. 1850. The legislative history of corporations in the state of New York. *Merchants' Magazine and Commercial Review* 23(December):610—614.

Kass, Alvin. 1965. *Politics in New York State, 1800—1830*. Syracuse, NY: Syracuse University Press.

King, Robert. On the economics of private money. *Journal of Monetary Economics* 12:127—158.

Knox, John Jay. 1903. *A history of banking in the United States*. New York: Rhodes.

Kutolowski, Kathleen Smith. 1984. Antimasonry reexamined: Social bases of the Grass-Roots Party. *Journal of American History* 71(September):269—293.

Lamoreaux, Naomi R. 1994. *Insider lending: Banks, personal connections, and economic development in industrial New England*. Cambridge: Cambridge University Press.

Lincoln, Charles Z., ed. 1909. *Messages from the governors*. Vol. Ⅱ. Albany: J. B. Lyon.

Mauro, Paolo. 1995. Corruption and growth. *Quarterly Journal of Economics* 110(August):681—712.

Miller, Nathan. 1962. *The enterprise of a free people: Aspects of economic development in New York State during the canal period, 1792—1838*. Ithaca, NY: Cornell University Press.

Murphy, Kevin M., Andrei Shleifer, and Robert W. Vishny. 1993. Why is rentseeking so costly to growth? *American Economic Review Papers and Proceedings* 83(May):409—414.

New York State Assembly. 1831. Report of the bank commissioners. Assembly Document no. 59, 25 January. Albany, NY: Author.

——. 1838. Annual report of the bank commissioners. Assembly Document no. 71, 24 January. Albany, NY: Author.

——. 1858. Annual report of the superintendent of the banking department. Assembly Document no. 4,5 January. Albany, NY: Author.

New York State Senate. 1838. Report of the Select Committee on the Bill to Repeal the Laws Restraining Private Banking. Senate Document no. 42,20 February. Albany, NY: Author.

Olson, Mancur. 1965. *The logic of collective action: Public goods and the theory of groups*. Cambridge, MA: Harvard University Press.

——. 1982. *The rise and decline of nations: Economic growth, stagflation, and social rigidities*. New Haven, CT: Yale University Press.

Redlich, Fritz. 1968. *The molding of American banking: Men and ideas*. New York: Johnson Reprint Company.

Rockoff, Hugh. 1975. *The free banking era: A re-examination*. New York: Arno Press.

Root, L. Carroll. 1895. New York bank currency: Safety fund vs. bond security. *Sound Currency* 2(February):285—308.

Schlesinger, Arthur M., Jr. 1945. *The age of Jackson*. New York: Book Find Club.

Seavoy, Ronald E. 1982. *The origins of the American business corporation, 1784—1855*. Westport, CT: Greenwood Press.

Sellers, Charles. 1991. *The market revolution: Jacksonian America, 1815—1846*. New York: Oxford University Press.

Sharp, James Roger. 1970. *The Jacksonians versus the banks: Politics in*
257 *the states after the panic of 1837*. New York: Columbia University
Press.

Spencer, Ivor D. 1959. *The victor and the spoils: A life of William L. Marcy*. Providence, RI: Brown University Press.

Sylla, Richard, John B. Legler, and John J. Wallis. 1987. Banks and state public finance in the new republic: The United States, 1790—1860. *Journal of Economic History* 47(June):391—403.

U. S. Census Office. 1853. *The seventh census of the United States, 1850*.

Washington, DC: Robert Armstrong.

——. 1864. *Population of the United States in 1860*. Washington, DC: Government Printing Office.

——. 1872. *A compendium of the ninth census, 1870*. Washington, DC: Government Printing Office.

U. S. Comptroller of the Currency. 1876. *Report of the comptroller of the currency*. Washington, DC: Government Printing Office.

U. S. Department of State. 1832. *Fifth census, or enumeration of the inhabitants of the United States, 1830*. Washington, DC: Duff Green.

——. 1841. *Sixth census, or enumeration of the inhabitants of the United States*. Washington, DC: Blair and Rives.

Vaughn, William Preston. 1983. *The Antimasonic Party in the United States, 1826—1843*. Lexington: University of Kentucky Press.

Van Deusen, Glyndon G. 1944. Thurlow Weed: A character study. *The American Historical Review* 49(April): 427—440.

Williams, Edwin. 1837. *The New York annual register for the year of our lord 1837*. New York: G. and C. Carvill.

Wright, Robert E. 1997. Banking and politics in New York, 1784—1829. PhD diss., State University of New York, Buffalo.

——. 2002. *Hamilton unbound: Finance and the creation of the American republic*. Westport, CT: Greenwood Press.

259 # 第八章　制度变迁和腐败

——公用事业规制史

沃纳·特勒斯肯*（Werner Troesken）

第一节　导言

美国公用事业规制的历史，呈现出奇特的循环变化特征。19 世纪末，政府对煤气和电力公司的规制还很有限，到 20 世纪初，煤气和电力公司便受到繁琐的市政规制，而到 1940 年，大多数煤气和电力公司转而接受州和联邦政府的规制（Stigler and Friedland，1962；Troesken，1996）。20 世纪 80 年代至 90 年代，前一个世纪以来所设立的所有规制机构被撤销了，煤气和电力公司开始在类似于 19 世纪 80、90 年代的规制环境中从事经营活动（Joskow，1989）。同样，在美国供水行业，政府治理体制也

---

* 沃纳·特勒斯肯是匹兹堡大学历史学教授和美国经济研究局研究员。

由衷地感谢研讨会与会者、讨论者和审阅人的有益评论。本项研究得到了美国国家老年问题研究院/美国国家健康问题研究院（NIA/NIH）的资助，编号为 P01 - AG1012009A1。

经历了由19世纪有限市政监管下的私人供给，到20世纪中叶盛行的市政所有权的转变(Baker,1897;Troesken,1999)。20世纪70年代至80年代，市政供水公司被大量私有化了，重新回到了19世纪盛行的治理体制(Galiani,Gertler,and Schargrodsky,2003;Vitale,2001)。

如何解释公用事业规制所呈现的这种循环特征？这里至少有三种可能的解释。第一种可能是，技术变革改变了不同时期治理体制的选择空间。第二种可能是，意识形态的变化改变了 260
投票人和政策制定者的偏好。在20世纪初，意识形态的变化导致决策者偏好国家导向型的解决方案，而到了20世纪末，意识形态的变化却导致决策者偏好市场导向型的解决方案。第三种可能需借助于曼库尔·奥尔森(Mancur Olson,1982)的理论来解释。奥尔森认为，任何一种制度都会随着时间的推移而趋于僵化，从而减缓经济增长，因为地位已经牢靠的既得利益集团会攫取较大份额的社会资源。奥尔森的研究表明，规制和治理体制的转型——无论是从市场导向转向国家集权，还是相反——都能够极大地改善市场运行。

我认为，技术和意识形态的变化只能部分地解释公用事业规制的循环特征，而奥尔森所提出的制度僵化理论可以给出更为全面的解释，这种理论认为，不时变革一下体制对于公用事业市场是有好处的。沿着这个思路走下去，我得出了以下三个结论。第一，腐败盛行于公用事业，腐败总会以某种形式存在于所有规制和所有权体制中。第二，在公用事业中，体制变迁并不能根除腐败，它仅仅改变了人们所能看到的腐败的类型。第三，不论何种类型的治理体制（如政府规制或市政所有权），腐败都会随着时间的流逝而日趋严重，在某一时刻会变得在政治上难以承受。

第二节　公用事业规制的演变

下面几小节将考察煤气和电力行业及供水行业中的公用事业规制。

一、煤气和电力行业

在煤气和电力行业，规制的演变经历了四个不同阶段：第一个阶段（约从1859年至1899年）是弱市政控制时期，这里称为特许规制（Franchise Regulation）时期；第二个阶段（约从1900年至1909年）是积极市政控制时期，这里称为市政规制（Municipal Regulation）时期；第三个阶段（约从1907年至1977年）是州规制时期；第四个阶段（约从1978年至今）的特征是有限的州和市政府控制，再加上竞争，在许多方面酷似这里所说的第一个演变阶段。

在第一个阶段，煤气和电力公司是通过市政特许权加以规制的。特许权赋予公用事业公司在特定城市开挖街道和从事经营的权利，作为获取权利的回报，这些公用事业公司有义务提供相应的公用事业服务。这类特许权一般要签署长达25至50年的长期合同。合同同时规定了价格上限和最低服务标准。特许权通常以名义美元表示价格上限。然而，由于煤气和电的整体价格水平在19世纪稳步下降，煤气和电的生产技术迅速进步，

名义价格上限没能发挥作用。这些变化降低了煤气和电的利润 261
最大化价格。结果,合同签署后没几年,价格上限通常就没有了约束力,即便对垄断企业来说也是如此。例如,克利夫兰市1867年授予人民煤气照明公司特许权。特许权禁止该公司收费超过每立方英尺(简写为 MCF)3 美元,而到了 19 世纪 70 年代初,该公司收费仅为 2 美元/MCF(Troesken,1996,第 12—15 页; Wilcox,1910)。①

有时,市政府也会鼓励竞争,以补充对煤气和电力公司的规制。在大城市,多达六七家公司相互竞争的情形很普遍,毫无疑问,这种竞争降低了公用事业费率。例如,19 世纪 80 年代末的芝加哥市,城西多家煤气公司之间的竞争使煤气价格从2.25/MCF 下降到 1 美元/MCF。然而,除了像芝加哥和纽约这样的特大城市外,大多数市场并不足以承载竞争。即便一些城市真的爆发了价格竞争,有效竞争也是短暂的。在芝加哥,前面提到的价格战持续不到几年,所有相互竞争的公司就合并为一家公司,煤气费随之上涨 25%。我们在芝加哥所看到的这种模式——竞争性价格战后便是合并和涨价,也可以在亚特兰大、巴尔的摩、布法罗、克利夫兰、纽约和其他大城市看到(Troesken,1996,第 26—34 页)。

---

① 值得注意的是,20 世纪末,城市对有线电视行业所采取的规制架构与这里所描述的情形完全相同:城市将特许权授予那些能够接受政府官员规定的规制条款的公司。相关比较,可参见威尔科克斯(Wilcox,1910)和威廉姆森(Williamson,1985)对特许权的描述。

市政特许权是合同，明确这一点非常重要。作为一种合同，它规定了市政府和私人公用事业公司双方的义务，同时要求获得当事人双方的一致同意。市政当局不能单方面规定特许权条款。的确，在大多数地区，除非有明确的立法许可，否则州宪法禁止市政府直接、单方面地对煤气公司和其他公用事业的费率进行规制。正如联邦法庭的解释："对煤气公司向消费者收取的价格进行规制，并不是市政府必不可少的一种权力，也不包含在赋予市政府的一般权力之内。"联邦法庭继续解释说，除非州议会明确将规制权力授予市政府，否则，只有州才能对煤气收费进行规制，"市政府不能行使这项权力，除非它获得州明确的授权，或明确授权下的直接意指。"(《米尔斯诉芝加哥市等》，收集在《联邦法院汇编》第127卷第731页，1904)

公用事业规制演变的第二个阶段发生于1900年至1909
262 年间。在此期间，许多州开始颁布法律，授权市政府对煤气和电力公司以及其他公用事业的收费实施直接规制。颁布市政规制法的州有阿肯色、加利福尼亚、佛罗里达、艾奥瓦、堪萨斯、明尼苏达、密西西比、密苏里、内布拉斯加和俄亥俄。在新的市政规制法下，公用事业公司与市政府的特许合同一旦到期，城市当局就能够单方面规定费率，无须获得煤气和电力公司的认可，就具有法律约束力。即使在那些没有通过一般性市政规制法的州，由州议会授权某个城市来规制公用事业收费的情况也很普遍。例如，1887年，田纳西州授权孟菲斯市对煤气收费进行规制，但规定孟菲斯市设定的收费标准不能低于1.50美元。田纳西州的其他城市则继续通过市政特许权对煤气收费进行规制。①

州规制是煤气和电力行业规制的第三个阶段，实际始于1910年前后。不过，州规制早在1887年就有预兆，当时，马萨诸塞州成立了一个州委员会对州公用事业进行规制。1910年以前成立州规制委员会的州还有佐治亚（1907）、密歇根（1909）、纽约（1907）、佛蒙特（1908）和威斯康星（1907）。1910—1920年，州公用事业委员会的成立速度非常迅速，又有29个州成立了这样的委员会，它们是：阿拉巴马、亚利桑那、加利福尼亚、科罗里达、康涅狄格、爱达荷、伊利诺伊、印第安纳、堪萨斯、缅因、马里兰、密苏里、蒙大拿、内华达、新罕布什尔、新泽西、北卡罗来纳、北达科他、俄亥俄、俄克拉荷马、俄勒冈、宾夕法尼亚、罗得岛、田纳西、犹他、弗吉尼亚、华盛顿、西弗吉尼亚和怀俄明（Stigler and Friedland，1962；Troesken，1996，第6—17页）。

在上述各阶段中，州规制阶段似乎最为持久和稳固。直到1978年，煤气和电力规制史上的第四个阶段才到来。1978年，国会通过了《公用事业规制政策法》。表面上，该法案意在促进再生能源开发利用，但实际上是鼓励企业进入全美煤气和电力行业，依照一位权威人士的话说，它“说明了竞争性进入资本密集型发电业务的可行性”（White，1996，第207页）。伴随1992年《能源政策法》在国会的通过，该法促进竞争的一面得到了进

① 参见《新孟菲斯煤气照明公司诉孟菲斯市》，收集在《联邦法院案例汇编》第72卷第952页（1896）。另参见特勒斯肯（Troesken，1997）。

一步强化。《能源政策法》规定，地区输电网的运营商是共同电
263 力输送者，应准许非隶属的发电企业通过其输电网输送电力。该法案所隐含的经济逻辑是，电力输送具有自然垄断的特征，而电力生产却没有。《能源政策法》颁布后，一些州开始允许电力用户从相互竞争的生产者那里购买煤气和电力（White，1996）。

二、供水行业

美国供水行业经历了三个规制阶段。第一个阶段（从1800年至1879年）通过市政特许权来管理私有和私营的供水公司。如前所述，这是一种市政控制的弱形式。第二个阶段（从1880年至1970年）以市政所有权为特征，在这一阶段，市政府所有的企业取代了通过市政特许权来管理的私人供水公司。市政所有权19世纪末缓慢兴起，20世纪初高速增长。从1890年至1920年，市政府所有的供水公司从43%增长到68%。类似地，从1880年至1932年，市政府所有的供水公司的数量从293家增加到7 853家（Troesken，2001）。

第三节　腐败和其他问题

上述的所有合同机制——特许权规制、市政规制、州规制委员会和市政所有权，都是不完善的设计，都易于滋生腐败、寻租和其他经济扭曲。因此，要解释腐败与公用事业规制循环演变之间的联系，非常重要的一点就是要厘清以上各种问题在不同规制体制下的变化。

在讨论各种规制体制的腐败问题之前，首先要给出一个腐败定义。基于本章的分析，腐败是指政治影响力的***非法***出售。政治影响力的出售有多种形式，包括安排庇护职位（政治家以提供高于市场工资水平的美差来换取选票），政治敲诈（政治家以没收和征税相威胁，从私人公用事业公司榨取贿赂）和行业俘获（私人公用事业公司以利益与规制者交好）。在以上种种有关腐败定义的例子中，***非法***这个词至关重要。因为出售政治影响力这一行为本身并不是腐败。例如，在特许权的拍卖机制下，私人公用事业公司需要出钱购买才能拥有具有排他性并受法律保护的市场特许权利。不论是以直接减税的形式还是以提供公共服务的形式，只要私人公用事业公司为购买权利所支付的费用回到了投票人那里，则这种政治影响的出售就是完全合法的。只 264
有在政治家将这种出售所带来的部分或全部收益装进自己的腰包的情况下，这种行为才构成腐败行为。

一、市政特许权

市政特许权规制在很多方面体现了德姆塞茨（Demsetz，1968）所倡导的特许权拍卖机制。德姆塞茨认为，通过拍卖特定市场上的排他性经营权，地方政府就能够无成本地获得规制收益。对特许权的事前竞争，既没有成本，也不需要一个腐败的管理机构，就能够约束公用事业公司的行为。只要德姆塞茨式的拍卖机制公正而公开，则获得特许权的公用事业公司所报出的费率和服务就只能给它带来零经济利润，价格将等于平均总成本。当然，这只是一个次优方案。最优方案将要求公用事业公司采用边际成本定价，同时要求对其进行补贴以弥补它的损失(Telser，1969，1971)。在与泰尔瑟(Telser，1969)的争论中，德姆塞茨(1971)认为，在公用事业市场中，考虑边际成本定价不太重要。历史证明，在这一点上，德姆塞茨是正确的。因为在公用事业市场，存在着重要得多的问题需要解决，尤其是与腐败相关的问题。

特许权拍卖机制易于遭受各种腐败和无效行为的侵蚀。特许权的初次出售是腐败最为显而易见的一个潜在来源。很容易想象这样一个场景：政治家允许生产者收取高于平均成本的费率，随后通过直接贿赂或政治献金的形式与生产者分割由此而带来的超额租金。腐败的形式也会随公用事业特许权时间的长短不同而有所不同。考虑一下公用事业特许权时间极短这一情形吧，比如五年。由于公用事业资产的寿命很长，所以一旦特许权到期需要展期，就存在一个潜在的敲竹杠问题。例如，政治家可能借口公用事业公司存在绩效欠佳的地方，而拒绝续订合同。地方政治家随后可能低估退出企业的资产价值，并与以较低价格获得资产的新进入企业分割由此产生的租金(Miller，1993)。

二、州规制委员会

州规制委员会存在两个问题。第一个问题与腐败无关，源于费率规制结构。在美国，州规制委员会制定的费率很高，以保证私有公用事业公司的资本投资能够得到合理的回报率，通常约为8%。这种回报率规制对私有公用事业公司夸大
265 它们的资本存量规模，从而能够收取更高的费率产生了强大

的激励。贾雷尔(Jarrell,1979)提出的证据显示,20 世纪中期,那些受州委员会规制的私有电力公司如此高水平的资本投资令人生疑。不过,私人公用事业公司不需要做假账就能够得到优惠待遇。只要它们比那些没受规制的企业进行更多的资本投资,它们就能够得到一个比较有利的费率基准(Averch and Johnson,1962)。

第二个问题则与以上所给出的腐败定义有关,是早已存在的一个观点,即规制委员会易受行业俘获。粗略地说,当规制者过于接近他们所规制的行业,开始不惜以广泛的社会利益为代价来促进行业的利益时,行业俘获就发生了。从规范角度讲,当发生麦卡宾斯、诺尔和魏因格斯特(McCubbins,Noll and Weingast,1987,1989)的著名研究成果所描述的情况时,我们就可以认为出现了行业俘获。在他们的研究成果中,行政机构(如规制委员会)被刻画为设立它的立法机构与最初为设立它而游说的利益集团之间的一个合同。设立一个行政机构,从而使得后来的立法机构难以废除它们的立法行动,是立法机构的利益所在。设计一套规则,从而使得行政官员,不管他的政治、意识形态和经济背景如何,他所在的行政机构都能反映与立法机构有利害关系的利益集团的需要与愿望,同样是设立行政机构的立法机构的利益所在。如果后来的立法者废除了初始合同,就称为联盟漂移;如果后来的行政官员废除了初始合同,就称为官僚漂移(Macey,1992;Shepsle,1992)。

行业俘获是一种官僚漂移。俘获一词,顾名思义有推翻立法机构与利益集团之间初始合同的含义，之所以这样，是因为规制者与行业之间的关系越来越密切了。因此，设立规制委员会的立法机构可能会通过设置很多规则来设法限制二者的亲密程度。例如，禁止委员会成员在离开规制委员会后若干年内在其所规制的行业中工作，除了通过为数不多的官方渠道以外，禁止委员会成员与行业领导人打交道。但是，不论立法机构制定了多少规则，总存在这样一种可能，未来的规制者出于意识形态和经济背景会废除立法机构最初的承诺。①

266 三、市政所有权

市政所有权牵涉到以下三类问题，是否将这三类问题视为腐败，因人而异。第一，公用事业的资产寿命很长，在完全折旧之前，其输送系统将持续长达 50 到 100 年之久。而地方政治家和选民——即那些在公共所有权下控制这些资产的人，他们的时间眼界是比较短的。政治家每隔几年就要面临换届选举，而绝大多数选民一生中也要搬一两次家。这就意味着，当面临在公用服务系统的长期可靠性与短期的直接利益（如降低对消费者的收费，或为政治上的支持者提供待遇优厚的美差）之间进行选择时，政治家无不选择短期利益。对于那些心系下次选举的政治家，以及那些与所提到的公用事业系统所服务的城市关系

① 有关规制委员会的历史研究提供了大量行业俘获的例子，但这些研究同样表明，行业俘获不是不可避免的。而且，虽然规制委员会过去一直被俘获，但俘获它的并不总是生产者。有大量消费者俘获规制机构的例子。对这些问题最著名的研究是奥尔布罗·马丁（Albro Martin，1971）对于 20 世纪初农场主和州际商务委员会的研究。

不密切的选民，投资修建可供10到20年使用的道路没有多少意义。

把公用事业的投融资决策交给联邦政府控制（虽然大多数人会在镇与镇之间搬家，但在国与国之间搬家的人较少），或者设立不受短期政治周期影响的监管机构（像许多州的司法系统那样），就可以把靠牺牲资本存量的长期可靠性来换取短期利益的激励降至最小限度。以上解决方案的问题所在是，由于其结构，它们摆脱了民主的力量，尽管实施公共所有权的基本理由是它可以使资源的分配更加民主、更加平等。

第二个相关的问题是这样一种观点：市政所有权会维持一个巨大的庇护计划。尤其是，为获取支持，政治家会在当地煤气和电力公司分派美差。没有人比坦慕尼协会的老板乔治·华盛顿·普伦基特更会诡辩（Riordon，1994，第78页）：

> 一些改革者会因为市政所有权给予了政治家很多庇护权，就认为市政所有权不可取。这些人的论点是怎样的混淆视听！当他们在说这样的话时，他们实际上是在给市政所有权以最有力的支持。还有谁能够比那些以城市利益为己任者更适合经营铁路、煤气站和码头？还有谁更渴望为城市而尽力？还有谁更需要这些工作？

进步时代的保守主义者担心，随着市政所有的公用事业公司数量的增长，市政雇员的数量也将随之增长。结果，市政雇员队伍将逐渐支配地方政治。“有一天，”罗伯特·伯特（Robert

Porter)预言，“簇拥在地方当局周围的那些小人物”，终将成长为一个“政治弗兰肯斯坦”，这个群体怪物“如此庞大”，以至于连
267 它的“创造者也不能制服”它(Porter，1907，第 109 页)。①

与市政所有权相关的第三个问题涉及私人所有权向公共所有权的转型。这里以市政府试图收购私人供水公司为例。由于供水公司的资本是固定的，市政府便可利用其权力，以规制和税收策略来降低供水公司的要价。而由于在几乎所有的供水权转让中都存在双头垄断问题，即只有一个卖方(私人公用事业公司)和一个买方(市政府)，所以，供水所有权的转型更加困难。当然，市政当局和供水公司多少都会预计到这些困难，他们可以在初始合同中做出相应的设计，从而使私人所有权向公共所有权转型过程中产生的一些问题降低到最低限度。但令人遗憾的是，当事双方实际上很难预期到每一个可能的或然事件，并且法庭就会禁止某些合同。因此，至少在美国，私人所有权向公共所有权的实际转型往往最终导致诉讼。20 世纪初，那些试图把其管辖范围内的私人供水公司市政化的所有尝试，大约 1/3 以诉讼告终(Troesken and Geddes，2003)。

---

① 尽管市政所有权可能方便了庇护职位的安排，但它并不是庇护的必要条件。私人公用事业公司和地方政治家完全可以直接交换好处：“你安排我的亲朋好友和政治支持者，下次市政府确定煤气费率时，我们就让你舒心。”在考察 19 世纪末和 20 世纪初市政所有权状况时，耶尔利(Yearly，1970，第 117—118 页)发现，作为对地方政治家恩惠的报答，私人公用事业公司“不仅要以现金予以回报，而且对于那些值得酬劳但无法以公职工资来照应的人，就要以美差予以回报”。

第四节　腐败和市政特许权：1850—1905年

19世纪和20世纪初，市政府与私人公用事业公司以市政特许权的方式签订合同。前面提到，这种安排与德姆塞茨(Demsetz，1968)提出的特许权拍卖机制很相似。特许权拍卖机制在理论上叫得很响。如果私人公用事业公司(市政府)拒不同意费率上限(对规制权力进行限制)，则市政府(私人公用事业公司)就会转向愿接受这些条件的其他私人公司(城市)。但从实际历史情况看，特许权拍卖机制的效果远不能令人满意。实际上，很少有企业为了获得进入特定城市市场的权利而竞争，更有甚者，没有任何一家企业会仅仅为了得到竞争性收益承诺而进入市场。所有潜在的进入者似乎都会意识到，不论市政府在书面上是如何承诺的，都存在事后机会主义的重大风险。结果，为预防这种风险，私人企业通常拒绝进入，除非存在在较短的时间内能够收回绝大部分投资的现实可能性。这就意味着，为了吸引私人资本，市政府通常不得不准许公用事业公司按垄断或接近垄断水平的费率收费(Troesken，1997；Troesken and Geddes，2003)。 268

这种高利润承诺，尽管伴有风险，却足以吸引私人投资者。对于几乎没有规制约束的垄断性特许权，私人公司是愿意慷慨解囊的，而正是这种支付意愿滋长了腐败。为了说明垄断特许权与腐败之间的联系，请看下面的例子。20世纪头几年，在密歇根州的大急流城，市长和市议会多位议员卷进了一起将利润丰厚的特许权出售给一家私人供水公司的案子，最终被证明有罪。最终，政治家和供水公司的发起人遭到逮捕、审判和判刑。对他们的审判引起了全国的关注，甚至纽约和菲尼克斯这样相隔遥远的城市也把它当作头条新闻。在审判的关键时刻，至少有一个被告企图贿赂陪审团成员，以让他们投票反对判刑。①

1894 年的芝加哥，一家地方铁路公司的发起人斥巨资确保一项利润丰厚但遭到投票人广泛反对的特许权通过。为了使四位议员投票赞成这项特许权，他们每人收到了 2.5 万美元，其他议员各收到了8 000美元。据说，一位至关重要的芝加哥政治家，因在确保特许权通过中扮演了重要角色而收到了 10 万美元。曾担任过芝加哥市审计长两年时间的 W. J. 奥纳汉(W. J. Onahan)认为，这项特许权出售所涉及的所有贿赂和渎职，给该市造成了数百万美元的损失，而这些损失本可以用来降低税收：②

---

① 参见《亚利桑那公报》(*Arizona Gazette*，菲尼克斯)1903 年 12 月 1 日第 1 版，1903 年 12 月 2 日第 1 版。《纽约时报》下述版次：1903 年 11 月 15 日第 2 版，1903 年 11 月 22 日第 1 版，1903 年 12 月 1 日第 1 版，1903 年 12 月 2 日第 3 版，1903 年 12 月 27 日第 2 版。有关这一案件被判决人员审判所涉及的法律问题，参见以下法庭判例：《人民诉埃尔博斯》，收集在《密歇根州汇编》第 137 卷第 678 页(1904)；《人民诉莫尔》，收集在《密歇根州汇编》第 137 卷第 692 页(1904)；《人民诉麦克盖里》，收集在《密歇根州汇编》第 136 卷第 316 页(1904)；《人民诉萨斯布里》，收集在《密歇根州汇编》第 134 卷第 537 页(1904)。

② 这一段的资料和引述来自斯特德(Stead，1894)，第 176—177 页和 199 页。

> 若芝加哥市……不是愚蠢和腐败地处理掉所有特许权而一无所获，而是收取合理的年费，那么该市如今就会有足够的收入来维持自己的运转，而无需对不动产或个人财产征收任何税款……有轨电车公司、煤气公司、电力照明公司、电话公司、供水特许公司、码头特许公司……这些受到优待的利益集团，每一个都会向市政委员会委员和腐败官员行贿，以保住自己的特权，它们每年本应该向市政府缴纳数百万的税款。

1898 年的圣路易斯市，一家地方铁路公司为获得在该市经营的特许权，向当地政客每人支付了3 000美元到 1.75 万美元不等的贿赂。这家公司的发起人总共支付了约 25 万美元的贿 269
赂款，而没有一个铜板回报给城市居民。不过，发起人最终被判有罪，处 5 年监禁，圣路易斯的几位知名政治家也落得同样的下场。当圣路易斯市颁发照明特许权时，基本情节再次浮现。在贪污腐败发生的过程中，一位新当选的市议会议员曾担心，一旦选民发现如此勾当，他和其他政客就有可能被投票罢免。同僚们“讥笑”他，并“向他保证，这些腐败政客的政治能量大得很”。[①] 芝加哥、圣路易斯、大急流城的历史记载如此丰富，有关过手金钱的资料如此详细，这一点或许属于例外，但是，对于与授予私人公用事业公司特许权相关的贪污腐败模式，它们却非

① 这些事件在圣路易斯检察官福克(Folk,1903)的文章中有详细的描述。

常具有代表性。①

第五节 腐败和市政规制:1900—1915年

前面提到,20世纪纪初,许多州开始通过立法,授权市政府直接规制煤气和电力公司及其他公用事业公司所收取的费率(Troesken,1997)。这些新的市政规制法意味着,一旦公用事业公司与市政府的特许权合同到期,城市当局就可以单方面规定费率,不必得到煤气和电力公司的同意,就具有法律约束力。尽管对于这种形式的市政费率规制的政治起源缺乏详尽研究,但现有证据似乎表明,推动州立法机构授权市政府单方面规制公用事业费率的正是消费者和地方政治家(Troesken,1996,第55—63页)。因为消费者把市政规制视为降低公用事业费率的一种方式,而地方政治家则把它视为能够更有效地榨取行业租金的一种方式。无约束的市政收费规制可能有助于降低对消费者的公用事业收费,但并不能根除腐败的存在,甚至会加剧腐败。

在描述20世纪初城市运输系统的市政规制时,帕申根(Pashigan,1976,第1258页)写道:"有些意外的是,[地方]规制机构不是被运输企业所俘获,而是被乘客所俘获。"20世纪初煤

① 例如,参见布朗(Brown,1905)、美国国家公民联合会(National Civic Federation,1907)、美国全国市政联盟(National Municipal League,1896)、罗斯沃特(Rosewater,1903)、朱布林(Zueblin,1918)和斯蒂芬斯(Steffens,1964)。与芝加哥煤气公司特许权相关的腐败,还可参见特勒斯肯(Troesken,1996,第45—49页)。

气行业的观察者看到了同样的现象。在太平洋煤气协会的一次演讲中，旧金山煤气公司的一位官员这样说道：① 270

> 到了费率调整的时候，那些因在竞选演说中呼吁削减煤气和电力费率而当选的[市]议员或监管者，几乎无心聆听收费的依据，也就无法公正地投票。不管收费是否有依据，只要他不投票赞成削减费率，大部分市民和所有的报纸都会谴责他偏袒公司。

塞缪尔·因萨尔(*Samuel Insull*)的传记作者和著名历史学家福里斯特·麦克唐纳(Forrest McDonald)持同样的观点："世纪之交，公用事业处于市政府的规制之下。这种规制主要受政治因素的支配。精明的政治家……意识到……投票人通常会对政府打击公用事业公司给予好的回应。"(McDonald,1957,第 117 页)

下面几个例子可以表明市政规制具有政治性，且通常具有腐败性质。1905 年，伊利诺伊州授权芝加哥市议会对煤气费率进行规制。几年后，卡特·哈里森(Carter Harrison)参加芝加哥市长候选人的竞选。哈里森和市议会的几位候选人承诺，如果当选，他们将把煤气费率从 85 美分降至 70 美分。在哈里森及其支持者赢得选举后，他们便着手对生产和输送煤气的成本进行调查。他们聘请威斯康星州公用事业委员会的 W. J. 哈格纳(W. J.

① 引自 1908 年秋太平洋煤气协会年度会议上发表的演讲。这篇演讲重印于《美国煤气照明杂志》(the *American Gas Light Journal*)1908 年 9 月 28 日第 527 页。

Hagenah)作为专家,而哈格纳建议将费率定为77美分。按照哈格纳的说法,费率只要低于77美分就无法保障生产者合理的收益率。芝加哥当局迅速解雇了哈格纳,同时聘请爱德华·比米斯(Edward Bemis)。在支付给比米斯相当于哈格纳5倍的薪水后,芝加哥当局得到了他们想要的结果。比米斯建议费率为70美分,芝加哥市最终通过了这一标准。颇具讽刺意味的是,卡特·哈里森初入政坛时,他是反对市政府试图对煤气费率进行规制的,他认为,市政府运用权力规制煤气费率只是"敲诈勒索"芝加哥煤气公司的一种方式——如果煤气公司不收买市议会,那么,芝加哥市就会责令它们降低费率(Troesken,1996,第67—73页)。

1891年5月4日,克利夫兰市议会通过了一项法令,要求该市两家煤气公司将费率从1美元降低到0.60美元。这项法令缘起于克利夫兰新当选市长的一项计划。这位市长认为,市政府在街道照明和公共建筑上的支出太多。于是,他指示市议会的几位议员开会商议一个方案,以减少市政府的煤气支出。在一次会议上,一位市议员指出,私人消费者用于煤气的支出也太高了。另一位议员提出,私人消费者的煤气价格应当降低到
271 60美分。其他议员赞同60美分的费率是合理的。于是,几天之内,在没有对煤气生产成本进行任何调查的情况下,市议会通过了一项法令,规定煤气的费率为60美分。[①] 其他城市的官员

① 关于市议会与煤气公司之间的斗争,可参见《克利夫兰领袖与先驱报》(*the Cleveland Leader and Herald*)以下版面:1891年5月5日第8版,1891年8月11日第8版,1891年8月12日第5版,1891年8月25日第8版,1891年8月28日第8版,1891年11月14日第8版,1892年6月1日,第1版。

同样存在这种傲慢态度。①

赤裸裸的腐败的一个最明显的例子可能发生在旧金山。1906年，该市16位官员中，有15人收受了太平洋煤气照明焦化公司的贿赂，作为回报，他们没有将煤气费率降到每千立方英尺75美分，而是降到85美分。这些官员都是在工会的支持下当选的，在上一次竞选中，他们向投票人承诺，煤气费率将降至75美分(Jacobsen，2000，第99页)。

尽管实体性正当程序②可以保护公用事业公司免遭多种恶劣的市政规制形式，但获得这种保护的代价不菲且难以及时获

---

① 有人可能会问，克利夫兰市和孟菲斯市的例子是否真的说明腐败的存在。它们无疑是坏的公共政策，但与腐败并不一定是一回事。克利夫兰和孟菲斯发生的事情在下述意义上属于腐败。在这两个城市，地方政治家利用煤气费率作为获得短期政治加分的一种手段，而不惜牺牲投票人的长期而广泛的利益。有人可能还会反驳，如果投票人完全意识并了解到这种反复无常的规制行为的长期后果，那么，他们就不会容忍这样的行为发生。

② 实体正当程序出自《第十四次修正案》，它可以保护私人公用事业公司免遭充公性费率规制——所谓充公性费率规制，就是把费率水平定得过低，以致企业无法得到合理的回报率。著名的《里根和史密斯诉埃米斯》案确立了一个规则：只要规制者规定的费率过低，他就违反了《第十四次修正案》中的生产者权利。《第十四次修正案》于1868年通过，重建主义者旨在用它来保护新解放的奴隶免遭《吉姆·克劳法》的伤害。该修正案是为了确保所有人"受到法律的平等保护"，禁止政府剥夺"任何人的生命、自由和财产，除非符合法律的正当程序"。无论这部法律的最初意图是什么，到了19世纪末，《第十四次修正案》起到了保护所有行业免遭政府过分规制的作用。参见霍芬坎普(Hovenkamp，1991)和特勒斯肯(Troesken，1996，第12页)。

取。回想一下芝加哥市的事情和那个 70 美分的煤气法令。市政府颁布这一法令之后,芝加哥煤气公司提出诉讼,要求解除这一法令。它声称,除了其他问题之外,70 美分是一个充公性的费率。芝加哥煤气公司向所有可能的州法院和联邦法院提出了诉讼,经过与芝加哥市政府近 20 年的斗争,才取得了胜利(Troesken,1996,第 71—72 页)。涉及实体性正当程序问题的诉讼之所以要花费如此长的时间,部分原因在于法庭对于这类问题的适用规则。例如,只有当有压倒性证据证明规制者制定的费率带有充公的性质时,法庭才会立即批准解除法令。在比较模糊的情况下,法院将允许该费率生效。如果费率生效后公司仍感到它们遭到充公,则可重新提起诉讼。①

犹如白蚁毁坏房屋一样,市政费率规制破坏了私人公用事
272 业公司的长期可靠性:它会蚕食看不见的支持结构。一旦地方政治家获得了单方面规制公用事业费率的能力,他们就会滥用这种权力来赢取选举或向私人公用事业公司榨取贿赂。这就提高了私人公用事业公司的经营成本,从而抑制了公用事业的未来投资。正如特勒斯肯(Troesken,1996,第 74—76 页)所指出的那样,芝加哥市煤气费率市政规制的实施带来了该市在新煤气管线投资上的减速。还有研究表明,繁琐的市政规制抑制了全美煤气和供水行业的资本形成(Troesken,1997;Troesken

① 参见《威廉姆·R. 威尔考克斯诉纽约联合煤气公司》,收集在《最高法院案例汇编》第 29 卷第 192 页(1908),以及《得梅因煤气公司诉得梅因市》,收集在《最高法院案例汇编》第 35 卷第 811 页(1914)。

and Geddes,2003)。在供水行业,投资不足引起了严重的公共健康风险,使城市居民很容易染上伤寒、霍乱和腹泻等传染病(Troesken,2001)。

第六节 腐败和州规制:1907—1970年

从1907年至1922年,近30个州设立了州公用事业的规制委员会(Stigler and Friedland,1962;Stotz and Jamison,1938,第450页)。立法机构建立规制委员会,主要是为了回应公用事业公司的游说活动。公用事业公司之所以游说支持州规制,是因为它们把它作为从政治上消除地方当局周期性勒索的权宜之计。人民煤气照明焦化公司(隶属芝加哥市)的一位高管在伊利诺伊州立法机构作证时发出这样的呼吁(《芝加哥论坛报》[*Chicago Tribune*],1905年4月28日第6版):

> 实施城市规制,实际上是把规制托付给了一群热衷于按照自己的利益进行裁决之人。纵使他们自命公正,但却不能约束自己从中渔利。因此,我们害怕城市规制……我们不想受制于城市。任命一个委员会吧,一个由州长任命的委员会,……让这个委员会来审查账簿和调查账目,让它来制定费率。

布莱克福德(Blackford,1970,1977)、麦克唐纳(McDonald,1957,1958,1962)以及其他人指出,其他很多州也存在同样的情况。

尽管公用事业公司支持州规制,认为州规制能够消除地方规制者的繁琐政策,但是,清楚这一点是很重要的:它们希望有一个完美世界,那里没有任何收费规制。而且,有证据表明,消费者和市政府对于州公用事业规制委员会的形成起了重要促进作用。的确,州委员会体现了公用事业公司、地方政府和消费者集团之间的折中立场,至少在初期是这样(Troesken,1996,第79—89页)。在伊利诺伊州议会(1913,第861页)提议设立州
273 规制委员会时,它就强调了它的折中性质:

> 不论出于什么原因,如果市政当局不能保护市民免遭公用事业公司的不合理剥削,那么,州政府就有责任以它所认为的正确而适当的方式来保护他们。反之,如果一个城市的市民通过他们的代表采取了损害或侵占公用事业投资的行动,那么,州政府同样有责任履行它的最高权力,以维护与此有利害关系的公民的正当权利。

简而言之,州规制委员会旨在保护消费者和生产者的利益,使之免遭竞争各方机会主义行为的侵害(Goldberg,1976;Troesken,1996)。

在州规制的最初几年,规制委员会确实很好地平衡了消费者和生产者之间的利益。对1915年至1940年这段时期内公用事业规制效果的现有研究发现,规制委员会将费率保持在远远低于垄断的水平上,但同时又没有低到充公的水平(例如,

参见 Troesken，1996，第 81—93 页，Twentieth Century Fund，1948）。

然而，这种早期的乐观主义最终让位于悲观主义，自 20 世纪 60 年代以来，一系列的研究表明，20 世纪后期规制效率非常低。在一篇有重要影响的论文中，施蒂格勒和弗里德兰（Stigler and Friedland，1962）比较了设有州公用事业委员会和没设州公用事业委员会的州的电价水平。他们采用的是 20 世纪初的数据，当时不同地区的规制体制是不一样的。施蒂格勒和弗里德兰发现，在设有公用事业委员会的州，电价和利润并不显著地低。他们由此得出结论，州规制使得公用事业公司得以收取高费率，并获得了垄断利润。同样，穆尔（Moore，1970）估算了需求和成本方程，以分离出规制的影响。穆尔采用了 1962 年运营的电力公用事业公司的截面数据。他发现，州规制仅使费率从垄断水平上下降了 3 个百分点。①

现有文献所揭示的演化历程显示，随着时间的流逝，州公用事业规制日益偏向生产者，州委员会逐渐被私人公用事业公司的利益所俘获。尽管 20 世纪 70 年代末和 80 年代的放松规制

① 迈耶和莱兰（Meyer and Leland，1980）的研究要稍乐观一些，他们发现，在某些场合，州规制对公用事业费率会产生重要影响。迈耶和莱兰收集了 48 个州 1969 年至 1974 年的数据。这些数据和他们所使用的估计程序考虑到了规制效果随时间和空间有所不同的可能性。考虑到这种可能性使迈耶和莱兰的研究有别于早期的研究。他们发现，“规制影响在各州之间”存在“普遍差异”。在少数几个州，州规制显著地降低了公用事业费率，在其他州则没有。

运动对许多政治经济学的研究者来说仍是个谜(例如,Peltz-
274 man,1989),但一种可能的解释是,行业俘获和腐败的代价已高得难以为继,因而放松规制是作为降低这种成本的方法而加以推行的。不过,判断放松私人公用事业公司规制是否取得了全面成功还为时过早(参见 Joskow,1989,1997)。尽管如此,如果说历史有某种启示的话,那似乎是,只要当前的治理框架是过去所尝试过的,就同样会出现腐败问题。

第七节 腐败和市政所有权:1880—1970 年

作为对人们担忧腐败问题的回应(Glaeser,即将发表),转向公共所有权至少在最初阶段带来了公共事业经营状况的急剧而明显的改善。特别是,公共收购带来价格的显著下降,公共服务扩展到了以前没有覆盖的街区,在供水行业,尤其降低了贫困社会经济群体的发病率。下面分析公共所有权对价格的影响。1899 年,联邦政府对公共和私人供水公司的费率进行了一项调查。调查涵盖了美国当时近 1/3 的供水公司,调查结果发现,公共供水公司的费率平均比私人公司低 24%(U.S. Commissioner of Labor,1899)。不过,公共供水公司的价格折扣随规模而变化,较小的公共公司与同等规模的私人公司相比有较大的价格折扣,而较大的公共公司与同等规模的私人公司相比,即使有价格折扣,也微不足道。历史时间序列数据给出了同样的解释:公用事业价格在公共收购之后急剧下降(例如,参见 Thompson,1925)。比较 20 世纪末公共事业公司和私人公用事业公司费率的规范经济计量学研究进一步证实，公共所有的公用事业公司的费率通常比私人所有的公用事业公司低（例如，Peltzman，1971；Kwoka，2002）。

蒙大拿州比灵斯市和路易斯安那州新奥尔良市的经验表明，公共收购以后，通常伴随着服务质量的显著改善和水传染性疾病发病率的明显下降。在市政府接管之前，比灵斯市供水公司没有水净化厂，只有一个范围有限的管线系统。1915 年收购该公司后，市政府官员立即着手筹集资金建造水净化厂，并把管线扩展到比灵斯市的所有区域（*Engineering News*，1915 年 2 月 18 日，第 365 页）。

在新奥尔良，新奥尔良供水公司于 1878 年开始运营。作为
由路易斯安那州特许经营的一家私人公司，该公司是位于密西 275
西比河北部的新奥尔良地区的唯一供水者。法庭卷宗和政府调查报告显示，该公司从密西西比河输送没经过滤的饮用水。由于位于新奥尔良上游的成百上千的城市向密西西比河排放没经处理的污水，这些没经过滤和消毒的水导致了伤寒和幼儿腹泻等水传染性疾病的大爆发。除了传染疾病，新奥尔良供水公司输送的水还浑浊不清。结果，几乎没有人饮用这种水，大部分市民购买瓶装水或用蓄水池来收集雨水。世纪之交，全国火灾保险委员会的委员参观新奥尔良，他们发现该市供水系统严重不足，建议该市立即采取措施扩建管线，增加消防栓的数量。

19 世纪 90 年代，新奥尔良居民对新奥尔良供水公司的高费率、劣质服务和猖狂的腐败越来越不满，开始推动撤销该公司的特许权。他们的努力获得了成功，1901 年，州最高法院指派

了一个清算人来清算该公司的资产。1903 年,新奥尔良市启动了收购新奥尔良供水公司的程序,并于 1908 年收购了它的供水系统。①

新奥尔良市收购供水公司后不久,供水服务得到了前所未有的扩张。1905—1915 年,每万人供水管线长度增长了 4.5 倍。除了把管线扩展到全市范围外,当地官员在 1908 年收购供水系统后还立即安装了过滤系统,新的过滤系统具有沉淀、凝结、慢砂过滤和机械过滤等功能。过滤系统的安装和供水服务的扩展降低了新奥尔良市水传染性疾病的发病率。在供水系统市政化之前的数年中,该市伤寒发病率稳步上升。但在 1908 年供水系统市政化之后,这一趋势得到了逆转,伤寒发病率开始呈持久下降趋势(Troesken,2001)。

但是,公共收购的好处最终让位于问题,政治家们开始利用市政所有的公用事业系统来赢得短期政治利益,而在此过程中听任基础设施老化。特别是,在庇护上的投资和无利可图的费率结构持续挤掉了维修和新设备投资。波士顿市市长内森·马修斯(Nathan Matthews)早在 1894 年就证实了这个假设,他当时指出,地方政治家为了获得选举利益,把市政水厂的水价定得比私人水厂通行的水价低:"各城市都刻意……将费率降到赢利

---

① 本段基于以下资料来源:《州诉新奥尔良供水公司》,收集在《路易斯安那州汇编》第 107 卷第 1 页(1901),新奥尔良,《水净化》(New Orleans, *Water Purification*),以及全国火灾保险委员会,《新奥尔良》(National Board of Fire Underwriters, *New Orleans*)。

点以下……唯一的目的就是为当权者暂时获得民心”(Matthews,1894,第3页)。马修斯认为,从长期来看,这种做法会破坏市政公用事业的融资能力和市财政,并延缓公用事业系统必要的改善。 276

在利用市政公用事业中的就业岗位来获取政治支持方面,有大量的历史证据表明,庇护是一个严重问题。利用世纪之交美国近9万名工人这一样本,特勒斯肯(Troesken,1999)提出证据证明,在庇护盛行的城市中,州和地方政府雇员与私人部门的同类工人比较,小时工资高40%,工作时间少16%—17%,周工资高22%。类似地,由美国国家公民联合会——一个强烈支持市政所有权的游说团体——所进行的一项研究表明,市政雇员往往必须向现任政治家支付高额的年度考核费。诸如此类的考核目的是为了支付地方选举的费用。没有支付考核费的雇员将被解雇。美国国家公民联合会提出的数据显示,考核费金额因雇员职位的不同而不同,占年工资的2%到4%不等(National Civic Federation,1907,第488—492页)。

此外,美国国家公民联合会发现,公有公用事业单位的雇员常常被要求在地方选举中发挥作用。政治家雇用的雇员数量也常常超过实际所需,为的是选举时有更多的支持者。惠林煤气公司是一家市政府所有和经营的公司,情形如下(National Civic Federation,1907,第492页):

> 煤气行业的负责人要求雇员在初选和选举中帮忙。在一定程度上,正是考虑到煤气行业的这些雇员政治上的有用性,

> 其负责人才会雇用超过实际需要约20%的人。他要使他的职位尽可能地迎合市议员们。

其他地方是这样刻画这家煤气公司的特征的（National Civic Federation，1907，第156页）：

> 政治充斥着这家公司的经营管理。煤气部门的职位被市议员们所包揽和控制。全部雇员被认为属于执政党。如果执政党发生了更迭，则煤气部门的全体人员很有可能随之变化。为了竞选，所有雇员都要定期被考核……考核费从2美元到75美元不等。

277 美国国家公民联合会（National Civic Federation，1907，第149—152页）发现，在费城市政所有和经营的煤气行业，庇护和政治影响情况相同。

庇护和无利费率结构的累积效应是公用事业服务质量的长期下降。到20世纪70年代末，美国市政所有的供水系统严重失修，许多已经达不到联邦饮用水质量的指导标准。应对措施就是私有化。通过私有化，公用事业系统的官员希望能够在城市供水行业中注入新的资本和活力，而50至70年前，市政化也是为了达到同样的目的。

保罗·格特勒（Paul Gertler）及其合作者在最近的一篇论文中清晰地阐述了庇护和低费率的长期效应。加里亚尼、格特勒和沙尔戈洛斯基（Galiani，Gertler，and Schargrodsky，2005）

描述了阿根廷市政供水系统私有化的动机和效果。他们指出，市政公司工资膨胀，以至于当现有供水管线破裂时，它们甚至无力更换或维修。其结果是，整个城区常常一连几个星期供水中断。直到供水系统私有化和消除了庇护职位，由腹泻疾病导致的婴儿死亡率一直居高不下。加里亚尼、格特勒和沙尔戈洛斯基指出，随着供水系统的私有化，婴儿死亡率的下降幅度高达25%，在社会最贫困阶层中这种下降尤其显著。

第八节 其他解释

对于公用事业规制周而复始的演变史，至少还有两种可能的解释。一种可能的解释是，规制体制会随技术变迁而发生变化。例如，20 世纪 80 年代和 90 年代煤气和电力行业放松规制可能是由于技术变迁改变了生产这类产品的成本结构。这种解释存在三个问题。第一，尽管我们可以认为发电的技术变迁提高了发电行业的竞争性(Joskow，1989；White，1996)，但我们很难认为在煤气和供水行业发生了同样的变迁。第二，历史上存在一个反例。19 世纪，技术革新降低了生产照明用气的固定成本。这种技术变迁短期内吸引了大量生产者涌入煤气行业，但从长期来看，它却在城市和州政府采取更加激进的规制形式的过程中起到了关键性作用(Troesken，1996，第 21—57 页)。第三，煤气、电力和供水行业的放松规制和私有化，与航空、货运、银行、通讯、铁路、有线电视和代理服务业的放松规制同时出现(Winston，1993，1998)。如此之多的不同类型的行业同时经历 278

技术变迁,从而使规制不再具有吸引力,似乎不太可能。

以上第三点——许多行业同时出现体制变迁——为植根于意识形态变迁的解释提供了有力证据。特别是在 20 世纪末,政策制定者和投票人开始偏好市场导向的问题解决方案,并致力于推动放松规制和私有化。同样地,20 世纪初,进步时代政治思想的兴起与人们偏好政府主导型的问题解决方案相关。结果,市政化和州规制变得越来越普遍。不过,我们需要问,意识形态为什么会发生变迁?偏好的变化是独立于某种潜在的经济或政治病变的吗?尽管这一问题存在争论的空间,但大量证据表明,有关政府在公用事业规制中作用的意识形态的变迁,是由人们对公用事业市场运转的强烈不满所促成的。例如,前面的讨论表明,作为对各种形式的市政规制中都存在的现实问题的反应,选民们便开始要求州政府对煤气和电力行业进行规制。显然,出于同样的原因,20 世纪 80 年代的放松规制和私有化浪潮是对越来越多的例证的一种反应,这些例证表明,规制和公共所有权在若干重要方面都失败了(Winston,1993,1998)。

第九节 结论

在结论中,对比一下加里亚尼、格特勒和沙尔戈洛斯基的研究结果与我本人的研究结果(Troesken,2001)是有意义的。加里亚尼、格特勒和沙尔戈洛斯基所提出的清晰而无可争议的证据表明,拉丁美洲供水系统的私有化对水传染性疾病发病率产生了巨大而有益的影响,而这种影响对穷人尤其显著。相反,我的研究表明，美国约100年前的市政收购具有同样的效果：它们大幅度降低了水传染性疾病的发病率，对穷人尤其如此(Troesken,2001)。那么，如何协调加里亚尼及其合作者的结论与我的有关早期的研究成果呢？或更准确地说，为什么在一种情况下人们能够指望私有化来降低水传染性疾病的发病率，而在另一种情况下又能够指望市政所有(完全相反的过程)来降低水传染性疾病的发病率呢？

本章给出了一种可能的协调途径。基于前面所给出的历史证据，似乎可以说，腐败以及当腐败变得代价高昂时根除腐败的紧迫性，可以说明体制变迁的功效。基于这一点，体制变迁的方向——从公有到私有，或从私有到公有——就是次要的。至关重要的是对制度的基本结构进行某种根本性重组，从而瓦解潜
在的腐败联系。不幸的是，这种瓦解只是暂时的，新的腐败形式 279
会逐渐出现，又要通过制度变迁来打破。

参考文献

Averch, Harvey, and Leland Johnson. 1962. Behavior of the firm under regulatory constraints. *American Economic Review* 52: 1052—1069.

Baker, Moses. 1897. *Manual of American water works*. New York: Engineering News.

Blackford, Mansel G. 1970. Businessmen and the regulation of railroads and public utilities in California during the Progressive Era. *Business History Review* 44: 7—19.

——. 1977. The politics of business in California, 1890—1920. Columbus: Ohio State University Press.

Brown, Wolstan R. 1905. Municipal ownership and league organization.

The Arena 33:377—382.

Demsetz, Harold. 1968. Why regulate utilities? *Journal of Law and Economics* 11:55—65.

——. 1971. On the regulation of industry: A reply. *Journal of Political Economy* 79:356—363.

Folk, Joseph W. 1903. Municipal corruption. *The Independent* 55:2804—2806.

Galiani, Sebastian, Paul Gertler, and Ernesto Schargrodsky. 2005. Water for life: The impact of the privatization of water services on child mortality. *Journal of Political Economy* 113:83—111.

Glaeser, Edward L. Forthcoming. Public ownership in the American city. In *Urban issues and public finance: Essays in honor of Dick Netzer*, ed. A. E. Schwartz. Northampton, MA: Edward Elgar.

Goldberg, Victor. 1976. Regulation and administered contracts. *Bell Journal of Economics* 7:426—452.

Hovenkamp, Herbert. 1991. The political economy of substantive due process. *Stanford Law Review* 40:404—460.

Illinois General Assembly, Illinois Legislative Public Utilities Commission. 1913. Report of the Special Joint Committee to Investigate Public Utilities. Springfield, IL: State Printing Office, April 17.

Jacobson, Charles. 2000. *Ties that bind: Economic and political dilemmas of urban utility networks, 1800—1990*. Pittsburgh: University of Pittsburgh Press.

Jarrell, Gregg A. 1979. Pro-producer regulation and accounting for assets: The case of electric utilities. *Journal of Accounting and Economics* 1:93—116.

Joskow. Paul L. 1989. Regulatory failure, regulatory reform, and structural change in the electrical power industry. *Brookings Papers on Economic Activity, Microeconomics*: 291—327.

——. 1997. Restructuring, competition, and regulatory reform in the

U. S. electricity sector. *Journal of Economic Perspectives* 11: 119—138.

Kwoka, John E., Jr. 2002. Governance alternatives and pricing in the U. S. electric power industry. *Journal of Law, Economics, and Organization* 18:278—294.

Macey, Jonathan R. 1992. Organizational design and the political control of administrative agencies. *Journal of Law, Economics, and Organization* 8:93—114.

Martin, Albro. 1971. *Enterprise denied: Origins of the decline of American railroads, 1897—1917*. New York: Columbia University Press. 280

Matthews, Nathan. 1894. Address of welcome to thirteenth annual convention of the New England Water Works Association. *Journal of the New England Water Works Association* 9:1—8.

McCubbins, Matthew D., Roger G. Noll, and Barry R. Weingast. 1987. Administrative procedures as instruments of political control. *Journal of Law, Economics, and Organization* 3:243—272.

——. 1989. Structure and process, politics and policy: Administrative arrangements and the political control of agencies. *Virginia Law Review* 75:431—482.

McDonald, Forrest. 1957. *Let there be light: The electric utility industry in Wisconsin, 1881—1955*. Madison, WI: American History Research Center.

——. 1958. Samuel Insull and the movement for state utility regulatory commissions. *Business History Review* 32:241—254.

——. 1962. *Insull*. Chicago: University of Chicago Press.

Meyer, Rober A., and Hayne E. Leland. 1980. The effectiveness of price regulation. *Review of Economics and Statistics* 62:555—571.

Miller, Geoffrey P. 1993. Comments on Priest. *Journal of Law and Economics* 36: 325—330.

Moore, Thomas Gale. 1970. The effectiveness of regulation of electric utility prices. *Southern Economic Journal* 36:365—381.

National Civic Federation. 1907. *Municipal and private operation of public utilities*. Part I, vol. I, *General conclusions and reports*. New York: National Civic Federation.

National Municipal League. 1896. *Proceedings of the fourth annual Conference for Good City Government and second annual meeting of the National Municipal League*. Held at Baltimore, MD, May 6—8. Philadelphia: National Municipal League.

Olson, Mancur. 1982. *The rise and fall of nations: Economic growth, stagflation, and social rigidities*. New Haven, CT: Yale University Press.

Pashigian, B. Peter. 1976. Consequences and causes of public ownership of urban transit facilities. *Journal of Political Economy* 84:1239—1259.

Peltzman, Sam. 1971. Pricing at public and private enterprises: Electric utilities in the United States. *Journal of Law and Economics* 14:109—147.

——. 1989. The economic theory of regulation after a decade of deregulation. *Brookings Papers on Economic Activity, Microeconomics*:1—49.

Porter, Robert. 1907. *The dangers of municipal ownership*. New York: Century Company.

Riordon, William L. 1994. *Plunkitt of Tammany Hall: A series of very plain talks on very practical politics*. Ed. Terrence J. MacDonald. Boston: Bedford Books.

Rosewater, Victor. 1903. Municipal ownership of electric lighting. *The Independent* 55:93—96.

Shepsle, Kenneth A. 1992. Bureaucratic drift, coalitional drift, and time consistency: A comment on Macey. *Journal of Law, Economics and Organization* 8:111—118.

Stead, William T. 1894. *If Christ came to Chicago!* Chicago: Laird and Lee. Repr., Chicago: Chicago Historical Society, 1992.

Steffens, Lincoln. 1964. *The shame of the cities*. New York: Hill and Wang.

Stigler, George J., and Claire Friedland. 1962. What can regulators regulate? The case of electricity. *Journal of Law and Economics* 5:1—16.

Stotz, Louis P., and Alexander Jamison. 1938. *History of the gas industry*. New York: Stettiner Brothers.

Telser, Lester G. 1969. On the regulation of industry: A note. *Journal of* 281
Political Economy 77:937—952.

——. 1971. On the regulation of industry: Rejoinder. *Journal of Political Economy* 79:364—365.

Thompson, Carl D. 1925. *A survey of public enterprises, municipal, state, and federal, in the United States and elsewhere*. New York: Thomas Y. Crowell.

Troesken, Werner. 1996. *Why regulate utilities? The new institutional economics and the Chicago gas industry, 1849—1924*. Ann Arbor: University of Michigan Press.

——. 1997. The sources of public ownership: Historical evidence from the gas industry. *Journal of Law, Economics, and Organization* 13:1—27.

——. 1999. Patronage and public-sector wages in 1896. *Journal of Economic History* 59:424—446.

——. 2001. Race, disease, and the provision of water in American cities, 1889—1921. *Journal of Economic History* 61:750—776.

Troesken, Werner, and Rick Geddes. 2003. Municipalizing American waterworks, 1897—1914. *Journal of Law, Economics, and Organization* 19:373—400.

Twentieth Century Fund. Power Committee. 1948. *Electric power and government policy*. New York: Twentieth Century Fund.

U. S. Congress. House. 1899. *Fourteenth annual report of the commissioner of labor: Water, gas, and electric light plants under private and public ownership*. 56th Cong., 1st sess. House Document 107, no. 713. Washington, DC: Government Printing Office.

Vitale, Robert. 2001. Privatizing water systems: A primer. *Fordham International Law Journal* 24: 1382—1404.

White, Matthew W. 1996. Power struggles: Explaining deregulatory reforms in electricity markets. *Brookings Papers on Economic Activity, Microeconomics*: 201—267.

Wilcox, Delos F. 1910. *Municipal franchises: A description of the terms and conditions upon which private corporations enjoy special privileges in the streets of American cities*. Vol. I. New York: McGraw Hill.

Williamson, Oliver. 1985. *The economic institutions of capitalism*. New York: Free Press.

Winston, Clifford. 1993. Economic deregulation: Days of reckoning for microeconomists. *Journal of Economic Literature* 30:1263—1289.

——. 1998. U. S. industry adjustment to deregulation. *Journal of Economic Perspectives* 12:89—110.

Yearly, C. K. 1970. *The money machines: The breakdown and reform of governmental and party finance in the north, 1860—1920*. Albany: State University of New York Press.

Zueblin, Charles. 1918. *American municipal progress*. New York: MacMillan.

第四部分　改革和规制

第九章　改革悖论

——大雇主阻挠了 1869—1930 年工作场所安全改革吗？

普赖斯·菲什巴克*(Price V. Fishback)

工作场所安全是进步时代改革的重要一环。从 1869 年至 20 世纪初，州政府建立了矿井和工厂的安全规制，改革了工作场所事故的责任制度。在 1910 年代，几乎所有的州政府都出台了工人赔偿法，该法把雇主所承担的工作场所事故责任由普通法的过失责任提升为某种形式的严格责任。安全改革者提出的目标是降低工人面临的风险，确保在事故中受伤或遇难的工人的家庭获得合理的医疗保健和收入赔偿。然而，这一时期的大雇主往往对州政府有着巨大的影响力，他们有可能按照自己的利益去影响立法。本章旨在考察以雇员平均数量为指标测度的大雇主在多大程度上阻挠了安全改革进程，包括安全规制的实施、规制的范围和投入到规制实施中的资源。

给阻挠(subversion)下定义是一个存在争议的问题，什么

---

*　普赖斯·菲什巴克是亚利桑那大学经济学教授和美国经济研究局研究员。

应被视为阻挠，其范围有多大，学者们持有不同见解。在有关规制国家的兴起的讨论中，格莱泽和施莱费尔（Glaeser and Schleifer，2003，第402页）认为，“阻挠”可定义为强势利益集团为了自身利益而采取一系列合法或非法策略，以削弱规制的作用或影响规则的制定。

> 合法策略包括争取对自己有利的法律条款和规制规则（甚至在事故发生后）、疏通安插对自己友善的执法者（包括法官和规制者）、聘用顶级律师，以及在遭到起诉时采用拖延策略
> 286 等。非法阻挠策略包括恐吓和贿赂法官、规制者或陪审员。

由于他们的这个“阻挠”定义涵盖了广泛的行为，因此有必要将其细分为若干个子类型。施加压力争取对自己有利的法律条款和规制规则，疏通安插对自己友善的执法者，可视为游说或“寻租”行为，任何利益集团都可以采用。许多研究把成功实施这类游说活动称之为“俘获”立法者或规制者。[①] 尽管工会和其他组织都有可能俘获立法者或规制者，但讨论俘获主要是考察这样一种具有讽刺意味的情形：规制的对象——这里是雇主——控制着规制的过程。聘用顶级律师，在诉讼或行政听证会上合法

---

① 贝克尔（Becker，1983）、施蒂格勒（Stigler，1971）、佩尔兹曼（Pelzman，1976）以及布坎南、托里森和塔洛克（Buchanan，Tollison and Tullock，1980）讨论了利益集团是如何俘获立法过程的。一旦法规生效，我们就既可看到规制过程中的俘获，也可看到其中的腐败（Kolko，1963，1965）。

采用拖延策略，从狭义上可称之为“小动作”，而非法行为就是纯粹的“腐败”。

工作场所安全法是改革者和雇主两大利益集团既相互斗争又相互妥协的结果，大雇主在这个过程中发挥着核心作用。改革者力图在大雇主那里进行工作场所安全变革，他们认为，大雇主工作场所的日益机械化是风险加剧的根源，他们担心大雇主在现存制度中掌握着太多权力。大雇主采取两种策略来阻挠改革者的目标：一是设法影响新法规的制定，以此来提高对手的成本；二是事事采取防御性策略。

我将循着两条思路考察大雇主是如何对安全法施加影响的。首先，我分析不同州和不同时间的差异，以确定企业平均雇员数与规制程度之间的关系。研究发现，大雇主与较早实施规制、较大范围实施规制、在规制实施中投入较多资源有关。这一结论与改革者要求对大雇主施加规制，以及大雇主力图提高竞争对手的成本这两种解释相吻合。如果大雇主奉行的是防御性策略，我们就会看到，他们会减缓规制的实施、限制规制的范围、减少规制实施过程中的资源的投入。其次，我将利用分析性叙述的方法(analytical narratives)对定量分析进行补充，深入考察雇主在多大程度上影响各州的立法和实际执法情况。研究结果表明，不同的产业情况完全不同。一方面，在煤矿业中，大雇主奉行防御性策略：限制规制范围，施加压力使规制的实施不利于工人而非雇主和管理人员，弱化法规的实施。另一方面，在制造业中，安全规制在企业平均规模较大的州出台较早。这一发 287
现表明，改革者成功地对制造业大雇主实施了规制。不过，这一结论也与大雇主试图提高竞争对手的成本相吻合。分析性叙述显示，制造业雇主常常按自己的利益来牵制立法，且规制经常得不到有效执行。

第一节　大企业和规制

在进步时代，社会改革者、工人和工会呼吁将安全规制作为解决“市场失灵”的一种手段。他们认识到，机器使用范围的扩大，工作节奏的加快，增加了工人面临的风险。大企业尤其如此。他们认为，雇主通过克扣安全投入来提高利润，劳动力市场提供的工资不足以补偿工人在工作场所面临的危险，从理论上，尤其从实际上看，保险和司法制度从设计上限制了对工人的伤害补偿。他们认为，他们提出的改革方案将有助于改善工作场所安全，提高受伤工人得到的实际赔偿。由于工资不会相应地向下同步调整，所以这种改革会使工人过得更好一些。①

包括伍德罗·威尔逊(Woodrow Wilson)在内的许多进步时代的领导人都将规制视为是抑制大企业恶性扩张的一种方式。以改革者的主张为线索，格莱泽和施莱费尔(Glaeser and Shleifer，2003)建立了一个优美的规范模型，用以考察当阻挠的收益超过阻挠的成本，从而道德中性企业(amoral firms)倾向于阻挠现存规制制度时，

① 菲什巴克和坎特(Fishback and Kantor，1995，2000)发现，当引入工人赔偿制度时，工会会员的工资实际上并没因事故赔偿的增加而遭到削减，而非工会会员的工资则有不同程度的削减。不过，即使是遭到工资削减的非工会会员，他们的福利也有所增进，因为他们的事故保障水平提高了。

最优的事故预防水平。[①] 依据该模型，无阻挠条件下的一套最优规则，当企业具有阻挠现有制度的激励时，可能就是次优的。按照1900年代的过失责任规则，只要工人能够在法庭上证实雇主没有尽到应尽的关注责任，法庭即可要求雇主对受伤害的工人给予全额赔偿。随着雇主雇用工人数量的增加，发生大规模事故的潜在可能性和法庭责任判决所涉及的赔偿额都会相应增加。即使事故中只有一位受害者，大企业也可能面临高额赔付，因为不利于雇主的过失责任判决可能会开创一个判例，它会提高雇主在以后的案件中败诉 288
的可能性。对大雇主来说，赔付额越大，阻挠诉讼过程的收益就越大。通过出台安全规制和工人赔偿制度，规制判决所涉及的赔付额就降低了。因为安全规制是在事故发生之前对没有遵守程序的企业给予处罚，这种处罚是较轻的，而工人赔偿制度给予工人的赔付仅相当于其损失的2/3或更低，[②]在这种情况下，大雇主阻挠规制

---

① 有关最优规制和责任制度设计的讨论，参阅兰德斯和波斯纳(Landes and Posner，1987)、谢韦尔(Shavell，1987)、波林斯基和谢韦尔(Polinsky and Shavell，2000)，以及格莱泽和施莱费尔(Glaeser and Shleifer，2003)。

② 与过失责任制度相比，在工人赔偿制度下，许多判决所涉及的赔付额较低。在过失责任制度下，每次判决的赔付额之所以很高，是因为这类判决是一种关于过失的极端判决，要么承担全部责任，要么不承担任何责任。相反，在工人赔偿制度下，合适的赔偿金额依据州赔偿公式而定，此时的争议主要集中于公式中的伤害程度和工人工资标准。不过，其余判决属非有即无的极端判决，它们对工人赔偿政策具有深远影响。对于什么构成与工作有关的伤害，以及雇主是否存在蓄意疏忽(若为蓄意疏忽，则无赔偿限额)这两个问题的判断就决定了工人赔偿的边界，这类似于重大过失责任情形中对利害关系的理解。考虑到过失责任情况下存在大量和解的情形，每年这种边界判决的数量有可能等于实际上由法庭判决的过失责任案的数量。

进程的激励比就以前下降了。因此,与无规制下的过失责任制度相比,安全规制和工人赔偿制度的效果可能更好。

以上改革假说所描述的关系表明,在那些有大雇主的州,改革者会预期从规制中获得更多的收益,因而会施加更大的改革压力。一旦改革者对大雇主实施规制,则那些有大企业的州就会较早推行规制,且更有可能实施大范围规制。大企业对州规制预算决策的影响则较不明显。改革者的意图是确保大企业用于规制的人均投入会随着规制的实施而提高。但现实中可能存在一些相反的因素,它们削弱了大企业增加投入的需求。假设安全监察成本包括视察工厂的高额固定成本和工厂中每个工人的成本,则那些有大企业的州的实施水平与有人均预算较低的小企业的州的执行水平是完全一样的。有大企业的州的人均潜在执行成本较低,可能有悖于改革者想要它们投入更多执行资源的愿望。

不过,改革者并不是决定安全立法的唯一集团。1869—1930 年,安全法的制定是各利益集团斗争、结盟和州政府妥协的结果。尤其是大雇主施加了重大的政治影响。[1] 他们不仅动用较多的资金用于游说议员和资助政治竞选,而且雇用的工人所占的比例较高。1909 年,某些州的工人在 500 人以上的制造
289 企业,尽管数量不到总数的 2%,但雇员却占总数的 58%(占全

---

[1] 有关进步时代大雇主作用的研究,参阅维贝(Wiebe,1962)、温斯坦(Weinstein,1967)、卢博夫(Lubove,1967)、莫斯(Moss,1996)、格雷布纳(Graebner,1976)、奥尔德里奇(Aldrich,1997)、菲什巴克和坎特(Fishback and Kantor,2000)等。

国工人总数的24%—28%)。只要雇主能够影响他们工人的投票,他们就能够带动相当一部分选民。因此,相对于与由众多小企业组成的集团打交道而言,与少数大企业谈判,政府官员所面临的政治组织成本较低。

由于大雇主追逐的是有利于自身利益的立法,他们会从两条与广义阻挠相一致的途径中进行选择:一是采取防御性策略,对改革者的要求加以阻挠,二是力图设计和出台提高竞争对手成本的规制。采取防御性策略的雇主,通过向议员施压以扼杀立法委员会提交的法案或正在拟议的法案,阻止或减缓规制的实施。如果这种努力失败了,他们就会转而通过修正案或折中提案来设法限制规制的范围,或不提供充足的实施经费,从而使规制失效。即便规制法颁布实施,雇主还可能通过控制规制者和在法庭上积极抗议罚款来弱化规制。如果大雇主采取的是全面防御性策略,那么,那些拥有大企业的州实施规制就会起步较晚,规制范围就会较小,提供的规制执行资源也会较少。

大雇主也可能选择另一种策略,施加压力以寻求提高竞争对手成本的规制。[①] 他们游说以自身的做法为标准进行规制,强迫其他雇主改变其做法,从而提高竞争对手而不是自己的成本。只要守规存在规模经济或较高的固定成本,小企业的平均

---

① 安·巴特尔和莱西·格伦·托马斯(Ann Bartel and Lacy Glenn Thomas,1985)认为,职业安全和健康管理局(Occupational Safety and Health Administration,简称OSHA)自1971年成立以来,尽管对事故发生率的影响微乎其微,但却一直保留至今,这就是有组织的大雇主游说的结果。

守规成本就会较高。因此，拥有大企业的州更有可能较早推行规制，规制范围也较大，实施资源也较多，以迫使其他企业遵守规制。这种抬高竞争对手成本的企图只有在损害其他企业和工人的利益的情况下才能使大企业获益。另一方面，大雇主发现，如果他们提出的议案能够改善那些必须实施变革才能遵守新规制的企业的工人福利，政治上就会更加顺畅。大雇主更有能力支付较高的工资，提供较好的福利、标准住房和市镇，以及安全的工作场所（Jacoby，1997，第一章；Fishback，1992，第九章；Brandes，1970）。如果规制能够在提高安全标准的同时把就业损失控制在有限范围内，那么，改革者、小企业工人和工会就会
290 乐意与大企业形成联盟，共同游说实施新的规制。

第二节 1869—1930 年工作场所安全规制和责任制度改革

内战结束后不久，政府在工作场所安全方面的职责主要限于在普通法庭调解损害赔偿纠纷。在随后的几十年中，通过一系列的法庭判决，普通法下的工作场所事故赔偿结构发生了演进。① 在 19 世纪末的成熟责任制度下，工作场所事故赔偿以普通法的

① 有关普通法下工作场所事故赔偿演进的讨论，参阅汤姆林（Tomlins，1988，1993，第十章）。基本责任原则一直发展到 1900 年代。参阅弗里德曼（Friedman，1985）、弗里德曼和拉丁斯基（Friedman and Ladinksy，1967）以及菲什巴克和坎特（Fishback and Kantor，2000，第二章）。

过失原则为依据，并融合了自担风险(assumption of risk)、同事过失(fellow-servant negligence)和原告过失(contributory negligence)三大抗辩事由。如果一个工人在工作中受到伤害，则他负有举证责任，证明雇主没有在预防事故方面恪尽职责，且雇主过失是造成损害的直接原因。勒尼德·汉德(Learned Hand)法官将"恪尽职责"描述为，当预防事故的成本低于事故的预期成本时，雇主就应当预防事故的发生。如果受害工人能够证明是雇主的过失，则从理论上说，他就有权利获得相当于事故给他造成的经济损失(包括工资损失和医疗支出)加上"疼痛和折磨"(pain and suffering)的赔偿。不过，即使雇主被发现有过失，他还是有可能被免责的，只要他能够援引以下三大抗辩事由之一：雇员自担与工作相关的风险(自担风险)；同事造成过失(同事过失)；工人自己存在过失或没恪尽职责(自我过失)。① 对19世纪90年代末和20世纪初的事故探因常常发现，工人过失往往是事故的主要原因，因此，在大部分情况下，法庭判决可能不会给予任何赔偿。

劳伦斯·弗里德曼(Lawrence Friedman，1985，第300—301页)认为，当时的制度设计鼓励了工业企业的发展。法庭知

① 参阅波斯纳(Posner，1972，第32页)、兰德斯和波斯纳(Landes and Posner，1987)以及菲什巴克和坎特(Fishback and Kantor，2000，第30—33页)。

道,一旦对工业企业施以严格的责任,就可能会阻碍工业增长。① 由于雇主在过失责任诉讼中可以提出抗辩,同时在选择
291 法官时可以游说官员,因此他们可能介入到了安全制度的演进之中。在对安全制度实际运行情况的考察中,我和肖恩·坎特(Shawn Kantor,2000)发现,几乎没有或根本没有正式的证据表明,在过失责任案件中,法官和陪审员受贿是一个重大问题。②

而另一方面,诉讼的高成本有可能导致在协商解决争议时出现大量小动作。经验研究显示,在既定制度下,法律规则为人们提供了一个走上法庭时的预期基准。赔偿的协商解决与法律规则之间的联系是松散的,但安全制度中存在大量噪音。对拖延、雇主和保险公司小动作的担忧,以及工人自己的诉讼高成本(赔偿的25%—40%要用于各种随机支出上,还有精神成本),

---

① 格里·舒瓦茨(Gary Schwartz,1981)在分析加利福尼亚州和新罕布什尔州的相关案例时提出了大量反例,对这种"补贴工业"的观点提出了质疑。许多经济分析业已表明,从理论上讲,过失责任与这三类抗辩的结合,在特定条件下是一种最优的事故预防制度。参阅兰德斯和波斯纳(Landes and Posner,1987)、格莱泽和施莱费尔(Glaeser and Shleifer,2003)、谢韦尔(Shavell,1987)。

② 在介绍工人赔偿制度之前,为了直观地了解司法贿赂在公众中的影响,我利用ProQuest搜索引擎,以"法官"和"贿赂"两个词的组合作为关键词,在《纽约时报》索引中搜索了1900—1910年的腐败事件,制作了一个腐败事件样本。搜索发现了5起事件,法官向报纸披露有人企图贿赂他们,但没有证据显示他们接受了贿赂。还发现了7起法官被指控受贿或腐败的案例,一些法官被判有罪,但只有两起与工作场所有关。

阻碍了一些具有合法要求权的工人得到赔偿。从各州雇主责任委员会所收集的判例样本来看,几乎没有家庭能够获得相当于终生收益流现值的赔偿。然而,也有某些工人碰上了较为慷慨的雇主,或雇主想避免应诉的麻烦,或在法律方面有高人相助,获得了高于在严格限制性法律规则下预期能够得到的赔偿金(Fishback and Kantor,2000)。1900 年代初,克里斯特尔·伊斯门(Crystal Eastman)的《工伤事故和法律》(*Work Accidents and the Law*)一书的出版扭转了那种将事故原因归咎于工人的观点。因此,即便没有出台工人赔偿制度,随着克里斯特尔·伊斯门的研究成果的广泛传播,越来越多的工人仍有可能获得赔偿。

在过失责任制度下,如果存在小动作或阻挠行为,那么实施这些行为的更有可能是中间人而非雇主。在几乎每个州的责任委员会报告中,无论是雇主还是工人,都抱怨这一制度存在巨额交易成本。劳伦斯·弗里德曼(Lawrence Friedman,1985,第484 页)对此做了如下概括:这个制度"把数百万美元搜刮到了律师、法庭系统工作人员、行政官员、保险公司、理赔人的手中。企业不断花钱,但真正流入受害工人手中的并不多"。尽管我们还无从知道这些小动作耗费了多少交易成本,但过失责任制度的主要受益人是诉讼代理人,在一些州,这是一个反对工人赔偿制度的利益集团。

一、煤矿安全规制 292

随着过失责任制度的发展,一些州在内战结束后马上开始以直接规制作为该制度的补充。第一个实施全面规制的行业是煤矿开采业,它是进步时代最危险的行业之一。宾夕法尼亚州率先于1869年对无烟煤煤矿实施煤矿开采规制。1872—1912年，主要烟煤生产州均实施了规制，按时间顺序如表9.1所示。[①] 联邦政府介入煤矿安全规制始于1911年矿务局(Bureau of Mines)的成立，但该机构仅提供信息服务，直到1941年才拥有强制权(Graebner，1976)。

表9.1是安全法规出台的若干相关因素概览表，包含了1880年每个矿井的平均矿工数、矿工总数和煤矿工会分会数等数据。简单的相关分析结果表明，煤矿较大的州倾向于较早出台安全规制。1880年平均煤矿规模与安全规制出台年份之间的相关系数为－0.4。这个简单相关系数似乎与防御假说不一致，而与改革和大企业提高竞争对手成本的观点相一致。不过，还存在其他一些影响安全规制出台时机的重要因素。例如，1880年工会化程度和煤矿业总规模与安全规制出台时间负相关，简单相关系数分别为－0.55和－0.49。下面采用多元回归的分析方法，在保持其他因素不变的条件下，分离出了每个变量的影响。

早期的规制是初步的，主要集中于画矿井图、提供适当通

① 虽然本章关注的焦点是工业，但铁路规制和责任制度同样经历了一系列的转型。铁路行业的危险性是推动普通法责任制度演进的一个驱动力(Tomlins，1993，第十章)。州铁路委员会在1840—1890年实施了一些初步的安全规制。联邦安全规制始于1892年的《铁路安全设备法》。这些铁路安全法规具体针对的是州和联邦层面的铁路运营。州际铁路工人的事故仍然依照过失责任制度来处理，尽管同事过失辩护和自担风险辩护已被废除，共同过失已被相对过失(comparative negligence)所取代。参阅克拉克(Clark，1891)、奥尔德里奇(Aldrich，1997)以及金和菲什巴克(Kim and Fishback，1993)。

风、防止爆炸等方面。早期规制往往针对较小煤矿的经营活动，其经营者所具备的安全生产常识可能更为有限。随着采矿技术的进步，采掘机械、电力、机械动力被引进，安全规制范围随之扩大，1900 年以后尤其如此。为抓住 1900 年以后的主要变化，我设计了一个煤矿规制指数，用于统计各州所出台的以下所列举的安全规制法规数：矿井必须洒水或煤块必须除尘，在瓦斯多的矿井，防火监护员必须每天检查瓦斯情况，矿井管理人员必须提供充足的木材用以支顶，井下电线必须是绝缘的，严禁矿工在井下乘坐煤车，必须使用许可的炸药，州安全监察员必须通过资格考试，安全监察员可以立即关闭违反安全规定的煤矿，安全监察 295
员有权对违反安全规制的人实施逮捕，矿井工长必须获得州委员会的资格认证，全部矿工必须获得州委员会的资格认证，工长必须确保所有工人得到培训，工长每天检查工作场所的次数必须达到最低标准。如表 9.1 所示，各州出台安全规制法规的数量不尽相同，有些州没有安全规制法规，甚至没有采矿法，而宾夕法尼亚州出台了 8 个安全规制法规。到 1930 年，大部分州扩大了规制范围，各州出台的安全规制法规数量从得克萨斯州的 3 个到宾夕法尼亚州的 10 个不等。

法律的效力关键在于执行。表 9.1 列出了以 1967 年美元价格计算的矿工人均安全监察预算，它是根据各州的采矿法或拨款法所列的安全监察员薪水和人数计算出来的。1902 年，每个矿工的安全监察预算大都低于 2 美元，尽管新墨西哥州和犹他州的支出超过了 4 美元。截至 1930 年，随着法律覆盖范围的扩大，这项预算总体上都增加了。

表 9.1 各州采矿法出台时间、早期煤矿生产和 1900 年代初矿工人均安全监察预算

州	出台时间	1880 年数据 矿工总数	1880 年数据 单个矿井的平均矿工人数	1880 年数据 煤矿工会分会数	煤矿法指数 1902	煤矿法指数 1930	矿工人均安全监察预算(1967 年美元) 1902	矿工人均安全监察预算(1967 年美元) 1930	UMWA 成员比例 1902—23
宾夕法尼亚州无烟煤矿	1869	70 069	255	33.5	n.a.	n.a.	n.a.	n.a.	0.9
伊利诺伊州	1872	16 301	28	15	6	9	1.02	0.81	0.94
艾奥瓦州	1873	5 024	22	9	4	6	1.39	2.28	0.87
俄亥俄州	1874	16 331	26	32	1	8	1.03	3.07	0.80
马里兰州	1876	3 677	115	0	2	9	0.99	6.06	0.13
宾夕法尼亚州烟煤煤矿	1877	33 248	50	33.5	8	10	1.39	2.27	0.37
印第安纳州	1879	4 496	21	0	6	9	1.05	2.23	0.82
密苏里州	1881	2 599	18	4	3	4	0.59	2.04	0.74
田纳西州	1881	1 092	55	0	0	6	0.63	2.17	0.19
堪萨斯州	1883	3 617	19	2	4	5	1.95	4.08	0.69
西弗吉尼亚州	1883	4 497	35	0	3	8	0.85	1.93	0.1
科罗拉多州	1883	1 434	57	0	4	9	1.50	4.04	0.10
华盛顿州	1883	261	65	0	2	9	1.31	8.14	0.61
肯塔基州	1884	2 826	43	0	1	6	0.67	0.55	0.19
怀俄明州	1886	1 009	168	0	4	8	1.47	4.37	0.66
密歇根州	1887	412	69	1	4	5	1.80	2.78	0.79
阿肯色州	1889	130	9	0	1	4	1.60	1.30	0.72
蒙大拿州	1889	3	3	0	3	8	3.97	2.40	0.97
阿拉巴马州	1891	1 513	80	0	3	8	0.91	2.54	0.13
俄克拉荷马州	1891	0	0	0	2	9	1.38	3.10	0.72
新墨西哥州	1891	0	0	0	2	4	4.16	1.65	0.10
犹他州	1896	91	15	0	5	5	4.21	n.a.	0.65

（续上表）

北达科他州	1905	0	0	0	0	8	0.00	3.97	n.a.
得克萨斯州	1907	0	0	0	0	3	0.00	3.07	0.72
弗吉尼亚州	1912	4 497	35	0	0	7	0.00	1.32	0.19

注释和资料来源：没获得数据以 n.a. 标注。法规出台年份来自奥尔德里奇（Aldrich，1997，第 70 页）。1880 年煤矿生产、煤矿数和矿工数来自美国普查局（U. S. Bureau of the Census，1886，第 681—687 页）。煤矿工会分会数是地方工会和全国总工会分会的数量，来自《威克斯报道》（*Weeks Report*，Weeks，1886，第 14—19 页）。规制指数是一个州截至当年出台的下列煤矿安全规制法规数量：矿井必须洒水或煤块必须除尘，在瓦斯多的矿井，防火监护员必须每天检查瓦斯情况，矿井管理人员必须提供充足的木材用以支顶，井下电线必须是绝缘的，严禁矿工在井下乘坐煤车，必须使用许可的炸药，州安全监察员必须通过资格考试，安全监察员可以立即关闭违反安全规定的煤矿，安全监察员有权对违反安全规制的人实施逮捕，矿井工长必须获得州委员会的资格认证，全部矿工必须获得州委员会的资格认证，工长必须确保所有工人得到培训，工长每天检查工作场所的次数必须达到最低标准。各州每一项规制出台的时间表参见菲什巴克（Fishback，1986，第 284—285 页；1992，第 114—115 页）。矿工人均安全监察预算为煤矿安全监察拨款数除以州内矿工人数，并用美国普查局（1975，E—135 系列，第 211 页）的消费者价格指数（1967 年＝1）对通货膨胀进行调整。安全规制法及安全监察预算的资料来自美国劳工委员会（U. S. Commissioner of Labor，1892，1896，1904，1908）和美国劳工统计局（Bureau of Labor Statistics，1914，1925）出版的标题诸如“美国劳动法”的各种刊物，和各州的法律条例书籍。1902 年和 1903 年的矿工数来自美国地质调查局（U. S. Geological Survey，1902）及美国矿务局（U. S. Bureau of Mines，1930）。有关资料来源及方法的详尽描述，参见菲什巴克（Fishback，1992，第 238—240 页）。美国矿工联合会（United Mine Workers of America，简写为 UMWA）会员占就业的比例来自美国煤炭委员会（U. S. Coal Commission，1925，第 1052 页）。

二、制造业安全规制

内战后不久，各州同样对制造业企业的安全规制开始重视起来。1869 年，马萨诸塞州率先设立了一个局，负责搜集企业工人工资和工作条件方面的信息。到 1890 年，约有一半的州成立了类似机构（见表 9.2）。1879 年，马萨诸塞州再次率先设立企业安全监察员，安全法规得到强化。在成立劳工局或劳工部后的 5—15 年内，约有 40％的州增设了企业安全监察员（见表 9.2）。有些州，例如西弗吉尼亚州和田纳西州，虽设有安全监察员的职位，但实际上没有任命。表 9.2 还包括 1880 年企业的平均规模、制造业工人总数和工会分会数等数据。与煤矿安全规制类似，简单的相关分析表明，这三个变量与是否较早出台安全规制法规具有相关性（三者与第一部安全法规出台时间的相关系数分别为－0.43、－0.51、－0.40，与企业安全监察员法出台时间的相关系数分别为－0.51、－0.56、－0.35）。为了应对制造业的新技术和吸取诸如 1910 年纽约三角衬衫厂火灾等重大事故的惨痛教训，进步时代对企业安全法规进行了修订。

三、责任法变迁

1890 年代和 1910 年代，各州越来越多地派遣企业和煤矿业安全监察员，这与各州开始尝试推行雇主责任法是相吻合的，雇主责任法对前面提到的三个抗辩理由中的一个以上的理由作了限制。[①] 但很快，工会和工人就对雇主责任法的缺陷产生了
298 不满。另外，面对三大抗辩理由的不确定性的不断提高和“诉讼赌博”赌注的上升，雇主在寻求如何从中解脱出来。而且，保险公司也在寻求解决参保工人道德风险和逆向选择问题的途

---

① 有关州法律的分类情况，参阅菲什巴克和坎特（Fishback and Kantor，2000，附录 G）。

径。对各方来说，解决方案都是工人赔偿制度。

表 9.2　各州设立劳工委员会、工厂安全监察员、劳工部和工业安全委员会的年份

州	第一个劳工局	设立工厂安全监察员	1880年制造业数据			设立工业安全委员会	工业安全委员会制定的法令	工人永久赔偿法
			工厂平均工人数	工人总数	工会分会数			
阿拉巴马州	1907[a]	1907[a]	4.8	10 019	22			1919
亚利桑那州	1925[b]	[b]	3.3	220	0	1925	少	1913
阿肯色州	1913	[c]	3.8	4 557	1			1939
加利福尼亚州	1883	1885	7.4	43 693	18	1913	多	1911
科罗拉多州	1887	1911	8.5	5 074	24	1915	无	1915
康涅狄格州	1887	1887	25.2	112 915	44			1913
特拉华州	1893	1893	16.9	12 638	9			1917
佛罗里达州	1893[d]	[e]	12.9	5 504	0			1935
佐治亚州	1911	1916	6.9	24 875	5			1920
爱达荷州	1890[f]	[g]	2.4	388	0	1917	无	1917
伊利诺伊州	1879	1893	9.9	144 727	179			1911
印第安纳州	1879	1899	6.2	69 508	61			1915
艾奥瓦州	1884	1897	4.1	28 372	21			1913
堪萨斯州	1885	1901	4.3	12 062	20			1911
肯塔基州	1892[h]	1903	7.0	37 391	53			1914
路易斯安那州	1900	1908	7.8	12 167	11			1914
缅因州	1887	1887	11.8	52 954	14			1915
马里兰州	1888[i]	1898	11.0	74 945	40	1928	无	1912
马萨诸塞州	1869	1879	24.5	352 255	105	1913	多	1911
密歇根州	1883	1893	8.7	77591	45			1912
明尼苏达州	1887[j]	1891	6.1	21 247	12			1913
密西西比州	1914	1914	3.9	5 827	3			1948
密苏里州	1879	1891[k]	7.4	63 995	127			1926
蒙大拿州	1893[l]	[l,m]	2.9	578	0	1915	无	1915

(续上表)

内布拉斯加州	1887[n]	1895[n]	3.4	4 793	5	1929	无	1913
内华达州	1915	1915	3.1	577	4	1919	少	1913
新罕布什尔州	1893	1917	15.4	48 831	2	1917	无	1911
新泽西州	1877	1878	17.7	126 038	2			1911
新墨西哥州	o	o	3.9	557	112			1917
纽约州	1882	1883	12.4	531 533	187	1913	多	1913
北加利福尼亚州	1887	e	4.8	18 109	1	1931		1929
北达科他州	1899	1905			0.5	1919	无	1919
俄亥俄州	1877	1884	8.9	183 609	199	1913	多	1911
俄克拉荷马州	1907	1910			0			1915
俄勒冈州	1903	1907	3.2	3 473	12	1920	少	1913
宾夕法尼亚州	1872	1889	12.4	387 072	530	1913,仅煤矿	多	1915
罗得岛州	1887	1894	28.5	62 878	8			1912
南加利福尼亚州	1912	1912	7.6	15 828	2			1935
南达科他州	1890	p			0.5			1917
田纳西州	1881-84[q]	1897[r]	5.2	22 445	9	1923	少	1919
得克萨斯州	1911	1911	4.1	12 159	5			1913
犹他州	1892[s]	1917	3.9	2 495	1	1917	多	1917
佛蒙特州	1912	1912	6.1	17 540	2			1915
弗吉尼亚州	1897	1919	7.0	40 184	9			1918
华盛顿州	1903	1910	4.4	1 147	8	1919	少	1911
西弗吉尼亚州	1890[t]	1899[r]	6.0	14 311	81			1913
威斯康星州	1883	1883	7.4	57 109	14	1911	多	1911
怀俄明州	1917	1917	6.9	391	0			1915

注释和资料来源:本表中"第一个劳工局"指第一次设立的劳工委员会、就业统计局和工厂安全监察员等。"设立工厂安全监察员"指第一次颁布工厂安全监察员法律条款的时间。本表中工厂安全监察员和劳动部的设立时间,从布兰代斯(Brandeis,1935,第628—645页)、霍姆斯(Holmes,2003)以及美国劳工委(U.S. Commissioner of Labor,1896)提供的证据中得到。若设立的确切时间未知,则通过搜索《美国各州及准州立法汇编》的微缩胶片

来查找最初立法。1869年,马萨诸塞州最早设立劳工专员,1879年,马萨诸塞州最早设立工厂安全监察员。1880年工人和企业的数据来自第十一次人口普查的“制造业报告”(U.S. Bureau of the Census,1895,第66—79页)。工业安全委员会的数据来自布兰代斯(Brandeis,1935,第654页)所引用的美国劳动监管协会约翰·安德鲁(John Andrews)的著作。工人赔偿制度的数据来自菲什巴克和坎特(Fishback and Kantor,2000,第103—104页)。

[a] 阿拉巴马州设有煤矿安全监察员,后来设立了仲裁委员会,但没有官方的劳工部。

[b] 亚利桑那州1908年设立煤矿安全监察员。

[c] 阿肯色州1894年或更早设立煤矿安全监察员。

[d] 佛罗里达州农业部被赋予收集制造业数据的职责。

[e] 直到1924年尚未出台法规。

[f] 爱达荷州设立宪法委员会。1879至1890年没有通过法律的记载。

[g] 爱达荷州1893年或更早设立煤矿安全监察员。

[h] 肯塔基州专员专门收集农业、制造业和采煤业的统计数据。

[i] 1868年马里兰州最初出台的是农业和制造业法规,重点是农业。1888年的法规和1892年的修正案侧重制造业。

[j] 明尼苏达州法律中包括专员执法和起诉违法行为的用语,但仅规定了给予专员的资金。

[k] 密苏里州1891年颁布监察员法。之前没发现此类法律。

[l] 蒙大拿州通过立法设立了农业、劳工和工业局。

[m] 蒙大拿州1895年或更早设立煤矿安全监察员。

[n] 内布拉斯加州赋予专员安全监察的权力。

[o] 新墨西哥州1908年设立煤矿安全监察员。

[p] 南达科他州1903年设立煤矿安全监察员。

[q] 田纳西州的法律要求农业局、煤矿局和统计局收集劳工数据。最初的农业局成立于1871年,并于1875年变为农业、煤矿和统计局,但1881年至1884年的某些年份似乎起到了收集劳工数据的作用。我们难以找到确切时间。

[r] 田纳西州和西弗吉尼亚州没有日常安全监察员。专员仅有监察权力。

[s] 犹他州的议会较早授权设立劳工统计局或劳工部。

[t] 西弗吉尼亚州赋予专员检查工作场所安全的权力,但仅限于报告检查结果。

1910年代,大部分州开始转向工人赔偿制度,这就使得煤矿业和制造业的责任规则发生变化,从过失责任转向严格责任。法律规定,所有工人,无论是在工作中受到伤害,还是在与工作相关的活动中受到伤害,都可要求从雇主那里获得赔偿。但与要求全额赔偿工人损失的过失责任不同,工人赔偿制度对赔偿金额施加了限制,受伤害的工人最多可以获得收入损失2/3的赔偿金。不过,以周薪计算的最高赔偿金表明,许多受到伤害的工人所获得的赔偿远没有达到收入损失的1/3。

最终,大雇主对工人赔偿法的出台产生了强大影响。菲什巴克和坎特(Fishback and Kantor,2000)发现,主要利益集团——雇主、工人和保险公司——大多从工人赔偿法的出台中获得了好处。雇主集团发现大陪审团裁决降低了诉讼的不确定性,开始以高工资的形式将大部分一度膨胀的保险费返还给工人。从平均水平看,工人获得的事故赔偿金比过失责任制度下高,所以即使他们的工资有所下调,仍能得到较好的保障。保险公司发现自己的业务扩张了,尽管许多州推行了州保险制度。

大多数州都建立了某种形式的行政机构,以取代法庭来管理工人的赔偿问题。1911年在威斯康星州的带动下,几个州把这个过程再向前推进了一步,成立了工业安全委员会。工业安全委员会不仅负责管理工人的赔偿事务,而且后来发展成为一个制订规则的机构,它为威斯康星州制造业起草了一部详尽的安全法规。如表9.2所示,到1930年已有18个州成立了工业安全委员会。不过,只有在加利福尼亚州、马萨诸塞州、纽约州、俄亥俄州、宾夕法尼亚州和犹他州,工业安全委员会才充分行使了制订规则的职能。

第三节 雇主平均规模对安全规制演进的影响

利用表 9.1 和 9.2 中的数据，对安全规制立法的出台年份与 1880 年以来的雇主平均规模作一个简单的相关分析，结果表明，雇主规模较大的州的安全法规出台时间较早。不过，我们知道，安全法规较早出台，还与更高的工会组织程度和被规制的工人总量相关，因此，需要进行多元分析才能分离出大雇主的影响。安全规制的出台还是一个动态过程，前后持续了至少 30 年 299 时间。因此，这里的分析既要反映出 1880 年截面数据中各关键变量的差异，又要考虑到这些变量随时间而发生的变化，这也是很重要的。最后，这个大雇主与规制的相关性模型还可以用来预测大雇主与规制的范围、大雇主与执法资源的相关性。为此，我收集整理了一个州际的面板数据集，来检验雇主平均规模与安全法规出台时间、规制覆盖范围和执法资源三者之间的关系。

表 9.3 工厂(矿井)平均工人数与安全规制相关性预测

动机	规制出台的可能性	执法预算	法规覆盖范围
改革	正	不确定	正
大雇主防御性策略	负	负	负
大雇主抬高竞争对手成本	正	正	正

表 9.3 显示了依据各种大雇主与安全规制变革相关模型所

得出的预测结果。这里需要考虑大雇主的测度指标如何能够较好地契合各模型中雇主规模的理论概念,这一点是很重要的。这里所用的指标是工厂(或单个矿井)的平均工人人数,因为它是 1870 年到 1912 年唯一可以连续获得的雇主规模指标,正是在这一期间,主要采煤业和制造业安全规制法规首次出台。[①]两个州之间的工厂平均规模可能会有所不同,可能是因为某个州的工厂规模总体趋大,也可能是因为某个州较大规模的工厂偏多。

依据改革者会对大雇主实施规制这一假说,工厂规模总体趋大和较大规模的工厂偏多都应该视为重要因素。改革者担心的是在整体分布上工厂规模扩大,因为工厂规模扩大往往会提高机械化程度,进而加大事故风险。与此同时,格莱泽和施莱费尔(Glaeser and Shleifer,2003)在描述改革面临潜在阻挠时强
300 调了特大型企业的重要性。依据雇主防御假说,无论是工厂规模总体趋大还是特大型企业偏多,都会使雇主更易于抵制改革。当特大型企业偏多时,少数特大型企业拥有众多雇员,它们所面临的组织成本较低,有更多资源加强防御。即使企业平均规模较大反映的是企业整体规模趋大,以上结论仍然成立。企业规模扩大就意味着,单个企业可投入更多资源用于游说,而成功进

① 无法获得多工厂企业(multi-establishment firms)的规模的数据。使用工厂平均规模会低估企业的平均规模,因为它没有把多工厂企业考虑在内。我的印象是,多工厂企业大都经营大工厂,所以,度量误差可能不是一个严重问题。而且,多工厂企业倾向于在多个州拥有工厂。它们在这些州的政治影响很可能受到它们在这些州的工厂规模的影响。

行游说的雇主所面临的组织成本会降低，因为此时只需少数几个企业就可以达到临界规模。抬高竞争对手成本假说则主要取决于在企业规模分布上大企业偏多这种情形，因为一些大雇主试图实施一种可以给其他一些雇主造成代价的规制。在这种情形中，无论以企业数量所占的比例来衡量，还是以就业所占的比例来衡量，当特大企业所占的比例较高时，可以预见，大企业将更能成功地抬高竞争对手的成本。

1900年后的数据可以用于比较，结果显示，这里所使用的企业平均规模数据反映了大工厂分布偏度的差异。在一些州的制造业中，单个工厂平均工人数与500人以上大工厂占制造业比例的相关系数，1904年是0.887，1909年是0.928，1914年是0.928。而单个工厂平均工人数与500人以上大工厂所雇用的工人所占的比例，二者之间的相关系数1909年是0.68，1914年是0.65。

在估计大雇主的影响时，我们控制了来自工会利益集团的压力，因为在工会力量强大的州中，工会施加了影响，同时还控制受规制的经济活动中的工人数量。玛丽根和施莱费尔（Mulligan and Shleifer，2004）指出，规制可能存在巨额的固定成本，从规制效率角度考虑，只有当受安全规制的人口数足够大，从而使得规制收益超过固定成本时，规制才有可能付诸实施。依据抬高竞争对手成本模型，人口较多也会带来较多的规制。随着行业整体规模的扩大，大企业利用规制排挤竞争对手的收益会显著上升。在几项实证检验中，玛丽根和施莱费尔（Mulligan and Shleifer，2004）发现，在其他因素既定的条件下，规制人员数量与规制的扩张相关。随后的分析发现,较多规制人员也促成了制造业和采煤业规制的较早出台。最后,在对规制出台时间的回归分析中,为了控制规制态度的地区差异,使用了一个哑变量表示南部各州,而在考察煤矿监察预算和煤矿规制范围时,则加入了一个州固定效应。分析结果表明,南部各州较晚出台
301 企业检查规制和煤矿规制。[①]

一、工厂规模与制造业规制的引入

以上对于制造业规制和工人赔偿制度出台时间所做的相关性分析显示,单个工厂工人数较多的州常常较早地推行新政策。下面利用制造业的面板数据,估计了一个带有时依协变量的比例风险模型(proportional hazard model with time-varying covariates),以分析两类规制的引入:一是最初引入的某种形式的劳动管理机构,它可能拥有强制权,也可能没有强制权;二是引入企业监察员实施规制。由于大部分州拥有自己的煤矿监察部门,所以,大多数劳动管理机构和工厂安全监察员专门负责制造

---

① 在回归分析中,我尝试了其他控制变量,但发现没有一个变量在统计上是显著的。在所有涉及规制出台时间和煤矿规制的方程中,我尝试了几个政治活动指标,包括1890年代平民主义者总统候选人的得票比例,1900年代共和党人和社会党人总统候选人得票,以及普尔和罗森塔尔(Poole and Rosenthal,1993)就不同时期美国参议员在保守/自由和城市/农村间的分布所做的空间坐标分析。这些指标的影响通常较小且在统计上不显著。由于马克·奥尔德里奇(Mark Aldrich,1997)和威廉·格雷布纳(William Graebner,1976)认为大爆炸事件推动了规制的扩张,所以我在表9.6中设立了大事故指标,但该指标的影响总是很小且在统计上不显著。

业的规制。因此，对于规制引入的相关性分析，重点是测度制造业活动。在下面的面板数据中，没引入规制的州，其观测期为每10年的最后一年，而与之匹配的制造业工厂平均规模和制造业工人数数据，则采用每10年的第一年的观测值。面板数据中各州的最后一年是它引入规制的年份，与之匹配的是上一次的普查数据。更详细的描述参阅表9.4中的注释。

表9.4中的结果显示，规模较大的工厂与较早引入劳动管理机构和工厂安全监察员相关。如果以前没有引入任何规制，那么，机会比率大于1表示，在任何年份中引入规制的概率将会

表9.4　1869—1930年影响州引入劳动管理机构和车间安全监察员相关因素的机会比率

变量	均值	标准差	(1) 机会比率	(1) 单位标准差效应	(2) 机会比率	(2) 单位标准差效应
A.引入某种形式的劳动管理机构						
制造业单个工厂平均工人数	7.57	5.34	1.058 (3.24)	0.31	1.056 (2.83)	0.30
制造业工人总数(1 000人)	33.82	63.92	1.005 (2.48)	0.32	1.006 (4.03)	0.38
1880年制造业工会分会数	30.91	68.86	1.003 (0.71)	0.21		
工会指数	6.11	3.05			1.019 (0.55)	0.06
南部州	0.29		0.734 (−1.06)		0.725 (−1.14)	
p值			2.811		2.736	
沃尔德卡方值			47.30		45.82	

（续上表）

变量	均值	标准差	(3) 机会比率	(3) 单位标准差效应	(4) 机会比率	(4) 单位标准差效应
B.引入车间安全监察员						
制造业单个工厂平均工人数	7.90	5.26	1.053 (1.74)	0.28	1.054 (1.65)	0.28
制造业工人总数(1 000人)	41.66	68.32	1.009 (5.91)	0.61	1.008 (7.51)	0.55
1880年制造业工会分会数	32.36	73.18	0.998 (−1.49)	−0.15		
工会指数	6.67	3.35			0.973 (−0.62)	−0.09
南部州	0.29		0.419 (−2.06)		0.429 (−1.99)	
p值			3.254		3.420	
沃尔德卡方值			110.63		110.29	

注释和资料来源：单位标准差效应是指对于尚没出台规制法规的州，在特定年份，若某个变量增加一个标准差，引入规制的概率将会发生的变化。规制机会比率数值得自一个带有时依协变量的威布尔机会估计。机会比率数值下方圆括号内的 z 值是基于稳健标准差的 z 值，零假设即机会比率等于 1。如果 $h(t)=h_0(t)e^{X(t)\beta}$，那么，表中的各机会比率均等于 e^b，其中 b 是 β 的一个元素。模型中的时间起点($t=0$)是 1860 年。威布尔模型假定机会采用 $h(t)=p\,t^{p-1}\,e^{X(t)\beta}$ 的形式。以上所有模型的 p 估计值在自由度为 4 的沃尔德卡方检验中，均在统计上显著大于 1，这意味着引入规制的概率随时间而有明显增加。

引入规制的时间如表 9.2 所示。数据集内的观测值按以下方法构造。以有工人总数和单个工厂平均工人数数据的那一年为第一年，以十年为观察期，观察这十年中最后一年各州的数据。在州引入规制的年份里，观测值的年份就是引入规制的年份。例如，缅因州在 1887 年出台了首部劳动管理法。对缅因州的第一次观测是在 19 世纪 60 年代的最后一年，该年记录为1869年，引入规制的指标记为0，单个工厂平均工人数和工人总数采用1860年的数值。对缅因州的第二次观测年份是1879年，引入规制的指标记为0，调查数值来自1870年普查数据。由于缅因州1887年引入规制，因此，对该州的最后一次观测显示为1887年，引入规制的指标记为1，单个工厂平均工人数和工人总数的数值来自1880年普查数据。马萨诸塞州1869年引入规制，这里以1865年作为一个记录点，相应的调查数值采用1860年的普查数据。而1869年的观测值则采用1870年普查数据。用于分析劳动管理机构引入的观测点有179个，到1930年，48个州中仍有3个州没有引入规制。在分析工厂安全监察员时有229个观测点，到1930年，48个州中仍有8个州没有设立工厂安全监察员。1860年、1870年、1880年和1890年的工人和工厂数据来自美国普查局（U. S. Bureau of the Census，1895，第67—69页）的普查数据。1900年、1910年和1920年工人和企业数据来自美国普查局（U. S. Bureau of the Census，1933，第43—600页；U. S. Bureau of the Census，1902，第58—61页）的普查数据。在1904年制造业普查中，美国普查局将调查重点放在了工厂上，并排除了手工业。这里用较早的时间序列数据乘以1900年工厂和手工业工人数与工厂工人数的比率来衔接1900年后的工人总数和每个工厂平均工人数的数据。用同样的方法得出每个工厂的平均工人数。州层面工会化程度的数据很少，我尝试用工会指数和制造业工会分会的数量来测度工会化程度，但这两个指标均不能完全涵盖考察期。菲什巴克和坎特（Fishback and Kantor，2000，第263页）在有关工人赔偿问题的研究中，描述了工会指数，并得出了1899年、1909年、1919年和1929年的工会指数值。该指标值高意味着该州在全国工会发展水平较高的工业中工人比例也较高。1899年以前工会指数的观测值，这里采用1899年的指数值来近似地代替。在另一种估计标准下，制造业工会分会的数量指各州与制造业有关的地方工会和全国工会分会数之和，数值来自《威克斯报道》1880年的相关数据（Weeks，1886，第14—19页）。在每个观测年份，各州都给予了同样的数值。南部州包括马里兰州、弗吉尼亚州、肯塔基州、阿肯色州、俄克拉荷马州、得克萨斯州以及位于这些州东南部的所有各州。

增加（与规制较早引入相一致），而机会比率小于1则表示，在任何年份中引入规制的概率将会下降(与规制较晚引入相一致)。单个工厂增加一个边际工人,引入某种形式的劳动管理机构的概率将提高 5.8 个百分点,引入企业安全监察员法的概率提高 5.3 个百分点。在 10%的置信水平上,二者均在统计上显著。改变单位标准差就可以较普遍地看到州际效应的差异。若企业平均规模在每个工厂 5.3 个工人的基础上增加一个标准差,则
303 任何年份引入劳动管理机构的条件概率就会相应提高约 1/3,引入企业安全监察员的条件概率就会提高约 1/4。

以上结论与大企业能够成功地阻止立法的观点是不一致的。早期设立没有检查权的劳动管理机构是这样一种情形:要么是大企业和工会都预期能够从中获益,要么是工会成功地促成了对大雇主的立法。工会的机会比率总是大于 1,这与工会促成规制的较早出台相吻合。虽然我们不能否定统计模型无效的假设,但伊丽莎白·布兰代斯(Elizabeth Brandeis,1935)精彩的定性证据表明,早期设立劳动管理局通常是迫于全国工会(National Labor Union)和劳工骑士团(Knights of Labor)的压力。

工厂检查制度的设立与抬高竞争对手成本模型较为一致,在这种情形下,改革者不会预期从中获得太多收益。尽管大企业与较早引入规制相关,但工会却与其不相关。在两种工会测度标准下,工会的机会比率均小于 1,并且,若将工会测度指标增加单位标准差,则任何年份中引入规制的概率将减少 9—15 个百分点。这种效应在统计上不显著,因此,认为工会绝对反对引入工厂安全监察员的观点是没有说服力的。然而,有证据显示,1900 年前后,工会领导人
304 对规制的好处持怀疑态度,原因是工商利益集团对州议会有重大影

响,并可能对规制法规的起草产生重大影响。相反,他们将注意力放在组织各种运动上,主张通过集体谈判而不是依靠州议会,工人可以获取更多利益(Weinstein,1967,第159页;Skocpol,1992,第205—247页;Asher,1969,第457页)。

另一方面,1910年代工人赔偿制度的出台形成了大企业、工会和改革集团共赢的局面。通过对工人赔偿制度出台时间的统计分析,我和肖恩·坎特(Fishback and Kantor,1998,2000,第106—111页,第256—257页)发现,大企业、工会和改革集团都与相关法规的较早出台相关。这种相关关系突出体现在对较早引入规制的一组州的均值比较中,也体现在控制了较多变量的多变量分析中。此外,有大量定性证据表明,1909年以后,这三大利益集团都在为工人补偿制度的基本理念而游说,尽管在一些州这三大利益集团对赔偿水平的选择和州在防范工作场所事故风险方面的作用问题存在激烈争论。

二、矿井平均规模与煤矿规制

对1869年到19世纪90年代中期的矿井平均规模与引入煤矿规制的时间进行的相关分析,结果大为不同。利用1925年以前烟煤产量保持在50万吨以上的24个州的一个面板数据,我估计了一个类似的比例风险模型。在截面上,增加了宾夕法尼亚州无烟煤矿的一个观测样本,因为该州在不同时期对两类煤矿设立了各自的规制和安全监察部门。在表9.5的注释中可以看到面板数据较详细的介绍。较大的矿井与煤矿安全法规的较早出台不相关,无论是用矿井平均矿工数还是用矿井平均产量来测度,结果都是如此。表9.5中的机会比率统计上明显不等于1,并且单位标准差的变化效应也非常小。规制出台与矿井规模之间缺乏相关性这一结果,要么表明大企业对煤矿规制漠不关心,要么表明它们没有成功地阻止改革者的规制努力。工会化程度的影响表明可能是后者。在州层面上,煤矿工会分会在数量上增加一个标准差,就会使各州引入规制的概率增加40至47个百分点。

通过考察大企业对于规制范围和执法资源的影响,我们可以更加明确地看到它们所起的作用。这里我建立了一个面板数据集,包括23个主要烟煤生产州,涉及1902年、1910年、1920年和1930年,这些州有煤矿规制范围的资料和以1967年美元
306 价格计算的矿工人均安全监察拨款的数据(见表9.1)。[①] 然后把这些有关规制范围和安全监察预算的数据与面板中各州矿井的平均雇员数、UMWA成员占州煤矿工人总数的比例,以及州矿工总数相匹配。并用矿井平均产量和总产量作为测度标准,对矿井规模和行业规模进行估计。

表9.5 1869—1912年影响煤矿安全法规出台的因素

	均值	标准差	(1)		(2)	
			机会比率	单位标准差效应	机会比率	单位标准差效应
矿井平均矿工数	42.41	51.34	1.001 (0.38)	0.05		

① 北达科他州包括在出台规制法的州样本中,但由于缺乏相关数据,在分析安全监察预算和规制范围时不得不舍掉它。

（续上表）

州矿工总数	2.28	6.85	1.047	0.32		
（千人）			(2.11)			
矿井平均产量	18.67	27.41			0.999	−0.03
（千吨）					(−0.08)	
州煤矿总产量	0.89	2.29			1.164	0.38
（百万吨）					(2.09)	
煤矿工会分会数	3.38	8.99	1.052	0.47	1.044	0.40
			(2.50)			(1.72)
南部州	0.28		0.400		0.398	
			(−1.74)		(−1.80)	
p 值			3.417		3.271	
沃尔德卡方值(4)			86.19		62.24	

注释和资料来源：单位标准差效应是指对于某个尚没出台的规制法规，在特定年份，若某个变量增加一个标准差，该规制法规出台概率所发生的相应变化。规制机会比率值得自一个带有时依协变量的威布尔机会估计。机会比率值下方圆括号内的值是基于稳健标准差的 z 值，零假设为机会比率等于 1。有关威布尔机会模型，参阅表 9.4 的注释。时间起点是 1860 年。所有模型中的 p 值在统计上相异于 4 个自由度的沃尔德卡方检验中的估计值，这意味着规制法规的出台概率随时间而显著增加。数据集中的观测值按以下方式构造。州数据每 10 年为一个观测期，观测时点为观测期的最后一年，与之对应的数据是观测期第一年的矿工总数、矿井平均矿工数、产量吨数、矿井平均产量的数据。在规制法规出台的那个 10 年，观测年份就是出台规制法规的那一年。例如，西弗吉尼亚州在 1883 年出台煤矿安全法。对西弗吉尼亚州的第一次观测是在 19 世纪 60 年代最后一年，该年记为 1869 年，出台规制指标记为 0，而矿工总数等指标采用 1860 年的数值。对西弗吉尼亚州的第二次观测年份是 1879 年，出台规制指标记为 0，统计数据来自 1870 年普查数据。由于西弗吉尼亚州在 1883 年出台规制法规，因此，对该州的最后一次观测显示为 1883 年，出台规制指标记为 1，工厂平均工人数和工人总数的数值来自 1880 年普查数据。宾夕法尼亚州无烟煤矿，1869 年出台规制法规，我以 1865 年作为一个记录点，相应的指标值采用 1860 年

的普查数据，而1869年的观测值则采用1870年普查数据。规制样本中只包括了直到20世纪20年代产量连续超过10万吨的州。之所以把宾夕法尼亚州的无烟煤和烟煤作为两个不同的观测样本，是因为该州对这两类煤矿采用不同的规制法规和监察人员。南部州包括阿拉巴马州、阿肯色州、肯塔基州、马里兰州、俄克拉荷马州、田纳西州、得克萨斯州和弗吉尼亚州。25个州总共有79个观测样本，且在考察期内所有的州均出台了规制法规。有关产量、矿井数量和雇员人数的数据来自美国普查局美国矿业普查，1860年(U. S. Bureau of the Census，1865，第173—174页)；1870年(U. S. Bureau of the Census，1872，第760—767页)；1880年(U. S. Bureau of the Census，1886，第681—687页)；1890年(U. S. Bureau of the Census，1892，第347—348页)；1902年(U. S. Bureau of the Census，1905，第709—717页)。1910年数据来自美国地质调查局(U. S. Geological Survey，各年)。煤矿工会分会数指地方工会数和全国总工会与采煤有关的分会，来自《威克斯报道》(Weeks，1886，第14—19页)。在宾夕法尼亚州，工会分会数在无烟煤和烟煤两个观测样本间均分。在所有观测年份，每个州的工会分会数不变。

模型分别在不考虑州、年份的固定效应和考虑这两种效应的情况下进行估计。固定效应模型控制了不同州和不同时期之间某些没予测度的异质性。模型中加入时间固定效应，是为了控制各年整个采煤业普遍面临的国民经济冲击和采矿技术冲击，二者都影响到安全规制和特定时点上安检水平的选择。而加入州固定效应，则是为了控制矿井储量的地理差异，它影响到采矿行为和对政治改革的长期态度，而在同一州内这些都不会随时间而发生变化。

表9.6中的面板回归结果与以下观点吻合：大煤矿雇主设法缩小规制的覆盖范围，这可能抵消煤矿工会扩大规制范围的努力。法治指数与矿井平均规模负相关，当控制州和时间固定效应时，这种负相关更显著。在置信水平约为15%的双尾检验

中，相关系数在统计上显著。若将矿井平均规模增加 1 个单位标准差，法治指数将减少近 0.5 部法规。可见，大雇主缩小规制范围的努力，似乎抵消了美国矿工联合会的游说效果。而在不考虑州和时间固定效应的估计中，若 UMWA 成员比例增加 1 个单位标准差，规制指数将增加 0.5 部以上法规。美国矿工联合会的努力似乎与各州的时间固定效应相关，因为在模型中加入时间固定效应之后，美国矿工联合会系数的数值和统计显著性都下降了。

除了缩小规制的覆盖范围之外，大煤矿还力图减少执法资源。矿井平均规模与矿工人均安全监察预算呈负相关，当模型中加入州固定效应和时间固定效应时，该相关系数的数值和统计显著性都提高了。在表 9.6 组 A 中，固定效应的估计值表明，矿井平均矿工数增加 1 个单位标准差，即增加 35.7 个矿工，则以 1967 年美元价格计算的矿工人均安全监察预算将减少 64 美分。同样，在表 9.6 组 B 中，矿井平均产量(以吨计算)增加 1 个单位标准差，则矿工人均安全监察预算将减少 55 美分。对矿 309
井平均规模与安全监察预算之间的这种负相关性可能存在其他解释。例如，若单一矿井的安全监察存在显著的规模经济，则随着矿井平均规模的增加，减少每个矿工的安全预算就能达到同样的安全水平。然而，有大量证据表明，改革者强烈要求矿工人均安全监察预算保持在较高水平，以强化执行力度和降低事故发生率。他们这样要求不无道理，因为实证研究显示，矿工人均(或平均每吨煤)安全监察预算的增加与事故发生率的下降相关(参阅 Aldrich，1997，第 337—338 页；Fishback，1986，1992)。

表 9.6 1902 年、1910 年、1920 年和 1930 年矿工人均安全监察预算(以 1967 年美元价格计算)与煤矿规制立法指数的普通最小二乘估计和固定效应估计

			矿工人均安全监察预算（1967 年美元）				煤矿法治指数			
			（1）		（2）		（1）		（2）	
	均值	标准差	相关系数	单位标准差效应	相关系数	单位标准差效应	相关系数	单位标准差效应	相关系数	单位标准差效应
			A:基于工人人数的相关分析							
常数项			2.408		2.574		3.938		3.984	
			(4.62)		(4.46)		(4.96)		(4.18)	
矿井平均矿工数	70.9	35.7	−0.005	−0.18	−0.018	−0.64	−0.005	−0.17	−0.010	−0.37
			(−1.49)		(−2.98)		(−0.69)		(−1.42)	
州矿工总数	20.5	33.96	−0.006	−0.20	0.005	0.16	0.036	1.23	0.013	0.45
(1000 人)			(−2.12)		(0.73)		(7.05)		(0.99)	
矿工联合会雇员比例	49.5	32.3	−0.004	−0.14	−0.003	−0.11	0.016	0.53	0.004	0.14
			(−0.95)		(−0.48)		(2.11)		(0.41)	
1910 年					0.518				1.373	
					(1.56)				(2.62)	

（续上表）

1920 年					−0.383				3.373	
					(−1.30)				(7.40)	
1930 年					1.594				3.938	
					(4.26)				(8.60)	
州固定效应					包括				包括	
R^2值			0.134		0.658		0.239		0.796	
样本数			90		90		92		92	
B:基于煤矿产量的相关分析										
常数项			2.243		2.030		3.505		3.839	
			(4.77)		(4.90)		(4.86)		(4.79)	
矿井平均产量	56.6	36.1	−0.004	−0.15	−0.015	−0.55	0.002	0.06	−0.012	−0.42
（千吨）			(−1.09)		(−2.66)		(0.23)		(−1.50)	
州煤矿总产量	17.8	32.5	−0.005	−0.16	0.003	0.11	0.037	1.21	0.014	
（百万吨）			(−1.80)		(0.47)		(7.63)		(1.03)	
矿工联合会	49.5	32.3	−0.005	−0.15	−0.004	−0.13	0.018	0.58	0.005	
雇员比例			(−1.05)		(−0.52)		(2.25)		(0.41)	
1910 年					0.178				1.244	
					(−0.690)				(2.70)	
1920 年					−0.353				3.404	
					(−1.25)				(7.70)	

（续上表）

1930 年		1.553		4.007
		(3.96)		(8.59)
州固定效应		包括		包括
R^2 值	0.043	0.635	0.243	0.800
样本数	89	89	91	91

注释和资料来源：单位标准差效应是指对于某个尚没出台规制法规的州而言，在特定年份中，若某个变量增加一个标准差，规制出台概率将会发生的变化。规制机会比率数值得自一个带有时依协变量的威布尔机会估计。机会比率数值下方圆括号内的数值是基于稳健标准差的 t 值，零假设为相关系数等于 0。该数据集是一个由 23 个主要烟煤生产州组成的面板数据，涉及年份包括 1902、1910、1920 和 1930 年。北达科他州出现在表 9.5 中的规制出台时间回归分析中，但在本表中由于数据缺失而被排除。规制指数是指截至表 9.1 注中所列日期各州所出台的安全规制法规的数量。各州各项规制法规颁布日期的表格，可参见菲什巴克(Fishback，1986，第 284—285 页；1992，第 114—115 页)。矿工人均安全监察预算由州煤矿安全监察拨款除以州矿工总数得出，并用美国普查局的消费者价格指数(1967 年＝1)作通货膨胀调整(1975，E－135 系列，第 211 页)。安全规制法和安全监察预算的资料来自美国劳工委员会(U. S. Commissioner of Labor，1892，1896，1904，1908)和美国劳工统计局(Bureau of Labor Statistics，1914，1925)出版的标题诸如“美国劳动法”的各种刊物，以及各州的法律条例书籍。有关资料来源和方法的详尽描述，参见菲什巴克(Fishback，1992，第 238—240 页)。1902 年矿井数来自于美国普查局(U. S. Bureau of the Census，1905，第 709—717 页)。所有年份的矿工总数、产量吨数和 1910，1920 和 1930 年的矿井数来自历年美国矿产资源年报，非金属矿数据 1922 年以前来自地质调查局(U. S. Geological Survey)，1922 年后来自美国矿务局(U. S. Bureau of Mines)。各年数据来源的具体页码，参见菲什巴克(Fishback，1992，第 234—236 页)。美国矿工联合会成员所占的比例来自美国煤炭委员会(U. S. Coal Commission，1925，第 1052 页)。该委员会没提供 1930 年的数据，故这里以最末年份即 1923 年的数据来代替。

同时，美国矿工联合会雇员比例与矿井安全监察预算之间并不存在正相关关系。因为，矿井安全监察预算不足的问题和一些州对矿工起诉的重视（这一点下面将会谈到）导致美国矿工联合会的努力方向发生转变，不再将主要精力放在敦促政府提高执法力度上。相反，他们转而依靠自身与雇主的谈判来要求雇主遵守工会希望实施的那些法规条款。

第四节　采煤业中雇主影响的叙述性证据

定量分析表明，大矿井雇主在抵制采煤业规制时，采取的是防御性策略而不是抬高竞争对手成本的策略。尽管大企业与早期煤矿规制的较晚出台并不相关，但它们却与煤矿规制范围和安全监察预算呈负相关关系。大雇主采取防御性策略的观点得到了各个时期不同州的叙述性证据的充分支持。

有关采煤业立法的权威研究均表明，雇主显著地影响了煤矿规制法规的起草。[①] 例如，马克·奥尔德里奇（Mark Aldrich，1997，第69—71页）发现，大部分早期法律“起草得不完善、很蹩脚，难以执行”，常常带有“经营者影响的明显痕迹”。在科罗拉多州的矿井安全监察人员看来，1883年制定的煤矿安全规制法规“极不完善”且“完全不适用”。当1913年修订这部法规时，它成了“大经营者操纵下的委员会的产物……基本上是把他们的

---

① 参阅奥尔德里奇（Aldrich，1997）、菲什巴克（Fishback，1992）和格雷布纳（Graebner，1976）。

做法变成法典”。

威廉·格雷布纳(William Graebner,1976,第72—87页)对西弗吉尼亚州矿业法演变的描述表明,直到1907年,这部矿业法的作用微乎其微,或者说不起任何作用。矿井经营者,甚至煤矿安全监察员都反对新的立法。当新提议的法规试图对开采方法施加限制时,矿工们自己也积极反对这一变革。为应对一系列重大矿井爆炸
310 事故,议会在1907年通过了一个修正案,矿业经营者在其中发挥了重要作用。另外两起矿井爆炸事故促使矿井首席安全监察官成为推动安全立法的积极分子。然而,一个对多起爆炸事故有过研究的调查委员会发表了一份报告,结论却是,法律上的变革不会带来任何好的效果。为回应矿业经营者的要求,议会拒绝了这位矿井首席安全监察官关于新法律的所有建议。

采矿法受雇主左右的又一迹象是,这些法规中许多是约束矿工行为的,而矿主在自己的煤矿内是难以实施这些约束的。通常,这类约束确能提高安全水平,但也要求矿工为此付出许多没有明显效果的额外努力。例如,伊利诺伊州和西弗吉尼亚州都禁止“岩体爆破”的做法,而采用这种方法,矿工不必在煤层底部做底切就可以实施爆破。这种做法需要使用更多炸药,产出的煤块小而价值低,且通常认为比较危险。但它却受矿工的欢迎,因为比起那种需侧躺数小时敲打煤岩然后再进行爆破的做法,这样省力不少。对于诸如此类费事的约束措施,矿工们往往置之不理。[①]

---

① 参阅奥尔德里奇(Aldrich,1997,第58—73页)和格雷布纳(Graebner,1976,第94—95页)。

我在估计采矿法对事故发生率的影响时发现(Fishback,1986,1992,第115—120页),在减少事故发生率方面,只有三个规制措施通过了统计显著性检验,它们分别是:要求工长更频繁地巡查矿井,矿工使用批准的炸药,矿工不得乘坐采煤车。这三个规制措施至少在一定程度上有助于监督和改变矿工的行为,这与以下观点相吻合:雇主利用规制帮助自己实施他们所希望的对矿工行为的约束。

那些试图架空安全规制法规的游说者,往往会设法减少用于实施安全规制的经费。在一些州,预算所安排的监察人员不足以满足采矿法所规定的最低巡查次数。[①] 过低的薪水导致安全监察员频繁更替,限制了监察部门吸引优秀监察员的能力。1910年,安全监察员的收入仅比制造业工人的平均工资高50%,而到1920年高出部分竟不足10%。[②] 1919年,西弗吉尼亚州州长约翰·康韦尔(John Cornwell)曾形容煤矿安全监察员的工资水平“比赶骡车的人还要低”(引自Graebner,1976,
第90页)。若矿井管理部门能获得更多预算,他们本可对事故 311
发生率有所作为,正如菲什巴克(Fishback,1986,1992)和奥尔德里奇(Aldrich,1997,第337—338页)的经济计量研究所发现

---

① 参阅菲什巴克(Fishback,1992,第113页)和格雷布纳(Graebner,1976)。

② 比较基于以下数据:州采矿法中的煤矿安全监察员工资、矿工年均收入(Fishback,1992,第80—81页),制造业普查中制造业领取薪水的工人的年均收入(U. S. Bureau of the Census,1993,第3卷,第43—600页)。

的那样，监察资源的增加与较低的事故发生率相关。①

尽管格雷布纳(1976)对矿井安全的大量研究显示，许多矿井安全监察员都真诚拥护矿井安全规制，但矿井管理层和监察机构之间的旋转门依然令人担忧。一方面，由于在监察体系内部很少有晋升机会，一些州的矿井安全监察员便接受煤矿公司的报酬高 50%—100% 的职位。另一方面，对于矿井所有者在经营矿井中所遇到的问题，许多州的安全监察员总是抱有同情之心，因为在担任安全监察员之前，他们都曾担任过采矿经理或监管者。1908 年，当煤矿经营者“策划”推举约翰·莱恩(John Laing)担任西弗吉尼亚州的矿井首席安全监察官时，工会领导人非常气愤，因为莱恩本人就是几处矿业财产的所有者。卸任后，莱恩又摇身成为卡纳瓦县煤矿经营者协会(Kanawha County Coal Operator's Association)的领导人。②

矿井所有者毫不掩饰地向安全监察员施加压力。1908 年，西弗吉尼亚州的一位安全监察员陈述说：“有些煤矿经营者，巴巴地想拉拢离职的地区安全监察员，却不愿意遵从采矿法规，或只是选择性地执行某位安全监察员提出的建议。”一般来说，在利益集团围绕安全监察员人事任命的纷争中，矿井所有者似乎

① 工厂安全监察支出的效率可能低于矿井安全监察支出的效率。戴维·巴法姆(David Buffum，1992)和詹姆斯·切柳斯(James Chelius，1977)在估计州安全监察预算对工业重大事故的影响时发现，安全监察预算的增加并没有显著降低事故风险。

② 参阅格雷布纳(Graebner，1976，第 90—91 页)和科尔宾(Corbin，1981，第 17 页)。

占据着优势，甚至在工会组织程度较高的州中也不例外。在伊利诺伊州，尽管美国矿工联合会实力很强，而且监察机构的职员们也享有些许激进的声誉，但一个失望的矿工依然如是说：“在这个州中，没有一个安全监察员能够挣脱煤矿经营者的影响而保住饭碗。”(Graebner，1976，第 91 页)

大多数采矿法都含有对违法者处以罚金和可能判处监禁的有关规定，但是，安全监察员不能单独执行这些规定。相反，他们只能把他们的发现反映给州或地方政府的安全监察官，由后者决定是否把违法者送上法庭。最后由法庭来裁定是否存在违法，并确定罚金的多少。[①] 1904 年以前，在宾夕法尼亚州、俄亥俄州和西弗吉尼亚州，几乎找不到雇主因违反采矿法而遭到起诉的诉讼案例。此后，诉讼数量在 1910 年达到最高的 395 起，1911 年达到 312 起(而相比之下，全国约有 3200 座矿井和 25 万名矿工)，1912 年后逐渐减少到 0 起。而几乎所有的这类起诉都是针对矿工而不是监管者或矿井所有者。1910 年，在西弗吉尼亚州的 163 起诉讼中，针对矿工的占到 159 起。1908—1911 年间，宾夕法尼亚州的 489 起诉讼中，有 392 起直接针对 312
矿工，只有 27 起针对监管者，另有 70 起针对工长和防火监护员(Graebner，1976，第 97—100 页)。此外，支付罚金的可能性甚至更低。1911 年，在俄亥俄州，根据新采矿法收缴的罚金总额

① 在少数州中，煤矿安全监察员有权关闭他认为不安全的矿井，但即便如此，安全监察员也必须获得专门法庭的指令(Graebner，1976，第 97—100 页)。

只有400美元，而据说这还是一部罚款条款非常严厉的法律。

诉讼少的一个原因可能是因为法庭的强硬态度。格雷布纳(Graebner，1976，第99页)描述说，一旦煤矿安全监察员关闭矿井——尽管他们很少这样做——他们"获得当地法庭的多大援助，就要遭受当地法庭的多大反对"：

> 更甚者，西弗吉尼亚州的安全监察员显然停止了对经营者和经理人员的起诉，因为事情已经明摆着了，他们不可能被判有罪……一位地区安全监察员报告说，工人"已经对当地法庭彻底失去了信心……[并]深信，就采矿法执行而言，公正是不可能的"。

第五节 制造业中雇主对立法和执法的影响

早期的制造业规制，在企业规模较大的州首先出台，这既与改革假说相一致，也与抬高竞争对手成本假说相一致。由于有关安全监察资源和制造业安全规制的具体覆盖范围的完整数据至今无法获得，因此不能像煤矿业那样对制造业进行检验。然而，定性证据表明，至少在一些州中，制造业主也像煤矿主那样，对所出台的各项法规施加了影响。规制执行所存在的问题也同样出现在制造业中。

1903年华盛顿州工厂安全立法的出台过程提供了制造业雇主如何影响安全法起草的一个例证。在涉及"恪尽职责"和

“自担风险”问题的过失案例中,安全规制往往成为问题的焦点。雇主若违反了安全规制,固然可以减轻工人举证雇主过失的负担,但若违法证据不足,就不能进行终审判决。而如果工人违反了对其行为的有关规制,则雇主更有能力提出自我过失抗辩。

作为对一系列与过失责任制度相关的法庭判决的回应,华盛顿州的雇主迫切要求进行工厂安全规制。自担风险抗辩的特点总是刺激着工人和改革者的神经。在许多情况下,工人虽报告了设施失灵或缺乏保护措施,从而增大了受伤害风险,但却被告知继续工作,随后就受到了伤害。在这种情况下,他们的赔偿要求会遭到拒绝,而理由就是:他们事先已经了解当前环境中存在较高危险,而在这种风险下继续工作就表明他们甘愿承担这种风险。在《格林诉西部美洲公司》(1902)中,华盛顿州最高法 313
庭取消了这类情形下的自担风险抗辩。出于对自担风险抗辩可能被完全取消的担忧,雇主们积极促成了1903年《华盛顿州工厂监察法》的通过。依据这部新法,雇主只有在违反监察法的情况下才被认为对事故负有过失责任。不过,该法同时还提出了认证雇主工作场所“安全”的规定。当时,涉及矿井的几起案件由于已获安全认证,许多地方法庭援引自担风险抗辩,驳回了受害工人的诉讼。华盛顿州最高法庭对此持不同意见,重申若机器设备缺乏安全措施,无论矿井是否经过安全认证,均属过失。1905年,雇主依靠议会,成功地修改了《监察法》的用语,从而他们只需提供“合理的”安全措施(与“恰当的”不同)。用语上的这种变化在一段时间里起过作用,但最终被证明对雇主的帮助寥寥无几,因为最高法庭最后取消了自担风险抗辩,认为机器缺乏必要的安全措施本身就是引发事故的原因(Tripp,1976,第535页)。

与煤矿安全监察员相比,对工厂安全监察员来说,监察资源不足可能是一个更严重的问题。由于工厂的数量远多于矿井的数量,布兰代斯(Brandeis,1935,第632—633页)注意到,工厂安全监察员通常只是在接到投诉时才进行调查。工厂安全监察员很少能够做到常规检查和大样本的随机抽查。执法所存在的问题导致了诸如1911年纽约州三角衬衫厂耸人听闻的火灾事故,146名服装工人葬身火海。① 火灾发生当天,有许多工人报告说,通往楼梯的大门被锁,这违反了工厂安全法规。

就在火灾发生前不久,州劳工局的一位安全监察员报告说,工厂安全出口不够(Stein,1962,第181—189页),但在那时,安全出口的管辖权限尚未明确界定。虽然工厂监察法赋予了安全监察员要求工厂保障安全出口的权力,但是,工厂安全监察员宣称,法庭已裁定安全出口不属劳工局的权限范围。房屋安全归纽约市房屋监管人负责,劳工局的安全监察员已经向其递交相关报告。火灾发生的阿施大厦(Asch Building)在1900年设计时,建筑安全监察员曾同意建筑师放弃修建一条应有的楼梯,因为他们承诺所设计的安全出口可以起到第三条楼梯的作用,任何时候都能直通地面。但当大厦落成时,上述承诺并没有兑现,
314 安全出口只能通到大楼第二层。在1911年问题被挑出来的时候,建筑局官员们为自身辩护说,他们缺乏足够的监察资源。该

① 这些叙述主要基于斯泰因(Stein,1962)和迈克沃伊(McEvoy,1995)的论文。

局只有 47 名安全监察员，却要检查 5 万栋建筑。他们由此辩解道："我们无从了解旧建筑中的安全违法情况，除非它们特别地引起了我们的注意。"就在同一年，在消防局备案存在安全隐患的建筑物有 13 000 栋，但只检查了 2 051 栋。建筑安全监察员辩解说，即使他们发现违规情况，他们在惩治违规者上仍面临着巨大障碍。"我们的任何裁定都必须通过民事法庭才能执行。任何一项行动，总不可避免地陷入一场无休止的争论。从以往的纪录看，赢家通常都是业主。"此外，他们不愿意提出整改要求，因为"要求房主改造房屋，工作相当难做。在安全出口问题上，情况尤其如此"。①

三角衬衫厂火灾发生后，州劳工局遭到了彻底整顿，纽约州出台了一系列有关防火的新条例。1911—1915 年，纽约州对劳工问题的拨款增长了 3 倍，1915 年超过了 100 万美元，不过，这也与劳工局在其他领域中职责的扩张和工人赔偿制度的发展相吻合。尽管纽约州的这段时期被称为劳工规制的黄金时期，但是制造业工人的人均安全监察预算依然低于大部分煤矿开采州中的矿工人均安全监察预算。② 并且，预算的增加仍没能解决执行问题。1916 年 2 月《纽约时报》的一篇评论称，在 3 711 起工厂违反新楼梯规制法规的事件中，"只有 246 个业主照法律规

---

① 引自斯泰因(Stein,1962,第 116 页)。

② 纽约州新拨付的百万美元预算平均到每个制造业工人只有 69 美分。用于安全监察的预算大概不超过一半。这样，在 1914 年，平均到每个制造业工人的安全监察预算约为 35 美分，转换为 1967 年美元便是 1.16 美元，低于表 9.1 中许多州 1902 年煤矿安全监察的预算。

定做了,只有两起启动了讼诉!"(The Industrial Commission,《纽约时报》,1916年2月23日,第12版)①

第六节 结论

大雇主阻挠了工作场所安全改革吗?尽管我几乎没有发现什么与贿赂或其他违法腐败有关的案例卷宗,但是却有相当多的证据表明,大雇主的许多行为符合导言中对阻挠的宽泛定义。对各州工厂平均规模与规制关系的定量分析和分析性叙述都表
315 明,大雇主的影响不能一概而论,我们必须区别对采煤业和制造业的阐释。在采煤业中,大矿主采取防御性策略,限制了采矿规制的范围,降低了矿工人均监察资源。而制造业中,大雇主则与安全规制和工人赔偿制度的较早出台相关。

问题在于,为什么在采煤业中大矿主采取了防御性策略,而在制造业中却很少这样做。我认为这里有两个关键因素,一是煤矿规制仅聚焦于一个行业,二是矿井中不使用妇女劳动力。煤矿规制仅针对一个特定行业,而制造业规制和工人赔偿制度则往往涉及多个行业。相对于大部分行业,采煤业中的劳动关系往往更难以驾驭,工会提出的改革建议经常遭到雇主反对。针对那些不利于自己的法律,大矿主因利害关系可以明确界定,所以更容易组织起来加以反对。事实上,大矿主已经组织起了

① 安全监察不足的问题至今仍存在,不过,一旦发现这类问题,处罚要严厉得多。参阅迈克沃伊(McEvoy 1995,第648—650页)。

煤矿协会来应对劳动关系问题和特属于该行业的其他问题。由于矿井通常处于较封闭的区域，而矿主在当地拥有较大的政治影响力，因而他们很有可能对法庭执法施加较大影响（Fishback，1992，1995）。而相比之下，制造业安全规制涵盖的行业范围比较宽泛，因而规制对许多特定行业可能只有很小的约束力。因此，那些对反对规制有利益诉求的大雇主发现，要将不同行业的雇主们组织起来进行斗争，相比于采煤业的雇主要困难得多。

解释策略差异的另一个关键因素是工人的性别。煤矿不雇用妇女。改革者发现，在所有类型的保护性劳动立法中，凡涉及妇女和儿童的更容易通过，而雇主们也发现，阻挠此类立法的难度更大。许多制造业的安全规制主要是用来改善纺织和其他行业中妇女和儿童的安全和工作条件。这样一来，那些不雇用妇女和儿童的大雇主发现，联合改革者来推动安全规制立法于己有利，因为它可以抬高那些仍依赖妇女和儿童劳动力的雇主们的成本。同样，对妇女和儿童的保护很可能对工人赔偿制度的出台也发挥了重要作用。工人赔偿制度之所以获得了如此广泛的支持，部分原因在于它能够确保当家庭主要劳力受伤或死亡时，妇女和儿童获得的赔偿比例由过失责任制度下的不足50%提高到了100%。这一变化恰好与进步时代向寡妇和儿童提供福利的母亲补贴计划相吻合。

参考文献 316

Aldrich, Mark. 1997. *Safety first: Technology, labor, and business in the building of American work safety, 1870—1939*. Baltimore: Johns

Hopkins University Press.

Asher, Robert. 1969. Business and workers' welfare in the Progressive Era: Workmen's compensation reform in Massachusetts, 1880—1911. *Business History Review* 43 (Winter): 452—475.

Bartel, Ann P., and Lacy Glenn Thomas. 1985. Direct and indirect effects of regulation: A new look at OSHA's impact. *Journal of Law and Economics* 28(April): 1—25.

Becker, Gary S. 1983. A theory of competition among pressure groups for political influence. *Quarterly Journal of Economics* 98(August): 371—400.

Brandeis, Elizabeth. 1935. Labor legislation. In *History of labor in the United States*, vol. III, ed. John R. Commons and associates, 399—697. Repr. New York: Augustus Kelley Publishers, 1966.

Brandes, Stuart D. 1970. *American welfare capitalism, 1880—1940*. Chicago: University of Chicago Press.

Buchanan, James, Robert Tollison, and Gordon Tullock. 1980. *Toward a theory of the rent seeking society*. College Station: Texas A&M University Press.

Buffum, David. 1992. Workmen's compensation: Passage and impact. PhD diss., University of Pennsylvania.

Chelius, James R. 1977. *Workplace safety and health: The role of workers' compensation*. Washington, DC: American Enterprise Institute.

Clark, Frederick C. 1891. State railroad commissions and how they may be made effective. *Publications of the American Economic Association* 6 (6): 11—110.

Corbin, David Alan. 1981. *Life, work, and rebellion in the coal fields: The southern West Virginia Miners, 1880—1922*. Urbana: University of Illinois Press.

Fishback. Price V. 1986. Workplace safety during the Progressive Era:

Fatal accidents in bituminous coal mining, 1912—1923. *Explorations in Economic History* 23 (July): 269—298.

——. 1992. *Soft coal, hard choices: The economic welfare of bituminous coal miners, 1890 to 1930*. New York: Oxford University Press.

——. 1995. An alternative view of violence in labor disputes in the early 1900s: The bituminous coal industry, 1900—1930. *Labor History* 36 (Summer): 426—456.

Fishback, Price V., and Shawn Everett Kantor. 1995. Did workers gain from the passage of workers' compensation laws? *Quarterly Journal of Economics* 110(August): 713—742.

——. 1998. The adoption of workers' compensation in the United States, 1890—1930. *Journal of Law and Economics* 41(October): 305—342.

——. 2000. *A prelude to the welfare state: The origins of workers' compensation*. Chicago: University of Chicago Press.

Friedman, Lawrence. 1985. *A history of American law*. 2nd ed. New York: Simon and Schuster.

Friedman, Lawrence, and Jack Ladinsky. 1967. Social change and the law of industrial accidents. *Columbia Law Review* 67 (January): 50—82.

Glaeser, Edward L., and Andrei Shleifer. 2003. The rise of the regulatory state. *Journal of Economic Literature* 41(June): 401—425.

Graebner, William. 1976. *Coal-mining safety in the Progressive Era*. Lexington: University of Kentucky Press.

Holmes, Rebecca. 2003. The impact of state labor regulations on manufacturing input demand during the Progressive Era. PhD diss., University of Arizona.

Jacoby, Sanford. 1997. *Modern manors: Welfare capitalism since the New Deal*. Princeton, NJ: Princeton University Press.

Kim, Seung-Wook, and Price V. Fishback. 1993. Institutional change, 317
compensating differentials and accident risk in American railroading, 1892—1945. *Journal of Economic History* 53 (December): 796—823.

Kolko, Gabriel. 1963. *The triumph of conservatism: A reinterpretation of American history, 1900—1916*. New York: Free Press of Glencoe.

Kolko, Gabriel. 1965. *Railroads and regulation, 1877—1916*. New York: W. W. Norton.

Landes, William M., and Richard A. Posner. 1987. *The economic structure of tort law*. Cambridge, MA: Harvard University Press.

Lubove, Roy. 1967. Workmen's compensation and the prerogatives of voluntarism. *Labor History* 8 (Fall): 254—227.

McEvoy, Arthur. 1995. The Triangle Shirtwaist fire of 1911: Social change, industrial accidents, and the evolution of common-sense causality. *Law and Social Inquiry* 20(Spring): 621—651.

Moss, David. 1996. *Socializing security: Progressive-Era economists and the origins of American social policy*. Cambrige, MA: Harvard University Press.

Mulligan, Casey B., and Andrei Shleifer. 2004. Population and regulation. NBER Working Paper no. 10234. Cambridge, MA: National Burcau of Economic Research, January.

Pelzman, Samuel. 1976. Toward a more general theory of regulation. *Journal of Law and Economics* 19(August): 211—248.

Polinsky, A. Mitchell, and Steven Shavell. 2000. The economic theory of public enforcement of law. *Journal of Economic Literature* 38(March): 45—76.

Poole, Keith T., and Howard Rosenthal. 1993. The enduring battle for economic regulation: The Interstate Commerce Act revisited. *Journal of Law and Economics* 36(October): 837—860.

Posner, Richard A. 1972. A theory of negligence. *Journal of Legal Studies* 1 (January): 29—96.

Schwartz, Gary T. 1981. Tort law and the economy in nineteenth century America: A reinterpretation. *Yale Law Journal* 90(July): 1717—1775.

Shavell, Steven. 1987. *Economic analysis of accident law*. Cambridge,

MA: Harvard University Press.

Skocpol, Theda. 1992. *Protecting soldiers and mothers: The political origins of social policy in the United States*. Cambridge, MA: Harvard University Press.

Stein, Leon. 1962. *The Triangle fire*. New York: J. B. Lippincott.

Stigler, George. 1971. The theory of economic regulation. *Bell Journal of Economics and Management Science* 2(Spring): 3—21.

Tomlins, Christopher. 1988. A mysterious power: Industrial accidents and the legal construction of employment relations in Massachusetts, 1800—1850. *Law and History Review* 6(Fall): 375—438.

——. 1993. *Law, labor and ideology in the early American republic*. New York: Cambridge University Press.

Tripp, Joseph. 1976. An instance of labor and business cooperation: Workmen's compensation in Washington state, 1911. *Labor History* 17 (Fall): 530—550.

U. S. Bureau of the Census. 1865. *Manufactures of the United States in 1860; compiled from the original returns of the eighth census*. Washington, DC: Government Printing Office.

——. 1872. *Ninth census*. Volume III, *The statistics of the wealth and industry of the United States*. Washington, DC: Government Printing Office.

——. 1886. *Report of the mining industries of the United States*. Washington, DC: Government Printing Office.

——. 1892. *Report on mineral industries in the United States at the eleventh census: 1890*. Washington, DC: Government Printing Office.

——. 1895. *Report on manufacturing industries in the United States at the eleventh census: 1890*. Part I, *Totals for states and industries*. 318
Washington, DC: Government Printing Office.

——. 1902. *Twelfth census of the United States: 1900*. Vol. 7, *Manufactures*. Washington, DC: Government Printing Office.

——. 1905. *Special reports*: *Mines and quarries*, *1902*. Washington, DC: Government Printing Office.

——. 1913. *Thirteenth census of the United States*: *1910*. Vol. 1, *Population*; vol. 4, *Occupations*; vols. 8 and 9, *Manufactures*. Washington, DC: Government Printing Office.

——. 1933. *Fifteenth census of the United States*: *1930*. Vols. 1 and 3, *Manufactures*. Washington, DC: Government Printing Office.

——. 1975. *Historical statistics of the United States*, *1790—1970*. Washington, DC: Government Printing Office.

U. S. Bureau of Labor Statistics. 1914. Labor laws of the United States, with decisions of courts relating thereto. 2 parts. *Bulletin of the United States Bureau of Labor Statistics* no. 148. Washington, DC: Government Printing Office.

——. 1925. Labor laws of the United States, with decisions of courts relating thereto. *Bulletin of the United States Bureau of Labor Statistics no*. 370. Washington, DC: Government Printing Office.

U. S. Bureau of Mines. Various years. *Mineral resources of the United States*: *Nonmetals*. Washington, DC: Government Printing Office.

U. S. Coal Commission. 1925. *Report*, *part III*. Washington, DC: Government Printing Office.

U. S. Commissioner of Labor. 1892. *Labor laws of the various states and territories and the District of Columbia*, *second special report of the U. S. commissioner of labor*. House of Representatives Report no. 1960. 52nd Cong., 1st sess. Washington, DC: Government Printing Office.

——. 1896. *Labor laws of the United States*, *second special report of the commissioner of labor*. Washington, DC: Government Printing Office.

——. 1904. *Labor laws of the United States with decisions of courts relating thereto*, *tenth special report of the commissioner of labor*. Washington, DC: Government Printing Office.

——. 1908. *Labor laws of the United States with decisions of courts relating thereto, 1907, twenty-second annual report of the commissioner of labor*. Washington, DC: Government Printing Office.

U. S. Geological Survey. Various years. *Mineral resources of the United States: Nonmetals*. Washington, DC: Government Printing Office.

Weeks, Jos. D. 1886. Report on trade societies in the United States. *Report on the statistics of wages in manufacturing industries with supplementary reports on the average retails prices of necessaries of life and on trade societies, and strikes and lockouts*. Washington, DC: Government Printing Office.

Weinstein, James. 1967. Big business and the origins of workmens' compensation. *Labor History* 8(Spring): 156—174.

Wiebe, Robert. 1962. *Businessmen and reform: A study of the progressive movement*. Cambridge, MA: Harvard University Press.

319 # 第十章 进步时代改革的决定因素

——1906年《洁净食品药品法》

马克·T.劳*(Marc T. Law)
加里·利贝卡普 (Gary D. Libecap)

第一节 导言

19世纪末20世纪初见证了美国作为一个规制国家的诞生。进步时代,联邦政府在银行、保险、运输、竞争和州际食品药品贸易上的权力大大扩展了。事实上,正是在这一时期,联邦政府开始取代州和地方政府,成为经济规制的主体。政府规制不仅变得更加联邦化,而且介入程度更深。问题是为什么会发生

---

* 马克·T.劳是佛蒙特大学经济学助理教授。加里·D.利贝卡普是图森市的亚利桑那大学安豪泽·布施讲座教授(Aheuser Busch Professor)、经济学和法学教授,美国经济研究局的研究员。

感谢丹·卡彭特(Dan Carpenter)、爱德华·格莱泽、克劳迪娅·戈尔丁和美国经济研究局"改革与腐败"研讨会的与会者,他们提出了十分有益的评论。托马斯·努南迈克尔(Tomas Nonenmacher)和李·奥尔顿慷慨地提供了改革利益集团方面的资料。

这种变化？

一般地说，对联邦规制的出现有三种观点。[1] 第一种观点是**公共利益**观点，认为联邦规制的出现是为了解决州和地方政府无法解决的市场失灵，进步时代热衷于改善消费者福利的改革者们，就是基于这种观点来为联邦规制游说的。这种观点得到了大量历史文献资料的支持，但它却不能解释为什么在对消费者福利进行保护时，所需要的是规制而不是法院制度(Glaeser and Schleifer,2003)。第二种观点认为实施规制是为了赋予商业集团一种竞争优势。这种**规制俘获**的观点乍看起来很有吸引力，但它无法解释规制为什么在当时会受到那么广泛 320
的支持。第三种观点强调**揭黑报纸(*muckraking press*)和企业家型官僚(*entrepreneurial bureaucrats*)**在推动公众支持规制方面所起的作用。不过，它并没有揭示出这些利益集团影响规制实施的确切机制。第一种观点强调规制增进效率的作用，但后两种观点却表明，规制对消费者福利的影响可能并不确定。

本章将从联邦食品药品立法这一视角，检视以上三种观点对于进步时代引入规制的解释。1906 年，联邦政府颁布了《洁净食品药品法》，这部法律首次授予规制者规制食品药品州际贸易的空前权力。我们要考察的核心问题是食品药品法的立法时机和所获得的支持的性质。我们还要探讨这部法律的早期执行情况及其对消费者福利的影响。这部法律的通过

---

① 相关综述参见莱文和弗伦斯(Levine and Forrence,1990)。

在很大程度上揭示了整个进步时代的发展脉络以及食品药品管理局的设立①。

我们发现,以上三种有关规制的观点都可以在某些方面解释《洁净食品药品法》的通过,生产者、消费者和官僚利益集团都基于自身利益对这部法律施加影响,而揭黑报纸则对这部法律通过的时机产生了影响。有关规制的立法史研究和统计分析都强调以下三种愿望:各个生产者集团希望竞争性市场偏向自己,联邦官僚希望扩大自己的规制权力,进步改革派利益集团希望确保消费者在购买食品药品时不受质量蒙骗。即便如此,19 世纪 90 年代和 20 世纪初,有关洁净食品药品的几个法案虽几经讨论,但无一获得通过。这些相互竞争的集团之间的冲突,导致无法在这部法律上结成政治联盟。然而,1905—1906 年,厄普顿·辛克莱(Upton Sinclair)《丛林》(*The Jungle*)一书的出版,加之主流杂志和报纸刊发了耸人听闻的揭黑文章,激发了公众对食品药品规制的支持,随之促进了有利于该法获得最终通过的有效联盟的形成。

我们还发现,由于立法背后的利益集团无法完全左右执法机构和法律赖以执行的法治环境,这些集团最终没能从规制中获得最初所预期的收益。因此,虽然以上三种规制观点共同为规制之所以在当时出台提供了一种解释,但它们并不能对这一

① 直到 20 世纪 20 年代末,今天称之为食品药品管理局的这一组织还是联邦农业部内设的化学局。1927 年,化学局中履行规制职能的部门更名为食品、药品和杀虫剂管理局。1930 年,名称缩减为食品药品管理局。

政策的最终效果提供完整说明。因而,需要一个更加折中的思路,把利益集团影响制度环境的能力考虑在内,以充分理解进步 321
时代规制的前因后果。

第二节　市场变革和分析改革的概念框架

19世纪末20世纪初,食品药品市场的发展呈现出三大特点。一是新的、廉价的食品药品进入市场,对原有产品的市场统治地位构成威胁。竞争的变化引发了竞争性企业间的贸易战。二是科技进步提高了许多产品的复杂性。这就为一些企业提供了可乘之机,使它们可以以消费者不易识别的方式,通过改动产品或掺假等欺骗手段来削减成本。产品质量的不确定性反过来又将消费者置于质量欺骗甚至中毒的危险之中。三是全国性市场的形成对消费者、生产者和政府机构产生了影响。消费者越来越多地购买其他州生产的食品和药品,这些食品药品常常超出了地方或州法院和规制机构的管辖范围。在产品质量纠纷中,单个州的规制和侵权诉讼已不能有效地解决问题。同时,企业一旦要面向全国市场生产,就会面临不同甚至经常是相互冲突的规制环境,这就给遵守规制和产品标准带来困难。因此,不断增长的州际贸易和社会对产品安全的普遍关注,就为联邦规制者扩张权力创造了新的机会。相反,州规制官员常常嫉妒联邦规制官员的特权,并对联邦权力的任何扩张持怀疑态度。总之,食品药品市场的发展意味着,进步时代对联邦规制的需求可能有三个来源,下面逐一描述。

一、作为解决市场失灵手段的规制

产品成分和质量方面的信息不对称引发人们对许多食品药品市场中“蹩脚货”问题的担忧（Akerlof，1970）。由于消费者难以识别花样翻新的食品药品掺假方式，因此，市场并不总是能够保证所提供的食品药品的质量（Darby and Karni，1973；McCluskey，2000）。因此，由那些在鉴别食品药品质量方面具有相对优势的技术专家来负责产品质量规制，就能够发挥富有成效的作用。由于事关全国性市场，联邦政治家通过实施联邦规制法，不仅可以提高消费者福利，而且还可以争取选票。根据这种
322 观点，由于存在需要校正的市场失灵，而《洁净食品药品法》及其规制机构就是解决这一问题的一种手段，规制是由消费者驱动的，旨在解决现实经济问题。

二、规制俘获型的寻租

另一种观点基于科尔克（Kolko，1963）、施蒂格勒（Stigler，1971）和佩尔兹曼（Peltzman，1976）的研究，强调规制在促进特定生产者利益方面所起的作用，而不是规制所带来的效率提高。企业之所以俘获规制过程，目的是为了通过进入限制和其他生产限制来提高竞争对手的成本（Wood，1986）。规制行为可以使这样一些企业受益，这些企业力图削弱竞争对手从采用新生产技术中所获得的优势。政治家也会对此作出反应，因为企业集团会以选票和竞选捐款作为回报。在州层面上，某些法律的设计在战略上是从有利于地方和本地区生产者的角度来考虑的，因为这些生产者面临新的州际竞争压力。相反，全国性的生产者和利益集团则寻求联邦立法以建立统一的规制标准，阻止更

加激进的州规制，并使其他生产者处于劣势地位。如果规制是有效的，那么，获得成功的生产者集团就能通过提高价格和降低产量来获取垄断租金。因此，根据这种观点，规制立法的主要支持者是那些力求获得相对于其竞争对手的竞争优势的产业集团。《洁净食品药品法》是企业利益集团俘获政府的一个例证，而化学局和食品药品管理局就是被俘获的机构。这种由企业所获得的分配性收益不会给消费者带来丝毫好处。实际上，由于限制了市场准入，这部法律已经伤害到了消费者。

三、企业家型联邦官僚和报纸的寻租

最后一种可能的解释强调力图扩大管理权限和机构预算的企业家型联邦官员(Niskanen，1971)和力图兜售报纸、杂志和书籍的揭黑记者所扮演的角色。这两个团体形成了支持规制的天然联盟，因为报纸可以宣扬联邦规制者对食品药品安全"发自内心"而又有科学依据的担忧。揭黑出版物通过讲述消费者被骗甚至中毒的可怕故事来激发公众对于规制的支持。而且，耸人听闻的揭黑文章能够吸引读者的眼球。上述论点能够让人信服，因为消费者并不完全了解新的生产技术和产品，产品质量和它对健康的影响也不易进行评估。如果依据消费者和选民的有限信息来实施规制，那么，这种规制给消费者带来的福利就会很少，甚至不能带来任何福利。因此，根据这一观点，消费者受到了无孔不入的媒体和联邦官僚的操纵，它们利用了消费者对新 323
产品成分和工艺的无知。《洁净食品药品法》的颁布，与其说是对现实经济问题的一种回应，不如说是对消费者不断加深的担忧的一种回应，而新出现的、富有效率的、善于鼓动人心的媒体

助长了这种担忧。可见，这部法律的主要支持者是消费者集团、揭黑报纸和联邦官员。

为了弄清上述三种观点对联邦政府实施规制的解释，接下来考察一下19世纪末的食品药品市场和联邦食品药品规制的立法史。

第三节 市场变革和联邦规制立法史

政府规制可能拥有目标各异的多方支持者。潜在地卷入到食品药品规制的关键群体包括抱有意识形态动机的进步时代改革者、州规制者、联邦规制者、生产“老”产品的现有企业、生产“新”产品的新企业、揭黑报纸和消费者。对于产品质量的联邦规制，这些群体所抱有的动机彼此冲突。这些差异既在政治上影响选民，也影响到围绕洁净食品药品法草案所产生的冲突的性质。

一、市场变化和生产者游说规制的动机

市场的不断扩张和食品加工技术的进步带来了新的产品。这些新产品不仅可以更好地满足市场不同群体的需要，而且比老企业生产的产品便宜。因此，老企业便有了组织起来争取政府支持以阻止或限制新产品扩散的动机。

看一下以下产品及其对市场的影响吧。人造黄油，第一个被认可的黄油替代品，19世纪70年代初被引入美国市场。它由法国化学家梅杰—芒烈斯(Mège-Mouries)于1869年发明，由于比黄油便宜得多，便很快在工人阶级家庭中流行开来

(Dupré,1999)。同样,运输成本的不断下降和冷藏车的发展,使得大型牲畜屠宰加工厂可以设在洛杉矶、圣路易斯和其他中西部城市,以集中屠宰肉牛,再将精制牛肉(所谓的"加工牛肉")运送到东部市场。到19世纪80年代,销往纽约、波士顿和其他东海岸城市的加工牛肉已与当地屠宰的牛肉销量相当(Yeager,1981;Libecap,1992)。化学的进步诞生了一种新型发酵粉,即明矾发酵粉,这种发酵粉要比传统的酒石发酵粉便宜。此外,罐头生产和保鲜技术的改进也使水果、蔬菜、肉类和海鲜在生产与消费之间的时空距离的扩大成为可能。 324

以上这些技术进步所带来的一个后果就是,食品贸易中相互竞争的集团之间的冲突越来越普遍。由于受到日益流行的人造黄油的威胁,乳品生产者诋毁人造黄油是"油乎乎的假东西",更有甚者,乳品生产者还试图寻求州和联邦层面的规制,以遏制人造黄油贸易的增长。当地的屠宰户连同愤愤不满的牧场主齐声指责加工牛肉不安全,并游说进行肉类检测和反垄断,试图置芝加哥大型屠宰场于不利地位。而在酒石发酵粉与明矾发酵粉两个利益集团之间,则展开了一场旷日持久的较量,双方相互指责对方的产品有害于健康,并试图促成不利于对方产品的规制。类似的冲突同样发生在"纯"威士忌生产者和"混合"威士忌生产者之间,他们彼此宣称对方的产品不纯净,对消费者不安全。显而易见,更新、更便宜的替代产品的出现无疑刺激了某些生产者集团对规制的需求,他们企图用规制来转移市场对竞争品的需求(Wood,1986,第152—180页)。

一些食品行业规制法确实与工业集团削弱竞争对手的努力

存在密切关系。例如,一些州政府制定的规制措施要求人造黄油使用与黄油不同的颜色,禁止在公寓、监狱和餐馆使用人造黄油,严格控制甚至禁止人造黄油销售,这些规制措施主要对奶农有利。此外,国会1886年制定的人造黄油税要求人造黄油生产者必须用不同方式对其产品进行标识,对每磅人造黄油征收0.02美元的国内收入税,并对人造黄油生产者、批发商和零售商每年分别征收600美元、480美元和48美元的费用(U.S. Senate,1900—1901;Lee,1973;Dupré,1999)。

同样,1891年的《肉类检测法》的颁布,在一定程度上是为了满足东部市场上牧场主和当地屠户联盟的要求,他们希望规制能够阻止加工肉类贸易的增长,削弱芝加哥大型加工厂的优势。不过,这些大型加工厂也支持这部法律,因为该法规定对用于州际和对外贸易的肉牛和生猪进行检测,这有利于它们开拓外部市场(Libecap,1992)。

二、市场变化和消费者寻求规制保护的动机

消费者同样有理由担忧食品药品市场的变化。随着食品生产脱离家庭而进入非人格化的市场,以及制造和加工工艺的进
325 步,食品变得更加复杂,普通消费者越来越难以分辨产品质量和成分。化学家、家政学者、公共卫生官员和其他热心于改革的人对食品质量,尤其是食品成分,以及含有化学物质、防腐剂和其他合成物的食品的营养价值,开始表示担忧。这些团体通过强调潜在问题和呼吁政府发挥更加积极的作用来表达对消费者福利的担忧。

例如,越来越多的文献谈到了生产者和分销商如何为了把

廉价货卖上好价钱而在食品中“掺假”(如通过添加杂质来降低成本),以及食品掺假对健康和寿命的影响。“我们购买一切,却对这些东西的生产过程全然无知,也根本无从事先了解它们的质量到底怎么样,”家政经济学的领军人物之一埃伦·理查兹(Ellen Richards)在 1885 年出版的《食品原料与食品掺假》(*Food Materials and Their Adulteration*)一书中这样写道,“相对于我们的祖辈,我们对日常用品的知识处于一种原始的无知状态”(引自 Strasser,1989,第 255 页)。这种食品成分上的信息不对称使人们认识到,在许多食品药品市场上存在“蹩脚货”问题。

上述问题引起了州和联邦机构的关注,州和联邦政府的公共卫生和农业部门聘请的分析化学家的研究表明,食物掺假广泛存在。《1902 年参议院报告》显示,食品掺假相当普遍,这是对 20 年来几项掺假案例进行研究所得出的结论(U. S. Senate,1902)。大量独立研究发现,牛奶被掺水,或未经任何提示即被脱脂。另外一些研究发现了通过添加人造黄油来降低黄油价格的行为。猪油中常常添加了棉花籽油,却被当作“纯板油”出售。罐头和加工食品中常常添加淀粉糖浆和化学防腐剂,而产品标签上却没有任何说明。美国公共卫生部所聘请的化学家 J. P. 巴特塞尔(J. P. Battershall)在 1887 年出版的《食品掺假及其检测》一书中记载了许多上述掺假行为。

规制支持者还提出食品掺假存在健康风险,但可获得的证据大多不可靠,这或许是因为,即使是著名医生和公共卫生官员,当时对人类营养要素的认识也还处于非常初级的阶段。19

世纪 90 年代末到 20 世纪初,在国会举行的食品掺假听证会上,医生和科学家们对诸如硼砂和水杨酸防腐剂的营养价值、明矾
326 发酵粉相对于酒石发酵粉对人类消化的影响,以及与食用葡萄糖等人造甜味剂相关的健康风险等问题,存在意见分歧(U.S. Senate,1899—1900;Young,1989,第 140—145 页)。

对特定食品有毒并会致人死亡的指控大多得不到证实,因为几乎不存在因食用牛肉制品、罐装水果、蔬菜和肉,或其他人造和加工食品而引起的大面积中毒的证据。[①] 政府官员卷入了大量科学争论,争论的焦点集中在食品消费对消化和营养的更微妙影响上。

声誉机制可能是减少消费者对食品质量不确定性的一种市场化解决方法。随着罐装食品和加工食品生产者们,如迅捷、纳贝斯克饼干和亨氏食品等,致力于提供高质量的产品,以建立自己的声誉,品牌产品激增(Strasser,1989)。像 A&P 和克罗格这样的食品零售连锁店也在 19 世纪末出现了,这在一定程度上是对消费者要求保障食品质量的反应(Kim,2001)。

不过,一般来说,消费者很难了解自己所吃的食品是否对健康有害,是否添加了化学防腐剂或劣质成分。因此,采用市场办法来解决信息不对称问题,由于它依赖于产品质量的事后检验,可能不足以保证具有"声誉"特征的质量信息的传递(Darby and

---

① 奥姆斯特德和罗德(Olmstead and Rhode, 2004)阐述了牛结核病对人类健康日益严重的直接威胁。联邦规制机构 1913 年开始对此采取应对措施。

Karni,1973;McCluskey,2000)。第49届国会(1885)的一名议员在就纯净食品规制的必要性向众议院发表讲话时就表达了上述观点：

> 在一般情况下，消费者或许可以依靠自己的聪明才智避免上当受骗。只需保持足够的谨慎，就能够免遭缺斤短两的欺骗。即使他没能在检查时看出鞋底像纸糊的，一旦在穿的过程中发现，他仍能够以某种方式惩罚骗人的卖家。*自由放任*作为一般原则是适用的。但在许多食品掺假的情况下，这一原则就不中用了。需要通过科学检测来识别欺诈，而科学检测超出了普通消费者的能力。在这种情况下，政府就应介入。(*Congressional Record*,1885,第5040—5041页)

对食品质量的担忧在支持消费者的人当中产生了对食品规制的需求。进步时代的改革群体——最著名的是诸如妇女俱乐部总联盟(GFWC)和妇女基督徒禁酒联合会(WCTU)等妇女团体，以及家政经济学运动的领导者和公共卫生官员，游说要求进行规制，以禁止掺假食品和冒牌食品的销售。 327

因此，进步时代实施的一些食品规制似乎带有明显的公众利益动机。特别是19世纪最后20年州政府颁布的普通洁净食品和奶制品法，目的就是提高产品标识的准确性。尽管这些法律的内容和形式在各州有所不同，但总体目标是确保食品中的添加物要在食品标签上明确标出。这样一来，州洁净食品法就有助于解决许多食品市场中的蹩脚货问题。一些消费者和优质产品的生产者从中受益，这些消费者想了解更多的产品质量信息，而优质产品的生产者则感到，规制有助于它们占领市场(Law，2003)。

三、市场变化和政府官员紧抓规制不放的动机

扩大规制的努力为州和联邦官僚机构提供了增加预算、人员和权力的机会。对支持者而言，由“专家”实施规制是有道理的，因为政府机构所聘任的化学家和其他科学家在鉴别食品掺假方面比消费者具有明显的比较优势。的确，19世纪80年代和90年代，大多数州政府都制定了“洁净食品”和“纯净奶制品”法，认定销售掺假食品为非法，授权州洁净食品机构的官员查封掺假和冒牌产品，对违反规制法的生产者和经销商提起诉讼(U.S. Senate，1900—1901)。

不过，到了19世纪90年代，可以明显发现，州政府在系统规制食品标签内容方面并不能做到最好。有三方面的原因。第一，州际食品贸易的扩大使得州政府越来越难以规制州以外生产的食品，甚至越来越难以执行自己的洁净食品法。尽管州政府有权规制州内生产和销售的商品，但无权规制其他州生产的商品，也不能控制外州产品在本州的销售。以运输过程中“包装原封不动和不能打开”为由，外州生产者和分销商就可以绕开州洁净食品规制(U.S. Senate，1899—1900，第529—530页)。

第二，许多州的洁净食品法往往并未得到执行。1880—1900年，尽管几乎每个州都颁布了洁净食品法，但只有一半州的法律明确了具体的执行机构(Law，2003)。而其余州颁布洁净食品法，则主要是为了装饰门面，几乎没起任何作用。古德温

(Goodwin,1999,第68—70页)提供的叙述性证据表明,在没有执行机构的州中,执法活动有限,甚至没有。尽管有证据表明,一些州执法不严可能是对特定食品生产者所施加的压力的一种反应,但对食品药品法案国会听证会和当时的其他资料进行仔细分析后,并没有发现与产业利益集团相关的州规制者的"腐败"在破坏州规制努力方面发挥了系统性作用。规制在许多州不严,不是因为生产者有意使然,而是因为州政府规模通常较小且预算有限。所以,许多州的洁净食品规制对于解决食品成分信息不对称问题作用微乎其微。 328

最后,在国会听证会上,从事州际食品贸易的生产者和分销商也抱怨,遵守存在巨大差异的州规制代价太高。生产者和分销商希望有一部统一的联邦洁净食品法,因为他们认为这样一部法律可以降低守法成本,且全国性法律比繁杂的州规制有优先权。例如,芝加哥一家大型批发企业的一位董事说:

> 全国很多州……都通过了洁净食品法,但在(某些种类的)商品销售当中,我发现,由于缺乏一致性,在各州之间运输货物极易出现差错,因为各州的法律彼此不同。在过去的10年中,芝加哥的批发商和生产者就像我们疾呼一部全国性的破产法一样疾呼一部全国性的洁净食品法。这就要求每个州的律师了解所有州的规定,以知晓主流规则是什么。(U. S. Senate,1899—1900,第73页)

然而,随着联邦规制推动力的增强,应该由谁来执行联邦洁净食品法，谁有权制定食品标准，联邦和州两级官员发生了冲突。从1887年起，化学局作为农业部的一个内设机构，开始就美国食品掺假的性质和程度公布了几项引人注目的研究报告。在哈维·威利(Harvey Wiley)博士的领导下，化学局开始树立起它在分析美国食品掺假问题方面的声誉。到19世纪90年代中期，化学局作为负责执行联邦洁净食品药品法的机构的地位开始明朗起来。

由于化学局的联邦官员可以从扩大规制权中获利，因此，他们具有强烈动机来游说实施联邦洁净食品规制。一些州的规制
329 者反对联邦规制，部分原因是联邦规制可能使他们变得多余，另一个原因是，他们不相信联邦规制者(尤其是哈维·威利)能够独立于某些与威利有染的制造业利益集团。另一方面，政府农业化学家协会(AOAC)和其他州的规制者则坚定支持哈维·威利和化学局。因此，官僚利益集团的操纵也是规制改革陷入政治僵局的原因之一(Coppin and High,1999)。

四、政治僵局和揭黑媒体对规制时机的影响

企业、消费者、州政府和联邦政府四大利益集团之间相互冲突的目标导致了政治僵局的出现，它阻碍了联邦政府采取食品药品规制行动。例如，内布拉斯加州参议员帕多克(Paddock)1890年提出了帕多克法案，以保护生产者和消费者免遭食品中的商业欺诈(掺假)，提高美国食品在海外的声誉，从而促进出口。尽管该法案得到了市民、州议会、批发食品店、药品协会、商会和农场组织的广泛支持，但1890年和1891年并没有付诸任何行动。玉米和猪肉生产者是该法案的有力支持者，他们当时

正对添加棉花籽油的假猪油发起一场贸易战，尔后的 1892 年，帕多克法案以更温和的形式再次提交给参议院。该法案获得了参议院通过，但在众议院，棉花籽油的生产者却通过自己的众议院议员成功地阻止了该法案成为法律（Anderson，1958，第 78—80 页；Young，1989，第 97—99 页）。

同样，彼此竞争的发酵粉利益集团阻止了其他联邦洁净食品法案的通过。在这些例子中，酒石发酵粉生产者希望制定的规制条例将明矾发酵粉置于不利的竞争地位。自然，明矾发酵粉生产者希望能够确保规制的实施不要对自己的产品构成歧视。因此，根据安德森（Anderson，1958，第 135 页）的论述，到 1900 年“竟形成如此局面，无论法案如何措词，两大发酵粉生产集团总会有一个站出来表示反对”。

此外，纯威士忌生产者和混合威士忌生产者之间的冲突也是 20 世纪初洁净食品法政治僵局形成的一个因素。肯塔基州、马里兰州、弗吉尼亚州和宾夕法尼亚州生产的纯（蒸馏）威士忌，与伊利诺伊州、印第安纳州和俄亥俄州生产的较便宜的混合（精馏）威士忌相互竞争。当时的在位生产者是纯威士忌利益集团，它将混合威士忌视为不洁净的产品，并谋求规制，将正在迅速获取市场份额的混合威士忌置于不利地位。起草的洁净食品法案规定:（混合威士忌中的）“混合物、合成物、化合物、仿制物和调 330
制物”必须“加贴标识、商标或标签，以显示其特征和成分”。①

① 根据扬（Young，1989，第 167 页）的说法，威利“憎恶”混合威士忌，“与纯威士忌商人结成联盟，策划挫败混合威士忌生产者的计谋”。

由于担心该条款可能迫使混合威士忌生产者披露有价值的商业秘密，全国酒业批发商协会，一个混合威士忌生产者的贸易组织，成功地组织了与这些法案的斗争（Young，1989，第165—168页）。

最后，对是否应该将药品，特别是没列入《美国药典》（USP）和《国家处方集》（NF）的药品纳入洁净食品规制的争论，也促成了在政治上对联邦规制的反对。一些著名的进步改革集团，尤其是妇女基督徒禁酒联合会的妇女，希望对专利药品和专卖药进行规制，因为这些药含有酒精。由美国医学协会（AMA）代表的医学界也希望进行规制，以限制“假”药的使用（Anderson，1958，第169—171页）。美国医学协会的动因部分在于专利药品会给健康带来风险，同时还在于专利药品具有替代医生服务的功能，从而对医生构成竞争威胁。

专利药品同业组织，专利药品协会和其他药品生产者，以及依靠专利药品广告作为收入来源的报纸，开始进行游说，反对将没有列入《美国药典》和《国家处方集》的药品也包括在规制之列。[①] 他们担心联邦政府将开始规制它们产品的疗效说明。根据专利药品协会法律委员会的意见，规制涵盖药物范围过宽“事实上会损害美国专利药品的销售”（引自 Young，1989，第169页）。

如果没有揭黑报纸的兴起——这些报纸富有感染力的报道

---

① 在这个时期，专利药品事实上是报纸和杂志广告收入的最重要来源。参阅扬（Young，1967）。

提高了反对规制的政治成本——那么,这些立法冲突可能会有效地阻止任何联邦法律的通过。的确,揭黑记者使食品和药品掺假问题凸现出来,从而充当了将分散的消费者利益集团凝聚起来的协调工具。

19 世纪末,几个因素促成了揭黑报纸的出现,广泛地讲,这些因素与进步改革的潜流密不可分,具体来讲,则与食品药品规制密切相关。许多进步改革者就是作家和新闻记者,他们相信"笔的力量",笔可以让读者了解社会和经济问题,并说 331
服普通公民相信改革的必要性(Hays,1957)。而且,技术和组织的发展使作家和记者能够影响到比以前更多的读者。高速印刷机的采用和铜版印制技术的完善降低了生产成本,提高了插图的质量。从 19 世纪 80 年代至 19 世纪 90 年代,不断下降的邮政资费降低了向全国配送期刊的成本。全国性消费品市场、期刊杂志发放量和面向全国的广告公司的广告版面等的扩大,使得期刊能以极低的价格卖给消费者(每份售价常低于 10 美分)。诸如《麦克卢尔》(*McClure's*)、《时尚》(*Cosmopolitan*)、《科里尔周刊》(*Colliers Weekly*)、《大家》(*Everybody's*)和《芒西》(*Munsey's*)等期刊的老板很快发现,低成本、高销量、广告密的杂志,与有感染力的记者向读者揭露重要社会和经济问题相结合,构成了一种高盈利的组合(Chalmers,1974;Filler,1976)。这些杂志便聘请了像塞缪尔·霍普金斯·亚当斯(Samuel Hopkins Adams)、雷·斯坦纳德·贝克(Ray Stannard Baker)、亨利·德马雷斯特·劳埃德(Henry Demarest Lloyd)、厄普顿·辛克莱(Upton Sinclair)、林肯·斯蒂芬斯(Lincoln Steffens)、查尔斯·爱德华·拉塞尔(Charles Edward Russell)和艾达·塔贝尔(Ida Tarbell)这样的揭黑记者,撰文揭露无耻的商业行为、城市贫民窟境况和政治腐败。

两起重大揭黑事件对于《洁净食品药品法》的颁布似乎尤为重要(Anderson,1958;Young,1989;Carpenter,2001)。第一个揭黑事件是1906年厄普顿·辛克莱《丛林》一书的出版,该书揭露了芝加哥肉类加工厂肮脏的卫生条件,激起了人们对肉类质量的公愤。[①] 辛克莱的小说先以连载形式刊发在揭黑期刊《呼吁理智》(*Appeal to Reason*)上,它揭露了大型肉类加工厂是如何在产品质量上欺骗消费者的。辛克莱描述了"罐装鸡"根本没有鸡肉,已发酸的肉是如何用苏打擦洗除去酸味的,被欧洲人退货的发霉香肠是如何回到美国市场的,放在屠宰厂地板上的肉是如何变脏的。厄普顿·辛克莱的揭黑文章直接催生了《1906年肉类检测法》的出台,该法大大扩大了美国农业部对肉类屠宰、包装和罐装的检测范围(Young,1989,第221—250页)。

第二个揭黑事件是刊登于《科里尔周刊》上的一系列文章,
332 揭露了专利药品生产者是如何运用自身对媒体的影响力来击败州规制的,更重要的是警告公众使用专利药品的危险。在1905年11月4日题为《专利药品集团共谋对抗新闻自由》(*The Patent Medicine Conspiracy against the Freedom of the Press*)的

① 辛克莱写作《丛林》一书的主要目的是想激起人们对工业中移民工作条件的公愤,而不是揭露肉类加工厂在产品质量上的欺诈行为。参阅扬(Young,1989,第252页)。

一篇文章中，马克·沙利文(Mark Sullivan)揭露了专利药品行业对媒体和州规制这些药品的努力的影响。与此同时，塞缪尔·霍普金斯·亚当斯1905年秋发表的系列文章也对专利药品行业进行了抨击，指出滥用专利药品会带来危险，这类药品中普遍使用了酒精和镇静剂。“容易上当受骗的美国人”，亚当斯写道，“今年将花费7 500万美元购买专利药品。如此大规模的花费，意味着人们吞下了大量的酒精、数量惊人的镇静剂和麻醉剂，以及各种各样的药品，从强效但危险的心脏镇静剂到有损肝脏的兴奋剂，不一而足，药品中的其他成分也远远超标，纯属欺诈”(引自Carpenter，2001，第269页)。

亚当斯揭发专利药品黑幕的文章对推进规制改革起到了非常巨大的作用。亚当斯让公众意识到了专利药品的危险，了解到规制可能带来公共利益，由此强有力地激发了消费者为食品药品规制进行积极地游说。国会被淹没在了来自全国各地的妇女团体和其他消费者团体要求实施专利药品规制的请愿书中。哈维·威利和化学局向那些希望收集更多专利药品危害证据的支持者团体提供了专利药品的化学分析报告。亚当斯的文章重新刊发在《美国医学协会杂志》上，并分发到全国各地的医生手中，医生转而游说国会实施规制(Anderson，1958，第172—180页；Carpenter，2001，第269—270页)。

揭黑记者显然从揭黑所带来的报刊销量增加和声誉提升中受益。不过，由于化学局是将被授权执行联邦食品药品法的机构，所以，在争取对联邦食品药品法的政治支持的过程中，威利比起联邦机构中的其他任何人都要卖力，就不足为奇了。例如，

20 世纪初期，为了研究防腐剂对人类消化的影响，威利在美国农业部雇员（即众所周知的“毒品组”）身上进行了一系列引人注目的试验。威利还经常在妇女俱乐部活动中演讲食品药品的掺假范围及其对人类健康的影响（Carpenter，2001，第 263—266 页）。此外，由于亚当斯要为他在《科里尔周刊》的文章搜集素材，威利和亚当斯之间结成了紧密的关系（Young，1989，第 203 页）。化学局与揭黑媒体之间的这种联盟，对于形成一个有力的政治联盟去推动联邦食品药品法的颁布，起到了至关重要的作用。

333 第四节 进步时代改革理论的计量经济学分析

洁净食品药品法的立法史表明，有关进步时代改革的三种观点都有助于解释联邦食品药品规制的实施。下面，我们对两个关键食品药品法案的国会投票进行计量经济学分析，以便为以上三个假说提供进一步的实证检验。通过对洁净食品法案国会投票与反映不同集团影响的变量之间的相关分析，我们能够说明竞争性利益集团是如何在规制问题上结成联盟的。代表主要生产者利益集团和消费者利益集团的变量对国会投票产生了影响，这一证据支持了规制俘获假说和规制公共利益假说。此外，通过对比 1905 年揭黑事件前后有关食品药品立法的投票情况，我们确定了揭黑媒体及其与官僚的同盟对法律制定产生了影响，这至少部分验证了规制的第三个假说。

不幸的是,1905 年以前国会对各种洁净食品药品法案投票的登记表资料很少。这些法案没有进入投票阶段,即使进行了投票,也没有留下登记表。在 1906 年 2 月 21 日参议院对后来成为《洁净食品药品法》的法案进行投票之前,我们仅能找到一份记录在案的投票登记表:1903 年 3 月 3 日参议院关于是否赞成赫伯恩-汉斯伯纳(Hepburn-Hansborough)法案的投票。赫伯恩-汉斯伯纳法案与 1906 年的法律非常相似,它要求对没列入《美国药典》和《国家处方集》的专利药品进行联邦规制,同时要求食品生产者披露产品成分,特别是混合威士忌生产者和在产品中使用防腐剂的食品生产者。

因此,我们的实证分析检验了与立法利益攸关的不同利益集团对 1903 年 3 月 3 日和 1906 年 2 月 21 日参议院投票的影响。

一、1903 年参议院投票的计量经济学分析

到 1903 年,卷入洁净食品药品规制争论的主要利益集团有:(1)专利药品生产者和有组织的医生,他们因受到专利药品规制的影响而反对或支持《赫伯恩-汉斯伯纳法案》;(2)使用防腐剂和葡萄糖的食品生产者,他们担心规制者会不公正地对待他们的产品;(3)纯威士忌和混合威士忌生产者,二者在洁净食品问题上的立场截然相反;(4)从事州际贸易的大型食品生产企业,它们希望实施联邦规制,以降低遵守规制条例的成本;(5)消费者取向的进步改革集团,他们希望实施规制,以提高产品标识中信息的准确性。我们的回归模型包括了反映这些利益集团在

各州影响力的变量。我们还控制了党派的影响,并包含了一维 D-Nominate 得分,以保持参议员在考察期内理念不变。[①] 表
334 10.1 给出了回归变量的描述性统计分析。

表 10.1 州的描述性统计分析

变量	均值	标准差
因变量		
1903 年投票(赞成=1)	0.32	0.46
1906 年投票(赞成=1)	0.71	0.46
生产者利益集团变量		
人均专利药品产值(美元)	0.67	0.84
1900 年每千人医生数	1.63	0.53
每十万人 NFMA 企业数	0.13	0.22
混合威士忌指数(0,1)	0.07	0.25
纯威士忌指数(0,1)	0.09	0.30
大型食品生产企业指数(0,1)	0.48	0.50
消费者利益集团变量		
每千人 WCTU 人数	0.32	0.20
新教徒指标	0.24	0.13
其他控制变量		
共和党人指数(1903 年)	0.64	0.48
共和党人指数(1905 年)	0.63	0.48

① 一维 D-Nominate 得分(first-dimension D-Nominate scores)广泛用于衡量议员对经济问题的意识形态立场。D-Nominate 得分利用国会投票登记表作为估计议员(意识形态)空间分布的基础。有关如何构造 D-Nominate 得分的更详细讨论,参阅普尔和罗森塔尔(Poole and Rosenthal, 1997)。

（续上表）

一维 D-Nominate 得分(1903 年)	0.18	0.65
一维 D-Nominate 得分(1905 年)	0.21	0.64

注释和资料来源：投票数据和各州加入全国食品生产者协会(NF-MA)的企业数出自《国会档案》(*Congressional Record*，1903，1906)。专利药品产值出自美国普查局(U. S. Bureau of the Census，1905)，以美元表示。1900 年医生数出自美国普查局(U. S. Bureau of the Census，1900)。大型食品生产企业指数变量是一个取值 0 或 1 的变量，当一州的食品生产企业的总产量超过 100 万美元时，该指数记为 1，否则记为 0。食品产量数据出自美国普查局(U. S. Bureau of the Census，1905)。混合威士忌指数和纯威士忌指数分别用来度量混合威士忌生产者和纯威士忌生产者的影响。混合威士忌和纯威士忌产自不同的州。混合威士忌指数也是一个取值为 0 或 1 的变量，该指数对于伊利诺伊州、印第安纳州和俄亥俄州记为 1，其他州记为 0。纯威士忌指数对于肯塔基州、马里兰州、弗吉尼亚州和宾夕法尼亚州记为 1，其他州记为 0。一维 D-Nominate 得分出自 VOTEVIEW(http://voteview. uh. edu)。较低的得分表示对经济问题持较"自由"的态度。共和党人指数是一个取值为 0 或 1 的变量，如果参议员是共和党人，该指数记为 1，否则记为 0。党籍数据也出自 VOTEVIEW。人均 WCTU 成员和新教徒指标由托马斯·努南迈克尔(Tomas Nonenmacher)和李·奥尔顿提供。

表 10.2 的第 1 栏显示了对影响参议院是否通过 1903 年《赫伯恩-汉斯伯纳法案》的因素进行 Probit 回归的结果。各解释变量(以均值估算)对参议院投票的边际影响列在表 10.3 的第 1 栏。总体而言，回归结果与生产者和消费者利益集团对食 335
品药品规制的态度的定性证据相吻合。结论也支持了规制俘获的观点，但对公共利益观点的支持比较有限。在其他条件相同的情况下，某州专利药品产业规模的扩大与该州参议员投票支持该法案的可能性负相关，且在统计上显著。此外，作为衡量

表 10.2　1903 年和 1906 年参议院投票通过洁净食品药品规制影响因素的 Probit 回归估计值

	1903 年投票（赞成＝1）(1)	1906 年投票（赞成＝1）(2)
常数	−1.00	−0.18
	(0.68)	(0.76)
人均专利药品产值	−0.73**	−0.20
	(0.31)	(0.22)
1900 年每千人医生数	0.14	0.63*
	(0.39)	(0.37)
每十万人 NFMA 企业数	0.001	0.09
	(0.08)	(0.09)
混合威士忌指数	−6.76***	−0.26
	(0.43)	(0.71)
纯威士忌指数	2.23***	1.94***
	(0.62)	(0.71)
大型食品生产企业指数	0.24	0.96
	(0.45)	(0.76)
每千人 WCTU 人数	1.30	3.87***
	(0.95)	(1.34)
新教徒指标	0.06	0.79
	(1.70)	(1.95)
共和党指数	0.51	1.89*
	(0.76)	(1.01)
一维 D-Nominate 得分	−1.38**	−0.83
	(0.76)	(0.81)

（续上表）

麦克法登 R^2 统计量	0.32	0.30
似然比统计量	34.47***	30.37***

注释：采用 Probit 模型进行回归估计。括号中是异方差—稳健性标准差。

* 在 10%的置信水平上统计显著。

** 在 5%的置信水平上统计显著。

*** 在 1%的置信水平上统计显著。

表 10.3 解释变量对 1903 年和 1906 年参议院投票通过洁净食品药品规制的边际影响

	1903 年投票 (1)	1906 年投票 (2)
人均专利药品产值	−0.14	−0.04
1900 年每千人医生数	0.02	−0.04
每十万人 NFMA 企业数	0.002	0.13
混合威士忌指数	−0.13	−0.02
纯威士忌指数	0.42	0.39
大型食品生产企业指数	0.04	0.20
每千人 WCTU 会员数	0.25	0.77
新教徒指标	0.01	0.16
共和党指数	0.10	0.38
一维 D-Nominate 得分	−0.26	−0.16

注释：这些数值的计算基于表 10.2 中的 Probit 回归估计，以均值计算。

现有医疗行业规模的指标，某州人均医生数的增长与该州参议员投票支持该法案的可能性正相关，但在统计上不显著。在生产混合威士忌的州，参议员不大可能投票支持规制，而在生产纯威士忌的州，参议员则很有可能投票支持规制。某州使用防腐

336 剂的食品生产者数量(以全国食品生产者协会的会员数代表)的增加与该州参议员投票支持规制的可能性正相关,但在统计上不显著。改革利益集团(用人均 WCTU 成员数和新教徒指标代表)与该州参议员投票支持规制的可能性正相关,但在统计上不显著。①

回归系数估计值表明,那些认为规制将使自己的产品处于不利地位的生产者利益集团(专利药品生产者和混合威士忌生产者)反对规制,而那些认为规制将使自己处于竞争优势的生产者利益集团(有组织的医生和纯威士忌生产者)则赞成规制,而且他们对所提议的食品药品法案的主要内容施加了影响。代表有组织的医生和纯威士忌生产者这两个利益集团的参议员更有可能投票赞成规制,这一事实与规制俘获观点相一致,因为这两个利益集团寻求规制是为了置成本较低的竞争对手于不利地位。尽管两个改革利益集团变量的系数均为正,但它们在统计上均不显著,为公共利益假说提供了较弱的证据。改革利益集团变量不显著也许不值得奇怪,因为消费者作为一个人数众多
337 且异质的集团,面临着很高的集体行动成本(Olson,1965)。

在政治控制变量中,共和党成员在 1903 年投票中没有发挥显著作用,但 D-Nominate 得分的系数显著且为负数。D-Nom-

---

① 用人均 WCTU 成员数(而不是人均 WCTU 会费)来代替改革利益集团,我们得到了性质上类似的结果。此外,将人均收入包括进来对该结果没有实质性影响。新教徒指数用来衡量各州福音新教徒集团。这是对进步改革利益集团的一个恰当代替,因为福音新教徒在进步改革集团成员中占绝对优势。

inate 得分正数值越大，则表示参议员的思想越保守，具有这样一种意识形态动机的参议员更有可能投票反对联邦规制的扩张。

二、1906 年参议院投票的计量经济学分析

我们可以通过分析影响 1906 年参议院对后来成为《洁净食品药品法》的法案投票的因素，来对揭黑记者在打破洁净食品药品规制的政治僵局中所起的作用进行经验估计。在对 1903 年（揭黑时代之前）参议院投票的分析中，我们发现专利药品利益集团和混合威士忌利益集团对参议员投票赞成赫伯恩-汉斯伯纳法案的可能性具有负的影响，且在统计上显著，而改革利益集团却对参议院投票具有正影响，但在统计上不显著。如果揭露专利药品黑幕的记者（若从塞缪尔·霍普金斯·亚当斯在《科里尔周刊》上发表文章算起，揭黑新闻约始于 1905 年 10 月）激发了消费者利益集团对规制的普遍支持，它就有助于打破食品药品规制的政治僵局。因此，如果分析揭黑时代（1905 年 10 月以后）参议院的投票情况，反规制的生产者利益集团就应该不大可能对参议院投票产生负的且显著的影响，而进步改革利益集团对参议院投票就应当具有正的且显著的影响。反规制的生产者利益集团的影响应该不很显著，这是因为，代表这些集团的政治家一旦继续反对规制，则揭黑新闻将会使其付出更高代价。揭黑由于提高了食品药品规制的预期利益，从而激励以消费者为取向的集团积极向政治家施压，那么，改革利益集团就应该成为影响参议院投票的显著因素。

表 10.2 的第 2 栏给出了影响 1906 年 2 月 21 日参议院投

票因素的 Probit 回归估计值，相应的边际影响见表 10.3 的第 2 栏。表示混合威士忌和专利药品这两个利益集团的系数在统计上不再显著，而代表改革利益集团的两个变量中有一个变量（人均 WCTU 成员）的系数为正且显著。这些揭黑记者出现后的回归结果证实了我们的预测，即揭黑记者在打破规制改革的政治僵局中发挥了作用。揭黑记者激起了公众对食品药品质量问题的公愤，从而促使那些支持消费者的利益集团为实施规制而
338 游说，同时使那些代表反规制的企业集团利益的政治家继续阻挠规制的代价提高。我们的回归模型已表明了这一点，一个代表改革利益集团的变量是正相关的，且在统计上显著，而代表专利药品和混合威士忌这两个利益集团的变量不再显著。①

共和党变量在 1906 年正相关且显著，这反映出厄普顿·辛克莱《丛林》一书出版后，西奥多·罗斯福总统努力推动其政党在国会中支持食品药品规制（Anderson，1958，第 181 页；Young，1989，第 254 页）。1905—1906 年之前，食品药品规制并不是一个特别带有党派色彩的问题。D-Nominate 变量对参议院投票不再具有显著影响。由于消费者或选民已经对揭黑新闻有所响应，这就使得保守派参议员继续反对规制的代价提高，从而使意识形态的重要性下降。

总体来看，回归结果为三种规制观点都提供了证据支持。

---

① 如前所述，我们发现，使用人均 WCTU 成员数可得到性质上类似的结果。此外，把像人均收入等其他变量考虑进来，系数估计值也是可靠的。

纯威士忌变量和人均医生数的系数为正且显著，支持了规制俘获假说。人均 WCTU 成员数对参议员投票赞成规制的可能性有正的且显著的影响，这表明组织起来的消费者作为支持规制的选民的重要性，这与公共利益观点相一致。不过，该变量1906 年（揭黑之后）为正且显著，而 1903 年（揭黑之前）则不是这样，这一事实说明，揭黑媒体及其官僚支持者对形成赞成规制的广泛的消费者利益集团发挥了重要作用。因此，综合起来看，这些证据也与消费者可能被揭黑媒体操纵相一致。

第五节　《洁净食品药品法》的执行和规制的长期利益

考虑到消费者、产业和政府官员这三大利益集团都牵涉到联邦食品药品规制的斗争中，我们有必要考察这部法律对福利的影响。联邦规制一旦颁布，它是否是以牺牲竞争对手利益和整个经济效率为代价而使特定产业集团受益的方式实施的呢？换言之，《洁净食品药品法》的执行最终是否既造福了消费者，又提高了食品药品市场的效率呢？

要彻底厘清这些问题很难，因为很少有学者系统地分析过《洁净食品药品法》对食品药品市场的影响。不过，就我们所了解的该法的执行情况来看，三种观点中的任何一种观点都不能 339
令人满意。该法早期（在威利博士的领导下）的执行情况显示，某些产业集团受到偏袒，这与规制俘获观点相一致。根据克潘和海伊（Coppin and High，1999）的研究，威利试图推行有利于纯威士忌生产者和不使用防腐剂的食品生产者的规制。然而，围绕威利执法效果的争论和威利 1911 年从化学局的辞职使这些集团没能获得更长期的利益。尽管某些产业利益集团可能"俘获"了威利，但其影响力并没有延伸至威利的继任者，更一般地说，没有延伸到化学局。实际上，在威利之后，化学局的职员和领导主要由技术官僚组成，他们的利益与产业的联系并不紧密。因此，由于这些想从规制中获得最大利益的支持规制的产业集团最终没能够控制住行政机构，它们也就没能削弱替代品的竞争，从而没能实现所预期的长期利益。这个结论削弱了规制俘获观点的说服力。

那么，消费者是否从规制中获益了呢？威利之后的证据显示，尽管化学局力图以提高食品药品质量的方式实施《洁净食品药品法》，并缓解食品药品质量信息的不对称，但并不是总能达到目的。因为化学局规模小且资源有限，加之《洁净食品药品法》很难在法庭执行，所以，该局主要依靠对守法企业的奖励。例如，作为促使企业守法的一种手段，化学局提供质量认证和如何提高产品质量的直接技术建议(Law，2004)。当规制得以有效执行时，它通常会带来对社会有益的结果。化学局的质量认证举措缓解了食品质量的信息不对称，而它为企业提供的技术援助，最终提高了许多食品的质量(Robinson，1990；Young，1992)。

这种效率增进的结果更加符合公共利益论而不是规制俘获论。虽然某些生产者由于获得了化学局专家的援助而从执法中受益，但几乎不存在进入限制，因而没有典型的俘获目标。不过，值得注意的是，只有当产业能够从化学局专家那里获益时，才能成功实施规制。① 如果产业不能从化学局的行动中获益，有效执法就是不可能的，因为化学局很难在法庭起诉生产者。340
例如，《1912 年雪莉修正案》要求，化学局要想使生产者获得有罪判决，必须证明欺诈行为的存在（Young，1967，第 49—51 页）。结果，专利药品和成药产业的规制从没成功，尽管这两个产业的产品最早激起了广泛的消费者利益集团对食品药品规制的支持。很多成药产业捞一把就跑的性质，加之化学局很难在法庭上举证，这都意味着化学局通常不能有效控制误导性的疗效声明（Young，1967，第 60—65 页；Temin，1980，第 27—37 页）。因此，尽管消费者从《洁净食品药品法》的执行中获得了益处，但他们并没有从原来预想的方面——通过改善药品的质量和安全性而获益。

第六节　结论

我们考察了 1906 年《洁净食品药品法》的起源和影响。无论是叙述性证据还是统计证据都表明，有关进步时代改革的三种主要观点（规制俘获、公共利益、官僚和媒体寻租）的微妙结合可以解释该法的通过。具体的生产者、消费者和官僚利益

---

① 同样值得注意的是，从化学局专家那里获益的产业集团，不是那些预期《纯净食品药品法》将使竞争舞台偏向它们的利益集团。参阅劳（Law，2004）。

集团寻求规制都是为了他们自己的目标。而由于这些目标相互冲突,政治僵局随之出现。最终,揭黑媒体动员起了支持食品药品规制的广泛消费者利益集团,从而打破僵局,使该法最终得以颁布。

尽管如此,如果不检视规制的执行情况,就不可能弄清这些利益集团是否从规制中获得了所预期的利益。如果没有获益,那么,规制的影响就不能完全证实三种规制理论中的任何一种理论所作的预测。由于最初为了自身利益而寻求规制的生产者利益集团并没有对化学局的人员构成和动机产生影响,因此,《洁净食品药品法》的执行并没有按照它们的竞争优势来明显地改变竞争条件。同样,因为游说规制的消费者集团没有预期到《洁净食品药品法》在法庭的执行是如此困难,因此,规制也没有明显改善专利药品的信息质量。因此,"公共利益"在对消费者至关重要的市场上并没有得以增进。或许,从规制中获得持久利益的一个集团是化学局。由于对规制进行了成功的游说,威利确保了化学局的未来。不过,这仅是部分成功,因为化学局的权力非常有限,直到20世纪30年代末,它的规模仍然较小。

341 化学局的执法努力给消费者和某些食品生产者带来了某些利益,但是,这些利益能在多大程度上实现,根本没有被那些为规制而积极游说的利益集团所预计到。因此,《洁净食品药品法》的历史表明,理解进步时代规制的起源和影响不仅要分析利益集团的动机,而且要分析限制这些利益集团最终能够获取利益的组织和制度约束。

参考文献

Akerlof, George A. 1970. The market for "lemons": Quality uncertainty and the market mechanism. *Quarterly Journal of Economics* 84 (August): 488—500.

Anderson, Oscar E., Jr. 1958. *The health of a nation: Harvey W. Wiley and the fight for pure food*. Chicago: University of Chicago Press.

Carpenter, Daniel P. 2001. *The forging of bureaucratic autonomy: Reputation, networks, and policy innovation in executive agencies, 1862—1928*. Princeton, NJ: Princeton University Press.

Chalmers, David M. 1974. *The muckrake years*. New York: Van Nostrand.

Congressional Record. 1885. Washington, DC: Government Printing Office.

——. 1903. Washington, DC: Government Printing Office.

——. 1906. Washington, DC: Government Printing Office.

Coppin, Clayton, and Jack High. 1999. *The politics of purity: Harvey Washington Wiley and the origins of federal food policy*. Ann Arbor: University of Michigan Press.

Darby, Michael R., and Edi Karni. 1973. Free competition and the optimal amount of fraud. *Journal of Law and Economics* 16(April): 67—88.

Dupré, Ruth. 1999. If it's yellow, it must be butter: Margarine regulation in North America since 1886. *Journal of Economic History* 59(June): 353—371.

Filler, Louis. 1976. *Progressivism and muckraking*. New York: R. R. Bowker.

Glaeser, Edward L., and Andrei Shleifer. 2003. The rise of the regulatory state. *Journal of Economic Literature* 41 (June): 401—425.

Goodwin, Lorine S. 1999. *The pure food, drink, and drug crusaders, 1879—1914*. Jefferson, NC: McFarland.

Hays, Samuel P. 1957. *The response to industrialism, 1885—1914*. Chicago: University of Chicago Press.

Kim, Sukkoo. 2001. Markets and multiunit firms from an American historical perspective. *Advances in Strategic Management* 18:305—326.

Kolko, Gabriel. 1963. *The triumph of conservatism: A reinterpretation of American history*. New York: Macmillan.

Law, Marc T. 2003. The origins of state pure food regulation. *Journal of Economic History* 63(December): 1103—1130.

——. 2004. How do regulators regulate? Enforcement of the Pure Food and Drug Act, 1907—1938. University of Vermont, Department of Economics. Unpublished manuscript.

Lee, R. Alton. 1973. *A history of regulatory taxation*. Lexington: University of Kentucky Press.

Levine, Michael E., and Jennifer L. Forrence. 1990. Regulatory capture,
342 public interest, and the public agenda: Toward a synthesis. Special issue, *Journal of Law, Economics, and Organization* 6:167—198.

Libecap, Gary D. 1992. The rise of the Chicago packers and the origins of meat inspection and antitrust. *Economic Inquiry* 30(April): 242—262.

McCluskey, Jill J. 2000. A game theoretic approach to organic foods: An analysis of asymmetric information and policy. *Agricultural and Resource Economics Review* 29(April): 1—9.

Niskanen, William A. 1971. *Bureaucracy and representative government*. Chicago: Aldine-Atherton.

Okun, Mitchell. 1986. *Fair play in the marketplace*. Dekalb: Northern Illinois University Press.

Olmstead, Alan L., and Paul W. Rhode. 2004. The "Tuberculosis Cattle Trust": Disease contagion in an era of regulatory uncertainty. *Journal of Economic History* 64(December): 929—963.

Olson, Mancur. 1965. *The logic of collective action: Public goods and the theory of groups*. Cambridge, MA: Harvard University Press.

Peltzman, Sam. 1976. Toward a more general theory of regulation. *Journal of Law and Economics* 19(August): 211—240.

Poole, Keith, and Howard Rosenthal. 1997. *Congress: A political-economic history of roll-call voting*. New York: Oxford University Press.

Reiger, Cornelius. 1932. *The era of the muckrakers*. Chapel Hill: University of North Carolina Press.

Robinson, Lisa M. 1990. Regulating what we eat: Mary Engle Pennington and the Food Research Laboratory. *Agricultural History* 64(April): 143—153.

Stigler, George J. 1971. The theory of economic regulation. *Bell Journal of Economics and Management Science* 2(Spring): 3—21.

Strasser, Susan. 1989. *Satisfaction guaranteed: The making of the American mass market*. New York: Pantheon Books.

Temin, Peter. 1980. *Taking your medicine: Drug regulation in the United States*. Cambridge, MA: Harvard University Press.

U. S. Bureau of the Census. 1900. *Census of population*. Washington, DC: Government Printing Office.

U. S. Bureau of the Census. 1905. *Census of manufactures*. Washington, DC: Government Printing Office.

U. S. Senate. 1899—1900. Adulteration of food products. 56th Cong., 1st sess. Senate Report no. 516, v. 3888.

——. 1900—1901. Adulteration of food products. 56th Cong., 2nd sess. Senate Report no. 141, v. 4038.

——. 1902. Adulteration of articles of food: A tabulated statement prepared by the agriculture department for the Senate Committee on Manufactures Showing the Adulteration of the Most Common Articles of Food Consumed in the United States. 57th Cong., 1st sess. Senate Document no. 181, v. 4234.

Wood, Donna J. 1986. *The strategic uses of public policy: Business and government in the Progressive Era*. Marshfield, MA: Pitman.

Yeager, Mary A. 1981. *Competition and regulation: The development of Oligopoly in the meat packing industry*. Greenwich, CT: JAI Press.

Young, James H. 1967. *The medical messiahs: A social history of quackery in twentieth century America*. Princeton, NJ: Princeton University Press.

——. 1989. *Pure food: Securing the Federal Food and Drugs Act of 1906*. Princeton, NJ: Princeton University Press.

——. 1992. Food and drug enforcers in the 1920s: Restraining and educating business. *Business and Economic History* 21 (June): 119—128.

第十一章 政治、救济和改革

——新政时期罗斯福控制腐败和政治操纵的努力

约翰·约瑟夫·沃利斯*(John Joseph Wallis)
普赖斯·V.菲什巴克 (Price V. Fishback)
肖恩·坎特 (Shawn Kantor)

新政之前,几乎所有公共社会福利支出或当代所谓的"救济"都是由地方政府提供的。地方公共救济的行政管理总是伴随着庇护、政治操纵和腐败。1933 年到 1940 年,联邦、州和地方政府总计每年要支出 20 亿美元,用于每月向至少 200 万例(家庭)提供救济。1933 年,失业率高达 25%,联邦政府制订了一项救济计划,拿出国民生产总值的 4%向全美 1/4 的

---

* 约翰·约瑟夫·沃利斯是马里兰大学经济系教授和美国经济研究局研究员。普赖斯·V.菲什巴克是亚利桑那大学经济系教授和美国经济研究局研究员。肖恩·坎特是加州大学墨塞德分校的经济系教授和美国经济研究局研究员。

我们由衷感谢克劳迪娅·戈尔丁、爱德华·格莱泽、罗伯特·马戈(Robert Margo)、保罗·罗德、肯尼斯·索科洛夫和研讨会与会者的有益评论。

家庭进行再分配。这种向全美 1/4 的家庭提供现金的做法，也为美国历史上空前的腐败提供了可乘之机。然而，令人惊讶的是，尽管 1933 年之前的公共救济管理被普遍认为是腐败的，但从新政改革发展而来的现代联邦/州公共福利制度，人们虽然常常谴责它官僚主义，却很少谴责它腐败。是什么带来了这种转变呢？美国是如何走进大萧条时期充满政治操纵的公共福利制度，而后又建立起一个无政治操纵的公共福利制度？

我们对此作直观解释。富兰克林·罗斯福总统及政府各执行部门的官员们很少甚至根本无法从公共救济中的各类地方腐败中捞取好处。但是，一旦新政的救济计划被选民认为
344 存在政治操纵和腐败，他们却要遭受巨大的损失。罗斯福和民主党人每月将救济送到数以百万计的家庭，救济领取者的感激之情就是罗斯福得到的政治收益。同样，其他政治家，如参议员、众议员、州长和市长等也都觊觎着救济的掌控权，试图以此谋取政治收益。国会两院、州和地方政府通过谋划、操纵和笼络，每年所插手的救济支出多达数十亿美元之巨。尽管在救济管理上罗斯福向国会、州和地方政府做出了重大让步，但他依然或者借助自己在救济资金分配上的影响力，或者通过设立调查腐败指控的专门机构，或者通过建立长效的公共福利科层化管理，来努力遏制州和地方层面的腐败。新政期间，救济计划得以重组，从而赋予罗斯福当局在州内资金分配上更大的控制权，正是运用这种控制权，罗斯福对州和地方

的政治操纵施加了限制，从而使得州内资金的分配更好地契合救济、复苏和改革的宏伟目标。在新政救济计划的整个格局中，政治策略处于至关重要的位置。新政救济计划追求的最优政治结果是州和地方层面腐败的减少。但这并不是说罗斯福在救济管理上就没有夹带个人的政治目的。实际上，有大量证据表明，总统的政治策略在救济资金的分配上影响重大。因为遏制他人腐败正是罗斯福的政治利益之所在，所以腐败才得以遏制。

下面我们首先讨论新政期间与救济相关的各类腐败。我们将简要描述新政计划，并辅之以详尽的历史资料。接着我们将探究政治影响力是如何影响救济计划的实施的，阐释由联邦政府提供的救济与由州政府提供的救济有什么不同。

第一节 腐败和政治操纵的界定

腐败可以体现在方方面面。大萧条时期，新政民主党人常常被诘难"以救济玩弄权术"。尽管某些观察者将它归结为腐败，而在另一些观察者看来，这是司空见惯的政治常态。不管怎样称谓这种现象，不同层级的政府利用救济谋求个人利益或政治利益的方式可能明显不同。罗斯福开诚布公地将新政的目标定位为"救济、复苏和改革"，但罗斯福是真的追求这些目标，还是利用新政政策、尤其是联邦政府的州际拨款分配政策来实现政治目标，已有越来越多的政治经济学文献试图对

345 此做出评价。① 举例来说,假设各州的失业水平对各州间的救济分配无影响,而罗斯福在 20 世纪 30 年代总统选举中获胜这一事件却影响了这种分配格局,则可证明罗斯福确实存在"以救济玩弄权术"的问题。在州这一层面上,州长只是偶尔要求行政雇员为党派做贡献。而在地方层面上,政治集团则经常被指控根据党派来选择救济领取者,或要求救济领取者为政治集团的候选人投票。所有这些例子均表明,政治人物会程度不同地利用自己对救济的行政管理权来实现政治野心。

在历史悠久的腐败形式中,欺诈和"限产超雇"是明显的两类。例如,救济人员可能被派去做有益于私人土地所有者而不是公众的项目;②供应商可能虚报成本,并给项目监理人回

① 这方面的文献始于阿林顿(Arrington,1969,1970)、雷丁(Reading,1973)和赖特(Wright,1974),并在沃利斯(Wallis,1984,1987,1991)那里得到了发展。安德森和托里森(Anderson and Tollison,1991)则对赖特和沃利斯的研究提出了批评意见,认为他们没有把国会情况考察在内,沃利斯(Wallis,1998)对此做了回应,弗莱克(Fleck,2001)和沃利斯(Wallis,2001)交换了看法。库奇和舒加特(Couch and Shugart,1998,2000)也对新政支出做了检验。对影响县拨款的决定因素的研究和完整的文献综述可参阅菲什巴克、坎特和沃利斯(Fishback,Kantor and Wallis,2003)。沃利斯和奥茨(Wallis and Oates,1998)则讨论了新政对联邦、州和地方政府财政总的影响。

② "[调查]处调查的案例中有一些已向联邦法院提起了诉讼,这些案例的直接后果是",它限制了"相对欠发达地区街道和公用事业的扩展和完善……这些案例表明,房地产企业或开发商有时会通过欺骗手段,设法挪用救济资金,用于符合自身利益的项目,在欠发达地区修建街道和私有公用事业,以此来提升它们所拥有的房地产价值"(WPA Division of Investigation,1943,第 7 页)。

扣；[1]工人则虚报工时，不劳而获。[2] 从边界上看，以上各类违法腐败与玩弄权术之间并不存在明显界线。但是，二者的实质性差异还是很大的，减少政治操纵需要采取的政策不同于减少违法腐败的政策。显然，新政虽卓有成效地减少了福利管理中某些形式的政治腐败，但欺诈行为总是如影随形，欲消减欺诈行 346
为，需要我们长期保持警惕。[3]

反腐败可以采取哪些可行方法，受政府救济计划的行政管理架构的限制。一般来说，腐败程度取决于行政管理机构所拥有的自由裁量权。政府官员在决策时只要存在自由裁量的空间，就有可能腐败。建立规则和程序是限制腐败的一种途径。例如，如果行政部门拥有分配资金的自由裁量权，那么，罗斯福

① "这类案例包括：在设备租赁中向政府申报虚假的租期；卖主交付 WPA 项目的材料缺斤短两，有时甚至与 WPA 的监理人员串通；提供的设备和材料低于合同标准，从而给政府造成损失……在这方面，尤其要切记的是，建设工程署所管理运作的工程计划是由不同项目构成的，小到得克萨斯州农场通往市场的长两英里的公路的建设，大到纽约市拉瓜迪亚机场的建设"（WPA Division of Investigation，1943，第 23 页）。

② "由于工程经常需要在相当小的工作面雇用大量工人，这便使得工程运作需要预备巨额的应付工资，而与这种工资支付相联系的失范行为，便构成了最常见的一种投诉类型。通常，这些失范行为一般指日常'虚报'行为，工人没有完成 WPA 的工作或被双重雇用，但同样获得了报酬"（WPA Division of Investigation，1943，第 21 页）。

③ 新政成功消除了政治腐败，证据是，对于新政基本没有诸如以下的指控：救济领取者的党派取向影响社会保障核准和获得未成年儿童家庭补助的可能性。新政之前存在严重政治腐败的证据将在下面的历史回顾部分给出。

就只能在救济资金的州际分配中玩弄权术。如果资金分配服从某个准则或规则，如按人均等额拨款或配套拨款，那么，联邦官员在这方面也就没有玩弄权术的机会。同理，如果地方救济人员拥有每例每月救济金分配的自由裁量权，那么，与固定发放每例救济金相比，他们就会有更多的机会腐败。

虽然自由裁量权和规则作为统治工具可以在一定程度上相互替代，但是，构建一种没有某种自由裁量权的管理机制几乎是不可能的。在 1933 年的危机时刻，提出明智的规则是极端困难的。因此，行政管理架构的关键就是谁拥有行政自由裁量权。联邦政府、总统还是州和地方政府，谁该拥有这项权力呢？我们的核心假设是，在联邦救济资金的管理方面，如果行政自由裁量权放到联邦政府的行政部门，则州和地方层面的政治操纵就会减少。违法腐败也会因规则的颁布和对罪犯的有力检举而得以减少。当然，对以上基于经验而提出的命题的验证，有赖于我们能够识别政治操纵或违法腐败，进而区分出是通过建立规则，还是改变自由裁量权的配置来遏制腐败。

第二节 简要的历史回顾

新政救济计划的历史可划分为两个时期：1933 年 5 月到 1935 年夏和 1935 年夏之后。这两个时期划分的依据是联邦政府行使的自由裁量权的大小和留在州和地方官员手中的自由裁量权的大小。表 11.1 列出了主要的新政救济计划。前两栏给出了每项计划的起始时间和结束时间（其中有几项社会保障计

表 11.1 主要救济计划、起止时间与行政管理特点

起始时间	结束时间	机构	行政管理
1933 年 5 月	1935 年秋季[a]	联邦紧急救济署(FERA)	联邦
1933 年 4 月	1942 年 7 月	民间水土保持队(CCC)	国家
1933 年 11 月	1934 年 3 月	土木工程署(CWA)	国家
1935 年春季	1942 年	工作/项目促进署(WPA)	国家/联邦
1935 年	1994 年[b]	农村电气化署(REA)	国家
1937 年	1946 年[c]	农业保障署(FSA)	国家
1935 年夏季	现在	老年和遗属保险(OASI)	国家
1935 年夏季	现在	失业保险(OASI)	联邦
1935 年夏季	1974 年[d]	老年人援助(OAA)[c]	联邦
1935 年夏季	1974 年[d]	盲人援助[c]	联邦
1935 年夏季	1996 年[e]	未成年儿童援助(ADC)[d]	联邦

资料来源:全国资源规划委员会(National Resources Planning Board,1942,第 26—97 页);菲什巴克和托马森(Fishback and Thomasson,即将发表的论文);阿尔斯顿和费列(Alston and Ferrie,1999,第 91—98 页);哥伦比亚大学出版社(Columbia University Press,2005)。

注释:“联邦”行政管理指州和国家政府的联合管理。“国家”行政管理指国家政府管理的计划。一般救济在整个时期都是由地方政府提供的。

[a]有些 FERA 项目一直持续到 1937 年 3 月才淡出。

[b]农村电气化署 1949 年被授权为电话改造提供贷款,1988 年被准许对工作岗位创造和农村电力系统提供免息贷款。该署 1994 年撤销,其职责由农村公用事业服务局(the Rural Utilities Service)接替。

[c]农业保障署 1935 年开始接管转移安置署(the Resettlement Administration)的职能。一部分计划项目 1947 年最终由农户住宅署(the Farmer Home Administration)接管。

[d] 老年人援助和盲人援助 1974 年几乎全部由《补充保障收入计划》所取代。

[e]《未成年儿童援助》1962 年更名为《未成年儿童家庭援助》,该计划 1996 年被《贫困家庭临时援助》所取代。

347 划至今仍在实施)。最后一栏依据救济计划的行政管理特点对它们进行了分类:即各项计划是如何配置自由裁量权的。在“国家”计划中,联邦政府的行政影响力起主导作用。在“联邦”计划中,州和地方政府与联邦政府分享自由裁量权,并且在其中的许多计划中,州和地方政府具有主导影响力。表 11.2 列出了各主要救济计划每月办理救济的例次和全国总例次。

表 11.2 主要救济计划每月办理救济的例次(单位:1 000 例次)

年份	总数	FERA	CWA	WPA	OAA	地方救济	UI
1933	5 022	3 836	2 565		109	1 990	
1934	6 593	4 474	2 970		142		
1935	6 320	4 655		1 156	303		
1936	5 758			2 544	737	1 667	
1937	5 202			1 793	1 369	1 445	
1938	5 995			2 611	1 559	1 543	698
1939	6 285			2 407	1 852	1 661	718
1940	5 943			2 102	1 941	1 547	1 065
报告月份	'33 年 1 月—'40 年 6 月	'33 年 6 月—'35 年 12 月	'33 年 11 月—'34 年 4 月	'35 年 8 月—'40 年 6 月	'33 年 1 月—'40 年 6 月	'33 年 1 月—'33 年 5 月,'36 年 1 月—'40 年 6 月	'38 年 1 月—'40 年 6 月

资料来源:社会保障署(Social Security Administration,1941 年,表 9,第 68—70 页)。

注释:所有数据均为原始资料年度报告中月均办理救济的例次。例如,1933 年 FERA 所列的数据是该年 6 月至 12 月平均每月办理救济的例次。1940 年 UI 所列的数据是该年 1 月至 6 月平均每月办理救济的例次。1934 年 CWA 所列的数据包括了 1 月份 431.1 万的峰值,递减到 4 月份该计划结束时的 110 万例次。

1933年春，依据《联邦紧急救济法》成立了联邦紧急救济署(Federal Emergency Relief Administration)，称为FERA，这是1935年之前最大也最重要的救济计划。罗斯福选择哈里·霍普金斯(Harry Hopkins)任FERA的署长。最初法案拨款5亿美元在各州之间分配，其中一半配套分配，另一半则由署长自主分配。不过，资金一旦被拨付出去，FERA的资金在法律上就变
成了州财产。霍普金斯试图提高救济管理的标准，但受到了州 349
救济署相对独立性的限制。霍普金斯所能做是，对那些存在腐败、政治操纵和救济管理效率低下的州，以停止拨付联邦救济款相威胁，他确实这样做了。不过，停止拨付资金这一政策工具过于生硬，易给州内失业者造成直接的不利影响，也有悖于FERA的宗旨。

1935年，罗斯福向国会提交了一项“经济保障法案”。该法案获得国会的通过，它提供了一个由国家管理的、永久性的老年保险计划，我们今天称之为社会保障。该法案还规定征收用于失业保险计划的国家工薪税，由各州负责运作。各州所支付的工薪税中，90％委托给州管理。最后，该法案还为三类人群提供了救济计划：老年人援助、盲人援助和未成年儿童援助。这类援助计划所需资金来源于一般收入，按严格的比例拨款法则在各州之间分配。联邦对州的拨款唯一地取决于各州的支出。这样一来，控制类别援助项目支出的是州政府，而不是联邦政府。

1935年改革的第二项举措是建立“紧急”救济计划，该计划通过一系列紧急救济拨款法案来筹集资金。依据1935年法案，

罗斯福设立了工作促进署(the Works Progress Administration,简称 WPA)和一些小型的救济计划,包括农村电气化署(the Rural Electrification Administration,简称 REA)、农业保障署(the Farm Security Administration,简称 FSA)和其他署。WPA 也由霍普金斯领导,组织架构是按照便于罗斯福自主决定州际分配的原则来组建的,重要的是,WPA 的官员保留了对州内某些项目的审批权。过了不久,国会要求提高州和地方的参与程度。这促使 WPA 更趋向于一种按比例配套的拨款计划,不过,这种配套从来都不是彻底的。WPA 还资助了大量由国家管理的人文项目,如戏剧、文学和历史,它们得不到州和地方的资助。1935 年夏以后,WPA 成了最大的单一救济计划。

我们的假设是,罗斯福认为减少腐败和政治操纵,尤其是州层面和地方层面的腐败和政治操纵符合自己的利益,而国会以及州和地方政府则一直要求救济计划的结构能够使它们可以按照自己的政治利益来运用救济。因此,这里的关键因素就是行政自由裁量权的配置。如果总统拥有行政和财政的自由裁量权,罗斯福和霍普金斯就能够减少州和地方层面上的腐败和政治操纵。因此,如果州和地方救济行政官员拥有行政和财政的自由裁量权,他们就能够追求自身的政治目的。相应地,我们的经验分析就要考虑管理政策的演变。我们检验了行政自由裁量
350 权在下面两种差异的形成中所起的具体作用,这两种差异,一是参议院议案与众议院议案之间的差异,二是直接对应于州的利益与直接对应于地方政府的利益之间的差异。我们还比较了在

FERA 和 WPA 管理下的各州内的资金分配状况。在 WPA 管理下，霍普金斯拥有广泛的政策工具来控制联邦资金在各州内的分配，同时，我们预期 WPA 支出的分配截然不同于 FERA 支出的分配，并发现情况确实如此。当罗斯福和霍普金斯获得了资金州内分配的更大的自由裁量权时，他们更加重视促进救济、复苏和改革，以及减少欺诈和其他各种形式的非法腐败(Illegal Corruption)。

第三节 1933—1935 年的早期救济

20 世纪初的美国社会福利政策起源于《英国济贫法》。救济由地方政府通过一个由公共和私人机构组成的复杂网络进行管理，包括从救济院到社区福利基金等各种机构，并由这些机构来评估贫困程度和分配救济金。对于社会工作这个新兴领域，理论界的主流观点是，应该将其交由私人而非公共组织来主导。救济到底是用来关照那些真正的贫困者，还是给那些游手好闲、懒惰成性而品行卑微之辈提供施舍，围绕这一问题已争论了好几个世纪，由此催生了强调个案的社会福利哲学。社会工作者甄别值得救助的穷人，发放救济款以满足穷人之需，同时抑制恣意挥霍者。在这些方面，独立的私人社会机构能够没有偏见地进行甄别。人们对地方政府的评价普遍较低，认为它被地方集团政治人物所掌控，所配备的工作人员都是没有受过培训的政客，给他们职位是对他们政治服务的报偿。所有这些进一步强化了人们对私营救济而非公共救济的偏爱。① 公共救济有可能被用于某种政治目的，这就使得公共救济机构容易腐败变质。人们认为，推动公共救济的是庇护和政治影响力——政治操纵——而不是穷人的利益。②

351 私人救济和公共救济支持者之间的明显分歧，清楚地表明人们对公共救济管理中的能力、政治操纵和腐败根深蒂固的忧虑。③ 当然，要令人信服地测度新政之前、期间或之后救济管理中的腐败程度是极其困难的。但在1933年以前，大部分救济是

---

① 有关20世纪初公共行政管理专家和政治科学家对地方政府普遍持较低评价，参阅布罗克(Brock，1998，第50—83页)。“当美国人在贬义上使用‘政治人物’这个词时(他们通常这样使用)，他们心里主要是指那些寻求庇护和分肥、偏袒朋友、篡改合同的城区、镇和县的地方官，他们只认可对自己政党的责任，而不认可对社会的责任。社会改革者、公共行政管理研究者和几乎每一期《美国政治学评论》(the *American Political Science Review*)都提供了地方政府无能的大量证据”(Brock，1998，第51页)。

② “在所提及的研究报告中的大量证据表明，这种制度[新政之前的地方救济]鼓励小恩小惠和利用救济来巩固政治权力。零售商有时对列在救济名单上的顾客的死亡隐瞒不报，不断从镇或县的救济资金中以死者名义领取微薄的补助装入自己的腰包。对贫民投票的法律限制在那些有这类限制规定的州通常并没有执行。因此，那些依靠救济的男男女女们就是那些向他们提供救济的官员们的坚实票仓”(Brown，1940，第16页)。

③ “大多数救济工作者，无论在私人机构还是在公共机构，总要面对反对者的消极批评和批判性评论”(Brown，1940，第45页)。“公共福利是由自愿社会机构和政治权力机构共同组成的利益共同体，但这并不能够阻止私人机构将政府视为抵触私人机构的有害和敌对的实体，而不是民主地表达它们的思想和目标的政治产物和媒介”(Joseph Logan，引自Brown，1940，第53页)。布朗在该书第一章讨论了联邦、州和地方的救济责任以及私人和公共救济支持者之间的冲突。

由私人社会福利机构负责管理的，这是历史事实，而人们之所以更偏好于选择私人管理而非公共管理，主要是担心能力、政治操纵和腐败方面的问题。这种担忧在1933年并没有奇迹般地消失。正如我们已经谈到的，直到20世纪30年代中期，私人社会工作者们仍坚持认为公共救济存在腐败的可能性。到了20世纪50年代，虽然社会福利的支持者依然抱怨州所管理的类别救济计划不足，但对政治操纵的指控已不常见了。① 这是新政时期救济管理中曾经盛行的政治操纵减少的明显历史证明。

由于20世纪20年代私人救济管理处于主导地位，因此，当新成立的社会统计委员会在1929年报告说，15个大城市的全部救济金中，无论是由公共机构还是私人机构支付，71.6%来自地方政府，这就令人惊讶了。② 这证明，救济计划即便由私人管

---

① 布罗克(Brock,1988)、布朗(Brown,1940)和卡茨(Katz,1986,第36—57页)详尽地讨论了20世纪30年代之前政治、腐败与救济问题。有关新政计划实施后的历史研究几乎没讨论腐败问题。对福利制度持尖锐批评态度的评论家，如皮文和克洛尔德(Piven and Cloward,1993)以及卡茨(Katz,1986)，认为救济已蜕变成一种社会控制的工具，不过，他们也承认，救济管理已变得日益专业化。在新政之后，已很少有人讨论救济资金分配中的腐败问题。佩特森(Patterson,1967,1986)讨论了新政以前的腐败问题和新政时期国会和罗斯福之间的政治辩论。

② 参见布罗克(Brock,1940,第5页)。“获悉这一信息所引发的惊诧和这一信息本身所具有的重要意义，在某种程度上已体现在这一时期文献所引证的数字中。它们像一首古老的曲子，反复出现在会议论文、报告和期刊文章中，出现在联邦和地方机构所提出的政策陈述和规划建议中，这些机构既有公共机构也有私人机构。它们既被公共福利的支持者们洋洋自得地加以引用，也被私人机构的负责人惴惴不安地加以引用”(Brown,第56页)。

理，通常也是由公共财政提供资金。但随着萧条日益严重，无论是公共资金还是私人资金，都要被调动起来。救济失业者的负担越来越重，远远超出了私人机构的能力，地方政府的救济支出、最终联邦政府的救济支出出现了稳定增长。[1] 与专业私人
352 社会工作者相比，过去几十年中公共救济官员一直处在次要位置，现在他们开始对推动救济发挥较大的影响。但是，社会工作运动的领导者在私人社会机构中有深厚根基，这些领导人在1933年后在联邦政府中担任了要职。他们带来了这样的观念：地方公共救济管理机构效率低下且屈从于政治。

罗斯福和霍普金斯刚开始管理运作FERA时，也为这些观念所困。在20世纪20年代，有关私人社会工作的主导哲学观念认为，应该基于个案来确定每个救济领取者的最优救济额，以便让地方救济机构在救济金支出上具有最大限度的灵活性和自由裁量权。对于霍普金斯来说，要通过现有的地方公共救济机构体系来分配5亿美元的联邦资金，是一种可怕的责任。把这些救济金的控制权交给州和地方公共救济机构，似乎注定会加剧那种利用救济达到政治和腐败目的的行为。而把这些救济金交给私人机构来控制，则似可确保社会工作者所做出的谁应得到救济和应得到多少救济的数以百万计的决策能够符合穷人的

---

① 纽约州是第一个成立失业救济机构的州，它于1931年5月成立了临时紧急救济署（TERA）。罗斯福时任州长，哈里·霍普金斯出任第一任TERA署长。到1933年5月，已有22个州为失业救济提供一些资金，但并不是所有的州都设立了负责州救济的管理机构。

最大利益，但在为什么某人能得到救济而另一个人却没能得到救济这一点上，难以做出一致性的解释。

不过，罗斯福和霍普金斯很着急，他们有关 FERA 的最初决策反映出需要迅速采取行动。1933 年夏，他们不得不解决如何将数亿美元的救济金发放到全国上百万家庭手中这一问题。FERA 要求霍普金斯把这笔钱分配给各州，而当时大部分州还没有管理救济的正式组织。显然，这笔钱的绝大部分将由地方救济机构来分配。这笔资金如何在州际分配，霍普金斯和 FERA 被赋予了一定程度的自由裁量权(最初的 5 亿美元拨款，一半根据州和地方缴款按比例分配，另一半则由管理者根据实际需要自主分配)。到 1933 年 11 月，基于规则的比例分配原则被放弃，霍普金斯被赋予了向各州分配救济金的完全自主权，分配时考虑实际需要和州、地方的救济缴款。霍普金斯可以利用这种救济金分配上的自由裁量权来影响各州内部救济金管理的标准。最初的拨款严重低估了全国的救济需要。经过一系列的国会紧 353
急拨款，从 1933 年夏到 1935 年夏，FERA 的支出约 40 亿美元。

1933 年，霍普金斯做出了三项关键性的管理决策：(1)全部救济都由公共机构来支出；(2)救济金额以需要为标准逐例核定；①

① 地方救济机构调查每一例救济，确定需要救济的每个家庭或个人能够得到的资源数量，然后，根据家庭的现有规模，按家庭能够得到资源数与救济“标准”之间的差额来确定每月支付给每个家庭的救济金。这反映了私人社会工作的哲学理念：每一例救济，都要单独对待。这就使得救济金额的确定成为一个受争议的问题。另一方面，这种理念受到了那些在地方救济机构任职的社会工作者的广泛欢迎，它同时赋予了整个救济组

(3)FERA 实行救济管理的最高标准,以撤回资金相威胁来督促和说服州与地方救济管理机构谨遵上述标准,对于那些利用救济谋求自身政治目的的州和地方救济官员,FERA 积极起诉他们。

随着这些规则的确立,霍普金斯开始通过一些程序来确保救济的有效管理。FERA 制订了一项计划,要求各州每月将各县的财务和管理报告、详细例数、救济金支付和管理成本编档保管。霍普金斯不断地向各州施压,要求它们增加用于救济的资金,提高救济管理的标准,减少腐败和用于政治目的的救济。然而,霍普金斯的这些努力接连受挫。因为 FERA 一旦将各月的救济款拨付出去,这笔款项在法律上就成为州财产。霍普金斯只能以撤回资金相威胁,这就严重地限制了他对州内救济金管理施加影响的能力。终于,FERA 成立了一个调查处,调查数以千计的投诉(从轻微的违规到严重犯罪)。然而,即便在这件事上,霍普金斯也遭遇了挫折,因为 FERA 是分权结构,这就意味着这种调查要由州负责,而各州对根除欺诈和腐败的重视程度截然不同。

FERA的目标在于:以最小的管理成本让最多的人尽快得

织与生俱来的财政灵活性。由于救济金是根据需要逐例确定的,因此,当预算趋紧时,就能够比较容易地稍微降低所有救济项目的金额。而如果救济金是固定的,那么,随着预算的波动,就必须对救济的家庭数量进行调整,而不是对救济金的额度进行调整,每个人都想避免前一种情况。事实证明,保持预算的灵活性是重要的:最初的 FERA 拨款本打算持续两年,但仅到 1933 年秋就被消耗殆尽。FERA 大约每隔 6 个月获得新的拨款。但国家、州和地方政府拨付给地方救济机构的资金流从来就不是稳定的。

到最多的救济。① 在救济支出中各州和地方自己的支出所占的比例各不相同，罗得岛州最高，占 62%，亚拉巴马州最低，占 5.4%。354
FERA 和州政府在救济管理和筹资方面摩擦不断。霍普金斯威胁要撤回几个州的 FERA 拨款，因为它们拒不增加州缴款额。这种争执在 12 个州非常突出。霍普金斯兑现了自己的威胁，撤回了科罗拉多州和密苏里州的资金。由于对救济管理方式不满，霍普金斯还接管了 6 个州的救济管理，或者说将这 6 个州的救济管理“联邦化”了。② 在北达科他州，州长朗格(Langer)因

① 1933—1934 年冬，罗斯福成立了土木工程署(the Civil Works Administration，简称 CWA)，它是一个临时性计划，旨在为 400 万失业者提供工作岗位。从联邦政府向救济对象签发支票以及 CWA 官员名义上是为联邦政府工作的意义上讲，CWA 就是一项“国家”计划。实际上，CWA 基本由 FERA 的人员管理，他们中的大部分人是在这个冬季临时转入联邦政府工资册的州和地方雇员。

② 这 6 个州是俄克拉荷马州、北达科他州、马萨诸塞州、俄亥俄州、佐治亚州和路易斯安那州。在俄克拉荷马州，州长公开宣称，如果不能由他来控制州的救济分配，他将不申请救济，因此联邦官员在 1934 年 2 月 23 日将该州的救济管理联邦化。而北达科他州，由于有人指控该州按政治贡献对救济署的雇员进行考核，1934 年 3 月 1 日被联邦化。马萨诸塞州的救济工作 1934 年 3 月 7 日被联邦化，因为该州制定了一项法令，规定州的所有拨款必须根据人口进行分配，而不是根据实际需要进行分配。俄亥俄州 1935 年 3 月 16 日被联邦化，起因是该州围绕是否缴纳合理的救济资金份额而产生了一场争执。路易斯安那州(1935 年 4 月 8 日)和佐治亚州(1935 年 4 月 19 日)则是由于州长与联邦行政官员之间对如何使用救济金长期争论不休。霍普金斯 1933 年 12 月撤回了科罗拉多州的救济金，1935 年 4 月撤回了密苏里州的救济金，直到这两个州的立法机构拿出资金用于补助救济金为止。撤回资金的威胁 1933 年对阿拉巴马州和肯塔基州没有起作用，1934 年对伊利诺伊州也没有起作用。参阅 E. A. 威廉斯(E. A. Williams，1939，第 170—8 页，第 203—5 页)。

向联邦政府雇员索要回扣，遭到起诉并被判有罪，尽管他最后逃避了坐牢。在俄亥俄州，州长戴维（Davey）与霍普金斯对救济管理长期争执不下。当罗斯福最后批准将俄亥俄州的救济管理联邦化时，他给霍普金斯写了封信，信是这样开头的："亲爱的霍普金斯先生：我已经审查了俄亥俄州腐败对救济的政治影响的相关证据。我们一刻也不能容忍这种影响。我希望你将这种调查扎实推进下去，而不管后果如何。本政府绝不允许俄亥俄州的救济人口沦为腐败或政治伎俩的无辜牺牲品。"①

罗斯福从救济计划中获得了巨大的政治利益：他被视为惠及数以百万计的美国家庭的救济制度的创始人。与此同时，由于罗斯福通过救济积攒了信任，因此，一旦腐败和政治操纵被曝光，他就有责任承担由此所带来的政治成本。② 如果罗斯福确实从救济中得到了好处，那么，他可能愿意冒风险顶着在分配救济资金中玩弄权术之名。然而，在这一救济体系中，罗斯福并没有直接从他人的腐败和政治操纵中得到任何利益。因此，在这样一个在州和地方层次上没有腐败或操纵的救济体系中，罗斯福的利益便与个别民主党参议员、国会议员、州长、市长
355 和州议员的利益不一致。因为，对于后者来说，如果他们不能将救济用于自身的政治目的，那么，他们就不能从救济项目中得到

---

① 引自布朗（Brown，1940），第 210 页。

② "新政支出的政治经济学"文献给出了新政时期出于政治目的而在各州之间分配联邦救济拨款的总体情况，所描述的画面很详尽，但某些地方不太确凿。参见本文第一节中第一个脚注中的引述。有证据表明，霍普金斯直接与大城市的救济署联系，其中包括那些有影响力的民主党集团的重要政治家。参见多塞特（Dorsett，1977）。

什么好处。

1933年,国家紧急救济署决定将FERA变为联邦、州和地方政府的一个联合机构。如果不利用现有的官方救济机构,根本没有其他任何途径可以在短时间内将数十亿美元的救济金发放出去。哈里·霍普金斯关于如何管理救济的这些决策,不可避免地使联邦政府与州和地方政府在利益上出现不一致,更为重要的是,这也使总统和国会之间围绕救济计划应当如何组织的问题陷入冲突之中。正是在解决这些冲突的过程中,现代福利国家应运而生。

第四节 1935年后的救济

1933年开始规划建立一个相对持久的救济制度。FERA建立伊始,它松散的管理结构就使霍普金斯陷于与州长和州救济体系的争论之中,争论涉及州政府需要提供多大的财政支持,如何确定救济金,什么是适度的救济,是发放现金救济还是发放实物救济,以及州和地方是否存在为了服务政治而扭曲救济管理。共和党人指责霍普金斯利用救济玩弄权术,而民主党人则指责霍普金斯任命共和党人在救济中担任要职。因此,对霍普金斯来说,不存在任何皆大欢喜的中庸之道 。他应对腐败唯一可靠的解决方案就是建立一个全国性的救济机构,由公务员任职,只对霍普金斯负责。而这个解决方案对于国会、州和地方政府则是不可接受的。各方最终在1935年达成了妥协,从而使得霍普金斯和联邦政府能够对地方层面的联邦救济金分配所面临的代理问题施加某些限制。[①]

《1935 年紧急救济拨款法》(*the Emergency Relief Appropriation Act of 1935*,简称 ERAA)和《1935 年社会保障法》(*the Social Security Act of 1935*,简称 SSA)的通过,标志着新政救济管理第二阶段的开始。这两个法案均包含着总统和国会之间的妥协。两个法案都是在 1 月份提出的,ERAA 在 3 月份通过,SSA 在 8 月份通过。以下两种区分是至关重要的,一是有就业能力与无就业能力之间的区分,再是紧急救济计划与持久救济计划之间的区分。ERAA 拨付了 48 亿美元用于失业救济,支出由罗斯福总统裁定,并由该法案中没有命名但必须成立的机构(这些机构最终包括 WPA、REA、FSA 和 NYA)经办。
356 ERAA 是一项紧急救济法,是为了救济有就业能力的人(即那些如果没有大萧条就会被雇用的人)而提供的一次性临时拨款。[②] 这种紧急拨款旨在使国家渡过难关,直到"永久性"救济组织开始发挥作用。

SSA 建立了永久计划。国会将老年人保险纳入国家社会保障委员会的管理之下。类别救济计划的管理则交给州政府,由国家配套拨款提供资金。失业保险由国家管理的工薪税提供资金。失业保险(UI)计划由州政府管理,从州基金中支出。因为州有权支取它们的失业保险基金,而且类别救济计划规则规

---

① 沃利斯(Wallis,1991)对 1935 年国会和罗斯福之间的妥协进行了详细研究。

② 还包括 1936 年、1937 年、1938 年和 1939 年的《紧急救济拨款法》。

定联邦政府只给合格的州支出提供配套资金，所以，联邦政府实际上对福利体系中的这部分支出没有控制力。[1] 虽然社会保障委员会负责批准州计划的初始设计，但这些计划的实际管理却交给了州。更重要的是，社会保障委员会被明确禁止干预州政府的人事政策，也不得因人事政策而撤回配套资金。这样，失业保险和类别救济计划中的庇护职位的控制权就稳稳地落在了州和地方层面上。社会保障委员会拥有推行某些救济管理标准的能力，这在后来成了一项重要权力。在 FERA 管理期间，霍普金斯曾以撤回资金和将救济收回联邦相威胁向州救济署施压。而在 SSA 中，这类工具则从国家救济署拿走了。

促成这种妥协的原因是显而易见的。罗斯福被赋予了对大萧条后期紧急救济管理的自主权。这种紧急计划依据 ERAA 设立，其中 WPA 最为重要，20 世纪 30 年代的最后几年中，很大一部分救济都来自 WPA。罗斯福如何行使这个权力取决于他自己，但如需进一步拨款，则需要得到国会的批准。国会中的民主党人失掉了控制救济的直接利益。但是，由于罗斯福有望再次当选总统，他们作为多数党的地位得到了强化，他们有理由预期能够通过正常的政治程序分享救济管理所带来的某些利益。罗斯福和霍普金斯也无力疏远强大的国会集团。而在永久救济计划方面，救济管理的几乎所有自由裁量权都给了州。无论在

---

① 社会保障委员会在危急时刻能够运用它的财政影响。例如，当州耗尽了它的失业保险信托基金时，社会保障委员会就能够以提供资金为条件，对州实施行政变革。

财政上还是在管理上，联邦政府的手都被捆住了。

357 私人社会福利专业人士被激怒了，他们感到自己的基本原则遭到了背叛。永久救济计划的控制权还给了州。国家对救济的支持和管理被放弃了。普通救济的职责，以及不包含在社会保障计划范围内的人群的救济，都被划归地方政府。只有那些失业、年迈、失明或未成年的贫困者，才列入联邦体系的保护之下。社会福利专业人士担心，1935 年的妥协把救济重新抛向了玩弄权术的领域："[1935 年之后]在通往良治的道路上，所遇到的最大困难之一就是政治干预立法和人事准则……事实仍旧是，州和地方管理中很多混乱和所采取的许多倒退举措，都是迫于政治压力"(Brown，1940，第 321 页)。

第五节 国会和救济政治：地理和管辖权

一个政治制度若想持久存在，就必须为维护该体系的政治参与者提供激励。1933 年以前，地方政府主导了公共救济的供给和私人救济的资金筹措。人们的共识是，与私人救济相比，地方公共救济更有可能服务于政治目的：救济金更有可能发给那些有密切政治联系的穷人，至少是那些因需要救济而愿以选票相报的人；救济费可能装进资助人的口袋；资金可能流向关键性选区和县市；管理岗位不是流向那些经过专业训练的人，而是享受政治庇护的人。如果新政救济计划对这些地方特权提出了挑战，那么，为什么那些由州和地方选民选举出来的政治家会支持新政改革呢？或者，是否像许多人所认为的那样，民选政治家之

表 11.3 参众两院关于同一议案的表决结果中 48 个州预计支出差异的回归

法案标题	议案编号	常量	投票	R^2	关键投票
1932 年紧急救济与建设法案	HR12445	—0.601	14.39	0.03	15.2
		(—1.75)	(—1.22)		
1933 年联邦紧急救济法案	HR4606	—0.03	3.89	0.13	2.8
		(—0.72)	(—2.60)		
1935 年紧急拨款法案	HR9830	—11.38	277.51	0.14	15
		(—2.99)	(—2.71)		
1935 年紧急救济拨款法案	HJR117	—6.49	157.26	0.22	15.1
		(—5.07)	(—3.59)		
1936 年紧急救济拨款法案	HR12624	—1.38	33.71	0.42	14.9
		(—8.22)	(—5.86)		
1938 年紧急救济拨款法案	HJR361	—0.82	19.81	0.08	15.1
		(—2.90)	(—2.04)		
1939 年紧急救济拨款法案	HJR679	—0.18	—4.13	0.0007	15.9
		(—0.27)	(—0.18)		

注释和资料来源:各回归方程中的因变量是参众两院关于同一议案表决的各州人均支出的差异,自变量是各州占众议院总票数的比例。这里有 48 个州的观察数据,所有回归的自由度为 46。系数下面括号里是 t 统计量的值。众议院和参议院法案中各州得票数来自国会图书馆法律库(the Law Library,Library of Congress)的法案副本,参见沃利斯(Wallis,1981)。

所以支持新政救济计划，是因为他们相信改革将维持地方对救济的政治操纵，而不是对它进行变革？

在本节，我们将考察新政立法的通过过程，看一看是否存在利用救济来玩弄权术。众议院和参议院是否在救济法案中通过规则和管理权限的设计来提高他们从救济计划中得到的好处？首先，我们考察众议院和参议院对于同一议案的表决的差异，看一看二者是否按可预计的方式来设计救济资金在大小州之间的分配规则。大州在众议院代表性较强，而小州在参议院代表性较强。这种差异为检验政治在新政支出的政治经济中是否至关重要提供了一个简单明了的方法。其次，我们检验众议院和参议院对同一议案的表决的差异，看一看众议院是否更有可能在地方层面上设置行政自由裁量权和权力，而参议院是否更有可
358 能在州层面上设置行政自由裁量权和权力。由于将救济用于政治目的需要有行政自由裁量权，因此，以上分析结果就能间接告诉我们：政治家用某种特定方式来改造救济计划是要达到什么目的。表 11.3 和 11.4 列出了新政时期的 10 项重要救济立法。

国会影响救济支出的地域分配有两条途径。首先，对于既定计划，国会可以规定资金以某种特定的方式支付，或按照某个给定的公式支付。例如，在《联邦紧急救济法》(国会第 72 次会议 HR4606 议案)中，参议院法案拨款的 5 亿美元被分为两个部分：3 亿美元作为配套资金(配套率为州每支出 3 美元，联邦配套 1 美元)，2 亿美元则作为自主分配资金由救济署长支配。而众议院则在以上两类资金上平均分配，各 2.5 亿美元。该法案最终通过了众议院的分配方案。我们可以比较 5 亿美元资金在

众议院和参议院的表决中是如何分配的，并利用这笔资金在自主支配资金和配套资金上的实际分配来反观理论上预期的分配。另外，国会也可以在分配模式不同的救济计划上分配救济资金。在1935年ERAA法案（国会第73次会议H.R.9830议案）中，参议院建议将FERA资金中的1亿美元转移给公共工程署（the Public Works Administration，简称PWA），而众议院则没有建议移交这笔资金。由于FERA和PWA在各州之间的 359
支出是不一样的，我们可以通过检验这1亿美元在两个建议中

表11.4 倾向于州利益而非地方利益的参议院救济法案特征

参议院议案倾向于州利益而非地方利益吗?					
法案标题	议案编号	资金决策	庇护	项目选择	接受者选择
1932年紧急救济与建设法案	HR12445	是			
1933年联邦紧急救济法案	HR4606	否	是		
1934年2月15日法案	HR7527		是	是	
1935年紧急拨款法案	HR9830	是			
1935年紧急救济拨款法案	HJR117	是	是	是	
1936年紧急救济拨款法案	HR12624	是	是		
1937年紧急救济拨款法案	HJR326		是		是
1938年紧急救济拨款法案	HJR361	是			是
1939年紧急救济拨款法案	HJR679	是		是	是

注释和资料来源：表中各项对应于众议院和参议院对各法案的表决差异，其中，“是”表示参议院赞成州利益而非地方利益，“否”表示参议院不赞成州利益而是赞成地方利益，空格表示众议院和参议院的表决没有差异。众议院和参议院法案来自国会图书馆法律库的法案副本，参见沃利斯（Wallis，1981）。

是如何支出的来比较众议院和参议院的分配方案。

众议院和参议院分配给 i 州的资金差异是

(1)　$DF_i=$众议院分配额$_i-$参议院分配额$_i$

假设众议院将更多资金分配给那些在众议院拥有议员席位多于参议院的大州。这一假设可以用以下回归进行检验

(2)　$DF_i=a+b\cdot$投票比例$_i$

其中,解释变量是众议院中 i 州的投票份额。

在 10 个新政救济立法中,众议院和参议院对其中 7 个的资金分配存在差异。利用方程(2)对这 7 个法案的估计结果如表 11.3 所示。两院的资金差额从 5 000 万美元到 2 亿美元不等,虽然金额巨大,但只占总拨款的很小比例。在这些法案中,有 5
360 个法案众参两院表决差异与众议院中州的投票比例正相关,且在统计上显著。另外两个法案的回归系数在统计上不显著,一个为正,一个为负。在绝大部分法案中,利益的地理分布是众参两院差异的一个重要决定因素。

该回归结果的奇妙之处在于它给地理因素提供了新的支持。我们可以计算出使两院表决结果没有差异的众议院的投票比例(从方程(2)可知,$x=-a/b$)。表 11.3 中最后一栏列出了每个回归估计量的隐含“临界水平”。在 7 个法案中有 6 个法案,某些州只要在众议院拥有 15 张票,它们从众议院议案中得到的资金就会多于参议院议案。只有 9 个州在众议院拥有 14 张以上的票,不过,这些州的总票数达到了 217 张,与众议院 435 张票中的多数票要求相比,仅差一票。总体而言,这 9 个州从众议院法案中所获得的利益要多于参议院法案,这 9 个州正

是众议院通过立法所要求的州的最少数量。

众议院和参议院的资金分配在制度和理解方式上存在差异。失业、从而州层面的救济资金分配主要集中在东北部和中西部以北的大工业州。这些州在众议院拥有较多席位，因此，众议院更趋向于那些将较多资金分配给大州的计划。而做到这一点的一个重要途径就是采取比例配套拨款，因为富裕程度越高、工业越发达、遭受打击越大的州，州和地方用于救济的支出就越多，因而就越有资格获得更多的配套拨款。而另一方面，（相对于众议院来说）参议院偏好的救济计划和分配方案往往有利于西部和中西部那些地域广大、人口稀少的州。他们更偏好基于人口或土地规模来确定分配方案，将更多资金引导到西部地区。同时，相对于由哈里·霍普金斯和 WPA 从事的小型且通常是城市层面的工程救济项目，他们强烈地倾向于主要位于有大量公共土地的西部各州的大型公共工程，诸如由哈罗德·伊基斯（Harold Ickes）和 PWA 所从事的那类工程。①

众参两院管辖权差异比地理差异更显著也更重要。管辖权问题决定了由哪一层政府拥有行政自由裁量权。通常情况下，地理差异对于资金总量较为重要，但与整体救济方案没有多少关系，从来不构成立法通过的一个重要障碍。然而，管辖权限之争却是争夺行政控制权的核心问题，至少在某种场合下，它会使 361

① 在有关新政支出的政治经济学文献中，土地面积的重要性反映出东部与西部之间的地理差异，参阅沃利斯（Wallis，1998）以及随后弗莱克（Fleck，2001）与沃利斯（Wallis，2001）之间的观点交流。

整个立法进程陷入中断。① 行政自由裁量权有四个维度：资金决策、庇护职位、项目选择和接受者选择。总体而言，我们预期众议院会把这些职能的行政控制权设置在地方层面上，而参议院则会把这种控制权设置在州层面上。表 11.4 列出了 10 个救济法案，从中可以看出众参两院在这四个维度上是否存在差异，以及这种差异是否如预期的一样。下面我们每类选择一个例子。

资金决策：最早的救济法案（国会第 72 次会议 H. R. 12445 议案）授权复兴金融公司（the Reconstruction Finance Corporation，简称 RFC）向州提供用于救济的贷款。参议院对该法案

---

① 有意思的是，管辖权争议阻止立法通过的一个例子是最后一届胡佛国会（Hoover Congress）所提出的一项救济法案。所争议的是管辖权应属于联邦还是州。1932 年 1 月，议员拉福莱特（La Follette）和科斯蒂根（Costigan）提出一项议案（国会第 72 次会议第 3045 项议案），建议成立联邦紧急救济委员会，给它划拨 3.75 亿美元的资金，让它在州与州之间分配，用于救济，同时划拨等量资金用于高速公路建设。在这 3.75 亿美元中，40％根据人口在各州之间分配，剩余部分则由救济委员会自由决定分配。该法案没有获得参议院通过，原因不是因为不支持救济。议员布莱克（Black）、沃尔什（Walsh）和巴尔克利（Bulkley）提出了一个替代议案，该议案只有两个方面不同于前一议案。它建议提供贷款而不是拨款，并将 3.75 亿美元全部按人口分配，从而不需要成立所谓的联邦委员会。这一替代议案在投票中以 48 票对 31 票没获通过，经过激烈辩论后，最初议案在第二天也以 48 票对 35 票没获通过。在全部 81 位投票表示支持某类救济计划的参议员中，只有 15 位参议员对这两个议案都投了赞成票。这个议案没能通过，原因在于对如何管理计划存在分歧，具体说就是，是应该由州对联邦救济委员会负责，还是各州完全自主地管理救济。由于只有少数几个州已经拥有某种现成的救济计划，参议院斗争主要针对的是可能由此带来的行政安排，而不是已经存在的利益。

的表决结果是限制 RFC 向州提供贷款,地方政府不能申请此类贷款。而众议院对该法案的表决结果则允许城市直接向 RFC 申请贷款,而不用通过州政府。在这一案例中,众议院表决的法案得到了采纳。

庇护:在 1935 年 ERAA 的例子中,众议院提出,所有县的救济机构的行政雇员都必须从该县居民中雇用,这就赋予地方救济当局和国会议员对庇护职位的强有力的控制。而参议院则提出,州内行政雇员必须住在该州内,但一个县的雇员可以在另一个县被雇用。众参两院所提的对居住地的限制性要求都没有在最终法案中采纳。

项目选择:在 WPA 下,被称为"联邦项目"的那一类项目直接由 WPA 提供资金和管理,无需地方或州的任何资助。这类项目中最典型的是艺术和剧院项目。在《1939 年紧急救济拨款法》中众参两院表决都排除了所有联邦剧院项目,众议院批准的法案还要求,任何新的联邦项目都必须有地方资助人。而参议 362
院法案没有地方资助的条款。地方资助条款在最终法案中被保留了下来。

接受者选择:应该由谁来选择 WPA 的接受者,从没有一个严格而不能变更的法律决定。在实践中,由地方救济机构来"提名"WPA 的潜在领取者,而在没有提名的情况下,要获得 WPA 的救济职位通常是不可能的。[①] 地方救济机构不会从这项工作

---

① 在没有提名的情况下可以得到 WPA 的非救济性职位。这些职位要么是管理方面的,要么是监督方面的。参见霍华德(Howard,1943,第 356—65 页)对提名政策的讨论。

中得到报酬,至少不会直接得到报酬,因此有效地保持了 WPA 的独立性。霍普金斯和 WPA 几次请求国会拨款用以支付地方救济机构提名服务的报酬,支付报酬的条款被写入到参议院的几个议案中,但每一次都被众议院议案删掉了。这样一来,霍普金斯就无法通过扣留或者削减提名服务的报酬来对地方选择接受者施加哪怕是间接的控制。

这些例子显示了众议院和参议院在救济立法中各自的关切。如表 11.4 所示,众议院和参议院在管理权安排上的偏好存在经常的、持续的和系统性的差异。在 18 个有关众议院和参议院在管理程序上存在分歧的例子中,有 17 个与预测情况一致。[①] 无论是参议员还是众议员,他们真正感兴趣的是如何把救济计划的控制权交给他们能够实施最大控制的那一级政府的手中。

第六节 罗斯福的利益:FERA 和 WPA 州内分配比较

在 1935 年的妥协中,关键因素是在联邦、州和地方政府之

① 唯一的例外是一个特例。在最初的《联邦紧急救济法案》中,参议院插进了一个条款,这个条款使联邦政府能够接管州的救济管理机构。这就是所谓的救济"联邦化",它显然削弱了州的独立性,而我们预期参议院不会这么做。后来,在 1934 年,来自加利福尼亚州的参议员麦卡杜(McAdoo)请求霍普金斯将加利福尼亚州的救济联邦化,因为他正在为与各党派争夺救济管理的控制权而展开政治斗争。显然,表 11.5 中的这个反常例子是那些主张"联邦化"的参议员预期能够从中得到政治收益的结果。但最终结果是,这些收益从来没有实现过。

间划分救济的行政控制权。国会把永久性救济计划、失业保险和普通救济的行政控制权放在州这一级政府。联邦政府则被赋予紧急救济计划和永久性社会保险计划的控制权。而罗斯福和霍普金斯则在 1935 年的 ERAA 中被给予了 48 亿美元的空白 363
支票。新政救济管理变革的重要性不能低估。虽然永久性福利计划的控制权大部分留在了州，但永久性计划的实施需要时日。在 20 世纪 30 年代的剩余年份和大萧条期间，联邦政府是美国救济的最大提供者，并且，在如何管理救济上，1935 年 ERAA 赋予了罗斯福和霍普金斯广泛的选择和自由裁量权。

WPA 替代 FERA 成为失业救济的主要联邦计划。像 FERA 那样，WPA 在霍普金斯的控制下每月提供 200 万例工作救济。在 FERA 框架下，霍普金斯并不拥有州内资金分配的自由裁量权。一旦某个州偏离了行政当局的目标，公众在谴责州和地方政治人物的同时，同样不会放过罗斯福当局，甚至更加猛烈。而为了把州重新引导到正确道路上，霍普金斯可能会尝试进行友善的劝说，但也可能会走极端，撤回救济资金或将救济联邦化。但是，他没有介于二者之间的处罚手段。这在 WPA 的集中管理架构下并不成为一个问题。WPA 的行政雇员直接为联邦政府工作，而且 WPA 的行政官员控制着 WPA 资金的州内分配。①

① 这里需要说明一点。如果州和地方政府不活动，就分配不到 WPA 的拨款。因此，州和地方当局要想得到 FERA 和 WPA 的资金，就需要游说并花费资源。在 WPA 和 FERA 中，州内分配的某些差异可能反映出州和地方行为的差异，也反映出了霍普金斯管理政策的差异。

下一节将考察霍普金斯为控制救济分配中的违法腐败所实施的WPA规则和程序，本节考察的是，集中管理是如何对资金分配中的政治操纵进行限制的。罗斯福的批评者们认为，WPA使联邦控制权扩大了，这使得罗斯福和霍普金斯能够更好地出于政治目的来操纵救济分配。如果霍普金斯和罗斯福试图限制州和地方官员的州内政治操纵是正确的，那么，我们应该能够看到，与FERA相比，WPA下的州内救济分配更符合救济、复苏和改革的既定目标，而且政治考量对州内分配的影响较小。我们利用3 000多个县的WPA和FERA支出分配的数据考察了WPA和FERA资金在州内分配上的差异。为直接对分配政策进行比较，我们将每个县的每个变量（解释变量和被解释变量）进行了标准化，即将各变量值减去该变量的州均值，然后除以同一州内的标准差。经过这种标准化后，每个变量在州内的均值
364 都变为了0，标准差变为了1。这就便于比较FERA、WPA支出和二者差异决定因素的相关系数。[①] 我们参照了有关新政资金分配文献中的做法，纳入了影响救济拨款分配的关键变量。

第一组变量测度各县的经济状况，它们反映新政缓解金融

---

① 我们还采用县观测值与州均值的比率进行分析，得到了同样的一般性结论。我们还通过降低变量值而不是将变量标准化的方式进行分析。降低变量值不能完全消除WPA和FERA之间的规模差异。由于WPA支出的资金较多，因此支出差异可能较高。在这种情形下，把县的支出水平提高5%，WPA和FERA就都能够对失业率的同一差异做出反应。但是，由于WPA的平均支出水平较高，5%的变化会使WPA的回归系数大于FERA的回归系数。

困境、促进复苏和再分配收入的既定目标。救济支出应该与失业率（以1930年人口普查中的数据测度）正相关，与1929—1933年的经济增长（以1929—1933年的日均零售额变动测度）负相关，与高收入人口的比例（以1929年缴纳所得税的人口的百分比测度）负相关，与1929年平均消费（以1929年的人均零售额测度）负相关。失业救济计划针对城市，所以，城市化率的系数应该为正。

第二组变量反映政治因素。罗斯福当局利用救济金的分配，以各种方式来提高再次当选的可能性。这些方式包括：对民主党的长期支持者给予奖赏（以1896—1928年总统选举中民主党人的平均投票支持率测度），吸引对民主党摇摆不定的选民（以1896—1928年民主党投票支持率的标准差测度）；对那些在1932年转向罗斯福的选民给予奖赏（以1932年罗斯福的投票支持率减去1896—1928年民主党平均投票支持率的差来测度）；在投票参与率较高的地区投入更多资金（以1932年参与总统选举投票的人数与1930年总人口的比例测度）。①

表11.5中前两列分别是WPA和FERA各自的回归结果。从上述经济变量上看，两个计划对城市提供的人均资金较多，对失业率较高的县提供的资金也较多，而对以人均零售额测度的高收入县提供的资金较少。对于人均纳税收入较高的县，FE-

① 有关使用这些变量对救济支出进行的经验分析，参见赖特（Wright，1974），弗莱克（Fleck，1994，1999，2001），沃利斯（Wallis，1998，2001），菲什巴克、坎特和沃利斯（Fishback，Kantor，and Wallis，2003）。

RA 提供的资金较多，而 WPA 提供的资金较少。而从政治方面来看，FERA 和 WPA 对那些传统上投票支持民主党的县提供的资金较少，而对那些在 1932 年投票中转向罗斯福的县提供的资金较多，对那些投票参与率较高的县提供的资金也较多。FERA 对那些在政党投票中变化较大的县提供的资金较多，而 WPA 对这类县提供的资金较少。

表 11.5 FERA 和 WPA 资金在州内各县之间分配决定因素的回归系数比较

变量	WPA (1)	FERA (2)	WPA－FERA (3)
1930 年城市百分比	0.216 (7.54)	0.125 (4.29)	0.091 (3.27)
1929 年人均纳税收入	—0.005 (—0.15)	0.076 (2.52)	—0.081 (—2.79)
1929 年人均零售额	—0.208 (—6.74)	—0.153 (—4.87)	—0.055 (—1.84)
1929—1933 年人均零售额增长	—0.016 (—0.87)	—0.13 (—7.03)	0.114 (6.44)
1930 年失业率	0.282 (13.9)	0.227 (11.04)	0.055 (2.77)
1896—1928 年民主党忠实率	—0.061 (—3.28)	0.069 (—3.64)	—0.008 (0.43)
1896—1932 年摇摆者比率	—0.034 (—1.74)	0.03 (1.48)	—0.064 (—3.33)
1932 年投票参与率	0.048 (2.63)	0.078 (4.21)	—0.03 (—1.69)
1932 年罗斯福的摇摆者比率	0.048 (2.25)	0.056 (2.60)	—0.008 (—0.4)

（续上表）

R^2	0.127	0.099	0.037
调整后的 R^2	0.124	0.097	0.034
样本数	3 061	3 061	3 061

注释和资料来源：括号内是 t 统计量值。观测以县为单位。县的每个变量的值均通过减去州的均值再除以州的标准差进行标准化处理。WPA 和 FERA 支出数据来自美国政府报告办公室（the U. S. Office of Government Reports，1940）。该数据除以 1930 年总人口就转换成了人均支出。1933 年的零售额数据来自美国商务部国内外贸易局（U. S. Department of Commerce，Bureau of Foreign and Domestic Commerce，1936）。1929 年的零售额数据、1930 年的城市化率、1930 年和 1940 年的总人口，以及 1930 年失业与有报酬就业的比率来自迈克尔·海恩斯（Michael Haines）和 ICPSR（2005）修订的美国 1790 年以来的历史、人口、经济和社会数据。用来计算 1929 年和 1933 年人均零售支出的人口数据，是以 1930 年和 1940 年数据为基础用线性内插法计算得出的。纳税收入数据来自美国商务部国内外贸易局（U. S. Department of Commerce，Bureau of Foreign and Domestic Commerce，1932）。1896—1928 年总统选举投票中民主党的平均得票率、1932 年罗斯福的得票率减去 1896—1928 年民主党平均得票率、1896—1928 年总统选举中民主党得票率的标准差，以及 1932 年成年人投票率，都是使用 ICPSR（1999，no. 1）的《美国历年选举结果报告：1824—1968 年》（*U. S. Historical Election Returns*，1824—1968）提供的数据计算得出的。该数据集包括美国 3061 个县和县—城市结合的行政区。有关新政计划的数据包括某些合并的县。列表参见菲什巴克、坎特和沃利斯（Fishback，Kantor，and Wallis，2003，第 304—5 页）。

不过，我们特别感兴趣的是 FERA 和 WPA 对某些关键性 365
变量反应的差异。因此，我们重点分析表 11.5 的第三列，其中，被解释变量是人均 WPA 减去人均 FERA 的差。这种比较的结果与我们的以下观点相吻合：霍普金斯在获得了更多的州内资

366 金分配控制权之后，通过把支出集中用于救济、复苏和改革，减少了州和地方的政治操纵。

WPA 把资金更多地分配给了那些州内失业率高、经济活动水平低、人口比例高的县。由于按以上方式对变量进行了调整，所以表中一个变量的单位变化，就代表了每一个变量发生 1 个标准差的变化。失业率增加 1 个标准差会带来 WPA 资金的增长，与 FERA 的反应相比，标准差高出 0.055。1929 年人均零售额（这里用于测度经济活动水平）增加一个标准差，会带来 WPA 支出的减少，与 FERA 支出相比，标准差大 0.08。城市化率增加 1 个标准差，将导致 WPA 的变化高出 FERA 0.09 个标准差。这三方面的差异均在统计上显著。WPA 和 FERA 支出的不同反应在城市的不同地区间尤为明显。州议会代表倾向于支持农村地区。联邦通过农业项目把大量的援助分配给了农场主。而霍普金斯则希望将 FERA 和 WPA 资金集中用于救济失业工人而非低收入的农场主。因此，在霍普金斯获得了对 WPA 的控制权之后，他就想方设法把资金转回到城市地区。我们研究发现了一个例外。FERA 对 1929—1933 年的萧条程度更敏感，这里的萧条程度是用这一时期人均零售额增长（或降低）来测度的。

表 11.5 中政治变量的回归结果表明，当罗斯福和霍普金斯在 WPA 下获得更多控制权时，他们抵制住了利用自由裁量权扩大的机会来追逐政治目标的诱惑。从长期摇摆选民和选民参与率对州内分配的影响看，WPA 要比 FERA 分别低 0.06 和 0.03个标准差，且在统计上显著。对罗斯福摇摆选民的反应，

WPA 也较低，且在统计上不显著。

在有关新政支出的政治经济学争论中，基本要点是经济或政治因素是否对联邦支出的分配产生了影响。以上结论清晰地表明，随着救济资金州内分配的控制权从州和地方政治家手中转移到霍普金斯手中，政治对州内分配的影响降低了，而州内分配对经济条件的敏感性则提高了。

第七节 规则和程序

FERA 转向 WPA 赋予了霍普金斯更大的州内救济资金分配的自由裁量权，还赋予了霍普金斯在监督救济管理机构方面更加集中的权力。WPA 沿续了 FERA 及时收集州和地方机构 367
财政信息的做法。由于 WPA 资金是联邦资金，因此 WPA 能够更有效地对各个项目的财务状况进行审计，而不管该项目是由州或地方政府实施的，还是由 WPA 自己实施的。行政自由裁量权在几个领域中都有所减少。WPA 引入了“保障工资”政策，根据公式来确定 WPA 雇员的工资，该公式考虑雇员的技能、工作地的地域规模和该领域中相关工作的通行工资。WPA 项目的工时和建设标准也得到了更加严格的控制。

从 FERA 转到 WPA，这使得霍普金斯能够重新组织并强化对不当救济管理和救济腐败投诉的调查。在 FERA 架构下，这样的调查只是由联邦或州一级政府的小职员进行的。救济管理“是一个新问题，因而是调查工作的一个新领域”，采取的方法“与调查的州的数量一样，是可以变化的”(WPA Division of Investigation,1943,第1页)。1934年10月,FERA成立了一个特别调查处,它的运行独立于华盛顿特区行政部门。调查工作常常缺乏协调,并且常常因救济资金的法定所有权转移到接受拨款的州而受阻。结果,一旦遭到指控,州就成了主要的调查者。

罗斯福在成立WPA的总统行政命令中提出设置一个"进展调查处",旨在"协调政府中现有调查机构的相关工作,以确保救济计划的可靠实施"(WPA,1943,第4页)。该机构拥有自己的主管和组织,直接对署长负责。该机构的职责是

> 负责对所有投诉进行调查,包括欺诈政府或给政府造成损失、违反有关救济金支出的联邦法令等行为。更确切地说,这些职责包括处理这样一些投诉:资金从公共利益挪用到私人利益;在获取救济资金或救济津贴时提供虚假陈述;虚报由WPA支付的劳务报酬或设备租赁费;勒索、回扣、盗窃、贪污、行贿受贿和非法收费等投诉;WPA雇员填报虚假补偿申请;政府合同竞标中的欺诈行为;政府合同的乙方不按合同交付;在工作任务、进度报告或其他官方文件中做手脚;以及其他在处理联邦资金时的不太常见的欺诈。(WPA,1943,第5页)

后来,这个处还负责调查违反旨在禁止"有害政治活动"的《哈奇法案》的行为,以及违反1933年国会通过的若干条例的行为,这些条例旨在防止外籍人士获得WPA的工作岗位。

368 该处有50名职员,总部位于华盛顿,成立之初在15个城市

设立了现场办公室,后来在地区行政部门设立了办公室。现场代理机构在高峰时达 73 个,并辅之以遍布全国的“当地代理人”。[①] 接到的投诉很多。在国家档案馆里,该调查处的档案纪录就足足码放了 415 立方英尺,还有大量微型胶片。仅在 1937 年,它就进行了 3 280 项调查。

该调查处会对投诉进行评估,如有必要就进行调查,如果发现问题,就把案子移交给首席检察官办公室提起讼诉。该调查处先后调查和报告了 17 352 起案例。8 811 起指控被证实。共有 2 215 起提交给首席检察官提起刑事诉讼。其余 6 596 起被证实的案件中,有 4 496 人遭到了解职、降职、缓期、批评或警告的处罚。1940 年,当众议院拨款委员会的一个专门委员会发起调查 WPA 时,他们没能发现一起重大违规行为是在该调查处之前的调查中被漏掉了的。

从 FERA 转到 WPA,这赋予了霍普金斯控制州活动和地方 WPA 项目的更大权力。显然,霍普金斯以此为契机建立起了对这类计划更有效的监控。他和罗斯福都担心,如果对腐败投诉不闻不问,而日后被国会调查所揭露,那么这些指控将严重损害救济计划的成功,最终会危及到行政当局。因此,他们成立了集权性的调查部门,对投诉进行常规调查,并敦促其对政治操纵和非法腐败提起诉讼。

---

① 这些代理人通常是年轻人,85%为律师、会计和工程师,受过专业或大学训练。不少人曾是联邦调查局(FBI)的调查员,或在其他机构担任过类似职务。

第八节 结论

美国现代福利国家制度是在新政时期建立起来的。1933年以前，照顾穷人和失业者的担子落在地方政府的肩上。到1935年年底，一个由国家出资和管理的老年人保险制度开始实行。由联邦出资并由州负责管理的一些计划，如老年人补助、未成年儿童援助、盲人援助和失业保险等也开始运转起来。由国家和州共同组成的紧急救济基本架构使美国渡过了大萧条的最后几年。1932年以前，公共救济的管理被普遍认为存在政治腐败，这种担忧极为普遍，以致国家救济系统的大部分被交给私人
369 社会福利机构管理。虽然新政的政治反对者经常指责救济被用于政治目的，但到了1940年，对腐败和政治操纵的指控已大大减少了。救济计划中的腐败和政治操纵也减少了。但这对新政期间政治体系中的腐败和政治操纵的总体水平带来了怎样的影响，至今仍不清楚。在新政推行的过程中，人们通常认为政治集团的重要性降低了，原因部分在于，联邦救济的供给削弱了政治集团提供的地方救济的供给。但正如我们所证明的那样，部分救济体系仍处在地方政府的行政支配之下，尽管它受到了社会保障委员会的更多监督。[①]

---

① 多塞特在研究新政和政治集团时做了如下总结："第二个错误的假设是，联邦政府若承担福利计划职责，就会破坏政治集团作为一个服务机构所能发挥的积极作用。实际上，联邦政府在分配功能上并不占优势：新政下的许多福利计划都是在华盛顿筹集资金，但却由地方一级政府来分配"(Dorsett，第113页)。

罗斯福总统及其行政当局的政治利益触发了美国公共救济的转型。当时的地方官员、州政治家和国会议员都能够利用救济，使其服务于自己的政治目的：让政治上有密切联系的人得到救济，把原料和供应合同交给自己的政治盟友，利用行政职位回报忠诚伙伴。不过，罗斯福极少使用这种政治策略。几百万救济领取者的感激之情，行政当局因果断地向大萧条中受打击最重的人提供救济而塑造的良好公共形象，为罗斯福赢得了选票。而一旦这种救济是通过明显腐败的方式加以管理的，那么，这种支持将会烟消云散。

作为第一个新政救济计划，联邦紧急救济署自1933年春成立起，就迅速将数百万美元的救济金分配给了急需经济援助的家庭。对罗斯福和霍普金斯来说，要解决他们所面临的救济机构问题是不可能的。这场危机迫使他们通过业已设立的地方公共救济署来分配救济资金，这是当时唯一有能力每月向400多万家庭提供救济的现存组织。1933—1935年向各州分配了40亿美元的救济资金，其中一部分不可避免地被地方政治家用来达到政治目的。FERA松散的管理结构使罗斯福和霍普金斯没有管理手段来限制地方政治家为自己攫取租金。正如我们所看到的那样，国会也与这类政治操纵沆瀣一气。参议院总是竭力将更多资金分配给那些在参议院占有较多席位的小州，而众议院则竭力将更多资金分配给那些在众议院占有较多席位的大州。参议院想方设法地将救济的行政控制权设置在州一级政府，而众议院则千方百计地将这种控制权设置在地方一级政府。370
众参两院通常都不愿意将救济的行政控制权设置在联邦政府。

1935年的第二期新政，以及《紧急救济拨款法》和《社会保障法》的通过，赋予了罗斯福当局管理紧急救济资金分配的管理权。不过，国会还是让州保留了部分较为重要的永久性救济计划——失业保险、盲人援助、老年人补助和未成年儿童援助——的控制权，但要受到联邦的监督。虽然我们强调国会和行政部门存在利益上的差异，但所有民主党人均支持罗斯福再次当选这一点的重要性毋庸置疑。由于罗斯福控制着紧急救济计划，他赢得了每月给几百万家庭提供救济和就业的好声誉。作为回报，选民投票支持罗斯福。当罗斯福和霍普金斯获得了WPA救济资金州内分配的更多控制权时，他们便把更多的州内资金用于救济、复苏和改革这些崇高目标，并拒绝提高总统的政治作用。

而在讨价还价的另一边，州被赋予了管理类别救济和失业保险的更大控制权和充分的财政自治权。但州的独立性受到了一定的限制。社会保障委员会虽不能强迫州增加或减少救济支出，也不能决定谁来担任管理职务，但它能够要求各州必须以公正和公平的方式管理救济，它也确实这样做了。当然，在社会保障委员会的严密监视下福利权利有了哪些发展，州内福利管理标准又是如何提出的，这已是另一个主题了，超出了本章的范围。

当然，我们对于新政救济政策为什么要减少腐败和政治操纵的解释并不意味着罗斯福没有利用救济玩弄权术。在州和地方层面上减少救济管理中的腐败和政治操纵正是罗斯福的政治利益所在。而恰恰是这一政治利益，而不仅仅是开明的社会政策，才导致了腐败的减少。

参考文献

Alston, Lee, and Joseph Ferrie. 1999. *Southern paternalism and the American welfare state: Economics, politics, and institutions in the South, 1865—1965*. New York: Cambridge University Press.

Anderson, G. M., and R. D. Tollison. 1991. Congressional influence and patterns of New Deal spending, 1933—1939. *Journal of Law and Economics* 34(April): 161—175.

Arrington, L. 1969. The New Deal in the West: A preliminary statistical inquiry. *Pacific Historical Review* 38(August): 311—316.

——. 1970. Western agriculture and the New Deal. *Agricultural History* 49(October): 337—351. 371

Brock, William R. 1988. *Welfare, democracy, and the New Deal*. New York: Cambridge University Press.

Brown, Josephine C. 1940. *Public relief 1929—1939*. New York. Henry Holt.

Columbia University Press. 2005. Rural electrification administration. *The Columbia electronic encyclopedia*, 6th ed. New York. http://www.infoplease.com/ce6/history/A0842689.html.

Couch, Jim F., and William F. Shugart. 1998. *The political economy of the New Deal*. Cheltenham, UK: Edward Elgar.

——. 2000. New Deal spending and the states: The politics of public works. In *Public choice interpretations of American economic history*, ed. J. Heckelman, J. Moorhouse, and R. Whaples, 105—122. Boston: Kluwer Academic.

Dorsett, Lyle W. 1977. *Franklin Roosevelt and the city bosses*. Port Washington, NY: Kennikat Press.

Fishback, Price, Shawn Kantor, and John Joseph Wallis. 2003. Can the New Deal's three R's be rehabilitated? A program-by-program, county-by-county analysis. *Explorations in Economic History* 40(July): 278—307.

Fishback, Price and, Melissa Thomasson. Forthcoming. Social welfare spending. In *The millennial edition of the historical statistics of the United States*, ed. Susan Carter, Scott S. Gartner, Michael R. Haines, Alan L. Olmstead, Richard Sutch, and Gavin Wright. New York: Cambridge University Press.

Fleck, Robert K. 1994. Essays on the political economy of the New Deal. PhD diss., Stanford University.

Fleck, Robert K. 1999. The value of the vote: A model and test of the effects of turnout on distributive policy. *Economic Inquiry* 37 (October): 609—623.

——. 2001. Population, land, economic conditions and the allocation of New Deal spending. *Explorations in Economic History* 38 (April): 296—304.

Haines, Michael R., and the Inter-university Consortium for Political and Social Research (ICPSR). 2005. Historical, demographic, economic, and social data: The United States, 1790—2000 [computer file]. ICPSR version no. 2896. Hamilton, NY: Colgate University and Ann Arbor, MI: ICPSR [producers], 2004. Ann Arbor, MI: ICPSR [distributor].

Howard, Donald S. 1943. *The WPA and federal relief policy*. New York: Russell Sage Foundation.

Inter-university Consortium for Political and Social Research (ICPSR). 1999. *United States historical election returns, 1824—1968* [computer file]. Number 1. 2nd ICPSR ed. Ann Arbor, MI: ICPSR.

Katz, Michael B. 1986. *In the shadow of the poor house: A social history of welfare in America*. New York: Basic Books.

Leuchtenberg, W. E. 1963. *Franklin D. Roosevelt and the New Deal, 1932—1940*. New York: Harper and Row.

National Resources Planning Board. 1942. *Security, work, and relief policies*. Washington, DC: Government Printing Office.

Patterson, James T. 1967. *Congressional conservatism and the New Deal*.

Lexington: University of Kentucky Press.

——. 1986. *America's struggle against poverty, 1900—1985*. Cambridge, MA: Harvard University Press.

Piven, Frances Fox, and Richard Cloward. 1993. *Regulating the poor. The function of public welfare*. 2nd ed. New York: Vintage.

Reading, D. C. 1973. New Deal activity and the states. *Journal of Economic History* 36(December): 792—810.

Social Security Administration. 1941. *Social Security Bulletin* 4 (February). 372

U. S. Department of Commerce, Bureau of Foreign and Domestic Commerce. 1936. *Consumer market data handbook*. Washington, DC: Government Printing Office.

U. S. Office of Government Reports, Statistical Section. 1940. Report No. 10, Vol. II. Washington, DC. Mimeograph.

Wallis, John Joseph. 1981. Work relief and unemployment in the 1930s. PhD diss., University of Washington.

——. 1984. The birth of the old federalism: Financing the New Deal. *Journal of Economic History* 44(March): 139—159.

——. 1987. Employment, politics, and economic recovery during the Great Depression. *Review of Economics and Statistics* 59 (August): 516—520.

——. 1989. Employment in the Great Depression: New data and hypotheses. *Explorations in Economic History* 26(January): 45—72.

——. 1991. The political economy of New Deal fiscal federalism. *Economic Inquiry* 29(July): 510—524.

——. 1998. The political economy of New Deal spending, revisited, with and without Nevada. *Explorations in Economic History* 35 (April): 140—170.

——. 2001. The political economy of New Deal spending, yet again: A reply to Fleck. *Explorations in Economic History* 38(April): 305—314.

Wallis, John Joseph, and W. E. Oates. 1998. The impact of the New Deal on American federalism. In *The defining moment: The Great Depression and the American economy in the twentieth century*, ed. M. Bordo, C. Goldin, and E. White, 155—180. Chicago: University of Chicago Press.

Williams, E. A. 1939. *Federal aid for relief*. New York: Columbia University Press.

Works Progress Administration (WPA) Division of Investigation. 1943. The division of investigation of the Work Projects Administration. Unpublished mimeograph. WPA Records of Division of Investigation, 1934—1943, Record Group 69, General Records, box 13.

Wright, G. 1974. The political economy of New Deal spending. *Review of Economics and Statistics* 59(February): 30—38.

本书作者

霍华德·博登霍恩
拉菲特学院威廉斯·西蒙中心110号经济系
宾夕法尼亚州伊斯顿市,邮编:18042—1776
Howard Bodenhorn
Department of Economics
110 Williams Simon Center
Lafayette College
Easton, PA 18042—1776

戴维·卡特勒
哈佛大学经济系
马萨诸塞州剑桥市,邮编:02138
David Cutler
Department of Economics
Harvard University
Cambridge, MA 02138

斯坦利·恩格曼
罗切斯特大学经济系
纽约州罗切斯特市,邮编:14627
Stanley L. Engerman
Department of Economics
University of Rochester
Rochester, NY 14627

普赖斯·菲什巴克
亚利桑那大学经济系
亚利桑那州图森市,邮编:85721
Price V. Fishback
Department of Economics
University of Arizona
Tucson, AZ85721

马修·根茨科
芝加哥大学商学院研究生院
伊利诺伊州芝加哥市伍德朗恩大道5807号,邮编:60637
Matthew Gentzkow
Graduate School of Business
University of Chicago
5807 South Woodlawn Avenue
Chicago, IL 60637

爱德华·格莱泽
哈佛大学利陶尔中心 315A 号经济系
马萨诸塞州剑桥市,邮编:02138
Edward L. Glaeser
Department of Economics
315A Littauer Center
Harvard University
Cambridge, MA 02138

克劳迪娅·戈尔丁
哈佛大学经济系
马萨诸塞州剑桥市,邮编:02138
Claudia Goldin
Department of Economics
Harvard University
Cambridge, MA 02138

肖恩·坎特
加州大学墨塞德分校人文社科学院 2039 信箱
加利福尼亚州墨塞德市,邮编:95344
Shawn Kantor
School of Social Sciences, Humanities, and Arts
University of California, Merced
P. O. Box 2039
Merced, CA 95344

内奥米·拉莫雷奥克斯
加州大学洛杉矶分校经济系
加利福尼亚州洛杉矶市希尔嘉德大道 405 号,邮编:90095－1477
Naomi R. Lamoreaux
Department of Economics
University of California, Los Angeles
405 Hilgard Avenue
Los Angeles, CA 90095－1477

马克·劳
佛蒙特大学学区 94 号老米尔大楼经济系
佛蒙特州伯灵顿市,邮编:05405－0114
Marc T. Law
Department of Economics
Old Mill Building
94 University Place
University of Vermont
Burlington, VT 05405－0114

加里·利贝凯普
亚利桑那大学麦克莱兰楼卡尔·埃勒中心商学院
亚利桑那州图森市,邮编:85721－0108
Gary D. Libecap
Karl Eller Center, College of Business
McClelland Hall 202

University of Arizona
Tucson, AZ 85721－0108

丽贝卡·梅内斯
乔治梅森大学经济系
弗吉尼亚州费尔法克斯市大学路4400号MSN 3G4,邮编:22030－4444
Rebecca Menes
Department of Economics
George Mason University
4400 University Drive, MSN 3G4
Fairfax, VA 22030－4444

格兰特·米勒
美国经济研究局
马萨诸塞州剑桥市马萨诸塞大道1050号,邮编:02138
Grant Miller
National Bureau of Economics Research
1050 Massachusetts Avenue
Cambridge, MA 02138

琼-劳伦特·罗森塔尔
加州大学洛杉矶分校经济系本奇楼9262号
加利福尼亚州洛杉矶市951477信箱,邮编:90095－1477
Jean-Laurent Rosenthal
Bunche Hall 9262
Department of Economics
University of California, Los Angeles
Box 951477
Los Angeles, CA 90095－1477

肯尼思·索科洛夫
加州大学洛杉矶分校经济系
加利福尼亚州洛杉矶市,邮编:90095－1477
Kenneth L. Sokoloff
Department of Economics
University of California, Los Angeles
Los Angeles, CA 90095－1477

沃纳·特勒斯肯
匹茨堡大学历史系
宾夕法尼亚州匹兹堡市,邮编:15260
Werner Troesken
Department of History
University of Pittsburgh
Pittsburgh, PA 15260

约翰·约瑟夫·沃利斯
马里兰大学经济系
马里兰州学院公园市,邮编:20742
John Joseph Wallis
Department of Economics
University of Maryland
College Park, MD 20742

作者索引

（此处页码为原书页码）

主题索引

（此处页码为原书页码）

后　记

本书对美国历史上的腐败现象进行了深入细致的分析，剖析了腐败的成因和它的经济社会后果，揭示了抑制腐败的各种因素和腐败演变的时间轨迹，是一部具有较高学术价值的著作。我国正处于经济社会转型时期，腐败现象大量存在，了解美国历史上的经验教训，对于我国治理腐败具有借鉴意义。

在翻译过程中，我们得到了宁飞飞和陈雪娟的帮助。宁飞飞提供了部分章节的初译稿，陈雪娟对译稿（特别是第一章）提出了许多宝贵的修改建议，整理了主题索引，对图表作了技术处理。对他（她）们付出的劳动表示衷心感谢。由于水平所限，译文中的错误和不准确之处肯定不少，期待得到学术界同仁和读者的批评。

胡家勇

2010年1月25日

图书在版编目(CIP)数据

腐败与改革:美国历史上的经验教训/(美)格莱泽,(美)戈尔丁主编;胡家勇,王兆斌译.—北京:商务印书馆,2012(2024.2重印)
ISBN 978-7-100-07613-5

Ⅰ.①腐… Ⅱ.①格…②戈…③胡…④王… Ⅲ.①政治—研究—美国 Ⅳ.①D771.2

中国版本图书馆CIP数据核字(2010)第265319号

腐败与改革

美国历史上的经验教训

〔美〕爱德华·L.格莱泽、克劳迪娅·戈尔丁 主编

胡家勇 王兆斌 译

胡家勇 审校

商 务 印 书 馆 出 版
(北京王府井大街36号 邮政编码100710)
商 务 印 书 馆 发 行
北京捷迅佳彩印刷有限公司印刷
ISBN 978-7-100-07613-5

2012年3月第1版 开本880×1230 1/32
2024年2月北京第6次印刷 印张19¼

定价:98.00元